全国高等学校应用型法学人才培养系列规划精品教材

竞争法
Competition Law

主　编　李华武
副主编　夏旭丽　陈小燕
参　编　夏　璐　丘志乔
　　　　刘勇锡　赵　珊
　　　　陈家傲

总主编　谈萧

广东省高等学校教学质量与教学改革工程本科类项目
"法学专业综合改革试点"（粤教高函〔2012〕204号）成果
广东省本科高校教学质量与教学改革工程建设项目
"法学专业系列特色教材"（粤教高函〔2014〕97号）成果
广东教育教学成果奖（高等教育）培育项目
"应用型法学人才培养系列精品教材"（粤教高函〔2015〕72号）成果

武汉大学出版社

全国高等学校应用型法学人才培养系列规划精品教材

编委会

总主编：谈　萧

编　委：

蔡国芹	蔡镇江	曹　智	陈文华	陈　默
陈　群	丁永清	杜启顺	傅懋兰	方　元
管　伟	高留志	高　涛	郭双焦	韩自强
洪亦卿	姜福东	李华武	李　亮	李　鑫
宁教铭	钱锦宇	强晓如	秦　勇	邱志乔
申慧文	谈　萧	王国柱	王金堂	王丽娜
肖扬宇	谢登科	谢惠加	谢雄伟	杨春然
杨　柳	余丽萍	余耀军	赵海怡	张　斌
张玫瑰	张素伦	周汉德		

支持机构：

指南针司法考试培训学校
众合司法考试培训学校

总　　序

近年来，随着法治事业的不断推进，我国各个层次的法学教育蓬勃发展。法学教材建设是法学教育的一个重要环节，当前我国法律实践日益丰富多彩，法学教育的内容更新、方法变化以及交叉学科的涌现，都对法学教材的建设提出了新要求。

我国法制建设历经30余年，各个法律领域的大规模立法活动已基本完成，法制建设已开始向司法角度转型。在此背景下，法学教育也应实现面向司法实践的转型。自2002年开始实施国家统一司法考试，我国已建立起严格的司法职业准入制度。面向法律职业培养应用型法学专业人才，是我国绝大部分高校法学院系的核心任务。进入司法实践领域工作，也是绝大部分法学专业毕业生的首要选择。

针对法制建设和法学教育的转型，法学教材必须在理论与实践相结合方面做出更大的努力，以适应司法职业准入和司法实践的需要。为此，我利用我本人所承担的省级法学专业综合改革项目、省级系列法学精品教材建设项目以及省级教学成果奖培育项目的支持，组织了全国近50所高校的100余名法学教师以及部分律师、法官、检察官，编写了这套"全国高等学校应用型法学人才培养系列规划精品教材"。本套教材共约40册，包括法学专业主干课程和部分模块课程，统一编写体例，分批推进出版。

本套教材定位于法律职业教育，以法律思维训练和法律事务处理能力培养为导向，通过案例导引、法庭模拟、司考真题、技能训练、纠纷解决等模块和环节设计，配合系统法理和法律知识讲授，致力于打造最有影响力的法律职业教育教材品牌。总结来看，本套教材具有如下六个特点：

1. 注重应用性和时代性

本套教材从编写体系上要求有较强的解决实务问题的针对性，以法律技能培养为主旨。在编写过程中，各教材作者力争将当今社会生活中方方面面的法律现象在教材中有所反映，并引导学生用成熟、具有通说性的法学理论加以理解和解释，使教材更贴近现实法律生活，体现时代性，也便于学生理解与掌握。

2. 教学形式的多样化

当前，法学教学方式方法已呈现多样化的趋势，有案例教学法、模拟现场教学法、情景教学法、讲座式教学法等。本套教材在编写过程中充分融入这些教学方法，摒弃了传统教材较死板的叙述讲授式的教学方法。为了配合教师教学和学生自主学习的需要，本套教材还制作了电子课件（PPT）供教学者利用。

3. 教材体例的新颖性

本套教材内容以基本法律概念、法律程序和法律方法等体现实操性的知识、技能为主。教材中穿插反映新颖体例的多个栏目，如法律知识库、法律资料库、典型案例、情景模拟、法律文化长廊、背景材料、实际操作、练习与思考等。

4. 教学内容的科学性

本套教材在知识内容编写方面特别注意科学性，概念表述严谨，选取无争议的法律概念和定义及表述相关知识点。每章节教学内容以目标任务为导向，目标任务以项目组或角色扮演的方式加以设计，引导学生完成。

5. 学理上的适当拓展

本套教材除了内容的严谨性要求外，在学理上注意能有所拓展。按法学理论和法律制度的逻辑顺序展开教材知识内容，同时也利用到其他学科知识、理论与方法作为分析工具，如社会学的田野调查方法、经济学的成本收益分析方法，以及心理学的需求、动机与行为分析方法等，但它们从属于整体上教材的法律科学逻辑的需要，避免大量分析性、研究性内容。

6. 适应法律职业资格考试和法律实务技能培养的需要

本套教材充分考虑国家统一司法考试及其他重要法律职业资格考试（如企业法律顾问资格考试）要求，强调法律实务处理过程，强化技能培养与训练，侧重实操知识介绍，并强调技能与方法介绍的系统性、完整性与模块化。

高校教材及学术著作由于其专业性和学术性，一般很难通过销售来实现收支平衡。除了少量的政府资助项目，高校教材及学术著作在现行体制下缺乏充分的出版服务平台支持，而其作者、读者和使用群体又具备较高的个人素质和良好的发展潜力。为此，我本人一直希望搭建一个高校教材及学术著作写作与民间出版资助的合作平台。希望在此平台上，将民间力量与高校及科研机构的智力资源有效地嫁接在一起，建立一个高校教材及学术著作的自助出版维持机制，改变目前学者及科研人员尤其是人文社会科学学者出版著作完全依赖政府资助的局面，同时，利用优秀人文社会科学成果在"全民阅读计划"中的传媒价值，充分回馈民间支持者。

在上述愿景之下，利用我本人主持的有关教学改革项目经费的前期支持，近两年我花费了很多精力来搭建上述平台。本套教材的出版就是上述平台搭建的一个初步成果。

在我的出版平台思想的鼓舞下，全国近50所高校100余名法学教授、博士、讲师以及部分律师、法官、检察官，以自己宝贵的智力资源和对法学教育事业的热爱，加入了本套教材的编写团队；武汉大学出版社和华中科技大学出版社，不计一时的市场得失，为本套教材的出版提供了优质的出版服务；指南针、众合、万国等司法考试培训机构及部分教育服务机构，热心教育事业，为本套教材的出版提供了支援。

组织编写和搭建平台工作，其中辛苦与顿挫，自不待言。然而，正是有了前面同仁及机构的鼎力支持，让我感到这个事业是值得坚持下去的。在这里，我要深深感谢他们的付出，并向他们的热忱表达敬意！

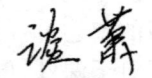

2015年5月4日于广州工作室

前 言

十八届三中全会阐释了经济体制改革的核心问题是处理好政府和市场的关系，使市场在资源配置中起决定性作用和更好发挥政府作用。维护市场竞争，建立统一开放、竞争有序的市场体系，改革市场监管体系成为了新时期的市场改革主旋律。新一轮经济体制改革为竞争法学科的发展带来了又一重大机遇。

现代经济法起源于国家对竞争的规制，竞争法从一开始便作为经济法的一个重要组成部分而存在和发展。因此，学习经济法，必须重视对竞争法的基本原理和主要制度的研究。目前，不少高等院校为法学专业和非法学专业开设了"竞争法"课程，以满足相关专业学生对市场竞争规制原理的学习需求。基于此，为了更好地适应教学改革的新要求，我们组织了长期从事"经济法"和"竞争法"教学和科研的骨干教师编写了这本教材，其特色在于注重理论与实务的有机结合，注重应用型、复合型人才的多元培养，教材每章均设置"学习导读"、"学习目标"、"案例引导"、"案例链接"、"拓展阅读"、"技能训练"、"实践活动"等环节；凸显最新的立法动态和趋势，将立法成果嵌入到教材之中，满足广大学生对竞争法相关理论知识和热点问题的研习需求。

本书由李华武担任主编，夏旭丽、陈小燕担任副主编。全书由李华武负责确定编写体例、编写大纲，并承担各章书稿的主要审定工作。夏旭丽、陈小燕参与了书稿的部分审定工作。编者简介及各章的编写分工如下：

李华武（广州大学松田学院　法学讲师、澳门科技大学法学博士、执业律师）：负责撰写第一章之第一、四、五节，第九、十、十三章；

陈小燕（广东金融学院　法学博士、法学讲师、执业律师）：负责撰写第一章之第二节，第二章；

陈家傲（娄底市中级人民法院　研究室副主任、法官、法学硕士）：负责撰写第一章之第三节；

夏璐（澳门科技大学　法学博士）、丘志乔（广东工业大学政法学院　副教授、法学博士、执业律师）：负责撰写第三章；

刘勇锡（广州大学松田学院　法学硕士、法学讲师、执业律师）：负责撰写第四、五、六章；

赵珊（吉首大学张家界学院　法学硕士、法学讲师、执业律师）：负责撰写第七、八章；

夏旭丽（广州大学松田学院　法学硕士、法学讲师）：负责撰写第十一、十二、

十四、十五章。

  由于本教材侧重于应用型人才的培养，内容体系偏重于实务，理论上难免挂一漏万，更由于我们的水平有限，书中不足之处在所难免。我们殷切希望广大读者和同行专家提出宝贵意见，以便将来进一步修正和完善。

  最后，非常感谢刘婉芬律师对本书进行细致的校稿工作，同时也衷心感谢武汉大学出版社为本书的出版付出辛勤劳动的各位编辑。

编 者

2015 年 7 月于广州增城

第一编　竞争法基础理论

第一章

竞争法概述

竞争法是国家规制市场主体竞争行为的法律规范的总称。作为调整竞争关系的基本法律规范，竞争法的规制范围贯穿了所有的经济领域和经济活动，它从根本上维护了市场结构和市场秩序，使竞争机制的作用得以充分发挥。竞争法主要包括两大部分，即反不正当竞争法与反垄断法。由于各国对这两类法律调整对象的分类相异以及经济发展步伐不一、信奉的经济理论不同等诸多因素的影响，各自在立法模式上体现出不同的选择，构成今天世界范围内竞争法多样化的表现形态。

学习目标

知识目标：
了解竞争法的概念、典型立法模式、基本原则、立法宗旨等；
理解我国竞争法的立法宗旨与规制作用。

能力目标：
能够正确区分各国竞争法的立法模式，分析我国现行竞争立法存在的相关问题；
能够运用竞争法原理指导处理企业竞争法律实务问题。

第一节　竞争法的概念与调整对象

案例引导

警惕电子商务中"秒杀"行为破坏市场竞争秩序

"秒杀"是现在电子商务中炙手可热的名词。以淘宝网为例，2009年9月25日至9月30日在淘宝网举行的"秒杀"促销活动，有18亿人次参加，平均每天参加"秒杀"活动的人数达到3亿，造就了史上最高促销活动纪录。这一数字等于平均每位中国人都参加了至少1次"秒杀"促销活动。同时，按照中国3亿网民计算，平均每位网民至少参加了6次。"秒杀"已经发展成为许多电子商务网站的官方行为，甚至实体经营的餐饮店、家电卖场、汽车销售商以及地产商家也都相继适用，如"一元秒杀汽车"、"一元钱秒杀商品房"等。"秒杀"为商品交易提供新的发展空间的同时，也可能带来市场竞争混乱局面。

【问题】请从竞争法的角度分析"秒杀"的行为是否会破坏市场竞争秩序。

【分析】"秒杀"作为新兴的网络销售方式，具有巨大的宣传效应。通过"秒杀"活动，消费者可以通过参与而获得想要的商品或者得到心理体验的满足感，但"秒杀"作为商品交易方式的一种，也具备一般商业行为的基本特征，在一般的商业竞争行为中可能出现的不正当竞争行为，如假冒行为、侵犯商业秘密行为、商业诽谤行为等，在"秒杀"行为中也可能存在。此外，"秒杀"行为是否构成低价倾销行为？需要根据商家的具体情况综合判断。如果商家在较短时间内频繁实行"秒杀"，或者涉及的商品数量较大、持续时间较长等，已经构成以排挤竞争对手为目的，以低于成本的价格销售商品或者提供服务，损害其他经营者合法权益的行为，则应当由竞争法予以规制。

（案例来源：《中南财经大学研究生报》）

一、竞争法的概念与特征

（一）对竞争的解读

经济学上的竞争，是指经济主体在市场上为实现自身的经济利益和既定目标而不断进行的角逐过程。市场竞争被公认为是最能够激励经济活动效率的资源配置方式，是市场经济体制最核心的特征之一。竞争可以推动生产效率进步，加快技术研发，提高市场主体经济效益。在分配领域，竞争则有助于形成正确的价格信号，从而实现资源配置的帕累托最优。

竞争法中的竞争，是指经济竞争或者市场竞争，即在市场经济条件下，商品生产经营者为实现自身经济利益最大化，而在投资、生产、销售、管理、技术、服务、消费等方面，相互角逐的各种争胜行为，它可以促进资源的合理配置和社会经济发展。它不包括消费者参加的竞争，消费者的市场行为不以竞争为目的，不应纳入竞争法的调整范围。此外，劳动者在劳动力市场中的竞争、企业内部职工之间为职位晋升等开展的竞争因不符合市场竞争要素，均不属于竞争法中的"竞争"范畴。

（二）竞争法的概念及特征

竞争法调整的社会关系既包括商品竞争关系，也包括市场管理关系。对竞争法概念的理解应有广义和狭义之分。

广义上或者实质意义上的竞争法，一般是调整市场竞争关系和市场管理关系的法律规范的总和。包括反对垄断行为及限制竞争行为的法律制度、反对不正当竞争行为的法律制度，以及散见于其他法律、法规之中的与竞争行为有关的法律规范，如《商标法》、《专利法》、《招标投标法》、《消费者权益保护法》、《价格法》等。狭义上或者形式意义上的竞争法，则专指《反垄断法》、《反不正当竞争法》等法律规范性文件。

> **拓展阅读**
>
> 1997年,美国联邦司法部(DOJ)下辖的国际竞争政策顾问委员会(ICPC)提议建立一个全球性的竞争法研究讨论平台,旨在全球范围内达成和分享关于竞争法律实施方面的广泛共识。这一提议很快就得到了世界上许多在竞争法律实践上经验丰富的国家的响应。2001年,美国、澳大利亚、加拿大、欧盟、英国、法国、德国、日本、韩国、墨西哥、南非等国家共同发起成立了"国际竞争网络"(International Competition Network,ICN)。ICN成立的同时即组建了"竞争推进研究项目组"(Advocacy Working Group),将"竞争推进"(Competition Advocacy)确定为该组织的首个研究项目。竞争推进项目最初的研究主旨在于向成员国提供竞争推进方面的最佳策略建议,项目研究持续至今已逾十年。

现代经济法起源于国家对竞争的规制,竞争法从一开始便作为经济法的一个重要组成部分而存在和发展。竞争法在西方国家素有"经济宪法"、"自由企业的大宪章"之美称。竞争法作为国家规范市场竞争行为,保护和促进市场公平竞争的法律规范,具有如下特征:

1. 规制对象的多样性

竞争是一种市场行为,是经营者之间所发生的以实现利益最大化为目的而进行的行为,竞争关系是作为平等的市场主体的经营者之间基于竞争而形成的权利义务关系,因此,竞争法的适用对象主要是经营者。但同时,竞争法也规制市场管理关系,适用于部分竞争管理机关,如负责对经营者集中行为进行反垄断审查的商务部、负责查处价格垄断行为的国家发改委,以及负责对垄断协议、滥用市场支配地位、行政垄断行为开展反垄断执法的国家工商总局。

2. 调整方法的综合性

竞争法既调整经营者之间的平等竞争关系,又调整国家与经营者之间的竞争管理关系,调整对象的多元性决定其调整方法具有综合性。竞争法在规制市场失灵过程中,单一地运用民法的调整方法或运用行政法的调整方法均不可取。只有综合运用民法、行政法等多种调整方法,才能有效规制市场失序格局,维护好公平竞争市场秩序。因此,竞争法既用自愿平等的方法调整横向的关系(平等竞争关系),又用命令和服从的方法调整纵向和竞争管理关系。

3. 法益目标的复合性

竞争法作为经济法的重要组成部分,其调整的法益不仅包括经济活动主体之间的私益,也包括不特定多数的消费者、经营者等及其团体的互益和社会化利益,以及国家在维护公平竞争、实施公共经济管理中的国家利益和公共利益。竞争法对市场竞争主体之间竞争关系的调整,对垄断行为以及不正当竞争行为的规制,体现了竞争法是公法与私法相融合之法的特征。竞争法与公法、私法之比较见表1.1。

表 1.1　　　　　　　　竞争法与公法、私法之比较

	公法	私法	竞争法
本位属性	国家利益本位	个体利益本位	社会整体利益本位
法域属性	公法属性	私法属性	公法与私法相融合属性
调整方式	强制性干预方式	自行性调节方式	国家干预方式
价值目标	追求建立一种秩序	意思自治	维护市场自由、公平竞争
法律责任	行政责任、刑事责任	民事责任	包含民事责任、行政责任、刑事责任的综合责任

4. 法律责任的综合性

竞争法责任，是市场主体违反竞争法规定法定义务所应付出的代价。违反义务，意味着给国家、社会或者社会组织与个人的经济利益造成损害。通过制定相应的法律，追究违法竞争行为人的法律责任，是保护合法的竞争行为、维护正常的竞争秩序的有效保证。违反竞争法应承担的法律责任是一种综合性的责任，包括民事责任、行政责任和刑事责任。民事责任是行为人因其违反竞争法而造成特定的竞争者或其他主体损失时所承担的责任，主要体现的是补偿性。行政责任是国家竞争管理机关对违反竞争法的行为人依法采取的制裁措施，是行为人对国家所承担的责任，体现的主要为惩罚性。刑事责任是国家审判机关对于严重违反竞争法律制度构成犯罪的行为人给予的刑事制裁措施，是行为人所应承担的一种最为严厉的法律责任。因此，竞争法责任体现了综合性特征。

二、竞争法的调整对象

竞争法是规制市场主体竞争行为的法律规范，其调整对象包括竞争关系和竞争管理关系。竞争关系是基础，竞争管理关系是基本保障。

（一）竞争者之间的竞争关系

竞争关系主要体现为两个方面：其一，国家通过法律法规界定竞争领域，确定竞争法的调整范围。如果竞争者的行为超越了竞争领域，则其行为不被竞争法所调整；其二，国家通过法律法规界定竞争者之间在竞争关系中的权利、义务和责任，规范竞争行为，确保竞争的有序进行。竞争关系是竞争法调整的最基本的关系，是竞争法调整的核心内容，没有竞争关系的存在，则不可能有竞争管理关系的存在。

竞争关系有广义与狭义之分，狭义的竞争关系就是替代关系，即双方经营的商品或者服务存在替代关系，如双方均经营白酒或者红酒，均经营汽车或者航空公司等。这种竞争关系也称为直接竞争关系。广义的竞争关系，不仅包括商品（服务）替代关系，而且只要双方在资金、技术、劳动力、客户、价格等任何资源方面存在替代关系，即可构成竞争关系。这种竞争关系也称为间接竞争关系。现代竞争法所规制的行为主要包括以下内容：

（1）垄断行为。包括经营者达成垄断协议行为、经营者集中行为、滥用市场支配地位行为。

（2）限制竞争行为。

（3）不正当竞争行为。主要是市场竞争中违背诚实信用和既定商业道德的行为。主要包括假冒仿冒行为、商业贿赂行为、虚假宣传行为、侵犯商业秘密行为、不当有奖销售行为、商业诋毁行为等。

（二）国家与竞争者之间的竞争管理关系

竞争管理关系是国家竞争管理机关在依照职权监督、管理市场的过程中所形成的社会关系，即国家竞争管理机关与市场主体之间形成的一种管理与被管理或者规制与被规制的关系。如前所述，市场调节机制并非万能的，它有局限性，即市场缺陷。在市场主体为追求利益最大化而进行自发性行为，不惜通过垄断、不正当竞争的手段损害竞争对手合法利益的情况下，只有依靠国家的竞争管理机制，才能弥补市场竞争的不足。竞争管理的目的不是为了直接参与竞争，而是为了维护有效的竞争机制和合理的竞争结构，限制或者制裁已经发生的不正当竞争行为，从而实现竞争立法的目的，为公平竞争创造良好的外部条件。

与竞争关系不同，竞争管理关系在本质上属于国家行政管理的范畴，其特点主要有：其一，竞争管理关系必须以具有管理职权的竞争管理机关作为一方当事人，即管理者必须是具有管理职权的管理机关，被管理者只能是市场竞争主体；其二，管理关系中双方当事人的地位不平等，一方依法享有管理权，另一方则依法承担接受管理的义务，被管理者必须服从于管理者的权威；其三，管理的目的不是为了直接参与竞争，行为的目的也不是为了追求自身的经济利益，而是为了保护公平竞争、正当竞争和自由竞争以及限制或制裁已经发生的不正当竞争行为。竞争管理主体必须严格依法履行法律职责，保护合法竞争，规制和惩治违反竞争法的各类不法行为，不得超越职权和滥用职权侵害市场主体的合法权利。

第二节　竞争法的立法模式

案例引导

"厂家直销"案

甲经贸公司租赁乙大型商场柜台代销某厂名牌床罩。为提高销售额，甲公司在摊位广告牌上标明"厂家直销"。顾客丙看到广告牌后被其吸引，误认为价格是出厂价，便买下多套床罩。其后，丙将其购买价格与另一家销售同厂床罩的商店对比，发现价格高出这一商场的代销价，由此引发纠纷。

【问题】甲公司的行为是否违反我国竞争法？违反《反不正当竞争法》还是《反垄断法》？

【分析】本案中甲公司并非真正的床罩生产厂家，却擅自标注"厂家直销"，其行为违背了诚实信用原则，属于不正当竞争，违反我国竞争法。我国竞争法采用分别立法模式，由《反不正当竞争法》规制不正当竞争行为，因此甲公司行为违法了《反不正当竞争法》,具体条文为第 9 条:"经营者不得利用广告或者其他方法,对商品的质量、制作成分、性能、用途、生产者、有效期限、产地等作引人误解的虚假宣传。"

(案例来源:学法网)

一、竞争法立法模式的概念

竞争法的立法模式是指一个国家制定、修改、废止竞争法时常用套路、基本的思维定式和具体的行动序列,以及由诸因素决定的法律确认的立法制度、立法规则。

竞争法的立法模式是在各国长期的竞争法立法过程中,从最初的偶然性的表现形式逐渐进化,并在特定的历史时期相对固定化后所体现的模式。竞争法主要包括两大部分,即反不正当竞争法与反垄断法。各国对这两类法律调整对象的分类并不一致,受经济发展步伐不一、信奉的经济理论不同等诸多因素影响,在立法模式上进行了不同的选择,因此,目前世界范围内竞争法立法模式总体具有多元性,各具特色,主要包括合并式立法模式、分立式立法模式和松散式立法模式。不同的竞争法立法模式之间没有绝对的优劣之分。

二、竞争法的合并式立法模式

(一)概念及典型立法

竞争法的合并式立法模式又称统一式立法模式,即将反不正当竞争法与反垄断法两部法律规范所调整的反竞争行为合并在一起,制定一部统一市场竞争法,对不正当竞争和限制竞争进行统一调整的立法模式。

采用合并式竞争立法的典型国家及地区如匈牙利、韩国、我国台湾地区等。前南斯拉夫 1974 年《防止不正当竞争和垄断协议法》是世界首部社会主义国家制定的市场竞争法,同时规定不正当竞争与垄断问题。此外,澳大利亚 1974 年《交易行为法》、法国 1986 年《公平交易法》、爱沙尼亚 1998 年《竞争法》等均属于此种立法模式。1996 年 12 月,匈牙利《禁止不正当市场行为和限制竞争法》从标题即可看出其将不正当竞争行为与限制竞争行为纳入同一部法律之中,既禁止欺诈性市场行为和欺骗消费者的不正当竞争行为,也禁止限制竞争协议、滥用市场优势地位的行为、可能限制竞争的企业合并等。我国台湾地区 1991 年 2 月通过的"公平交易法"也集反垄断与反不正当竞争于一身,对独占、事业结合、联合行为及不公平竞争行为加以规制。韩国 2010 年通过的《独占规制与公正交易法》同样采用反垄断法与反不正当竞争法统一立法的立法模式,其中公正交易法部分相当于通常所说的反不正当竞争法,而独占规制法部分则相当于通常所说的反垄断法。不过韩国的竞争立法较为特殊,在《限制垄断及公正交易法》之外又颁布了《防止不正当竞争法》,因此也有人认为其属于分立式立法模式。

(二)合并式立法模式的依据

把反不正当竞争法和反垄断法合并立法的模式,是以二者的共同之处为理论依据的,其共同之处体现在:

第一，二者有共同的起点与皈依。市场存在自由竞争是二者共同的前提条件，倘若市场不能发挥自身作用，一切都由政府掌控，那么二者就没有存在的土壤。二者都为规范市场竞争秩序、禁止企业以不合理的手段谋取经济利益、保护经营者和消费者的合法权益而存在，换句话所，保护竞争、保护消费者利益是二者共同的追求。

第二，二者彼此支撑、相互配合。在市场经济条件下，反垄断竞争和反不正当竞争是"同等重要的任务"，一为追求自由竞争，一为追求公平竞争，缺一不可，否则将会顾此失彼，难以真正建立良好的市场竞争秩序。反垄断法和反不正当竞争法的产生和发展都是市场经济本能和内在的要求，是一对"双胞胎"。

第三，垄断和不正当竞争行为存在交叉，难以绝对做到泾渭分明、区分准确。例如，倾销既可视为限制竞争，也可视为不正当竞争。我国台湾地区"公平交易法"中的转售价格协议与拒绝交易行为、歧视行为也被同时视为不公平竞争行为与垄断行为。

三、竞争法的分立式立法模式

（一）概念及典型立法

竞争法分立式立法模式又称分别式立法模式，即将反不正当竞争法与反垄断法分别立法。德国和日本是典型的采用分立式立法模式的国家。

德国竞争法在世界竞争立法中具有示范意义，其《反不正当竞争法》最先制定于1896年，开创了世界反不正当竞争立法的先河，1957年《反限制竞争法》已是现代成文反垄断立法的典范。前一部法最近一次修改在2008年，后一部法最近修改于2005年，修订的相关内容见本书第二章。

日本是最早进行现代竞争立法的亚洲国家。日本竞争法中的反不正当竞争法与反垄断法分别体现为1934年制定的《不正当竞争防止法》和1947年制定的《关于禁止私人垄断和确保公平交易的法律》。在20世纪初期，日本市场经济处于起步阶段，诸多不正当竞争行为十分猖獗，在此情况下，日本《不正当竞争防止法》应运而生，于1934年3月27日施行。该法规定应防止和取缔的不正当竞争行为包括混同行为、假冒名牌行为、模仿其他商品行为、盗窃他人经营秘密行为、引人误解的行为、损害他人信誉的行为、冒用他人商标的行为等，并对这些违法行为规定了相关诉讼程序及赔偿与惩罚标准。该法后来经多次修订沿用至今。日本1947年《关于禁止私人垄断和确保公平交易的法律》的出台与德国《反限制竞争法》的出台有类似之处，均在第二次世界大战战败后受美国等占领国干预而出台，这部法以促进公平和自由竞争为目的，对垄断的三大支柱即卡特尔、滥用市场优势地位及企业合并加以限制，有力地助推了日本战后经济的恢复。

（二）分立式立法模式的依据

与合并式立法模式不同，分立式立法模式主要立足于反不正当竞争法与反垄断法之间的区别而存在，因此将二者区分开来各自立法。反不正当竞争法与反垄断法的差别主要表现在：

1. 立法宗旨不同

反不正当竞争法以追求"正当竞争"为导向，旨在反对不正当竞争，维护公平竞争，即通过规范竞争行为，维护正常的市场竞争秩序，对一切公平竞争进行鼓励和保护，对各种不正当竞争行为进行制止和惩罚，防止企业采取不正当手段从事竞争；反垄断法则以"自由竞争"为导向，旨在反对限制竞争，维护自由竞争，即通过鼓励、促进竞争，维护市场的正常竞争状态，防止垄断的形成以及限制竞争行为的出现，提高经济运行效率，维护消费者利益和社会公共利益，促进社会主义市场经济健康发展。

2. 关注的重点对象不同

反不正当竞争法更关注市场参与者的个体利益，重视调节市场参与者的竞争行为，规定参与竞争者的何种竞争行为不被允许，反垄断法侧重于关注市场秩序本身，虽然必会涉及竞争者的行为，但这些行为往往并非只关系到一两个市场参与者，而是会影响至一定市场，产生限制或禁止竞争的效果。

3. 执行方式存在差异

虽然我国的《反不正当竞争法》主要规定的是公共执行，但实际上私人执行的情况相当普遍，有些国家，如德国，反不正当竞争法主要以私人执行为主。反垄断法则以公共执行为主，因为私人执行存在举证难度较大、成本高等弊端，目前看来，除了美国，其他国家反垄断法私人执行似乎缺乏动力。

四、竞争法的松散式立法模式

（一）概念及典型立法

松散式立法模式即反垄断法和反不正当竞争法既非统一纳入一部法律之中，也非分别单独制定反垄断法和反不正当竞争法，而是将其纳入若干单行法律、法规之中进行综合调整的立法模式，又称为混合式立法模式或综合式立法模式。

松散式立法模式主要出现在判例法国家。美国是采用松散式竞争法立法模式的典型。作为反垄断法的发源地，美国没有一部统一的竞争法典，也没有独立规制反垄断或反不正当竞争的法典，其立法总体特征是"散"。美国最早颁布的有关公平竞争的法规《谢尔曼法》，主要是针对当时托拉斯这种垄断组织对市场竞争秩序的破坏制定，1914年美国又制定了《联邦贸易委员会法》和《克莱顿法》，构成了美国竞争法的基础。鉴于市场竞争形式的多样化，为便于竞争法的实际操作，美国又对上述法律进行多次的补充修订及相关立法，如《鲁宾逊-帕特曼法》、《惠勒-李法》以及《威尔逊关税法》等。此外，法院关于各类反限制竞争案的大量判例也是美国竞争法的表现形式。

美国竞争法规制的对象主要包括：

（1）垄断或图谋垄断。《谢尔曼法》第2条规定，任何人垄断或图谋垄断，或与他人联合、共谋垄断州际间或与外国间的商业和贸易，是严重犯罪。

（2）限制竞争的协议或行为。这在《谢尔曼法》和《克莱顿法》中都有体现。《谢尔曼法》第1条规定，任何契约，以托拉斯或其他形式的联合、共谋，若用来限制州际间或与外国之间的贸易或商业，是非法的。签订上述契约或从事上述联合或共谋，是严重犯罪且应受惩罚。《克莱顿法》则规定更为明确，其第2条、第3条分别对价格歧视或其他方式的歧视行为、搭售商品、独家交易、固定价格等作出明确规定。

（3）企业合并。《克莱顿法》第7条对企业合并作出具体规定，规定禁止任何人以取得他人财产或股份的方式进行合并，如果这种取得的效果可以在某一产品和某一领域的市场实质性减少竞争或导致垄断。1950年《塞勒-凯弗维尔反合并法》、1976年《哈特-斯各特-鲁迪南反托拉斯改进法》、1980年反托拉斯修正案等对该条款作过修正。

美国的竞争法并非不规制不正当竞争。《联邦贸易委员会法》中便有涉及反不正当竞争的规定，其第5条规定，商业中或影响商业的不公平的竞争方法是非法的；商业中或影响商业的不公平或欺骗性行为及惯例，是非法的。与反垄断相比，调整反不正当竞争的条文篇幅总体较少。

英国也被认为是采用松散式立法模式的典型。作为判例法国家的鼻祖，英国成文竞争法中主要是反垄断法，涉及反不正当竞争的内容很少。除了英国之外，也有些其他欧洲国家采取松散式立法模式，它们的模式又具有独特之处，一般将妨害市场竞争秩序的行为分门别类，由专门的法律调整特定的违反竞争秩序的行为，如以民法来调整有关侵犯消费者权益的不正当竞争行为，由商标法来调整有关侵犯商标专用权的不正当竞争行为，由专利法来调整侵犯专利权的不正当竞争行为等。

（二）松散式立法模式的依据

竞争法松散式立法模式不以外在框架为约束。其依据主要有两方面：一是不正当竞争与垄断的交叉性，对于一些行为而言，既可归属于不正当竞争行为，也可归属于垄断行为，如倾销；二是客观经济发展对竞争法需要的不确定性，竞争法的产生及发展具有相应的历史背景，是为适应各种客观条件尤其是经济政策应运而生。对于判例法国家而言，成文法国家所设定的区分标准也许并不符合他们的需要。

五、我国竞争法的立法模式

纵观我国竞争法从无到有，再到逐渐完善的产生与发展历程，我国竞争法的立法模式经历了从早期合并式立法向当前分立式立法模式的转变。

（一）早期的竞争法立法模式

自党的十一届三中全会开始，经济体制改革的任务被提上议事日程，我国的竞争法自此有了生存的土壤。1980年，国务院《关于开展和保护社会主义竞争的暂行规定》，对社会主义竞争提出原则上的要求。起草竞争法的行动在20世纪80年代末启动。当时，关于竞争法究竟采用何种立法模式的问题，理论界主张主要有三种：第一种主张采取分立式模式；第二种主张是采用合并式模式；第三种主张在竞争立法之初采取综合调整模式。1987年，国务院法制局牵头起草的《禁止垄断和不正当竞争条例》采用了合并式立法模式，但考虑到我国经济发展起步不久，垄断现象并不明显，于是先将反不正当竞争作为首要任务予以规定；同时，考虑到当时的实际国情，倘若对一些垄断行为不加规制，势必不利于我国构建良好的市场竞争秩序，最终采用了合并式立法模式。

1993年出台的《反不正当竞争法》中，尽管标题仅提及"反不正当竞争"，但实际也规定了反不正当竞争与反垄断，只不过是以调整不正当竞争为主，兼顾调整垄断。这部法的立法目的是"为保障社会主义市场经济健康发展，鼓励和保护公平竞争，制止不正当竞争行为，保护经营者和消费者的合法权益"。全文共五章，包括总则、不正当竞争行为、监督检查、法律责任、附则，其中第二章具体规定了11类反不正当竞争行为，见表1.2。

表1.2　　　　　　我国《反不正当竞争法》规定的不正当竞争行为种类

所在条款	行为类别		属于垄断或限制竞争行为（用△表示）
第5条	市场混淆行为	假冒注册商标	
		擅自使用知名商品特有的名称、包装、装潢，或者使用与知名商品近似的名称、包装、装潢	
		擅自使用他人企业名称或者姓名	
		伪造或者冒用认证标志、质量标志、伪造产地等	
第6条	公用企业或其他依法具有独占地位的经营者强制交易的行为		△滥用优势地位限制竞争行为
第7条	政府及其所属部门滥用行政权力限制竞争的行为		△行政性垄断行为
第8条	商业贿赂行为		
第9条	引人误解的虚假宣传行为		
第10条	侵犯商业秘密的行为		
第11条	低于成本销售行为		△属于限制竞争行为
第12条	搭售商品行为		△属于限制竞争行为
第13条	不正当有奖销售行为		
第14条	商业诋毁行为		
第15条	招标投标中的不正当竞争行为		△串通投标的限制竞争行为

由此可见，在我国尚未制定《反垄断法》的年代，我国竞争法实际上采取的是合并式立法模式。这一模式在当时的历史环境中发挥了积极作用，既体现了我国竞争立法体系的完整性，也有助于实践中规制大量不正当竞争行为时做到于法有据。

(二) 当前的竞争法立法模式

经过多年酝酿，《反垄断法》于2008年8月1日正式颁布实施。这是我国竞争法发展史上迈出的重要一步。随着《反垄断法》正式登上历史舞台，我国竞争法的立法模式随之悄然改变，分立式立法模式已成为当前我国客观上的选择。

在《反垄断法》制定过程中，对于其与之前的《反不正当竞争法》关系如何处理问题，有过不同主张。多数学者同意将垄断与不正当竞争分别立法，也有学者主张不改变立法模式，仅通过完善《反不正当竞争法》，在其中增加反垄断的其他内容的方式来制定《反垄断法》，也就是主张延续此前的合并式立法模式。两种主张都有依据，正如这两种典型的立法模式在实践中均有国家采纳。立法机关最终采纳了多数人的建议，在充分借鉴竞争法的国际立法经验及充分虑及我国国情的基础上，出台独立的《反垄断法》。

我国《反垄断法》包括八章内容，即总则、垄断协议、滥用市场支配地位、经营者集中、滥用行政权力排除限制竞争、对涉嫌垄断行为的调查、法律责任及附则，全文 57 条。就垄断的具体表现而言，我国既规定了通常各国规定的垄断协议、滥用市场支配地位与经营者集中三类，而且还出于国情考虑，独具特色地对行政性垄断作出特别规定。依照《反垄断法》第五章的相关规定，行政性排除限制竞争行为主要针对行政机关和经授权的具有管理公共事务职能的组织实施的表面上是行使行政权力、实际却是以追求经济利益为目标的导致资源配置低效率的行为。这些行为对于正处于经济转型阶段的我国而言非常普遍，《反垄断法》能对此作出规定是对社会现实的回应，是立法进步。

《反垄断法》的出台并不意味着我国竞争立法的终结，也不意味着我国关于竞争法立法模式的选择所产生的争议就此画上句点。相反，许多问题依然有待解决。《反不正当竞争法》实施 20 余年，我国的经济环境已发生巨大变化，经济发展过程中出现的一些新现象亟待立法加以调整，已有的相关条文可能已经不合时宜。特别需要指出的是，《反不正当竞争法》中依然包含着限制竞争的内容，而现在《反垄断法》已经出台，这部分内容有必要作相应调整，否则可能出现立法的重复，甚至冲突。此前相关部门提交的《反不正当竞争法》修订稿中已将限制竞争的相关内容予以删除。倘若能在最终修订的条文中得以确认，那么，我国当前竞争法的立法模式便是真正的分立式立法了。

第三节　竞争法的基本原则

案例引导

北京百度网讯科技有限公司诉青岛奥商网络技术有限公司等不正当竞争纠纷案

百度公司经营范围为互联网信息服务业务，核准经营网址为 www.baidu.com 的百度网站，主要向网络用户提供互联网信息搜索服务。奥商网络公司经营范围包括网络工程建设、网络技术应用服务、计算机软件设计开发等，其网站为 www.og.com.cn。该公司在上述网站"企业概况"中称其拥有 4 个网站：中国奥商网（www.og.com.cn）、讴歌网络营销伴侣（www.og.net.cn）、青岛电话实名网（www.0532114.org）、半岛人才网（www.job17.com）。该公司在其网站介绍其"网络直通车"业务时称：无需安装任何插件，广告网页强制出现。介绍"搜索通"产品表现形式时，以图文方式列举了下列步骤：第一步在搜索引擎对话框中输入关键词；第二步优先出现网络直通车广告位（5 秒钟展现）；第三步同时点击上面广告位直接进入宣传网站新窗口；第四步 5 秒后原窗口自动展示第一步请求的搜索结果。该网站还以其他形式介绍了上述服务。联通青岛公司的经营范围包括因特网接入服务和信息服务等，青岛信息港（域名为 qd.sd.cn）为其所有的网站。"电话实名"系联通青岛公司与奥商公司共同合作的一项语音搜索业务，网址为 www.0532114.org 的"114电话实名语音搜索"网站表明该网站版权所有人为联通青岛公司，独家注册中心为奥商网络公司。联通山东公司经营范围包括因特网接入服务和信息服务业务。其网站（www.sdcnc.cn）显示，联通青岛公司是其下属分公司。鹏飞航空公司经营范围包括航空机票销售代理等。

2009年4月14日，百度公司发现通过山东省青岛市网通接入互联网，登录百度网站（www.baidu.com），在该网站显示对话框中：输入"鹏飞航空"，点击"百度一下"，弹出显示有"打折机票抢先拿就打114"的页面，迅速点击该页面，打开了显示地址为 http://air.qd.sd.cn/ 的页面；输入"青岛人才网"，点击"百度一下"，弹出显示有"找好工作到半岛人才网 www.job17.com"的页面，迅速点击该页面中显示的"马上点击"，打开了显示地址为 http://www.job17.com/ 的页面；输入"电话实名"，点击"百度一下"，弹出显示有"查信息打114，语音搜索更好用"的页面，随后该页面转至相应的"电话实名"搜索结果页面。百度公司委托代理人利用公证处的计算机对登录百度搜索等网站操作过程予以公证，公证书记载了前述内容。经专家论证，所链接的网站（http://air.qd.sd.cn/）与联通山东公司的下属网站青岛信息港（www.qd.sd.cn）具有相同域（qd.sd.cn），网站 air.qd.sd.cn 是联通山东公司下属网站青岛站点所属。

【讨论】奥商网络公司、联通青岛公司及联通山东公司等利用网通的互联网接入网络服务，在百度公司网站的搜索结果页面强行增加广告的行为是否构成不正当竞争？

【分析】从事互联网服务的经营者，在其他经营者网站的搜索结果页面强行弹出广告的行为，违反诚实信用原则和公认的商业道德，妨碍其他经营者正当经营并损害其合法权益，可以依照我国《反不正当竞争法》第2条的原则性规定认定为不正当竞争。判断经营者的行为构成不正当竞争，应当考虑以下方面：一是行为实施者是反不正当竞争法意义上的经营者；二是经营者从事商业活动时，没有遵循自愿、平等、公平、诚实信用原则，违反了反不正当竞争法律规定和公认的商业道德；三是经营者的不正当竞争行为损害正当经营者的合法权益。

(案例来源：最高人民法院指导案例45号)

竞争法的原则是指由竞争法所确立的，在其调整特定的社会关系时所遵循的准则。它由竞争法确定和规定，是规范竞争关系和竞争管理关系中各有关主体行为的准则，具有法律约束力和普遍适用性。竞争法的基本原则是竞争法基本精神的集中体现，是竞争法所追求的多元化目标的高度概括，并体现在具体的竞争法律制度之中，是竞争法理论的重要组成部分。

竞争法的基本原则不同于竞争法的各具体行为规范。首先，竞争法的基本原则具有一定的抽象性，仅为竞争法主体实施市场竞争行为指引基本方向和合规模式，它是从社会生活或社会关系中概括出来的某一类行为的通用价值准则，具有宏观指导性；其次，竞争法的基本原则具有稳定性，即使国家的经济形势和市场竞争政策发生变化，竞争法的基本原则也并不随之改变。

竞争法的基本原则主要包括自由竞争原则、公平竞争原则、平等竞争原则、维护和促进社会整体利益原则。

一、自由竞争原则

自由竞争是指市场主体在同一市场条件下，依照国家法律、法规和相关政策，自主地决定参加或者退出市场的竞争而不受外在意志的干预和限制。自由竞争是市场经济的本质属性，保障自由竞争是市场经济的基本价值目标。市场经济的实践表明，竞争是市场经济的必然产物，没有竞争就没有市场经济。德国经济学家霍普曼在古典自由竞争理论和哈耶克新自由主义思想的基础上提出了竞争自由理论，该理论提出，竞争的前提是形成和保持自由的竞争，竞争自由是最高目标，竞争自由的对立面是市场权力形成的竞争限制。基于社会个体追求超额经济利益或者经济优势地位而产生的反竞争行为，是竞争的必然副产品，它窒息、破坏竞争以致引发表现为社会整体利益不平衡的社会平等问题。维护自由竞争和规制反竞争行为靠市场竞争机制自身的力量是无法消除和禁止的，必须借助国家的"有形之手"来纠正市场之"看不见的手"所带来的竞争失序弊端，确保市场在资源配置中起基础性作用。自由竞争基本内容主要包括：

（一）竞争主体独立

包括：（1）竞争主体必须享有为意思表示的充分自由，即竞争主体有决定参加、不参加或者退出竞争的自由；（2）竞争主体必须享有以各种法律所不禁止的手段和方法从事竞争的自由；（3）竞争主体自由地享有或承担竞争的结果。

（二）市场权利分立

权利分立是自由竞争的条件和表现。市场经济反对权利集中，不允许任何人任何机关垄断经济权利，它要求权利分立，每一个市场主体都享有应有的权利，都是权利主体。

（三）竞争管理主体积极履行管理职权，限制和禁止反竞争行为

包括：（1）国家必须减少并消除竞争主体进入或退出市场的障碍及繁琐程序，排除各种人为的非法干扰，给竞争主体创造一个自由竞争的环境或氛围；（2）国家应限制或禁止各种非法垄断和抑制竞争的行为，如竞争主体之间的瓜分市场、固定价格和其他非法的共谋或共同一致的行动等；（3）国家应采取各种措施，鼓励更多的竞争主体和足够多的竞争产品参与市场竞争，形成一个充分自由竞争局面。

如上所述，自由竞争意味着保障每个市场主体享有自由竞争的权利。但是，自由不是绝对的自由，自由也必须受到法律的约束和限制。自由竞争具有否定自身的特性，不受约束的自由竞争必然会导致限制竞争或垄断行为的出现。因此，必须警惕和规制超越法律范围的"放任性"自由竞争行为，确保市场的自由和公平竞争。

二、公平竞争原则

公平竞争是指在同等的市场条件下，市场主体通过采用符合法律或者商业道德的手段

或方法，进行公开、平等、公正的商业竞争，以实现其经济利益最大化的一种市场机制。公平竞争对市场经济的发展具有十分重要的作用。其既可以调动经营者的积极性，使他们不断完善管理，向市场提供质优价廉的新产品和新服务，也可以使社会资源得到合理的配置，并最终为消费者和全社会带来福利。竞争法的基本功能就是通过消除或者禁止包括不正当竞争行为、限制竞争行为、垄断行为在内的反竞争和不公平竞争行为，来规范市场主体的竞争活动。公平竞争主要内容包括：

（一）竞争机会公平

竞争机会是参与市场经济的权利，竞争机会公平要求每个竞争者与其他竞争者有相同的竞争权利。在自由竞争的环境下，竞争者可以基于"天然"竞争权利，自行决定是否参与竞争以及如何竞争，只要不从事竞争法所禁止的有损竞争秩序的行为即可。

（二）适用法律公平

竞争法是调整市场经济运行中的竞争者之间的竞争关系的，一方面，竞争者应当严格遵守和执行竞争法律制度；另一方面，针对每一个竞争者，在法律适用时应当一视同仁，公平对待。

三、平等竞争原则

平等竞争是指市场主体在参与市场竞争过程中的法律地位一律平等，包括市场经营者的法律资格平等、法律地位平等、市场主体的权利义务平等。竞争法的平等原则主要体现为：

（一）法律资格平等

竞争主管部门不能用歧视性措施和手段将竞争主体排除在竞争范围之外，也不能给予特定竞争主体以特别优惠，使其在竞争中无理由地占有优势。

（二）法律地位平等

国家创造平等的竞争条件和环境，使经营者享有同样的法律保护与对经营者在法律适用上一律平等。

（三）权利义务平等

竞争主管部门积极履行维护市场正常竞争秩序的职责，严厉打击限制或者剥夺他人竞争权利的破坏平等竞争秩序的各种市场行为。

四、维护和促进社会整体利益原则

社会整体利益的内涵为全社会成员的共同的、整体的利益，而不是社会成员个人利益，也不是社会个体成员利益的简单相加，并与国家利益相区别。

在市场经济运行中，市场行为包括市场竞争行为和市场交易行为等，各国民商法基于平等、独立、自由理论，为市场主体参与市场经济活动提供初始的法律制度构架，也同样为市场行为的自由发生提供初次的行为规则和法律形式。但伴随市场行为的自由发生和异化发展，旨在限制和消除竞争的垄断现象大量出现，低价倾销行为、假冒仿冒行为、侵犯商业秘密行为等不正当竞争行为遍布市场，行为的自由走向了自由的反面，使得重新界定自由和设置权利义务，以规范引导市场成为急需。基于此，在民商法的基础上对市场主体之间的权利义务进行重新分配和适度调整，推动了以社会利益为本位的对市场行为进行合理规制的反垄断法和反不正当竞争法的出现。维护和促进社会整体利益原则的主要内容体现在：

（1）在立法目的上，社会整体利益原则意味着竞争法不仅要处理竞争者之间的关系，维护竞争者的合法利益，还应该考虑广泛的利益关系，如消费者的福利、国家经济的整体发展等。

（2）国家参与直接投资经营某些特殊领域，以维护国民经济总体利益。由于"无形之手"（市场）出现周期性的失灵，市场机制出现唯利性，对有些关系国计民生的和国民经济总体利益以及长远发展关系重大，而市场主体不愿进入的行业，"有形之手"（国家）基于维护社会整体利益的考虑，参与这部分的直接投资经营，以弥补市场缺陷。

（3）将维护和促进社会整体利益原则置于竞争执法的全过程中，成为合法性判断的重要衡量尺度。在经营者集中的反垄断审查执法中，我国《反垄断法》第28条规定了经营者能够证明经营者集中对竞争产生的有利影响明显大于不利影响，或者符合社会公共利益的，国务院反垄断执法机构可以作出对经营者集中不予禁止的决定。

第四节　竞争法的立法宗旨

法的立法宗旨一般包含立法目的和立法价值两层次的含义，在形式上，立法宗旨主要体现为立法目的，在本质上，则体现为立法价值，即对特定社会利益侧重保护。竞争法的立法宗旨对竞争执法实践具有重要的指导意义，主要体现为以下两方面：其一，在市场经济条件下，自由竞争机制具有根本性的价值；其二，开宗明义的宣示保护涉及消费者福利及其他重大的社会公共利益。德国经济学家和政治家路德维希·艾哈德指出："竞争是获致和保证繁荣最有效的手段。只有竞争才能使作为消费者的人们从经济发展中受到实惠。它保证随着生产力的提高而俱来的种种利益，终于归人们享受。"从我国竞争立法来看，反垄断法与反不正当法的第一条皆是"立法宗旨"，其本质上体现所要保护的特定利益和价值取向。

一、反垄断法的立法宗旨

由于立法传统以及其他因素的影响，世界各国以及有关地区的反垄断法宗旨在立法体例上并不完全相同。总体上可以分为两大类型，即明确规定立法宗旨模式与未明确规定立法宗旨模式。

反垄断法明确规定立法宗旨模式的如日本、我国台湾地区、加拿大等。日本《反垄断法》第1条规定："本法的目的，是通过禁止私人垄断、不正当的交易限制以及不公平的交易方法，防止经济力量的过度集中，排除因联合、协议等方法形成的生产、销售、价格、技术等的不正当限制以及其他的对事业活动的不正当约束，促进公平的、自由的竞争，刺激企业家的创造性，繁荣经济，提高就业水平以及国民实际收入，以确保一般消费者的利益并促进国民经济民主、健康地发展。"我国台湾地区"公平交易法"第1条规定："为了维护交易秩序与消费者利益，确保公平竞争，促进经济之安定与繁荣，特制定本法。"加拿大《竞争法》第1章的标题为"目的与释义"，其明确指出"本法的目的是维护和鼓励加拿大的竞争，以提高加拿大经济的效率和适应性，在承认外国在加拿大竞争地位的同时，扩大加拿大参与世界市场的机会，确保中小企业具有参与加拿大经济的公平机会，即为消费者提供竞争型的价格和产品选择。"我国《反垄断法》在第1条也规定立法宗旨："为了预防和制止垄断行为，保护市场公平竞争，提高经济运行效率，维护消费者利益和社会公共利益，促进社会主义市场经济健康发展，制定本法。"

反垄断法未明确规定立法宗旨模式的代表国家主要是美国和德国。美国是世界上最早进行反垄断立法的国家，也是反垄断立法相对比较完善的国家。除了《谢尔曼法》等三部基本法外，美国先后颁布了很多反垄断相关法律，如《鲁滨逊-帕特曼法》、《塞勒帕克费沃法》等。此外，美国也是有关反垄断法宗旨争论最为激烈的国家。20世纪80年代，美国曾经爆发过一场关于反垄断法保护目的大辩论，参加辩论的主角分为一元论学派和多元论学派。芝加哥一元论学派认为，美国反垄断法唯一的目的是提高经济效益，多元论批评者将芝加哥学说形容为"最低纲领派"和"弃权主义的效率议事表"。尽管如此，美国相关的法律文本并未出现有关反垄断法立法宗旨的表述。德国是大陆法系国家典型代表之一，向来以立法抽象严谨著称，但并未像其他法律那样系统明确规定立法宗旨。德国《反对限制竞争法》最初颁布于1957年，后经多次修改。根据1998年5月修改后的最新版本，它共分为五编，分别为限制竞争行为、卡特尔当局、程序、公共采购的招标投标和本法的适用范围。在这五编中，立法者均未对该法的立法宗旨作出明确的规定。

从世界主要发达国家的反垄断立法经验来看，反垄断法的立法宗旨通常呈现多元化，但就现代反垄断法而言，其立法宗旨至少包括以下内容：（1）维护市场竞争，禁止任何有可能削弱竞争性经济的反竞争行为存在；（2）促进经济效率；（3）保护消费者的合法权益。

（一）维护市场竞争

维护市场竞争机制是反垄断法的基本宗旨，这是各国及其有关地区立法与执法以及理论研究的基本共识。如果说反不正当竞争法主要是从微观层面对竞争进行规制的话，那么反垄断法则是从宏观上对竞争进行规范。它主要是为了维持、创造一种竞争的环境，使得有资格的人都有机会进入经营者的行列。

竞争的对立面是垄断，反对垄断就意味着维护市场竞争秩序，垄断会造成破坏市场公平竞争、阻碍技术进步、损害消费者福祉等消极作用。值得注意的是，不能将所有的"垄断"现象均视为反垄断法规制的内容。反垄断法规制的主要是达成垄断协议行为、滥用市场支配地位行为、经营者集中行为以及行政垄断行为。反垄断法理论已从传统的结构主义转变到现代的以行为主义为主，结构主义为辅的模式。因此，反垄断法反对的"垄断"通常是指"通过非正常工业化途径获得的垄断和滥用垄断地位的行为"。从我国的反垄断立法目的来看，规制垄断行为，也就是承认企业可以通过合法、有效的经营来取得合法的垄断地位，法律并不阻止企业规模的扩大，相反，还鼓励、支持其做大做强。

拓展阅读

中国南车和北车的合并已获境外反垄断审查批准

继 2015 年 3 月 9 日晚公告两车合并事宜分别获得南、北车股东大会审议通过后，两公司 3 月 10 日晚再发公告，称本次合并已获得所有必要的境外反垄断审查机构的批准，包括澳大利亚、德国、巴基斯坦、新加坡反垄断审查机构的批准，批准均未附加条件或义务。

获得境外反垄断审查是南、北车合并实施的条件之一。根据此前公布的合并协议，本次合并实施还需满足四项条件：中国证监会对本次合并涉及的相关事项的核准、中国南车作为换股对价发行中国南车 H 股获得香港联交所的上市批准、本次合并所必要的中国境内反垄断申报通过审查、清洗豁免没有撤回或撤销以及清洗豁免所有的条件均已实现。

业内人士认为，南北车合并实施最关键也是最不确定的一步——获得股东大会通过现已顺利实现，另一较重要条件——获得境外反垄断审查也已取得，剩余四项实施条件满足的难度不大。

（资料来源：《中国证券报》）

（二）促进经济效率

促进经济效率的提高是世界很多国家反垄断法的重要目标。在市场经济中，市场主体普遍期望产生最优的资源配置效率和生产效率。对资源配置效率具有重要影响的是价格机制。价格机制也被喻为市场投资风向标，当某个行业的某个产品价格上涨，就会吸引投资者的投资，影响该领域的竞争结构；反之，则会导致投资者转移至其他行业。市场中只有存在充分的竞争，市场主体才能合理配置资金和生产资料，促使市场主体改进技术，降低成本，实现社会经济效率最大化。

（三）保护消费者利益

保护消费者利益是反垄断法的立法宗旨的根本出发点和最终落脚点。竞争法既在宏观层面维护竞争秩序，也在微观层面调整经营者与消费者之间不平衡的经济利益关系，并强调对消费者等弱势群体具体人格的保护，体现了竞争法的社会本位立场。反垄断法中的消费者利益主要体现在保障消费者充分行使商品选择和自由购买的权利。通过禁止经营者达成垄断协议，防止经营者合谋商品价格，实现降低商品价格，维护消费者利益。通过控制经营者集中，确保足够的经营者充分参与市场竞争，保障消费者的商品选择权。反垄断法通过规制滥用市场支配行为，防止经营者以不公平的高价销售商品、强制消费者与其进行交易或者无正当理由对消费者实施不公平搭售行为等，保障消费者正当利益。

实践证明，垄断不仅仅是个单纯的经济效率问题，而是一个关系到社会发展的全局性问题，其中消费者利益的保护是重要内容之一。现代社会中生产与消费关系决定了消费者更为重要。伴随着人类技术的进步与飞速发展，供给在整体上远远大于消费需求。如果消费活动不能正常进行，那么生产必然将处于瘫痪状态，换言之，消费活动能否正常进行、消费者应有福利能否实现是重要因素。在竞争立法之外，其他对契约自由的限制和对消费者进行倾斜性保护的规定也体现了保护消费者利益的优位性，如我国《消费者权益保护法》第55条规定将商品买卖合同中经营者欺诈销售的3倍赔偿责任法定化，其目的即在于否定经营者基于强势地位作出损害消费者权利的行为，维系经营者与消费者之间的公平交易关系。此外，各国反对企业超高定价行为也是证明保护消费者福利是反垄断法目标的重要依据，其中最为典型的是欧共体委员会关于"联合商标公司案"与"通用汽车公司案"的处理意见。

拓展阅读

联合商标公司案

联合商标公司（United Brands Company）是世界市场和欧洲市场上最大的香蕉供应商，大陆联合公司是该公司在欧洲的子公司，负责协调处理英国和意大利以外的所有欧盟成员国的香蕉销售。欧盟委员会在接到丹麦的一家公司的申诉后开始了调查，最终认定联合公司的香蕉售价与其产品的经济价值相比是一种过高的价格，违反了条约第86条，遂做出了罚款100万埃居的决定，同时要求联合公司立即停止违法行为。理由主要有以下三个方面：一是同一品牌的香蕉在不同国家的销售价格相差太大，如在丹麦要比爱尔兰高出其价格的138%；二是委员会比较了Chiquita品牌香蕉与没有表明品牌的二等香蕉价格，发现两者价格相差30%~40%；三是委员会比较了该公司与其他公司的价格，发现后者一般低于前者。联合公司根据《罗马条约》第173条向欧洲法院起诉，要求撤销委员会的决定。欧洲法院否定了委员会关于联合公司实行过高价格的认定。但是，法院另一方面还是支持了委员会关于过高价格是滥用优势地位行为的一种表现形式的观点。

通用汽车公司案

通用汽车公司的中国大陆分公司，是一家具有垄断优势地位的进行汽车质量检验服务的提供商。在其向进口到比利时的小轿车核发检验合格证时，收取的服务费用为2500~5000比利时法郎，而其他公司的收费为2500比利时法郎，最高服务费用比其他公司高出一倍。委员会查处了这一案件，认为通用公司授权Opel汽车在比利时市场收取超高价格的服务费用是滥用市场优势地位行为，最后处以10万埃居的罚款。该案起诉到欧洲法院之后，法院支持了欧盟委员会的认定，但是鉴于通用汽车公司已在案发前主动降低了服务价格以及在诉讼中退还了多收的服务费用，从而撤销了委员会的罚款决定。但法院清楚地指出，超高定价在原则上构成滥用，如果价格超过它所提供服务的经济价值以及如果造成了阻碍进口贸易的效果或者不公平地剥削了顾客。

（资料来源：北大法律网）

二、反不正当竞争法的立法宗旨

不正当竞争不仅仅是一种单纯的民事侵权行为，也是一种严重损害市场竞争机制的行为。不正当竞争行为的出现，导致了正常的市场竞争机制发生扭曲，破坏公平的竞争市场秩序。反不正当竞争立法宗旨即是通过禁止以违反诚实信用原则或者其他公认的商业道德的手段从事市场竞争行为，来维护公平竞争秩序。我国《反不正当竞争法》的立法宗旨体现在第1条："为保障社会主义市场经济健康发展，鼓励和保护公平竞争，制止不正当竞争行为，保护经营者和消费者的合法权益，制定本法。"

（一）保障社会主义市场经济健康发展

竞争是市场经济最活跃、最核心的因素，竞争机制是市场经济最基本的运行机制。因此，制定《反不正当竞争法》，对维护和促进竞争，保障社会主义市场经济的健康发展具有十分重要的意义。

（二）鼓励和保护公平竞争，制止不正当竞争行为

《反不正当竞争法》的制定和实施，对市场竞争行为进行了法律规范，对一切公平竞争进行鼓励和保护，对侵犯商业秘密、商业诋毁等各种不正当竞争行为进行制止和惩罚。法律保障经营者在市场活动中公开、公平地进行竞争，鼓励诚实的经营者通过自己的努力，取得市场优势，获得良好的经济效益，使市场活动始终保持竞争的公平性和有效性，使竞争始终成为企业发展的动力，带动整个社会生产力的不断提高。

（三）保护经营者和消费者的合法权益

现实经济生活中有大量不正当竞争行为，不但扰乱、破坏了社会经济秩序，而且使其他经营者和广大消费者的利益受到了严重的损害。《反不正当竞争法》通过对不正当竞争行为进行法律规制，有利于同时保护经营者和消费者的合法权益。

反垄断法与反不正当竞争法的比较见表1.3。

表1.3　　　　　　　　　　反垄断法与反不正当竞争法的比较

比　项	反垄断法	反不正当竞争法
联　系	来源于竞争，是竞争的异化	同为竞争法体系，不正当竞争行为是竞争的副产品
规制行为	垄断行为	不正当竞争行为
保护角度	保证整体的市场运行，维护市场自由竞争	维护市场公平竞争，保护经营者和消费者的合法权益

第五节 竞争法的作用与地位

竞争法是国家规制市场主体竞争行为的法律规范的总称。作为调整竞争关系的基本法律规范，竞争法的规制范围贯穿了所有的经济领域和经济活动，它从根本上维护了市场结构和市场秩序，使竞争机制的作用得以充分发挥，有效促进市场经济可持续健康发展。

一、竞争法的作用

（一）维持合理的市场结构，创造公平合理的竞争环境

市场结构是否合理，是决定竞争制度是否有效的一个重要因素。我国目前的市场结构形式的特点是以垄断性竞争市场为主、垄断市场和自由竞争并存。竞争法的任务就是要根据国家的产业政策和国民经济的发展需要，规定反垄断的例外适用，维持一些与国计民生和国家安全密切相关的行业的垄断状态；对其他部门和行业，则要规定企业兼并和控制的标准，严格控制企业间的协调市场行为和其他限制竞争的策略，防止经济权力的过度集中。正是如此，竞争法的制定和实施，有助于保持整个市场结构的合理性，为所有的市场主体创造一个公平合理的竞争环境。

（二）保护和鼓励正当竞争，维护正常的竞争秩序

竞争制度的建立和完善，竞争作用的有效发挥，必须有相应的法律制度作为保障。竞争法正是这样一种法律规范：通过规定市场主体在市场竞争中应当遵守的基本原则，为市场主体提供对自己行为性质的价值并为其有效竞争指明方向；通过对不正当竞争行为的禁止性规定，约束市场主体的竞争行为，避免市场竞争中可能出现的无序和混乱；通过对垄断行为的禁止性规定，防止消除竞争现象的出现，保持经济结构的均衡和市场竞争的活力；通过追究垄断和不正当的法律责任，制裁违法行为人，保护其他经营者的合法利益和正当竞争，维护社会正常的竞争秩序和经济秩序。

（三）维护消费者的合法权益

在市场经济中，市场主体纷纷追逐自身经济利益最大化，经营者与消费者的利益关系往往处于博弈之中。竞争者的良性竞争有利于消费者福利的提高；反之，经营者的不正当竞争则会损害消费者的合法权益。司法实践中，竞争法正是通过对正当竞争行为的肯定、激励和对垄断行为、限制竞争行为、不正当竞争行为的规制与惩罚来实现保护消费者合法权益的目标，从这个层面来说，市场竞争与消费者的利益密切相关。市场竞争者的行为，无论是不正当竞争还是垄断，都会直接或间接地损害到消费者的合法权益，而这些行为正是竞争法所禁止的。因此，竞争法在协调经营者与消费者之间的相互关系，维护消费者合法权益方面，同样发挥着重要的作用。

（四）规范政府规制行为，为政府对市场竞争管理提供依据

竞争法倡导从克服"市场失灵"的需要的角度出发，在市场竞争秩序的维护、消费者的合法权益以及社会公共利益的保障等方面提供必要的政府干预或者规制。但政府在规制市场过程中尽管可以解决市场失灵的部分难题，却也存在如权力寻租、官僚主义、地方政府保护主义等"政府失灵"现象。因此，在市场经济条件下，政府只能是公权利的代表，行使行政管理的权利，而不能以市场主体的身份直接参与竞争。同时，政府在对市场竞争行使管理职能的时候，只能由竞争法规定的职能机构按照职权和程序来进行，避免管理行为的主观性和随意性，防止因过度干预而造成"政府失灵"。

案例链接

××市自来水公司利用独占地位强迫交易案

自2004年以来一直使用××市给水设备厂生产的2KG-B型全自动给水设备，2005年1月，市自来水公司与某电脑给水设备厂达成代销其给水设备的协议，销售利润实行3：7分成，自来水公司每名职工集资入股300元成立了"××电脑给水设备加工厂"，经查，该厂无厂房、无设备，根本不生产给水设备，只是代销某电脑给水设备厂的设备而从中获利。为了取得销售优势，市自来水公司和市给水办于2005年11月5日联合下发《关于实验二次加压给水设备统一管理规定的通知》（〔2005〕5号）并于11月19日至28日在该市电视台播发。该《通知》第二条规定："二次加压给水设备必须采用指定的定型产品，我市一律用某电脑给水设备厂生产的DWS系列定时、定压、高频调速全自动节能型微机控制给水设备，一律取消气压式给水设备，如采用气压式给水设备，自来水公司将不予供水，节水办不予办理各种用水手续。"该文件的实施，影响了该市另一给水设备厂的产品销售。

该市工商局为了维护市场经济秩序，保护公平竞争，制止不正当竞争行为，依据我国《反不正当竞争法》第6条、第23条之规定，作出以下处罚决定：一、责令市节水办、市自来水公司停止实行〔2005〕5号文件中第二条规定；二、责令市自来水公司在该市电视台发表声明或公告，消除影响，以正视听。由于××电脑给水设备加工厂无厂房、设备，注册后也从未生产给水设备，该市工商局依法吊销该厂的营业执照。

本案涉及经营者利用其独占地位强迫进行交易的法律后果及其责任承担问题。第一，公用企业或者其他依法具有独占地位的经营者，限定他人购买其指定的经营者的商品以排挤其他经营者的公平竞争的行为违法。我国《反不正当竞争法》第6条规定，公用企业或者其他依法具有独占地位的经营者，不得限定他人购买指定的经营者的商品，限制其他经营者正当的经营活动。《关于公用企业限制竞争行为的若干规定》中所谓"公用企业"，是指城镇中为适应公众的生活需要而经营的公共利益性质的企业。本案中××市自来水公司供给自来水，办理用水手续，是典型的公用企业。该公司强迫用户必须购买其代销的设备，并以不给供水，不给办理用水手续为要挟，其目的也是为了排挤该市另一给水设备厂的产品销售，因此自来水公司的上述行为违反了《反不正当竞争法》的有关规定，根据

该法第23条的规定，可以由省级或者设区的市的监督检查部门责令其停止违法行为，并可根据情节处以5万元以上20万元以下的罚款。第二，市节水办作为行政机关滥用行政权力限定他人购买其指定的商品，也应该承担相应责任。我国《反不正当竞争法》第7条规定，政府及其所属部门不得滥用行政权力，限定他人购买其指定的经营者的商品。而市节水办正是政府所属部门之一，其限定他人购买其指定的经营者的商品的行为已经构成滥用其行政权力，按照《反不正当竞争法》第30条规定，应由其上级机关责令改正，情节严重的，由同级或上级机关对直接责任人员给予行政处分。

（案例来源：三亿文库）

二、竞争法的地位

（一）竞争法与经济法

现代经济法起源于国家对竞争的规制，竞争法从一开始便作为经济法的一个组成部分存在和发展，从这个意义上说，竞争法在市场经济法律体系中占据十分重要的位置。市场经济是竞争型经济，竞争成为推动市场经济发展的原动力。竞争机制在引领市场经济繁荣发展的同时，也导致了以追求经济利益最大化的部分经营者利用自由竞争的"真空地带"，滥用其市场支配地位操纵市场价格，实施排斥和限制其他竞争者参与竞争，严重破坏市场的自发性和竞争机制，也损害了其他社会成员或者市场主体的独立决策和参与市场权利，并引发了一系列社会问题。竞争法作为以规制垄断行为、限制竞争和其他不正当竞争行为为主要任务，以促进自由竞争、维护公平竞争为主要目的的法律制度，其内容几乎涉及所有的经济领域和经济活动，它从根本上维护了整个国家的市场结构和市场秩序，使竞争机制的作用得以正常发挥，并由此促进国家经济的繁荣和发展。

1. 竞争法属经济法的范畴，是经济法的组成部分

关于竞争法在一国法律体系中的定位，即应归属于哪个法律部门，理论界观点不一。西方国家一般将竞争法区分为反垄断法和反不正当竞争法两部分，并分别进行法域定位，其中，反不正当竞争法律规范，一般被确认为民法的组成部分，视为民法特别法。大陆法系国家一般将反垄断法律规范作为经济法的组成部分，而在英美法系国家，则通常将反垄断法归入商法范畴。现代中国法学界的多数学者，是将反垄断法与反不正当竞争法作为一个竞争法的整体来研究定位的。但在具体法律部门归属上的看法不一致，有人认为应归民商法，有人认为竞争法应属于一个独立的法律部门，也有人认为应归经济法范畴等。目前，大部分学者都赞同竞争法应归经济法的观点。

我国经济法作为调整社会主义市场经济关系的一个独立法律部门，是调整公共经济管理关系、维护公平竞争关系之法，是追逐社会本位、调和市场主体与竞争管理主体关系之法。经济法的价值取向，既不同于行政法的国家本位，也不同于民商法的个人本位，它追求的是建立在个体利益和社会利益平衡基础上的社会整体利益至上理念，即以维护和实现社会公共利益为出发点和根本归宿。竞争法作为现代经济法产生的重要标志，是经济法制度的核心和重要组成部分，主要依据有如下几方面：

（1）经济法的产生与发展是以竞争立法为契机的，它是以竞争法为基本内容之一而

形成和发展起来的。现代意义的经济法，即作为一个独立法律部门的经济法，首先在实行市场经济的资本主义国家产生。19世纪末20世纪初，西方主要发达国家相继完成工业革命，资本主义自由竞争阶段进入垄断阶段。在垄断资本主义条件下，垄断组织利用其拥有的市场支配地位操纵价格，控制市场，排斥和限制其他竞争者参与竞争，从而严重破坏竞争，窒息生产活力，并由此引发了一系列社会问题，在此背景下，西方国家纷纷根据本国垄断的危害情况，制定了大量的经济法律、法规，用于规范社会经济活动和经济关系，巩固和维护垄断资本主义社会的经济秩序。代表性法律有：1890年美国《谢尔曼法》，1896年德国《反不正当竞争法》以及1919年德国《煤炭经济法》等。这些大量涌现出来的体现国家干预经济、保护和促进竞争的法律、法规，已大大突破了传统民法、商法的范围，标志着现代意义经济法的产生。而前述这些法律、法规许多本身就是竞争法的重要内容。

（2）竞争法具有经济法的典型特征。竞争法在规制垄断、限制竞争和不正当竞争行为方面所体现出的特征符合经济法品性，具有经济法的典型特征。其一，从调整对象上看，竞争法既调整经营者之间的平等竞争关系，又调整国家与经营者之间的管理关系；其二，从性质上看，竞争法以保护社会公共利益、经营者利益和消费者利益为己任，具有公私兼容的性质；其三，从调整关系上看，竞争法既注重市场调节，又进行政府管制，强调两者的有机结合，克服了传统民商法自身难以克服的障碍；其四，从基本原则上看，竞争法既要求公平，又注重效率，实行效率优先兼顾公平的原则等；其四，从调整方式来看，竞争法基于规制竞争的需要而综合运用了包括经济法、民商法、行政法、刑事法等多种法律规范，竞争法这种多种属性规范的综合并用恰恰体现了经济法的综合调整特点以及民事责任、行政责任、刑事责任三种责任并用的制度。以上这些是竞争法的突出特征，同时也正是经济法的特征，因而竞争法属于经济法范畴。

2. 竞争法是经济法的核心构成部分

竞争法在整个经济法体系中占有基础性的、重要的地位，是市场经济条件下调整市场结构，规制市场行为，促进和保护竞争的基本法。正基于此，竞争法被西方国家视为"经济宪法"、"市场经济的大宪章"或者"经济的基石"。

现代意义上的经济法正是基于国家干预经济，控制垄断，促进和保护竞争的客观需要而产生的，经济法从来都是以竞争法为核心而逐渐发展起来的，这已为经济法产生和发展的历史所证明。从法的层次上讲，经济法的许多法律、法规大多着眼于经济生活的某个领域或某个方面，而竞争法则是几乎涉及所有的经济领域以及经济生活的各个方面的基本性法律制度，它为各部门或各方面的经济立法提供了一般性的依据，又以自己的一些原则、规定弥补各部门、各方面经济立法可能存在的不足，进行的是一种基础性的规制。

（二）竞争法与相关法律的关系

1. 竞争法与民商法

竞争法源于私法，是私法的公法化，反垄断法主要是由民事法律行为和契约制度引申而来，反不正当竞争法则是民事侵权法在商业及市场竞争领域的延伸，并通过诚实信用、公序良俗等原则，结合许可和登记等连接点与民商法相衔接。

竞争法与民商法的主要区别在于：（1）民商法是对财产关系和人身关系的具体规范，

竞争法作为经济法的组成部分，具有很强的政策性，而且在相当程度上是商业道德的法律化，在规定和适用上较为灵活。（2）垄断和不正当竞争行为的后果不仅及于个别经营者，还涉及市场竞争秩序，所以竞争法要采用民事、行政和刑事的调整方法，而民商法仅限于民事调整手段，超越民事就不属于私法范畴了。

2. 竞争法与知识产权法

两者的联系在于：（1）许多不正当竞争行为本身是通过侵犯知识产权来进行的，而侵犯知识产权往往也构成不正当竞争或具有不正当竞争的性质；（2）知识产权本身就是垄断，反对滥用知识产权限制竞争已成为反垄断法的一个新的关注点和重要任务。因此，竞争法与知识产权法是相互交叉、作用互补的。

两者的区别在于：（1）宗旨和作用不同，竞争法是以社会为本位，防止过度竞争对社会整体利益带来的损害；知识产权法是以个人为本位，防止他人对知识产权的合法权益进行侵害。（2）客体不同，分别为市场竞争和智力成果。（3）两者存在不交叉的内容，知识产权法并不调整知识产权以外的垄断，也不调整不正当广告、商业诽谤、商业贿赂等；而竞争法不涉及知识产权取得的程序等。（4）相对而言，知识产权法的调整是具体的，竞争法的调整较为抽象，并在知识产权保护方面起着"兜底"的作用。

本章小结

本章是学习"竞争法"课程的入门章节，主要介绍了竞争法的概念、调整对象、立法模式、基本原则、作用及地位等基础理论知识。

竞争法的立法模式主要有：（1）合并式立法模式；（2）分别式立法模式；（3）松散式立法模式。我国采用的是分别式立法模式，分别制定了《反不正当竞争法》和《反垄断法》。竞争法的基本原则：（1）自由竞争原则；（2）公平竞争原则；（3）平等竞争原则；（4）维护和促进社会整体利益原则。竞争法的作用主要有：（1）维持合理的市场结构，创造公平合理的竞争环境；（2）保护和鼓励正当竞争，维护正常的竞争秩序；（3）维护消费者的合法权益；（4）规范政府规制行为，为政府对市场竞争管理提供依据。

学习竞争法基础理论是进一步研习竞争法具体法律制度的前提和基础，通过本章的学习，学生应该充分认识到竞争法的地位，即竞争法作为经济法的核心构成部分，在经济法中占有重要地位，被西方国家誉为"经济宪法"或国家"经济的基石"。在技能上，学生应该具备运用竞争法原理指导处理企业竞争法律实务问题的能力。

技能训练

关于竞争法的法域属性问题的课堂讨论

目的：使学生深入理解竞争法的法域属性，正确辨别私法属性、公法属性、社会法属性，进而增强其运用竞争法基础理论知识处理各类竞争法实务问题的能力。

内容：竞争法属于公法属性还是属于社会法属性？

步骤：

（1）介绍课堂讨论的目的、内容、程序和要求；

（2）组织学生分组讨论；
（3）教师点评。

实践活动

关于开展企业不正当竞争行为的市场调研活动

目的：使学生深入理解竞争法的基本原则和主要功能，进而增强其运用竞争法基础理论知识解决各类竞争法律纠纷的实务能力。

内容：关于开展企业不正当竞争行为的市场调研活动。

步骤：

（1）学生分组；
（2）各组确定调研的范围和对象；
（3）开展调研；
（4）指导教师对调研材料进行总结分析。

要求：根据调研材料，结合竞争法理论知识写出调研分析报告。

本章练习

一、判断题

1. 现代经济法起源于国家对竞争的规制。（   ）
2. 不正当竞争不仅仅是一种单纯的民事侵权行为，也是一种严重损害市场竞争机制的行为。（   ）
3. 竞争法的调整对象包括竞争关系和竞争管理关系。（   ）
4. 违反竞争法应承担的法律责任只有行政责任。（   ）
5. 反垄断法的立法宗旨至少包括以下内容：其一是维护市场竞争；其二是促进经济效率；其三是保护消费者的合法权益。（   ）
6. 垄断行为包括经营者达成垄断协议行为、经营者集中行为、滥用市场支配地位行为。（   ）
7. 我国现行竞争法采用的是合并式立法模式。（   ）
8. 美国和英国属于分立式立法模式的代表国家。（   ）
9. 德国和日本属于分立式立法模式的代表国家。（   ）
10. 竞争法是经济法的核心构成部分，在经济法中占有重要地位。（   ）

二、单项选择题

1. 我国《反垄断法》的施行时间为：（   ）。
 A. 2006 年　　　B. 2007 年　　　C. 2008 年　　　D. 2009 年
2. 我国《反不正当竞争法》的通过时间为：（   ）。
 A. 1990 年　　　B. 1991 年　　　C. 1992 年　　　D. 1993 年
3. 竞争法合并式立法模式的代表国家为：（   ）。
 A. 中国　　　　B. 德国　　　　C. 美国　　　　D. 法国

三、多项选择题

1. 反垄断法主要规制的行为有：（　　）。
   A. 滥用市场支配地位行为　　　B. 垄断协议行为
   C. 经营者集中　　　　　　　　D. 行政垄断行为
2. 竞争法的作用主要有：（　　）。
   A. 维持合理的市场结构，创造公平合理的竞争环境
   B. 保护和鼓励正当竞争，维护正常的竞争秩序
   C. 维护消费者的合法权益
   D. 规范政府规制行为，为政府对市场竞争管理提供依据

四、问答题

1. 简述竞争法的调整对象。
2. 简述竞争法的基本原则。
3. 简述竞争法的作用。

五、案例分析题

2006年年初，某市决定兴建一条连接本市两河岸交通的大桥，采取招标方式选择承包商。某建筑公司为保证能以最低的标价中标，多方寻找能获得其他建筑公司投标价的机会。在得知负责本次招标的张某是本公司一职员李某的大学同学后，该公司领导让李某去说情，并承诺如果该公司能够获得承包权的话，就给李某1万元的好处费，给张某10万元的好处费。李某去找张某，张某答应帮忙，并在投标截止日前一天把其他建筑公司的投标价和投标文件等信息泄露给了该公司，据此，该公司以低于上述最低投标价1.5万元和其他更优惠的条件在投标截止最后期限前递交了投标书。在评标、决标过程中，张某利用其负责人的地位对评标委员会其他成员施加影响，致使该建筑公司最终获得了该大桥的施工合同。其他建筑公司对此事很是不满意，举报到工商行政部门，工商行政管理部门经过仔细的调查取证，证实其他建筑公司反映的情况属实。

问题：请运用竞争法的相关理论知识分析某建筑公司是否构成不正当竞争，试说明理由。

第二章

竞争法的历史沿革

竞争法的形成及发展经历了萌芽、诞生、发展与勃兴阶段,总体趋势是拥有竞争立法的国家数量逐渐增多,竞争法保护的利益趋于多元,调整的范围愈发广泛,国际竞争法的制定成为各国共同努力的目标。美国的反垄断法具有开创先河的历史意义,以《谢尔曼法》、《克莱顿法》、《联邦贸易委员会法》为支柱,加之其他立法相辅助,执法卓有成效。德国是成文法系竞争法的代表国,具有完善的立法体系,其竞争法包含《反不正当竞争法》及《限制竞争法》,并经历多次修订。我国竞争法由《反不正当竞争法》和《反垄断法》组成,其产生与发展历程在一定程度上映射出我国的经济发展过程。国际上对于制定国际竞争法的呼声由来已久,多个国际组织为此做出不懈努力,在区域性竞争立法中,欧盟的表现尤为突出。

学习目标

知识目标:

了解竞争法的一般发展历程及典型国家竞争法的发展沿革,理解竞争法产生与发展的条件。

能力目标:

能借鉴发达国家竞争法的发展经验,为我国竞争法的完善提出建议。

第一节 竞争法的一般历史沿革

案例引导

竞争法是诞生于 20 世纪吗?

在一次沙龙活动中,甲同学和乙同学对竞争法的历史产生分歧。甲同学认为竞争法诞生于 20 世纪,系二战后各国经济恢复发展才产生的。乙同学却说,竞争法与人类经济活动密切相关,应为早已有之。

【问题】甲、乙两位同学关于竞争法产生的说法正确吗?

【分析】不同国家的竞争法产生时间有差别,但竞争法作为一个总体,在世界范围内的产生及发展有一定的轨迹可循。甲同学认为竞争法诞生于第二次世界大战后,这种看法与事实不符。第二次世界大战后,竞争法的确经历了一个发展的小高潮,但在第二次世界大战前,竞争法在世界上已为数不少。乙同学将竞争法与人类经济活动联想在一起,不无道理,但"早已有之"的提法过于模糊。还应注意的一点是,可能存在竞争就会存在竞争规则,但从法的角度加以理解,并非市场上的竞争规则就是竞争法。通常我们所讲的竞争法,是通过拥有立法权限的机关运用其立法权限所制定的具有法律拘束力的规范的总称。

一、竞争法的萌芽

大陆法系常被提及竞争法的雏形可追溯至古罗马时期。公元前后,古罗马皇帝曾制定限制粮行密谋提价的《粮食买卖法》;公元482年,在宪法中禁止包括提高价格在内的垄断,即便国家批准也不例外。《汉谟拉比法典》中亦有关于禁止卖酒妇任意抬高酒价的规定。在英美法系,自17世纪以来便有通过判例确立竞争规则的例证,最为典型的莫过于众多"仿冒"诉讼(action for passing off),即由法院受理的擅自使用他人商业名称、产品、服务标记等案件。萌芽阶段的竞争法仅是零星规则,主要集中在经济发达的国家,总体数量较少,所涉领域有限,不成体系,很难构成严格现代意义上的竞争法。

二、竞争法的诞生

严格意义上的竞争法是狭义竞争法,即国家出于国家利益及社会公共利益的考量而禁止或限制反竞争行为或状态的法律规范的总称,主要是否定性的竞争规则。该意义上的竞争法大致诞生于19世纪末20世纪初,在这段历史时期,西方发达国家相继完成工业革命,经历着从自由竞争阶段进入垄断阶段,曾被自由资本主义时代视为"万能之物"的市场在垄断资本主义时代表现出严重缺陷,面对各种因反竞争行为而出现的"市场失灵"状况,竞争法的诞生即成为客观需要。

反不正当竞争立法率先在欧洲诞生。18世纪中期以后至19世纪末的工业革命使欧洲日渐成为商业、航运和金融中心,市场竞争日趋激烈。法国曾于1850年在其民法典中以侵权行为基础提出"不正当竞争行为"的概念,确认在某些商业活动中导致欺诈或使人误解或对此负有责任的行为构成不正当竞争行为。德国率先突破传统民商法的范围,于1896年颁布世界首部《反对不正当竞争法》,通过制定专门反不正当竞争法的形式对盗用字号或标识、诋毁商业信誉、侵害商业秘密等不正当竞争行为加以规制,成为现代反不正当竞争法产生的标志。其他国家也开始进行竞争立法,例如,1934年日本制定了《反不正当竞争防止法》,对不正当混淆行为和不正当赠品等进行规制。

18世纪70年代,大规模产业革命带来资本高度集中的后果,一些国家涌现出大量托拉斯、卡特尔等垄断集团,对于市场秩序产生破坏作用,同时引发了社会问题,甚至威胁到国家利益,反垄断法被一些国家提上立法日程。1889年加拿大颁布《预防和禁止限制贸易合并法》,1890年美国通过《保护贸易和商业不受非法限制与垄断之害法》(即《谢尔曼法》)等。其中,美国的《谢尔曼法》被公认为现代竞争法的标志。英国也在早期的判例法中确认限制一方或双方当事人营业自由的合同无效，即确立了禁止限制贸易易合同条款的规则。

在国际立法层面，1900年《保护工业产权巴黎公约》首次以国际公约的形式对不正当竞争作出规定，其第10条第2项将不正当竞争行为界定为"在工商业活动中违反诚实经营的竞争行为"，奠定了国际反不正当竞争立法的基础，推动了竞争法的发展。

三、竞争法的发展

第二次世界大战结束以后，人类经历战争重创而面临重建，许多国家借助竞争政策保护市场竞争、刺激经济发展，一些国家则在外部力量推动下制定竞争法。例如，第二次世界大战后的日本在美国占领军推行经济民主化政策背景下，以美国的《谢尔曼法》为蓝本，于1947年制定了《禁止独占和确保公平交易法》；同属战败国的德国，亦于1957年颁布《反限制竞争法》，对促进其国内经济发展意义重大。即便是英国这样的判例法国家，也在第二次世界大战后制定成文竞争法，1948年制定《垄断与限制竞争法》，后为1956年的《限制性贸易行为法》所取代。

在这一阶段，国际竞争立法在一些国际组织（如联合国）的关注下得到较快发展。1948年《哈瓦那宪章》规制了限制性商业行为，尽管未获批准，却在反垄断的国际立法史上书写下重要篇章。1957年欧共体建立时签署的《欧洲经济共同体条约》第85条和第86条便是关于竞争问题的规定，前条涉及排除、限制和扭曲市场竞争的企业间协议、决定和协同行为，后条涉及市场支配地位的滥用。

四、竞争法的勃兴

随着竞争文化逐渐深入人心，各国政府对其职能及市场的认识逐步加深，20世纪80年代初至今，不少国家经过第二次世界大战后30多年的恢复，经济实力已远超过去，市场竞争更趋激烈，竞争法的制定及完善在许多国家提上议事日程，一股新的竞争立法潮再度兴起。而国际竞争立法也得到全面发展，联合国、经合组织、世界贸易组织等持续关注竞争问题，竞争法国际化程度不断加深。

勃兴阶段的竞争法发展出现了利益保护多元化趋势，尤其是保护消费者利益成为重要目标；调整领域更为宽泛，在商业领域之外，文化、旅游、体育行业也受竞争法调整；竞争法数量显著增加，早期已经有竞争立法的国家竞争法律制度更趋完备，而此前竞争立法空白的国家和地区也纷纷出台竞争法。例如，韩国在1975年通过《稳定价格与公平交易法》，这部法早在1964年便由政府开始酝酿，经多次激辩才得以形成；1980年12月23日韩国又通过《限制垄断与公平交易法》，进一步削弱政府对市场的干预，促进市场作用的发挥，对抑制当时的经济衰退更具积极意义。加拿大1974年制定了《联合企业调查法》，1985年制定《竞争法》。长期依赖政府管制价格的法国，直至1986年才颁布《价格和竞争自由法》，对卡特尔进行立法控制，其特色是将反垄断与价格管制紧紧地联系在一起。我国台湾地区于1991年颁布了"公平交易法"。

一批从计划经济向市场经济转型的国家也在20世纪90年代加快了竞争立法的步伐。俄罗斯1991年生效的《关于商品市场上的竞争和限制垄断行为的法律》（即《商品市场竞争法》）将反垄断与反不正当竞争均包含在内，但主要内容为反垄断。这部法受人关注的一个重要内容是规定了对政府行为的限制，要求联邦行政机关、联邦主体权力机构、地方自治机关及其他法律制定的机构和组织不得制定法令和/或实施行为限制经济主体的独立性，制定对经济主体的歧视性条件；国家机关之间、国家机关与其他经济主体之间不得以任何形式缔结协议或进行协同一致的行为禁止、限制或排除竞争。政府采购中的政府行为亦需符合竞争性。1995年《自然垄断法》适用于电信、金融等特定行业，1996年的《广告法》对广告中的不正当竞争进行规制。在经历1998年金融危机后，俄罗斯于1999年通过《保护在金融服务市场上竞争的法律》。除此，《俄罗斯联邦宪法》中也明确载有反垄断的条文，如其第34条明确规定"每个人都享有自由地利用自己的能力和财产从事企业活动和其他不受法律禁止的经济活动的权利"；"禁止从事垄断和不正当竞争的经济活动"。在2006年7月，俄罗斯将《商品市场竞争法》和《金融市场竞争法》两部法合并为统一的《俄罗斯联邦竞争法》。1996年匈牙利制定《关于禁止不公平市场行为和限制竞争的法律》，2014年该法获得修订。

第二节　美国竞争法的历史发展

案例引导

1998年，美国联邦司法部以"违反反托拉斯法"的罪名起诉微软，2000年，美国哥伦比亚特区联邦地区法院初审裁定微软公司违反《谢尔曼法》，微软面临一分为二的危险。2002年11月，美国联邦法官终于裁决，认可微软与美国司法部及9个州达成和解协议的大部分内容，从而结束了这场历史4年半的官司。

【问题】美国联邦法院为何没有最终拆分微软呢？

【分析】美国作为反垄断法的发祥地，其反垄断法历史悠久，执法力度广受肯定。微软作为世界软件业巨头，以其占有的市场份额很容易引发反垄断执法部门的关注。美国在反垄断法的实际执行过程中，对于以何种标准反垄断的问题并非一成不变，而是受相关经济理论影响。早期的美国反垄断法受哈佛学派影响，强调市场结构对市场绩效的决定性作用，认为判断一个行业是否具有竞争性，不能只看市场行为或市场绩效，而应看该行业市场结构是否高度集中，是否实际上由一个或数个寡头所控制及进入该行业的壁垒是否很高，以至于扼制新厂商进入该行业。哈佛学派影响下的反垄断执法较为严格，采用的是"本身违法原则"，即只要发生某些行为即可认定触犯反垄断法，无需分析具体情况。20世纪70年代以来，芝加哥学派逐步取得了主流派地位，该学派以经济自由主义思想和社会达尔文主义为基础，提出市场竞争过程是一个没有国家干预条件下市场力量自由发挥作用的过程，从长期看，在没有人为的市场进入限制的条件下，市场竞争过程是有效的，它会在很大程度上带来能够保证消费者福利最大化的生产效率和资源配置效率；国家应该尽量减少对市场竞争过程的干预，把它仅仅限制在市场竞争过程确立制度框架条件上，据此产生的反垄断标准为"合理原则"，该原则要求判断一项行为是否触犯反垄断法时，要对行为进行具体分析，如合同目的、双方的市场力量、对相关市场产生的实际影响等。美国联邦法院没有最终拆分微软,恰恰说明在认定垄断标准方面,本身违法已不再是美国反垄断实践的唯一标准,"合理原则"才是本案遵循的标准,这也说明了美国反垄断执法的灵活性。

(案例来源:中国法院网)

一、美国竞争法诞生的历史背景

美国是现代竞争法的发源地,其竞争法主要是反垄断法。美国反垄断法的诞生有其深刻的社会根源,主要包括以下因素:

(一)客观经济背景

南北战争结束后,美国产业革命催生了各种技术成果,推动了全国市场的统一及经济的迅猛发展,使美国从一个农业国转变为世界领先的工业国。经营者为了追逐更多利润,以及在 19 世纪 80、90 年代和 20 世纪 20 年代的经济危机中求得生存,通过各种方式进行集中化从而催生一批大公司,特别是在铁路、石油、棉籽榨油、制糖、炼铝、酒业等领域先后出现各种大企业联合的托拉斯,并且发展到更加复杂的企业联合、合并(如控股公司),这些工业集中把美国从自由竞争阶段推向垄断阶段。垄断组织更易利用市场优势谋求自身利益,侵害劳工利益,挤垮许多中小企业。1876 年,针对铁路托拉斯公开给予大企业以运输费用优待,对农民却索要高价的做法,西部农民率先发动继而在全国范围内掀起了反托拉斯运动。与此同时,中小工商业主也与托拉斯间展开斗争,成为催生反垄断法的重要催化剂。另外,1875 年政府与大企业相互勾结,偷漏威士忌酒税达数百万美元,也助推了反垄断运动的开展。伊利诺伊州率先迫于农民压力颁布法案规定铁路运输和谷物储存的最高价格。此后,威斯康星州、衣阿华州、得克萨斯州等相继通过了反垄断法案。

(二)经济理论背景

以亚当·斯密为代表人物的古典自由竞争理论曾对自由竞争制度给予高度评价,然而,随着经济危机中出现的一次又一次"市场失灵",人们对于自由竞争理论的质疑加深,国家干预理论逐渐深入人心。国家干预主义代表人物为凯恩斯,在 1936 年发表《就业、利息与货币通论》中系统提出了国家干预经济的一系列观点和政策主张,认为从自由竞争发展到垄断阶段以后,市场存在调节失灵的情况,"看不见的手"已不能完全适应市场需要,要解决市场中存在的问题,只能运用国家干预经济的手段,主张政府应对市场进行干预。这一主张获得罗斯福总统的青睐,影响了美国的经济政策,助推了竞争法在美国的发展,丰富了反垄断法的理论和实践。以美国最高法院宣布促进垄断和管理经济的全国工业复兴法违宪为契机,政府开始发动大规模的反垄断运动。

(三)社会思想基础

竞争法率先在美国生根发芽,与其社会思想基础不无关联。最为典型的是对于公平正义的追求。追求公平正义是人类进步的重要标杆,美国社会对此尤为崇尚。以公平正义观为基础的反对特权思想对反垄断法的产生影响深刻,人们反对权力过分集中,在经济领域的反应便是对垄断现象的抗拒,希望通过竞争机制来优化资源分配,因此,反垄断法的细胞本质上孕育于特权瓦解的过程之中。美国社会对民主的追求也在一定程度上影响着竞争法的诞生与发展。人们担心,类似的垄断组织不仅可能粉碎较小的经济组织,对民主政治也可能产生颠覆性影响。相关例子的确存在,例如格兰特任总统期间,美国垄断组织曾涉及政府的腐败,发生了兴业银行行贿案,牵涉到包括副总统柯尔法克斯在内的政府官员,向民众生动地诠释了垄断的消极意义。

二、美国竞争法的三大支柱

美国的反托拉斯法由以 1890 年《谢尔曼法》、1914 年《克莱顿法》及《联邦贸易委员会法》为核心的一系列单行法规和判例所组成,其中,前三者被称为美国竞争法的三大支柱,侧重于对垄断的规制,也包含了部分反不正当竞争的内容。

(一)《谢尔曼法》

1890 年《谢尔曼法》被视为现代竞争法诞生的标志,也是美国历史上第一个授权联邦政府控制、干预经济的法案,因由美国国会参议员谢尔曼提出而得名,全称为《反对不法限制和垄断、保护交易和通商的法律》。

《谢尔曼法》的产生有特殊的历史背景。19 世纪下半叶,尤其是 80 年代大量出现的跨州铁路公司联合限制竞争行为,这些曾依据形式主义契约自由理念而被认为是商业权自由与合法行使的表现的行为招致强大的民众运动。迫于公众反对铁路业垄断的压力及对自由民主的崇尚,反垄断法呼之欲出。俄亥俄州参议员约翰·谢尔曼先生提出法案,并指出"该法案目的是使合众国(联邦)法院,能够适用在某些州已经用来保护当地利益的相同的救济措施来对抗那些损害合众国利益的违法联合形式。通过这种方法补充执行已由某些州法院依靠普通法和制定法建立起来的,处理在这些州损害公民工商业自由的联合形式的规则。该法案赋予联邦法院在它们有限的宪法权力内,与州法院合作检查、约束和控制那些最危险的,现在已经威胁合众国人民的商业、财产和贸易的联合的权力"。

《谢尔曼法》共 8 条,其主要内容规定在第 1 条和第 2 条,其中,第 1 条规定,任何对各州之间或与外国之间贸易或商务加以限制的合同、以托拉斯等形式实施的联合、或共谋,均为违法,并构成严重犯罪,违者处以 5000 美元以下罚金,或 1 年以下监禁,或二者兼科;第 2 条规定,任何个人或企业单独或与他人联合或共谋垄断或企图垄断州际或与外国之间贸易或商务的行为,即被视为严重犯罪,一经确定,处罚与第一条相同。这两条所规制的垄断行为或状态仍然是当今各国反垄断立法中最为重要的组成部分。

《谢尔曼法》奠定了反垄断法的坚实基础,对垄断行为苛以严厉的刑事责任,但用一般且模糊的措辞,对限制贸易及垄断行为仅作原则性规定,对什么是垄断行为、什么是限制贸易活动没做出明确解释,政府和法院的态度亦较消极,令颁布初期的《谢尔曼法》成为一纸空文。在该法颁布以后,美国依然发展出许多大工业托拉斯。

（二）《克莱顿法》

在社会舆论的强大压力下，为了弥补《谢尔曼法》的缺陷，1914年又颁布了《克莱顿法》，明确并增加了反托拉斯的规定，分别列举和描述了各种具体的限制贸易行为，包括禁止价格歧视、禁止附带条件销售或签订排他性合同、禁止为减少竞争的企业合并、禁止兼任公司董事制，同时也规定了完全或部分的豁免权。该法还确定了"早期原则"，即凡是那些可以合理地预见可能会对竞争产生损害的行为，虽然其实际未产生损害，都是违法的。如此规定有助于预防垄断发生，可以尽早将其遏制于萌芽状态，因此，该法比《谢尔曼法》更有利于打击垄断行为。值得一提的是，《克莱顿法》第7条奠定了美国反垄断法调整并购的基础，该条规定"从事商业或从事影响商业活动的任何人，不能直接间接占有其他从事商业或影响商业活动的一人的全部或部分股票或其他资本份额。联邦贸易委员会管辖权下的任何人，不能占有其他从事商业或影响商业活动的人的全部或一部分资产，如果该占有实质上减少竞争或旨在形成垄断"。

（三）《联邦贸易委员会法》

1914年的《联邦贸易委员会法》同样在一定程度上弥补了《谢尔曼法》的不足。该法主要目的在于授权建立联邦贸易委员会负责执行各项反垄断法律，赋予其执行反垄断法的各项职责，包括：搜集和编纂情报资料、对商业组织和商业活动进行调查、对不正当的商业活动发布命令阻止不公平竞争等。该法还首次涉及不正当竞争，其第5条规定："商业中或影响商业的不公平的竞争方法是非法的；商业中或影响商业的不公平或欺骗性行为及惯例，是非法的。"当然，这里的"不正当竞争"应作广义理解，涵盖了垄断和不正当竞争两方面的内容。该法还针对虚假广告做出特别规定，其第12条规定，"任何个人、合伙人、公司传播或导致传播虚假广告，是非法的"，且列举三种类型的虚假广告，即通过美国邮局，或在商业中通过各种方式引诱，或直接间接地可能引诱对食品、药品、设备或化妆品购买的虚假广告；通过各种方式引诱或可能引诱顾客购买食品、药品、设备或化妆品的虚假广告；传播或导致传播虚假广告，是不公平的或欺骗性行为及惯例。该法还有大量程序性规定，提高了贸易法委员会行使职权的规范性。

《谢尔曼法》、《克莱顿法》及《联邦贸易委员会法》通过之后，均未得到很好的执行，原因是多方面的，一方面立法本身措辞模糊，另一方面第一次世界大战的爆发及20世纪20年代美国经济的相对繁荣等也是不可忽视的因素。

三、美国竞争法的其他渊源

美国竞争法的三大支柱仅作了原则性规定，为执行者带来难题，也降低了他们的热情。在经济、政治、社会等多种因素推动下，特别是美国的20世纪20年代末到1937年遭遇大萧条时期，凯恩斯主义在美国大受青睐，罗斯福推行新政，竞争法不断被细化。1936年国会通过了《鲁滨逊-帕特曼法》，扩大了《克莱顿法》第2条列举的不正当竞争的范围，禁止那些可能会削弱竞争或导致市场垄断的价格歧视；1938年《惠勒-利法》修改了《联邦贸易委员会法》第5条，规定除了不正当竞争方法外，不正当或欺骗性行为也属违法，将后者的适用范围扩大到直接损害消费者利益的商业行为。不过，罗斯福总统也曾推进合并中小企业，催生卡特尔，此时的反垄断法在美国实际上力量有限。

第二次世界大战后，美国反垄断法的执行向积极态势发展。为了弥补之前法律的不足，美国国会于1950年通过了《塞勒-凯弗维尔反兼并法》，对《克莱顿法》的第7条进行了修正，增加了关于取得财产的规定：禁止任何公司购买其他公司的股票或资产，如果这种购买有可能导致竞争的大大削弱或产生垄断。1976年，美国国会又通过了《哈特-斯科特-罗迪诺反托拉斯改进法》，该法规定：大型企业的合并必须在合并之前向联邦委员会或司法部反垄断局申报批准。1977年，美国司法部反托拉斯局发布《反托拉斯国际操作执行指南》以更好地指导与规范反垄断实践。1980年《反托拉斯程序修订法》把反垄断的并购行为从公司扩展适用到未经注册的社团，如总销售额超过5亿美元的合伙或一些出于企业责任方面的考虑没有进行注册登记的"合营企业"。1982年美国国会颁布《对外贸易反托拉斯改进法》，明确了美国反垄断法仅适用于损害国内市场的行为，对出口贸易不予管辖。

美国在百余年的反垄断法实践中积累了大量丰富的判例，充实了成文法的规定，并其后来的运用奠定基础。例如，1945年美国"铝公司案"开创了反垄断法域外适用的先河，确立了美国反垄断法域外适用的法律标准，即"效果原则"。

美国反垄断法逐渐被确立为"经济自由宪章"，并在长期实践中获得不断完善，成为推行政府的经济政策、保护经济正常运转的强有力的手段，同时也为其他国家竞争法的发展发挥了示范作用。

第三节　德国竞争法的历史发展

案例引导

从遵守契约自由到反对卡特尔协议

1897年，德国最高法院在"萨克森林卡特尔案"中指出，只要卡特尔协议没有对同业者和非同业者施加不正当压力，不违法善良风俗，不侵害商业自由，卡特尔协议便有效。

1957年的德国《禁止限制竞争法》却将限制卡特尔协议作为一般处理模式，除非存在例外。

【问题】为什么德国对卡特尔协议的态度会有如此大的转折？

【分析】第一次世界大战以前，特别是在19世纪70年代，德国出现了生产和资本的迅速集中，卡特尔一度极为发达，人们视卡特尔为"契约自由"的必然，尤其在1873年的经济危机之后广泛发展，1910年的《钾矿业法》曾以国家的力量和法律的强制扶助卡特尔，抑制企业进入钾矿业。因此，在最高法院在"萨克森林卡特尔案"中的立场在当时看来不足为奇。但是，随着形势的发展，受经济、政治及社会思想等诸多因素影响，德国对于卡特尔的态度产生巨大转变。首先，从客观经济因素来看，卡特尔本身的弊端在中世纪末期的欧洲已露端倪,地租、高利贷和商业行会垄断着当时社会上的各种经济特权,严重制约着资本劳力等经济因素的自由流动,反对卡特尔的意愿在德国也已经开始酝酿和滋长。其次,政治因素是不可忽视的原因,第二次世界大战后,德国作为战败国受英美法等国控制,为了对法西斯力量形成制约,消除德国大型企业造成的过分集中的经济力量,占领者以美国法为蓝本在德国颁布反垄断立法,为其后来的完善奠定基础。此外,社会思想因素也是德国对卡特尔协议态度转变的重要影响因素。在欧洲,以阿道夫·门泽尔(Adolf Menzel)为代表的奥地利法学家较早主张通过限制卡特尔的行为来保护竞争,因为卡特尔通过提高价格损害了消费者的利益,其垄断行为会危及整个社会的利益,这对德国产生一定影响。在德国国内,19世纪下半叶,历史主义学派参照社会合作与和谐的标准评价卡特尔,从关注下层工人的艰难处境和严峻的社会矛盾的角度要求规范竞争,限制卡特尔的危害社会的行为,不过他们并没有完全否定卡特尔的存在。此外,世界范围内多数国家注意力从战争转向国内经济发展、竞争法日益受重视也推动着德国对限制竞争行为的关注。

(案例来源:百度文库)

德国作为新兴资本主义国家的代表,其相对成熟的竞争法律制度为良好市场秩序的形成与发展发挥重要作用,值得我们关注。德国竞争法分为两个部分,即《反不正当竞争法》和《反限制竞争法》,其中,前者在世界范围内反不正当竞争法的立法史上具有里程碑意义。

一、德国竞争法的产生

(一) 德国《反不正当竞争法》的产生

德国是现代反不正当竞争法的发源地。1896年德国制定了世界上第一部专门的《反不正当竞争法》,对商业竞争中违反诚实信用原则的行为,采取民事、行政和刑事的手段一并予以调整。1909年新《反不正当竞争法》取代前部立法,至今已修订10多次,影响了不少欧洲国家,如希腊1914年、奥地利1923年、波兰1926年、瑞典1931年陆续制定了《反不正当竞争法》。1932年与1933年德国先后颁布《附赠法》及《折扣法》,这使德国一度被认为是欧洲反不正当竞争法最严厉的国家,这两部法于2001年废除。

(二) 德国反垄断法的产生

德国政府曾于1923年颁布《防止滥用经济优势的法规》(即《卡特尔条例》),允许对滥用经济强权的卡特尔向卡特尔法院起诉以限制卡特尔的发展。但是,1933年纳粹上台后,开始推行国家统制经济政策,德国所有的公司和企业被纳入为战争服务的轨道,《卡特尔条例》被废止,德国企业的卡特尔组织得到了空前的发展。

第二次世界大战后,德国分裂为东德和西德,西德被美英法等国占领,占领者于1947年以美国反托拉斯法为蓝本颁布《关于禁止德国经济力量过分集中的法令》,对卡特尔和康采恩等实行禁止,并根据特别指令,对重要产业的大企业实行了分割。占领期结束后,西德制定《德意志联邦共和国基本法》，实行"社会市场经济"。随着新自由主义经济思想占据主流地位，促进和维持市场竞争成为新的发展目标，西德经济获得恢复和发展，为了进一步规范市场，1957年议会通过《禁止限制竞争法》，限制卡特尔及市场支配地位的滥用，除非存在例外。此法后经多次修改，沿用至今。

二、德国竞争法的发展

德国竞争法紧跟时代步伐，随经济、社会等各方面的变化不断修订，为其经济发展提供了重要保障。

（一）德国《反不正当竞争法》的发展

制定于1896年的《反不正当竞争法》，后来被1909年的新法替代。二者相比，最主要的差异在于，后者新加了可以涵盖所有不正当竞争行为的一般条款。根据1909年版的第1条，对于市场经营活动中发生的，为了竞争目的而违反善良风俗的行为，任何人都可以要求禁止和损害赔偿。此后，历经10多次修改，最近两次分别在2004年和2008年。

2004年的修改幅度较大，吸收了近年来欧洲学术界研究及司法实践成果，特别遵循使该法自由化和欧洲化的宗旨。这次修改启动于2001年2月，德国联邦司法部专门成立工作小组，探讨反不正当竞争法的修订，历时近3年半时间，新法于2004年7月3日公布并生效。此次修订的重大变化体现在：一是将消费者明确列为保护对象。德国《反不正当竞争法》开始仅保护经营者的利益，以免经营者因不正当竞争而受损害，没有规定保护消费者，只是由法官在实践体现，修订后第1条规定，"本法旨在保护竞争者、消费者以及其他市场参与人免遭不正当竞争之害。本法同时保护公众对不受扭曲的竞争的利益"第3条规定，"不正当竞争行为，如足以损害竞争者、消费者或其他市场参与人而对竞争造成并非轻微的破坏的，则是非法的"，均明确将消费者列举出来。为增强法的可操作性，新法第2条第2款对消费者进行了界定，即准用德国民法典第13条的规定，即消费者系指非以工商业活动和独立的职业活动为目的而缔结法律行为的自然人。二是降低了一般条款的地位。依照1909年法第1条，法律禁止的是为了竞争目的而"违反善良风俗（honest practices or gute sitten）的行为"，而依据2004年法第3条，法律禁止的是为了竞争目的的"不正当（unfairness or unlauterkeit）行为"，规定"不正当的竞争行为是不允许的，如其以不利于共同竞争者、消费者或其他市场参与者的方式妨碍竞争，且这种妨碍并非无关紧要"。与此同时，第4条列举11个例子说明何为不正当竞争行为，包括：（1）足以通过施加压力、以蔑视人类的方式或通过其他不适当的不实影响，侵害消费者或其他市场参与人的决定自由的竞争行为；（2）足以利用消费者（特别是未成年人或青少年）缺乏交易经验、轻信、害怕或窘境的竞争行为；（3）掩饰竞争行为的广告性质；（4）在举办诸如打折、附赠或赠品的促销活动时，不明确无误地给出享受优惠的条件；（5）在举办具有广告性质的有奖销售活动时，不明确无误地给出参与条件；（6）将消费者购买商品或使用服务设定为参与有奖销售的条件，但有奖销售依其性质即与商品或服务发生联系的除外；（7）贬低或诋毁其他竞争者的标志、商品、服务、活动或个人关系或商业关系；（8）对于其他竞争者的商品、服务或企业或其经营者或企业领导层的成员，声称或散布足以损害企业的经营或企业的信用的事实，但以这些事实无法证明是真实的为限，如有关事实涉及秘密的通知，而且通知人或受领人对通知具有正当的利益，则只有在违反事实真相声称或散布这些事实的情况下，才构成不正当竞争；（9）行为人提供的商品或服务系其他竞争者商品或服务的仿冒品，条件是：① 导致对购买人就商品或服务的企业来源进行欺诈，而这种欺诈是可以避免的；②不适当地利用或损害被仿冒商品或服务的声誉；③以不诚实的方式获取了仿冒所需的知识或资料；（10）有针对性地阻碍其他竞争者；（11）违反其他旨在保护市场参与人利益、规范市场行为的法律规定。第5条至第7条分别对误导广告、比较广告、不可期待的烦扰行为加以详细规定。列举方式并未完全剥夺法官的自由裁量权，不正当行为的精确范围和仍依赖他们在实践中决定。此次修订还进一步明确了评价广告是否引人误解的标准，赋予商家自由决定是否及何时进行特价销售的权利，废止了不允许生产厂家作广告和发放购买券的陈旧规定，在停止请求权和赔偿损失请求权之外，又规定即排除由不正当竞争所造成的不法状态与削夺利润请求权——在一定条件下，请求权人可要求从事不正当竞争行为的商家将其从此行为中的获利上缴联邦国库。

2005年欧盟颁布《关于不正当商业行为的指令》（以下简称《指令》），依其第3条第1款，其目的主要制止经营者针对消费者的不正当商业行为，涵盖经营者之间的水平竞争行为。由于《指令》与德国《反不正当竞争法》存在不一致，为避免法律适用中的冲突，同时将《指令》转换为国内法，德国于2008年以来又对《反不正当竞争法》进行修订，包括将第3条标题由"不正当竞争行为的禁止"变为"不正当商业行为的禁止"，对一般条款再次修订，提出不正当竞争行为还包括针对消费者的不正当行为，等等。2010年3月，德国联邦法律公报又公布了针对《反不正当竞争法》第3条第3款所指的消费者不正当经营行为的30条附件，即"黑名单条款"。

案例链接

在德国的一家商店门口，B商店的员工某甲对即将进入A商店购物的顾客某乙进行游说，让其到别的商店购买，因为这家商店商品质量有问题。

【问题】某甲这种行为是否属于德国《反不正当竞争法》中的不正当竞争行为呢？

【分析】依照德国《反不正当竞争法》的规定，某甲的行为属于通过诋毁商誉"有针对性地阻碍其他竞争者的行为"。

（二）德国《反限制竞争法》的发展

德国《反限制竞争法》是其反垄断法的主要渊源。自1958年起实施后，在1966年、1973年、1976年、1980年、1989年、1998年、2005年先后经过7次修订。《反限制竞争法》的主要框架包括禁止卡特尔、禁止滥用市场支配地位和控制企业兼并。该法除了上述限制竞争行为进行界定外，还规定了执法部门的职权、处罚措施及例外条款等。

德国《反限制竞争法》最近一次修订是2005年的第7次修订，目的是使其与欧盟竞争法相协调。修改的主要内容包括：（1）废除了原《反限制竞争法》关于纵向限制竞争与横向限制竞争的划分。原《反限制竞争法》第 1 条明确禁止的竞争者之间的横向限制竞争安排,纵向行为在原法中仅在第 14 条,"如果一个企业通过协议限制了另一个企业决定商品或服务价格或交易条件的自由,特别是转售价格维持行为,则要予以禁止"。由于《欧共体条约》第 81 条没有区分横向限制竞争协议和纵向限制竞争协议,凡属限制竞争的协议、决定和协同行为均应禁止,因此德国法作出此修改。修改后的第 1 条同时适用于横向协议与纵向协议,规定"企业之间的协议、企业协会的决定及企业之间的协同行为,如其目的是为避免、限制或扭曲竞争或者有避免、限制或扭曲竞争的效果,则应该予以禁止"。(2) 重新建立了一般豁免制度。建立自我评估制度,企业可对照《反限制竞争法》第 2 条第 1 段的条件进行自我评估,符合条件的可以自动获得豁免。废除了原来的涉及标准化卡特尔、型号卡特尔、标准条款和条件卡特尔、合理化卡特尔、结构危机卡特尔、紧急情况卡特尔等法定豁免和行政豁免的规定,但保留了中小企业卡特尔豁免。(3) 调整市场支配地位滥用部分。扩大地域市场的范围,规定地域市场可以大于德国竞争法的适用范围,禁止处于市场支配地位的企业和企业协会利用市场支配地位在没有任何客观理由的情况下强迫或要求其他企业向它们提供优惠的交易条件;取消了原第 22 条、第 23 条的有关建议。(4) 修订反垄断适用除外制度。取消信用和保险行业、体育业等适用除外,仅保留了农业、报纸、杂志行业的转售价格维持的适用除外。

案例链接

一个广告发送人向大量消费者发送了广告,且告知消费者参加此项活动有获奖的机会,如果消费者有兴趣可拨打热线电话了解具体信息,此类电话是要收费的,广告发送人可从电话费中分得一部分利润。消费者保护协会通过一定方式查明,事实上这个活动根本没有赋予消费者任何获奖机会。

【问题】消费者保护协会可以如何处置此事呢?

【分析】本案中,虽然单个消费者损失极低,电话费大概在十几欧元左右,但消费者数量是巨大,广告发送人的获利就相当可观。按照德国《反限制竞争法》的规定,在扣除掉调查经费之后的剩余获利可上缴联邦国库。

第四节 我国竞争法的历史发展

案例引导

跨区用盐被罚案

2014 年 10 月 15 日,新郑市龙湖镇一热干面馆使用从郑州带回的食盐(都是真盐,也没有过保质期,龙湖离郑州几公里,离新郑 20 多公里),结果被新郑市盐业管理局执法人员认定为"跨区域用盐",没收食盐并处罚款 200 元。无独有偶,2014 年 3 月,陕西户县一家餐馆被户县盐务局查出几袋从西安购回的食盐,检查人员认为其"跨区域用盐",依据《河南省盐业管理条例》第 23 条和第 28 条规定,"饮食加工用盐单位、营业性饭店以及机关、企事业单位的集体食堂,必须从当地食盐经营单位购买食盐";"违反本条例第 23 条规定的,由盐业行政主管部门责令停止违法行为,没收违法盐产品和违法所得,并处以违法盐产品价值 1 倍以上 3 倍以下罚款",没收了食盐还罚了 200 元。接着,陕西省盐务局介入调查,认为户县盐务局的处罚行为错误,责成其立即撤销行政处罚决定,退回罚款和罚没盐品,赔礼道歉。2014 年 10 月,徐州新沂市一大排档老板用了 2 斤连云港的盐,竟被罚了 5000 元。新沂市盐务管理局盐政稽查科回应,根据江苏省有关规定,老陈的这种情况可以处以 2000 元以下罚款,因为之前老陈拒不接受,该局才向当地法院申请强制执行。

【问题】上述案例中出现的盐业割据是否应当任其发展?

【分析】现实中,我国食盐业割据现象严重,其存在的重要原因在于有《食盐专营办法》为其撑腰。《食盐专营办法》第 14 条规定,食盐零售单位和受委托代销食盐的个体工商户、代购代销店以及食品加工用盐的单位,应当从当地取得食盐批发许可证的企业购进食盐。不少省、区的盐业公司通过地方立法来制定地方性的盐业管理条例,催生上述盐业割据现状。从我国现行《反垄断法》看,也能为其存在找到依据,该法第 7 条规定,依法实行专营专卖的行业,国家对其经营者的合法经营活动予以保护,并对经营者的经营行为及其商品和服务的价格依法实施监管和调控,维护消费者利益,促进技术进步。食盐业的确事关百姓生活,但这种割据状态更像计划经济时代的产物,是否符合消费者利益值得探讨。我国《反垄断法》经历了从无到有的发展历程,目前竞争法执法还处在起步阶段,对于究竟什么是"应当被反的垄断",仍有待进一步探索。

(案例来源:新浪新闻)

我国是以农耕文明著称的古老国家,有过"重农抑商"的历史,但商业活动与人类生活相伴相随。只要有市场交易活动,就会有规制交易活动的规则,这些规则有些出自商人间长期的实践,有些出自管理者。管理者制定的调整市场秩序的竞争规则在我国早有雏形。例如,《周礼·地官·司市》中记载,王室人员和贵族等统治阶层的人严格禁止入市,这是对竞争秩序维护的典型表现;秦朝的《关市律》就是管理关和市的法律;《唐律疏议·杂律》的"卖买不和较固"条,即"诸卖买不和,而较固取者;及更出开闭,共限一价。若参市,而规自入者,杖八十。已得赃重者,计利,准盗论",意为欺行霸市、谋取暴利、垄断市场者将受到杖刑,重者将视为盗,实质就是对市场秩序的规制。清乾隆时期曾规定牙商(过去的一种职业,在宋代商业活动便存在,主要从事中介、代理、担保等业务)不能由与官府关系密切的胥役和"衿监"充任牙行,以杜绝"此辈倚势作奸、垄断取利"、"鱼肉商民",此规定还被载入《则例》。后来,清廷又多次裁减牙行,"使额贴不至于虚悬亏课,而市侩无从垄断居奇",1740 年制定《清厘牙行之例》。清末还曾制定《大清商律草案》、《交易行律草案》等来规范市场行为。

现有资料对民国期间的竞争法记载不详。从零星资料可以发现,我国历史上这段短暂的资本主义时期对竞争立法有客观要求,然而,当时岁月动荡,市场秩序不令人乐观,统治者初步制定了相应的涉及竞争的规则,对营造自由、规范的市场竞争秩序具有积极意义。例如，1931年1月1日起正式实行的国民政府《商标法》客观上起到了避免商标使用中的不正当竞争的作用。又如，《暂行工艺品奖励章程》规定：只有确属发明创造者，才能享受3~5年的专利权，这与清末实行的几十年内不许其他人在同一地区乃至全国境内开办同类企业的做法大相径庭，既鼓励了创新，也避免了专利权的长期垄断性，同时也禁止冒名、冒牌等不正当竞争行为。

新中国成立初期，我国实行计划经济，政府对完全掌控市场交易，这段时期缺少竞争法存在的土壤。党的十一届三中全会吹响了我国社会主义经济体制改革的号角，从此我国走上了循序渐进的经济体制改革之路。随着市场经济在我国的逐步确立，竞争法成为经济立法的重中之重。这段时间，新中国的竞争法经历了从酝酿到诞生再到逐渐完善的发展历程。

一、我国反不正当竞争法的历史发展

1980年国务院《关于开展和保护社会主义竞争的暂行规定》指出"竞争要严格遵守国家的政策和法令，采取合法的手段进行。要树立企业的信誉、企业的道德，不准弄虚作假，行贿受贿，投机倒把，牟取暴利，损害国家和人民的利益。违法乱纪的，应当根据情节依法处理"。此后，根据市场上出现的种种不正当竞争行为，国务院及其所属部门陆续发布了许多关于打击假冒伪劣产品、取缔虚假广告、惩治假冒注册商标的行政性法规。1987年国务院法制局牵头，国家体改委、国家工商局等7个部门参加起草《禁止垄断和不正当竞争条例》，后来改为分别立法。《反不正当竞争法》于1991年底正式列入全国人大常委会立法规划，并确定由国家工商行政管理局承担起草任务。国家工商局于1992年初成立起草小组，起草了《反不正当竞争法》征求意见稿，1993年5月组织召开了专家论证会，并广泛征求意见，同年10月，经国务院常务会讨论通过，形成了《中华人民共和国反不正当竞争法（草案）》。1993年6月国务院将该法草案提请全国人民代表大会常务委员会第三次会议审议，于1993年9月3日最终通过了《中华人民共和国反不正当竞争法》，自1993年12月1日起施行。这是一部在总结改革开放以来的实践经验和借鉴发达国家的立法经验的基础上制定的竞争法，该法共5章33个条款，规定了11种不正当竞争行为。随着社会生活的不断变迁，《反不正当竞争法》已显得过时，不能有效应对现实中出现的新情况，目前正处于修订之中，有望在不久的将来正式通过新法。

2006年12月30日最高人民法院审判委员会第1412次会议通过《关于审理不正当竞争民事案件应用法律若干问题的解释》对于4种典型的不正当竞争行为，即商业标识的假冒、虚假宣传、侵犯商业秘密和商业诋毁作了详细的界定，并对适用法律的若干问题进行了具体的解释。

二、我国反垄断法的历史发展

反垄断法的制定是随着我国经济改革的逐步深入而被提上议事日程的。1980年10月国务院发布的《关于开展和保护社会主义竞争的暂行规定》首次在我国提出了反垄断，此后，我国逐步制定了一些涉及反垄断的法律、法规。

原本我国的《反不正当竞争法》和《反垄断法》的起草是同时进行的。但是，当时多数意见认为，我国尚处于市场经济的初始阶段，经济垄断行为表现尚不充分，人们认为

直接将发达国家所认为的垄断行为照抄到我国,可能对市场经济的确立产生负作用,制定《反垄断法》的条件尚未成熟,因此,《反垄断法》未能与《反不正当竞争法》同时出台。不过,相关立法进程并未停止。早在 1994 年 5 月,就成立了反垄断法起草小组。1994 年、1998 年、2003 年,反垄断法被列入第八届、第九届、第十届全国人大常委会立法规划。2004 年,商务部将反垄断法(送审稿)提交国务院法制办。2005 年 2 月,再次列入全国人大常委会立法计划。2006 年 6 月,反垄断法草案提交全国人大常委会首次审议,2007 年 6 月,反垄断法草案提交全国人大常委会二审。终于在 2007 年 8 月 30 日十届全国人大常委会第二十九次会议表决通过《反垄断法》,结束了我国没有独立的反垄断法的历史。

2007 年《反垄断法》正式通过之前,我国也有涉及反垄断的法律法规,但主要是分散立法。例如,1990 年 11 月国务院发布《关于打破地区间市场封锁进一步搞活商品流通的通知》,明确规定,生产企业在完成国家指令性计划产品调拨任务和购销合同后,有权在全国范围内销售产品,工业、商业、物资等部门的企业,有权在全国范围内自行选购所需产品,任何地区和部门都不得设置障碍,加以干涉,表明了反对行政垄断与地方保护主义的基本态度。1993 年 12 月 24 日,国家工商行政管理局发布《关于禁止公用企业限制竞争行为的若干规定》,以配合《反不正当竞争法》有关规定制止公用企业限制竞争行为。1997 年《价格法》第 14 条第 1 款规定,经营者不得"相互串通,操纵市场价格,损害其他经营者或者消费者的合法权益。"1999 年《招标投标法》也有禁止串通投标招标的规定。2001 年 4 月 21 日,国务院颁布《关于禁止在市场经济活动中实行地区封锁的规定》,明确规定"禁止各种形式的地区封锁行为"。2006 年 8 月,商务部、国资委等六部门联合发布了修订后的《关于外国投资者并购境内企业的规定》规制经营者集中行为。

《反垄断法》通过后,为规范经营者集中反垄断审查工作、明确经营者集中反垄断审查程序,商务部 2010 年 1 月 1 日起施行《经营者集中审查办法》。商务部于 2010 年 7 月 5 日颁布《关于实施经营者集中资产或业务剥离的暂行规定》。2012 年 1 月 30 日,最高人民法院审判委员会第 1539 次会议讨论通过《最高人民法院关于审理因垄断行为引发的民事纠纷案件应用法律若干问题的规定》,推动我国反垄断民事诉讼的发展,该司法解释于 2012 年 6 月 1 日正式实施。

党的十八届三中全会提出,必须积极稳妥从广度和深度上推进市场化改革,大幅度减少政府对资源的直接配置,推动资源配置依据市场规则、市场价格、市场竞争实现效益最大化和效率最优化。展望未来,竞争法在我国的繁荣指日可待。

第五节 国际竞争统一立法的历史发展

案例引导

欧盟调查谷歌反垄断案

在接到微软等 10 几家公司的投诉后,欧盟委员会 2010 年 11 月表示,已对美国互联网巨头谷歌展开正式反垄断调查，以确定谷歌是否滥用其在搜索市场的主导地位。2012年7月，欧盟与谷歌展开和解谈判，经过数月谈判，谷歌公司同意作出更多让步，以打消欧盟监管当局对其在线搜索和搜索广告业务涉嫌垄断疑虑。2015年4月15日，媒体透露，欧盟将针对谷歌展开一次为期五年的调查，这将成为自欧盟在10年以前"追击"微软以来规模最大的一场反垄断"战役"，谷歌或将面临巨额罚款。

【问题】欧盟为何能够针对美国互联网公司谷歌展开反垄断调查呢？

【分析】经济全球化中的国内市场并不专属于某个国家，只要该市场所属国具有开放性，其市场便可能成为国际市场的组成部分，成为全球竞争的重要阵地。因此，经济全球化进程中的反垄断不再拘泥于一国之内，跨越国界的反垄断已经屡见不鲜。欧盟借反垄断这把利器，曾对美国波音公司收购麦道公司进行过有效干预，致使波音做出让步。微软也是欧盟反垄断处罚的常客。跨国反垄断中的一个突出问题在于，究竟依据何国法律作为反垄断调查的依据？目前各国（或地区）主要依据本国法进行，这种做法常会引发矛盾，令人质疑其意义是否仅在于经济层面。一种理想的状态应当是依照国际公认的统一立法来规制国际垄断行为或状态，国际社会为此在坚持不懈地探索，也取得了一定成绩，但距离国际统一竞争立法的目标依然很遥远。

（案例来源：凤凰网）

随着世界经济全球化与一体化浪潮袭来，越来越多的国家及市场主体关注国际竞争秩序问题，制定国际竞争统一立法存在客观需求，联合国、世界贸易组织（WTO）等均曾将竞争问题纳入议题。鉴于不同国家经济发展阶段不同，各自有不同的利益诉求，法制完备程度也有差异，时至今日，鲜有严格意义上的国际竞争规范，但在在国际性竞争统一立法与区域性竞争统一立法领域均已取得一定成果。要建立统一适用于不同国家的国际竞争法，必将是一个长期过程，只要各国目标一致，国际社会协调各国竞争立法的共同努力不停止，必将取得更为丰硕的成果。

一、国际性的竞争统一立法

（一）《保护工业产权巴黎公约》

国际竞争统一立法的历史可以追溯至19世纪末期。1883年缔结《保护工业产权巴黎公约》（以下简称《巴黎公约》）1883年3月20日在巴黎签订，1884年7月7日生效。该公约的基本目的是保证一成员国的工业产权在所有其他成员国都得到保护。1900年修订时，将制止不正当竞争与发明专利权、实用新型、工业品外观设计、商标权、服务标记、厂商名称、产地标记或原产地名称等一同纳入调整对象，规定了制止不正当竞争的基本原则，赋予成员国反不正当竞争的义务，体现在第10条之二（1）规定"本联盟国家有义务对各该国国民保证给予制止不正当竞争的有效保护"。为统一各国对不正当竞争行为的理解，1925年海牙会议对不正当竞争行为作出定义，体现为第10条之二（2）："凡在工商业事务中违反诚实的习惯做法的竞争行为构成不正当竞争的行为"。

《巴黎公约》涉及的具体的不正当竞争类型体现在第10条之二第3款，该款明文列举成员应当至少制止以下三种不正当竞争的行为：第一，一切不择手段地对竞争者的营业所、商品或工商业活动造成混淆的行为；第二，在商业行为中损害竞争者的营业所、商品或者工商业活动信誉的不实宣传；第三，在商业行为中使用易使公众误解商品的性质、制造方法、特点、用途和数量的标示或宣传。这三类即通常所说的混同、商业诋毁、误导。

（二）世界知识产权组织竞争法律制度

世界知识产权组织（WIPO）是致力于促进世界知识产权保护、加强各国和各知识产权组织间合作的国际组织。众所周知，知识产权问题与竞争问题有交集，因此，世界知识产权组织不可能对竞争问题置身事外。世界知识产权组织在竞争领域的贡献主要体现在反不正当竞争方面。《建立世界知识产权组织公约》第 2 条为"知识产权"下定义时将"防止不正当竞争有关的权利"纳入知识产权之下，规定：知识产权应包括下列权利：（1）与文学、艺术及科学作品有关的权利；（2）与表演艺术家的表演活动、与录音制品及广播有关的权利；（3）与人类创造性活动的一切领域内的发明有关的权利；（4）与科学发现有关的权利；（5）与工业品外观设计有关的权利；（6）与商品商标、服务商标、商号及其他商业标记有关的权利；（7）与防止不正当竞争有关的权利；（8）一切其他来自工业、科学及文学艺术领域的智力创作活动所产生的权利。只不过该公约制止不正当竞争的目的是为保护知识产权。

1994 年，世界知识产权组织国际局出版《反不正当竞争——世界现状分析》的研究报告，以《巴黎公约》第 10 条之二为依据，论述了不正当竞争行为的一般定义，并对混同、商业诋毁、误导等不正当竞争行为概念与构成进行论述。报告还探讨了《巴黎公约》未列出的侵害商业秘密、搭便车、比较广告等其他不正当竞争行为。

1996 年，世界知识产权组织国际局在参考上述报告的基础上颁布《关于反不正当竞争保护的示范条款》（以下简称《示范条款》）。《示范条款》所指的"不正当竞争行为"是在工商业活动中，与他人的企业或者其活动，尤其是该企业提供的产品或服务，产生或者可能产生混淆的任何行为或做法。《示范条款》将与知识产权保护有关的不正当竞争行为归纳为五种：对他人企业或活动引起混同、损害他人的商誉或声誉、误导公众、诋毁他人企业或其活动、针对秘密信息的不正当竞争。知名人物的形象权在这部《示范条款》中亦能找到依据。《示范条款》属于软法性质，但其引领着国际反不正当竞争立法的发展趋势，对许多国家制定或修订其反不正当竞争法具有重要参考价值。

（三）联合国竞争法律制度

作为最具威望的全球性国际组织，联合国一直关注国际竞争立法。1951 年，联合国经社理事会起草了国际反垄断法协议草案，并且成立临时专门委员会。1953 年，发表了协议草案，但是由于条件不成熟而被推延。20 世纪 60、70 年代，随着跨国公司迅速发展，发达国家的企业在国际贸易中越来越多地使用限制性商业惯例，限制竞争，对发展中国家的发展和贸易造成不利影响。联合国多次举行会议，就限制性商业惯例问题进行研究并作出决定。1968 年，联合国贸发会议开始对发达国家对发展中国家实行限制性商业行为问题进行调查和研究。1972 年，联合国贸发会第三次会议成立一个专家组，专门研究限制性商业惯例及发展中国家的关系问题。1974年，联大《建立新的国际经济秩序宣言及行动纲领》、《各国经济权利及义务宪章》都有关于加强对国际限制性行为管制及政策协调的原则宣示。1979年11月19日至12月8日，联合国贸发会议在瑞士日内瓦召开会议，提出制定一套多边国际协议消除不利于国际贸易的限制性商业惯例，建立新的国际经济秩序的必要性，并完成了限制性商业行为的法案范本，主要包括对企业卡特尔、滥用市场支配地位、限制竞争的兼并、操纵价格等行为进行规制。

1980年12月5日联大第三十五届会议通过《关于控制限制性商业惯例的公平原则和规则的一套多边协议》（以下简称《原则和规则》），旨在控制对国际贸易，特别是对发展中国家的贸易和经济发展造成不利影响的限制性商业惯例。《原则和规则》对相关术语作出了界定。"限制性商业惯例"包括企业的下述行动或行为：通过滥用或谋取和滥用市场力量的支配地位，限制进入市场或以其他方式不适当地限制竞争，对国际贸易特别是对发展中国家的国际贸易及其经济发展造成或可能造成不利影响；或通过企业之间的正式或非正式、书面或非书面的协议或安排造成同样的影响。"市场力量的支配地位"则指一个企业本身或与其他几个企业一起，有能力控制某一货物或服务，或几类货物或服务的有关市场。"企业"指从事商业活动的，不论以何种方式创办、控制或拥有的，私营或国营的商号、合伙、有限公司、公司、其他社团、自然人或法人，或它们的任何结合，包括它们的分支机构、子公司、附属公司或直接、间接受它们控制的其他实体。《原则和规则》限制企业的行为包括：一是参加卡特尔或以其他方式加强卡特尔的限制性作用，包括：使用低于成本的价格消灭竞争者、订立歧视性的交易条件，以合并、合资经营等方式取得对其他企业的控制权、搭售等；二是限制贸易的共谋和协议，包括：规定价格的协议，串通投标的协议，划分市场的协议，分配生产定额或销售定额的协议及集体行动，如联合抵制交易，拒绝对某个进口商供货等，即滥用或谋求滥用市场支配地位，限制进入市场或以其他方式不适当地限制竞争，从而对国际贸易特别是对发展中国家的贸易及经济发展产生不利影响。协议规定，各国在发现上述限制性国际贸易做法时，应采取适当的补救措施或预防措施。《原则和规则》还规定了配套措施以落实实体规定，如建立年度情报交流制度；在贸发会议内起草管制限制性商业惯例的示范法，为发展中国家提供人员培训、咨询、财政方面的帮助等。

1984年，联合国贸发会以上述《原则和规则》为蓝本完成了《消除或控制限制性商业惯例法律范本》（以下简称《法律范本》）。1999年6月7日至9日，在联合国贸发会主持下，政府间竞争法与竞争政策专家组召开会议，对继续出版《法律范本》的注释、吸收近年来竞争法领域新的立法情况取得共识。2003年2月19日，竞争法与竞争政策特别专家组会议在日内瓦召开，对《法律范本》作了进一步的修改，并于2004年公布了最新版本，称为《竞争法示范法》（*Model Law On Competition*）。

《竞争法示范法》旨在控制或消除企业之间进行的限制进入市场或不适当地限制竞争而对国内和国际贸易或经济发展造成不利影响的限制性协议或安排、合并和收购，以及滥用市场支配地位的行为。全文共分三个部分：第一部分是正文，共计13条；第二部分是条文的注释；第三部分是附件。正文部分结构为第一、二条是《竞争法示范法》的目标、适用范围和相关定义；第三条规定限制性协议，禁止相互竞争的或潜在竞争的企业间订立下列协议，无论是书面的还是口头的、正式的还是非正式的：（1）限定价格或其他销售条件的协议，包括国际贸易中的这类协议；（2）串通投标；（3）划定市场或客户；（4）限定产量或销售量，包括以配额方式所作的限定；（5）联合一致拒绝购买；（6）联合一致拒绝供应；（7）集体拒绝他人参加对竞争关系至关重要的安排或联合行为，但这些行为若事先妥为申报，且系由受有效竞争支配的企业所为，经竞争主管官员认定协议在整体上将会产生净公共利益时，可予以批准或豁免。第四条规定滥用市场支配地位，其中规定禁止滥用、获取并滥用市场支配地位的行动或行为的情况包括：（1）一个企业单独或连同少数其他企业若能操纵某一种或某一类商品或服务的相关市场的；（2）占支配地位的企业的行动或行为限制了相关市场的进入，或不适当地限制了竞争，因而对贸易或经济发展造成或可能造成不利影响的；视为滥用的行动或行为包括：（1）对竞争者实施掠夺性行为，例如以低于成本的定价来消灭竞争者；（2）在提供或者购买商品或服务时采用歧视性（即无正当理由地区别对待）定价、条款或条件，包括在关联企业间的交易中采用定价政策，与关联企业以外的类似的或可比较的交易价格相比，对购买或提供的商品或服务多收或少收费用；（3）限定已售出商品的转售价格，包括进出口商品的转售价格；（4）对于在国外已经合法地标记了商标的商品，若该商标与进口国所保护的使用于相同或类似商品上的商标相同或类似，并且，若在进口国该商标源自同一主体，即属于同一所有人，或者该商标使用人在经济方面、组织方面、管理方面或法律方面相互依存，限制这些商品的进口，且限制的目的在于维持人为的高价；（5）非为确保实现诸如质量、安全、充分经销或服务等正当商业目的的行动或行为：①部分或者全部拒绝以企业惯用的商业条件进行交易；②以接受对竞争商品或其他商品的经销或生产施加的限制为条件，提供某些商品或服务；③限定所供应商品或其他商品转售或出口的地点、对象、形式或数量；④以向供应人或其指定的人购买其他商品或服务为条件，提供某些商品或服务。同时规定，未被绝对禁止的行动、惯例或交易，在实施前，若依规定如实向竞争主管机构申报所有相关事实，受影响各方也有机会陈述意见，由此认定所议行为如经必要的修改或调整后符合本法目标的，可予以批准或豁免。第五条规定限制性行为的通知制度；第六条规定影响集中市场的合并；第七条规定竞争主管机关与有关管理机构包括部门管理者的关系；第八条规定消费者保护问题；第九、十条规定竞争主管机关的设置、组织及其职能和权力；第十一、十二、十三条规定程序问题，包括处罚和救济、上诉以及损害赔偿。

联合国的相关竞争文本都是软性规则，不具约束力，但对于国际竞争法的统一具有积极意义。

(四) 世界贸易组织的相关努力

世界贸易组织（WTO）是当今国际社会推进自由贸易领域最为突出的国际组织组织，前身为关贸总协定（GATT）。鉴于贸易与竞争之间具有天然的密切联系，许多人将统一竞争立法的希望寄托于WTO，而WTO调整国际竞争问题的确具有相当的基础及优势。

一方面，追溯历史，我们不难发现，早在1948年《国际贸易组织宪章》（即《哈瓦那宪章》）中便有涉及竞争的规定。《哈瓦那宪章》共分九章和一个附件，内容涉及宗旨与目标、就业和经济活动、经济发展与重建、一般商业政策、限制性商业惯例、政府间商业协定、国际贸易组织的建立、争端解决及一般规定等。其中，第五章是专门关于限制性商业惯例的规定。《哈瓦那宪章》要求缔约国必须采取适当的措施，并与本组织合作，规制国际贸易中如分割市场或增强垄断势力等限制性商业惯例。具体应予以规制的限制性商业惯例包括：价格或交易条件的固定；排除企业行为或对市场、行业、顾客、商品数量和销售进行分割与分配的行为；差别对待；生产限制；不问有无专利，妨碍依据协定的技术进步；滥用知识产权；类似上述行为且为参加国 2/3 多数认为的限制性行为等。尽管《哈瓦那宪章》最终未能生效，但其第五章是上述联合国 1953 年国际反垄断法协议草案的基础。

另一方面，WTO 现有机制为成员方在竞争领域开展合作奠定了良好的基础，包括最惠国待遇、国民待遇、透明度原则等基本原则，对促进国际市场的竞争秩序的良性发展至关重要，《关税贸易总协定》、《服务贸易总协定》、《与贸易有关的知识产权协议》中具有关于竞争的特有规则，特别是关于竞争执法的规定，要求成员国在竞争执法领域开展合作，及时就相关问题进行磋商以及相互提供有关信息。《关于解决争端的规则与程序的谅解》更能为解决竞争纠纷提供现成的程序性规则。况且，WTO 已经包含与竞争相关的内容，如关于减少和消除非关税壁垒的原则、反倾销等，都不仅利于贸易自由化的发展，也是竞争政策的组成部分。这些都为在 WTO 体制下建立统一的国际竞争规则提供了可行性。

1996 年 12 月，WTO 新加坡部长级会议决定成立一个竞争政策工作小组，对成员方提出的有关贸易和竞争政策（包括反竞争行为）之间的关系问题进行研究，以确定值得在世界贸易组织框架内进一步考虑的领域。1997 年，WTO 贸易与竞争政策相互关系工作组正式建立并开展工作。工作组在向总理事会提交的 2000 年报告中指出：对滥用支配地位阻碍竞争的行为、影响国际市场的企业合并、进出口卡特尔进行控制，制止某些典型的限制性商业协议被认为是多边国际竞争规则不可缺少的内容。报告还要求发展中国家尽快加强竞争政策领域的法制建设，并特别指出，竞争政策机制的建立将有助于发展中国家反对跨国企业反竞争行为及发达国家竞争法不公正的域外适用行为。2001 年 11 月，多哈会议再次将竞争问题纳入谈判议题。第四届部长级会议通过的《部长宣言》中提到要"建立一个多边框架以加强竞争政策对国际贸易和发展的贡献"，且将确定竞争政策的核心原则包括透明度、非歧视和程序公平、核心卡特尔的规制、合作方式、支持发展中国家完善竞争机制、给予发展中国家与最不发达国家适度灵活性等作为进一步开展工作的重点。不过，由于发达国家与发展中国家间的分歧过大，WTO 关于竞争问题的努力至今未能取得实质性突破。

（五）经济合作与发展组织对竞争的规制

经济合作与发展组织（OECD，简称经合组织）成立于 1961 年，是旨在共同应对全球化带来的经济、社会和政府治理等方面的挑战，并把握全球化带来的机遇的政府间国际经济组织。

多年来，经合组织为国际竞争立法作出的努力颇为引人注目，为不同国家就竞争合作提供平台，举办"全球竞争论坛"，为不同国家提供沟通与对话平台，举办研讨会，推动竞争立法，且为相关国家提供技术支持。

经合组织下设专门的"竞争法与竞争政策委员会",任务是编制和研究各成员国的竞争政策及相关问题,还设有"竞争与贸易工作小组",曾于 1984 年发布了《竞争与贸易政策的互动》报告,1986 年发布《理事会关于在成员国间就影响国际贸易的限制性商业行为进行合作的修订建议》。经合组织在 1979 年发布了《关于影响国际贸易的限制性商业行为合作的理事会建议》,1995 年,在修改基础上再次公布《理事会关于在成员国间就影响国际贸易的反竞争行为进行合作的修订建议》。1998 年,经合组织公布了《理事会关于有效打击核心卡特尔的建议》,建议各成员国确保其竞争法足以有效组织和威慑所谓的"核心卡特尔"。其后,又颁布系列关于打击卡特尔的报告。

经合组织的相关文件属于软法,对成员国没有约束力,但是其对国际间竞争法的协调而言极为重要,常被视为竞争政策与立法的引领者。

(六)国际竞争网络协调竞争合作的工作

国际竞争网络(ICN)成立于 2001 年 10 月。该组织源于美国司法部于 1997 年所成立的"国际竞争政策咨询委员会"成果报告中所提出的"全球竞争倡议"的概念,经来自 14 个国家和地区的高官共同发起。国际竞争网络致力于为发达国家和发展中国家竞争当局提供一个保持日常联络和解决实践中竞争问题的专业而非正式的场所,让竞争主管机关共同讨论有关促进反托拉斯执行程序或实体趋于一致的提案,并借由讨论达成共识,以加强国际竞争立法的合作与突进竞争法的国际统一化。国际竞争网络目前已有 77 个成员国、86 个成员方。该组织下设合并、资金、成员、能力建设与竞争政策、垄断行业中的反垄断、运作框架 6 个工作组。

国际竞争网络在竞争领域具有很大的影响,该组织每年召开年会,由各国竞争主管机关就其面临的问题进行交流,并就竞争执法的国际合作问题进行对话。国际竞争网络还积极与经合组织、世界贸易组织、联合国贸发会等国际组织、反垄断经济和法律事务工作者、消费者协会以及学界保持密切合作。

二、区域性的竞争统一立法

区域性竞争立法的典范是欧盟。欧洲经济共同体自 1958 年建立以来,欧洲经济一体化的进程就在不断进行之中。保护自由竞争是欧盟建立和完善市场经济制度、保护消费者利益的重要支柱。在欧洲,竞争法所获得的实践上的重要性已经超过了世界上任何其他地方。

欧盟竞争法的核心是《建立欧盟条约》第 101 条和第 102 条,被称为欧盟竞争法的"一级立法"。这两条源自 1957 年《建立欧洲经济共同体条约》(即《罗马条约》)。《罗马条约》的序言中提到"清除现存的障碍,需要协同一致的行动,以确保发展的稳定,贸易的平衡以及竞争的公平"。《罗马条约》第 85 条和第 86 条对限制竞争的协议及滥用市场优势地位作出了明确规定。1993 年的马斯特里赫特条约将本条约改为《建立欧洲共同体条约》(以下简称《欧共体条约》),《罗马条约》第 85 条和第 86 条变为《欧共体条约》中的第 81 条和第 82 条。2009 年的《里斯本条约》修订了《欧洲联盟条约》和《欧共体条约》,前者保持原名,后者则更名为《欧盟运行条约》,"欧共体"为"欧洲联盟"所取代,《欧共体条约》中有关竞争法原则的第 81 条和第 82 条变为《欧盟运行条约》的第 101 条和第 102 条。《欧盟运行条约》第 101 条规定:企业之间的一切协议、企业之间作出的决定和协同一致的经营行为,可能影响成员国之间贸易,并具有阻止、限制或扭曲共同体市场内的竞争的目的或者效果,与共同体市场不相容而被禁止;该条特别禁止下列事项:直接或者间接固定购买或者销售价格或者其他任何交易条件的、限制或者控制生产、市场、技术发展或者投资的、分享市场或者货源的、在相同的交易条件下对交易对象适用不同的交易条件,因而置其于不利的竞争地位的、要求对方当事人接受与合同标的在本质上或者商业惯例上无关的附加义务作为签订合同的前提条件的。但倘若企业之间的协议、决议或协同一致的行为,有助于改进生产或者分销产品、促进技术或者经济进步,使消费者获得相当程度的实惠,有关限制对达到上述目标是不可或缺的,有关企业没有排除竞争可能的,则不适用前述条款。第 102 条规定:一个或者多个在共同体市场内或者其中相当一部分地域内占有优势地位的企业滥用这种地位的任何行为,可能影响成员国之间贸易的,因与共同市场不相容而被禁止;特别是禁止可能包含以下内容的滥用行为:直接或间接地实行不公平的购买或者销售价格或者其他不公平的交易条件的;限制声场、市场或者技术发展,损害消费者利益的;在相同的交易条件下,对交易当事人实行不同的交易条件,因而置其于不利的竞争地位的;要求对方当事人接受与合同标的在本质上或者商业惯例上无关的附加义务,作为签订合同的前提条件的。

  欧盟理事会与欧盟委员会制定的竞争规则属于欧盟竞争法的"二级立法"。欧盟理事会是欧盟的主要决策机构之一,拥有立法权;欧盟委员会则欧盟的执行机构,有权向欧盟议会和理事会提交立法草案、提供立法建议。在欧盟竞争法体系中,欧盟理事会与委员会制定的竞争规则构成重要法律渊源。他们的立法主要为实施前述"一级立法"而制定,可分为两类:一类是适用于欧盟所有成员国及所有行业的一般性规则,另一类则适用于特定行业或行为的规则。前者如欧盟理事会 2002 年 12 月 16 日颁布的《关于实施建立欧盟条约第 81 条和第 82 条竞争规则的规定》的第 1/2003 号规则(以下简称《第 1/2003 号规则》)、《关于在欧共体条约第 81 条、第 82 条下处理申诉的委员会通告》、《关于竞争主管当局网络合作的通告》、《关于欧盟委员会根据欧共体条约第 81、82 条调查程序的第 773/2004 号条例》、《关于实施条约第 81 (3) 条的指南》、《关于控制企业结合的第 139/2004 号条例》、《关于在控制企业结合的理事会条例下评估横向合并的指南》等,后者如海运业适用第 81、82 条的理事会第 4056/86 号规则、海运业不公平定价行为的理事会第 4057/86 号规则等。

  值得一提的是《第 1/2003 号规则》,该规则 2004 年 5 月 1 日开始实施,是欧盟竞争法律制度发展的一个重要里程碑。该规则将竞争法的目标从为统一市场服务转移到对效率与消费者福利的关注,并对欧盟委员会与成员国之间进行适当的分权。该条例实施后,成员国竞争主管机关和法院可以直接适用当时《欧共体条约》第 81 条和第 82 条的全部规定来处理影响成员国之间贸易的限制竞争行为,且成员国竞争主管机关和法院应当优先适用《欧共体条约》。

  欧盟对于企业合并的控制并未在"一级立法"中明确体现,这方面主要是依赖特别立法。1989 年 12 月 21 日,欧共体理事会制定了专门针对控制企业合并的 4064/89 号条例，通称《欧共体企业并购规则》，于 1990 年 9 月生效。凡是在欧共体范围内造成影响的企业合并均属条例规制的对象。条例对在不同成员国市场上运营的企业在欧盟范围内实施的企业合并，不论其来自哪一成员国，均依同一实质标准进行评估并适用同样的程序法，采用"一站式申报"模式。2004 年，欧盟又以《第 139/2004 号条例》取代了前述第 4064 号条例，且制定了相关配套文件，如《横向合并评估指南》、《关于第 139/2004 号条例的 802/2004 号条例》、《关于合并控制程序的最佳做法》等。《第 139/2004 号条例》第 2 条规定，企业合并如果在共同市场或其大部分将严重妨碍有效竞争，特别是通过产生或加强市场支配地位的形式，将被宣布与共同市场不相容，将一切严重妨碍有效竞争的合并交易纳入了受调整的范围。《第 139/2004 号条例》还强化了欧盟竞争法的私人执行。《第 802/2004 号条例》旨在进一步明确和完善《第 139/2004 号条例》的程序规则，内容主要涉及合并申报、时限和听证等。

此外，欧共体法院的判例也十分重要，特别是对相关市场的确定、滥用市场支配地位的判断等在欧共体法院相关案件中有所体现，并对其他类似案件产生影响。例如，欧盟法院受理的玛吉尔公司（Magill）案曾确立的判断知识产权人拒绝许可的行为是否构成"滥用支配地位"的标准即新产品原则、正当性原则、二级市场原则等。

本章小结

一定意义上说，竞争法的发展史是人类经济活动的进化史。竞争法伴随着人类经济活动的进步不断完善。西方发达国家在此方面率先迈出了步伐，美国与德国分别在反垄断与反不正当竞争领域开创了立法先河，而我国的竞争立法正处于完善过程中。在国际层面上，联合国、经合组织、世界贸易组织等均为国际竞争法的协调与统一作出长期努力，其中欧盟竞争法则是区域性竞争立法的典范。本章主要介绍了竞争法历史沿革概况、美国竞争法的历史沿革、德国竞争法的历史沿革、我国竞争法的历史沿革及国际竞争法的历史沿革。学生可在本章学习的基础上加深对竞争法的理解和认识，更好地促进竞争法的实际应用。

技能训练

出具我国竞争法的发展脉络图

目标：熟练掌握合伙企业基本法律规定，起草合伙协议，正确表达合伙意图，明确合伙协议构成要件。培养学生书面表达能力、法律意识和协作能力。

内容：某外企主管欲了解我国竞争法的发展进程，作为了解我国法治环境的一部分，以确定是否对我国进行相关投资。请你为该主管出具一份我国竞争法的发展脉络图。

步骤和要求：

（1）学生分组，自由拟制我国竞争法的发展脉络图；

（2）教师给出范本，学生查漏补缺，掌握书写要领；

（3）教师总结，学生写出实训心得。

实践活动

目前世界上已有百余国家制定了竞争法。请自行选取一个国家，搜集相关资料，整理出其竞争法诞生及发展的脉络。若对其中的某些特别之处感兴趣，可进一步加以研究。

本章练习

一、不定向选择题

1. 世界第一部《反不正当竞争法》产生于(　　)。
   A. 英国　　　　B. 德国　　　　C. 法国　　　　D. 日本
2. 美国竞争法的三大支柱是(　　)。
   A.《谢尔曼法》　　　　　　　　B.《反限制竞争法》
   C.《克莱顿法》　　　　　　　　D.《联邦贸易委员会法》
3. 现代反垄断法产生是以下列哪部法律的制定为标志？(　　)
   A.《克莱顿法》　　　　　　　　B.《谢尔曼法》
   C.《联邦贸易委员会法》　　　　D.《1933年反垄断法案》
4. "早期原则"在(　　)得以确立。
   A.《谢尔曼法》　　　　　　　　B.《反不正当竞争法重述》
   C.《克莱顿法》　　　　　　　　D.《联邦贸易委员会法》
5. 对德国1957年《反对限制竞争法》产生影响的重要理论是：(　　)。
   A. 弗莱堡学派的理论　　　　　B. 哈佛法学派的理论
   C. 芝加哥法学派的理论　　　　D. 新古典主义经济理论

二、判断题

1. 世界上第一部反不正当竞争法是美国的《谢尔曼法》。　　　　　　　　(　　)
2. 竞争法的一部分渊源源于侵权法，通过民事赔偿甚至刑罚手段加以禁止。(　　)
3. 1889年加拿大的《预防和禁止限制贸易合并法》早于美国的《谢尔曼法》。
　　　　　　　　　　　　　　　　　　　　　　　　　　　　　　　　　(　　)
4. 德国反不正当竞争法律制度确立于19世纪50年代。　　　　　　　　　(　　)
5. 在德国之前，欧洲其他国家并未对不正当竞争行为进行法律调整。　　(　　)
6.《谢尔曼法》将严重的垄断行为定为犯罪，对之苛以刑事责任。　　　　(　　)
7.《竞争法示范法》规定的限制性协议必须是书面的。　　　　　　　　　(　　)
8. 国际竞争网络与经合组织、世界贸易组织、联合国贸发会等国际组织积极开展合作。　　　　　　　　　　　　　　　　　　　　　　　　　　　　　　　(　　)
9. 我国《反垄断法》并未规定私人执行，不允许私人提起反垄断民事诉讼。(　　)

三、简答题

1. 简述谢尔曼法的出台背景。
2. 简述我国《反垄断法》的出台过程。

第三章

竞争法的执法机构和执法程序

竞争法的执法机构和执法程序是竞争管理法律制度的重要内容，竞争法执法机构是承担维护市场经济正常秩序义务的公权力机关。世界范围内，不同的国家和地区对违反竞争法的行为采取了不同的管理模式，设置了不同的管理机关和执法程序，其背后反映了不同的竞争政策。

学习目标

知识目标：

了解竞争法执法机构的概念和特点；

了解不同国家或地区竞争法执法机构的执法模式；

理解竞争法执法机构的权力配置分类及内涵；

理解我国《反不正当竞争法》与《反垄断法》对竞争法执法机构的设置；

了解不同国家或地区竞争法执法程序类型和制度内容；

理解我国竞争法执法程序的规范内容；

理解我国反垄断法特殊制度的规则内涵与适用。

能力目标：

能够正确区分不同类型执法机构及其执法程序的产生背景与原因；

熟悉我国竞争法执法机构及其执法程序；

思考我国现行竞争法执法机构设置及其执法程序规范的不足之处。

案例引导

J 省 L 市混凝土行业垄断协议案

2009 年 3 月 3 日，L 市建筑材料和建筑机械行业协会混凝土委员会以行业自律为名，牵头组织市区 16 家预拌混凝土企业召开会议，制定《预拌混凝土企业行业自律条款》及《检查处罚规定》，约定对各会员企业的设备进行统计打分，以成员单位设备得分为基础，确定其市场份额，成员单位的设备得分越高，其在协会内所获得的工程量也就越大。协议确定了工程分配、工程检查及违规处罚的具体细则，明确会员单位未经协会统一分配私自承接工程或工程量隐瞒不报的，予以处罚，被处罚两次以上的，给予进一步的制裁，直到由协会各成员单位轮流派出设备堵塞通道；不配合协会检查的，协会给予处罚。协议还统一了预拌混凝土的销售价格，如果成员单位私自下调价格，协会予以处罚。行业自律条款订立后，即着手实施。2009年3月至8月，协会先后6次召集会员企业，讨论工程分配、工程协调问题，并对协议实施情况组织检查。协议实施期间，有会员企业因担心协会处罚不敢与某施工企业订立混凝土销售合同，致使项目停工，后施工企业向工商部门投诉。

本案涉及对垄断协议的认定和确认问题，根据我国《反垄断法》的规定和反垄断法执行机关的职权划分，工商行政管理机关对价格垄断行为以外的垄断协议享有管辖权。J省工商行政管理局根据国家工商行政管理总局的授权对J省L市混凝土行业垄断协议展开调查，经过收集调取各类证据151件，其中证人证言51份，现场检查笔录2份，协议文本、会议议程、会议纪要、签到记录、工程分配方案、工作记录、备案合同等其他各类证据98份，形成了52份卷宗。通过对这些证据的审查，基本还原了当事人达成并实施垄断协议的完整过程，确定了违法行为。

调查过程中，首先是对预拌混凝土市场的认定。预拌混凝土行业由于受到有效运距的限制，区域市场价格差异较大，考虑到营运成本，L市可以构成一个区域性市场，可能会出现垄断格局，从而可以适用反垄断法进行调整。其次是L市混凝土行业协会及会员企业的行为是否符合垄断协议的构成要件，构成垄断。从主体、行为、因果关系三个方面考察，"预拌混凝土企业行业自律条款"及"检查处罚规定"在L市混凝土市场内构成了垄断协议。最后，L市混凝土行业协会及会员企业的行为不符合我国《反垄断法》规定的豁免条件，所以应当受到处罚。

根据《反垄断法》第46条规定，经营者违反本法规定，达成并实施垄断协议的，由反垄断执法机构责令停止违法行为，没收违法所得，并处上一年度销售额1%以上10%以下的罚款；尚未实施所达成的垄断协议的，可以处50万元以下的罚款。因此，J省工商局最终要对实施垄断协议的行为人进行处罚，必须确定"上一年度销售额"即"违法所得"。本案裁决的难点就在于"上一年度销售额"的确定，这里的上一年度是哪个上一年度，是垄断协议达成时的上一年度、实施时的上一年度？还是立案查处时的上一年度？处罚结案时的上一年度，如果企业是当年成立没有上一年度销售额怎么办，这些问题反垄断法没有明确。J省工商局根据具体调查确定，L市预拌混凝土行业垄断协议案件中，其协议达成和实施都在2009年，立案查处也在2009年，最终以涉案企业在2008年取得的销售额来计算上一年度的销售额。而对于违法所得的认定，J省工商局在调查中了解到，预拌混凝土的成本随规格、季节、施工条件等诸多因素在变化，比一般工业产品成本变化快、幅度大，体现的变量多。加之行业普遍存在的垫资现象，货款回收时间、价格和数量都不确定，业内企业普遍运用的财务处理方式是在收到客户货款后再确定销售收入，并进行账务处理，导致垄断实施这一特定时段内企业违法所得的对应财务资料缺失，违法所得的客观事实难以认定。

综合全部证据和事实，2010年8月31日，J省工商局依据国家工商总局的授权，对L市建筑材料和建筑机械行业协会混凝土委员会及其5家核心会员企业分割销售市场的垄断协议行为，作出了罚没款8万余元的行政处罚决定。

该案反映了我国工商行政管理机关作为竞争法公共执法机关之一，其在反垄断案件的调查过程中具有独立性、权威性和专业性，并且享有一定的调查取证的权力，从而根据获取的证据还原垄断案件事实，作出相应的行政裁决。但是该案也反映出了我国反垄断法执法机关职能划分问题，本案同时涉及价格垄断协议行为，但价格垄断属于国家发改委的管辖范围，我国竞争法根据不同违反竞争法的行为划分执法机关的权限，很有可能就同一案件形成多头执法的现象，从而导致执法权的积极冲突。

（案例来源：国家工商总局公布案例）

竞争管理制度是竞争法的重要制度之一，对竞争法的实施、保障市场竞争秩序和维护受害者正当利益都起着至关重要的作用，其中竞争法的执法机构和执法程序是竞争管理制度的核心内容。竞争法执法机构有广义和狭义之分，广义的竞争法执法机构指一切参与执行竞争法的行政机关和司法机关，司法机关参与竞争法实施主要表现为对行政机关的司法监督以及竞争法的私人执行；狭义的竞争法执法机构主要指依照法律规定设置的实施竞争监督管理职权的行政机构，它将承担实施竞争法职能的司法机关排除在外。结合我国目前竞争法执法机关设置的特点与性质以及竞争法实施的实际情况，本章将着重阐述竞争法行政执法机构及其执法程序。

第一节 竞争法公共执法机构

一、竞争法公共执法机构的概念

竞争法公共执法机构在概念和范围上有狭义和广义之分，狭义的竞争法公共执行机构是指对不正当竞争行为、限制竞争行为、违法垄断行为按照竞争法授予的权限和程序进行监督检查并行使处罚权的行政机关；广义的竞争法公共执法机构还包括参与竞争法执行的司法机关。

二、竞争法公共执法机构的特点

由于市场经济自身的特点及不正当竞争行为与违法垄断行为的特征，竞争法公共执法机构与其他国家机关相比，有着以下几个突出的特点：

（一）专业性

专业性是竞争法公共执法机构的重要特点，其是由竞争法和竞争法律关系自身的特点所决定的。首先，竞争法涉及法学、经济学、企业管理学、社会政策学等众多不同学科领域的知识，是专业性、技术性和综合性都很强的法律制度体系。其次，国家竞争政策属于经济政策的范畴，其具有较强的适时性，会因经济情势的变化而变化，因此，竞争法制度大多属于原则性规定，尤其是程序性规定的原则性很强。在竞争法的适用过程中，对竞争行为性质的认定标准与后果的判断及评价需要竞争法执行机关及其相关执法人员具备较高的专业素质和业务能力，以及对竞争政策的理解要有较为准确的认识。

（二）独立性

独立性是竞争法公共执法机构的首要特点，因为其是确保竞争法执法机构公正执法和有效裁决的关键。竞争法执法机构独立性的内涵包括：其一，执法活动不受其他行政机关的干预；其二，执法过程中独立地对涉嫌违反竞争法的行为进行调查及作出裁决。但是，须注意的是，独立性只是竞争执法机构职责特性的要求，而非其设立的目的。这一特点只是基于处理涉及社会、政治、经济等各方面利益的竞争法律关系而要求的，因此，必须通过完善的程序设计来对竞争法执法机构进行有效的控制，确保其独立性不偏离竞争法促进市场有序竞争、保护消费者利益等目的。

（三）权威性

权威性是竞争法公共执法机构专业性和独立性的保障，具体表现为其通过专业地调查和判断，独立作出裁决和命令，其裁决和命令应当受到其他行政机关、司法机关及相对人的尊重，以保证竞争法公共执法机关执行竞争法的威慑力和有效性。

（四）准司法性

竞争法执法机关的性质属于行政机关，所以其拥有的权限在本质上应该仅限于行政权，但是由于现代国家机器运行日趋复杂化和专业化，使得行政机关在某些特定情况下需要行使一定的司法权，即所谓现在很多竞争法学者探讨的竞争法执法机关应当具有"准司法权"。竞争法执法机构的准司法性特指竞争法公共执行机构在调查处理案件时对具体的违法案件享有审理和裁判的权力，即行政裁判权。竞争法公共执法机关在程序上可以采取类似法院审判案件的做法，行使一定的司法职能如直接实施调查取证行为、注重证据规则、听取相对人的陈述抗辩等，中立地处理涉及违反竞争法的行为，最终作出公正的裁决。实践中，司法机关也会尊重竞争法行政执法机关对事实的认定。例如，美国的联邦贸易委员会内部有自己的行政法官，当有指控被提出时，行政法官会处理个案并听取必要的陈述和审阅有关的案件材料，然后宣布初步的裁决。对于该项裁决，被告或联邦贸易委员会的法律顾问可以向委员会提出上诉。对于联邦贸易委员会最终的裁决，当事人对其裁决不服可以请求联邦上诉法院进行司法审查，直至最高法院。而法院一般会尊重联邦贸易委员会作出的专业性裁决。从我国竞争法制度的规定来看，我国竞争法执法机构目前尚不具有准司法性。执法机构在竞争法执法程序中虽然享有相应的调查取证权，也可根据审查作出行政裁决，但是在具体的程序规则中，我国竞争法执法程序并非是参照司法程序设置的，当事人虽享有陈述权，但是在本质上并非如美国联邦贸易委员会的内部行政裁决程序中的当事人那样享有辩护权和质证的权利。我国目前有许多学者已经提出应当赋予竞争法执法机构以准司法权，但关于执法机构的准司法权如何确立、如何行使，尚在探索和研究之中。

三、竞争法执法机构的执法模式

竞争法执法机构的执法模式是指竞争法执法机关以何种方式或途径行使自身的权力，

无论何种模式,都体现了竞争法的管理关系,法律关系的主体都是竞争法执法机构和违反竞争法的行为主体。从世界范围内看,竞争法的公共执法机关行使执法权的模式主要有两种,一种是以美国司法部和美国联邦贸易委员会为代表的司法模式,另外一种则是欧盟委员会为代表的行政模式。它们的具体内容如下:

(一) 司法模式

司法模式的竞争法执法模式主要是指特定竞争法执法机关作为原告向法院提起诉讼,由法院对违反竞争法的行为作出裁判,从而根据法院的判决对行为人进行制裁,但这种执法模式并不意味着排除执法机关自身具有一定的裁决权。以司法模式为主的竞争法执法模式最为典型的国家是美国,美国法院在参与反托拉斯法的执行中起着重要的作用。根据美国的《谢尔曼法》(即《保护贸易及商业不受非法限制与垄断危害的法案》)、《克莱顿法》和《美国联邦贸易委员会法》的规定,美国执行竞争法的主要公共机关为司法部反托拉斯局和联邦贸易委员会。上述法案赋予了美国司法部反托拉斯局对反托拉斯案件展开调查的权力,并根据调查决定是否向法院提起停止侵害行为的民事诉讼或提起反托拉斯刑事诉讼。但是,反托拉斯局自身没有对行为人作出处罚的权利,无权发布禁令。如果反托拉斯局在刑事诉讼中胜诉,违法者除了被依法要求停止侵害以外,有可能会被征收罚金或判处监禁。与司法部反托拉斯局不同的是,美国联邦贸易委员会享有独立的裁决权,可以根据调查对反托拉斯案件做出裁决。同时,联邦贸易委员会还可以根据《联邦贸易委员会法》向法院提起民事诉讼。

另外,美国法院参与反托拉斯法执行的作用还表现在对反托拉斯局和联邦贸易委员会的某些行为的司法审查和监督。例如,反托拉斯局和联邦贸易委员会如果和被告达成了和解协议,须由联邦法院批准,审查和解协议内容是否违背了公共利益。美国法院在反托拉斯执法中的重要地位同时体现在美国反托拉斯私人诉讼中。根据《克莱顿法》第4条的规定,任何因违反反托拉斯法的行为而遭受到财产或者营业损失之受害人,都可以向法院提出3倍损害赔偿之诉。3倍损害赔偿促进了美国反托拉斯法私人执行的发展,大大提高了被害人参与反托拉斯的积极性,也弥补了公共执行机关执行反托拉斯法的有限性。

由此可见,竞争法执行机关利用司法模式执行竞争法的特点包括:第一,竞争法执法公共机关作为公诉人或原告向法院提起刑事诉讼或民事诉讼,由法院对案件作出刑事判决或民事判决;第二,法官居中裁判,隔断了执法机构对于裁决作出的影响力,保障裁决的公平;第三,被告与竞争法执法机构在反托拉斯案件审理过程中形成对抗模式,法官最终基于他们之间的质证和事实作出裁判。

(二) 行政模式

行政模式的竞争法执法模式是指执行竞争法的公共行政机关不仅有权对案件进行调查和审理,而且有权对案件作出裁决,以及在加害人不执行裁决的时候对其实施行政裁决。目前较多国家执行竞争法的模式都采用行政模式,如德国执行《反对限制竞争法》的卡特尔局,日本执行《禁止垄断法》的公正交易委员会和执行欧盟竞争法的欧盟委员会等。在此模式之下,反不正当竞争和反垄断案件的执法过程中起主导作用的是主管行政机关,而非法院。当然，行政模式也并不完全排除司法机关的参与，除了审理违反竞争法的私人诉讼以外，行政机关的某些执法行为也需要受到法院的约束。例如，欧盟委员会为保证欧共体竞争法的统一适用，虽然掌握了执行竞争法的重要权限，如对案件享有调查、审理、裁决以及制裁违法者的权力，但是其工作人员的某些调查行为，如查询嫌疑人的商业记录或进入嫌疑人的任何地方包括私人住宅，都必须得到司法机关的批准。

（三）司法模式和行政模式的区别及形成原因

司法模式和行政模式的根本区别是法院或行政机关在不同的竞争法执法途径中谁具有更重大的作用或最终的决定由谁作出。但必须明确的是，这并不否认在整个竞争法的适用过程中司法机关和行政机关都可以依法行使自身的权限，司法模式之下行政机关也具有准司法权，可以调取相应证据，作出相应裁决，而行政模式之下也不意味着行政机关不受司法机关的监督和约束。

从采用不同执法模式的国家和地区的自身经验来看，利用何种模式适用竞争法取决于该国或该地区的实际情况，往往要符合本国或本地区的法律传统与法律文化以及特定的经济形势。美国《反托拉斯法》的执行基本采用司法模式，是因为在美国法官独立性很强，拥有解释法律的权力，同时法官具有较强的专业性，国会有理由通过法官的经验以及他们对法律的认知来执行《反托拉斯法》。而从欧盟执行竞争法的经验和历史来看，其采用行政模式为适用竞争法的方式是因为欧洲倡导和推动市场竞争的力量往往不是来自于法院，而是来自具有较高行政职位和广泛影响力的行政官员；并且，行政模式的执法成本较低，执法程序也比较灵活，也可以根据不同时期的经济状况和竞争政策灵活执法。

四、竞争法行政执法机构的权力配置

竞争法执法模式的内容主要讨论的是执法机关以何种方式来实现与违反竞争法的行为人之间的竞争法管理关系，而权力配置的关系探讨的是一国或一个地区竞争法公共执法机关，尤其是行政执法机关的设置以及它们之间的权力划分的问题。根据权力配置的种类划分，目前大多数国家的竞争法行政执法机构的权限划分主要有"权力共享制"和"权力独享制"两种形式。

（一）权力共享制

竞争法行政执法机关权力共享制是指由多个执法机关共同享有竞争法行政执法权，不同的执法机关对不同的案件享有不同的管辖权，各自具有相应的执法权限。一般而言，权利共享制对不同执法机关权限的划分标准，有依据执法阶段进行分工的，也有依据行业进行分工，有的分工则不是很明确。美国的竞争法行政执法机关设置是权利共享制的典型，上文提到的美国司法部反托拉斯局和美国联邦贸易委员会是两个主要负责执行《反托拉斯法》的行政机构。它们各自的执法领域主要是根据行业进行分配的，司法部反托拉斯局负责处理计算机软件、金融服务、媒体和娱乐以及电信市场的竞争问题，联邦贸易委员会则负责处理汽车和卡车、计算机硬件、能源、医疗、药品制造和生物技术等领域的违反竞争法的行为。根据行业分工执法的优势在于，有利于将行政执法资源集中在相关执法机关，使其更具专业性。另外，权利共享制下的不同竞争法行政执法机关的权力配置也可以防止权力的滥用，形成一种权力制约机制。

但是，权力共享制也有一定的弊端，主要表现为：第一，当多个竞争法执法机关之间的分工不是很明确时，若无法妥善处理好执法机关之间的分工和合作的关系，则可能造成权力的冲突，进而产生执法障碍。当各个执法机关可能同时调查处理案件时，即为积极冲突，若同时不处理案件时，则为消极冲突。第二，即使不同的执法机关之间有着清晰的权力分配和界限，也无法完全避免执法障碍的产生，因为实践中的竞争案件并非总是只涉及某一个专业领域，而是具有复杂性和多样性，常常超越了某一执法机关的专业范围，可能会使得执法机构在处理案件时显得力不从心。美国司法部反托拉斯局和联邦贸易委员会为减少行使职权时产生的冲突，它们一方面达成了一个备忘录，即双方同意一方发动反托拉斯调查之前须通知另一方，以避免管辖权的冲突或民事诉讼上的冲突；另一方面联合发布反托拉斯指南，如《横向合并指南》、《国际经营的反托拉斯执法指南》、《竞争者之间合作的反托拉斯指南》等，为其提供一个统一的执法标准，避免对某种反托拉斯行为因执法机关不同而导致不同的法律后果。

(二) 权力独享制

竞争法行政执法机关权力独享制是指由法律创设的单一执法机关享有竞争法行政执法权的权力配置方式。较之于权力共享制，权力独享制的特点和优势表现为：第一，单一的行政执法机关，可以提高竞争法适用的效率，程序更为快捷，节约执法成本，因为其有利于将专业人员、执法经验等执法资源做最大程度的整合；第二，采取权力独享制的执法机关往往具有更高的独立性和权威性，其权力配置丰富多样，可以很好地满足反垄断执法的实际需要；第三，在此执法机关设置模式之下，竞争政策或处罚决策都是由行政官员主导推动的，所以竞争法执法理念、执法标准和方法以及竞争政策相对更加统一。在世界范围内，典型的竞争法执法权力独享的行政机关为欧盟委员会，欧盟委员会下属的欧盟竞争总局（DG Competition）是主要承担执行欧盟竞争政策任务的机关。欧盟竞争总局内部下设了9个局，从竞争政策的制定、竞争立法到具体的案件办理都划分得十分精细。以其运作高效，确保欧盟竞争法能够较为统一地适用。

然而，权力独享制最大的一个弊端是，由于竞争法执法机关权力较为集中，虽然较大地体现了其独立性和权威性，但若缺少有效的监督机制，则容易导致权力的滥用。欧盟竞争局为解决该问题因此设置了"听审官"（Heating Officers）制度，以此保障程序公正，保障被告的正当权益尤其是被告的陈述权。"听审官"虽设在竞争总局内，但却独立于竞争局，直接向欧盟竞争委员会报告工作。另外，欧盟竞争委员会还要受到欧盟法院的司法监督和审查。如果被告或其他当事人对委员会作出的行政裁决不服，可以向欧盟普通法院提出上诉，由普通法院对实施和法律适用进行认定进而作出判决。如果当事人对该判决仍然不服，还可以上诉至欧盟法院，由欧盟法院对法律适用问题作出审查，若委员会的决定是错误的，则欧盟法院基于自身的独立性和权威性对其进行纠错，以保证竞争法执法的公正。

（三）竞争法行政执法机构权力设置的趋势——权力独享制

权利共享制与权力独享制各有其利弊之处，但是就目前的世界趋势而言，大多数国家都是采用权力独享制来设置竞争法执法机构的，有部分之前适用权利共享制的国家也开始慢慢向权力独享制过渡，以此整合竞争法的执法资源。统一的执法机构更有利于促进调查案件程序的合理化、标准化、提高办事效率；此外，一个具有较大权力和灵活性的单一执法机关可以运用有效的办法推动竞争法和竞争政策的实现，使得经营者能够理解他们承担的竞争法义务和责任。

五、我国竞争法的执法机构的设置及权力分配

我国现行竞争法的立法模式采取的是分别立法的立法体例，即分别制订了《反不正当竞争法》和《反垄断法》。根据我国《反不正当竞争法》和《反垄断法》的规定，我国竞争法的执法机构的设置和权力分配为：首先，主要采用的是行政模式的执法方式；其次，各个行政执法机构之间的权力配置采取的是权力共享制。下面具体介绍我国各个竞争法执法机构的组织及权限。

（一）反不正当竞争法的行政执行机构

根据我国《反不正当竞争法》第3条规定，各级人民政府应当采取措施，制止不正当竞争行为，为公平竞争创造良好的环境和条件。县级以上人民政府工商行政管理部门对不正当竞争行为进行监督检查；法律、行政法规规定有其他部门监督检查的，依照其规定。由此可见，在我国主要执行《反不正当竞争法》的机关是县级以上人民政府工商行政管理机关，法律、行政法规规定的其他机关在其承担的职能范围之内享有《反不正当竞争法》的执法权。

1. 工商行政管理机关

我国承担《反不正当竞争法》执法职能的工商行政管理机关在中央一级为国家工商行政管理总局反垄断与反不正当竞争执法局，内设有反不正当竞争处。在反不正当竞争方面，国家工商行政管理总局反垄断与反不正当竞争执法局的具体职能是：拟定反不正当竞争的具体措施、办法；查处市场中的不正当竞争、商业贿赂、走私贩私及其他经济违法案件，督查督办大案要案及典型案件。地方分省、地、县三级工商行政管理机关，并设有相应的公平交易执法机构对市场中的不正当竞争行为进行监督管理。

2. 其他行政执法机构

《反不正当竞争法》中规定根据法律、行政法规赋予相应行政机关《反不正当竞争法》执法职能的，依照其规定。也即是说，确定对反不正当竞争行为的监督检查机关，需视具体案件情况而定。这决定了凡是参与调整市场竞争关系职能的执法机关都包含在《反不正当竞争法》的执行机关中，大致包括：发改委、国家版权局、专利局、工信部、标准化行政部门、质量监督部门，等等。因此，我国并没有一个专门的、统一的《反不正当竞争法》执法机构。

(二) 反垄断法的行政执行机构

相对于《反不正当竞争法》而言，我国《反垄断法》规定的执法机构则较为明确。《反垄断法》第 9 条规定："国务院设反垄断委员会，负责组织、协调、指导反垄断工作，履行下列职责：（一）研究拟订有关竞争政策；（二）组织调查、评估市场总体竞争状况；（三）制定、发布反垄断指南；（四）协调反垄断行政执法工作；（五）国务院规定的其他职责。国务院反垄断委员会的组成和工作规则由国务院规定。"第 10 条规定："国务院规定的承担反垄断执法职责的机构依照本法规定，负责反垄断执法工作。国务院反垄断执法机构根据工作需要，可以授权省、自治区、直辖市人民政府相应的机构，依照本法规定负责有关反垄断执法工作。"这两条规定是我国反垄断法执法机关设立的法律依据，由此我国反垄断执法机构分为二元三部门权力共享多头执法。一是国务院反垄断委员会，其不负责具体的执法工作，而是作为统一组织、协调、指导全国反垄断工作的机构，更多是从宏观角度出发，综合分析经济发展状况及市场结构，拟定相关的竞争政策，以适应《反垄断法》执法的需要。二是具体的国务院反垄断执法机构，虽然《反垄断法》没有规定具体的执法机构名称，但是授权由国务院确定反垄断法执法机构及划分相应的职权范围。根据国务院"三定"方案规定，承担反垄断执法的具体执法机构包括国家发展与改革委员会（以下称发改委）、商务部和国家工商行政管理总局反垄断与反不正当竞争局，目前我国具体的反垄断执法机构主要就是这三个部门。

1. 发改委

发改委主要负责的是价格垄断的检查监督，其承担执行反垄断法职能的机构主要是价格监督检查与反垄断局。为更好地执行《反垄断法》及国务院赋予其的反垄断执法职权，发改委将之前的价格监督检查司改组为价格监督检查与反垄断局，并调整了内设机构，设综合处、法制工作处、监督指导处、价格检查处、收费检查处、市场价格监管一处、市场价格监管二处、反价格垄断调查一处、反价格垄断调查二处、竞争政策与国际合作处 10 个内设处级机构。发改委价格监督检查与反垄断局的反垄断执法工作更为明确、集中，其主要职责包括：（1）指导全国价格监督检查与反垄断工作，拟订价格监督检查与反垄断政策、任务、工作计划及实施意见；（2）监督检查价格改革方案和价格调控管理政策措施的贯彻落实情况，提出加强和改进价格调控管理的建议；（3）组织实施全国性商品价格、服务价格、国家机关收费、事业性收费监督检查，明确实施检查的法律法规依据和政策界限，协调解决检查中出现的政策问题；（4）查处中央国家机关各部门、省级人民政府及部门、中央有关企事业单位、社会组织的价格、收费违法案件；协调处理省际间的价格、收费违法案件；查处重大价格、收费违法案件；（5）负责反价格垄断执法工作，调查、认定和处理重大的价格垄断行为和案件；（6）组织开展市场价格行为监管工作，调查、认定和处理重大的不正当价格行为和案件；负责市场价格异常波动监督检查应急工作；（7）起草有关价格监督检查与反垄断法律法规草案和规章，依法界定各类价格违法行为、价格垄断行为；（8）受理不服省级政府价格主管部门行政处罚的复议案件和申诉案件；（9）指导全国价格社会监督、公共服务、信用建设和价格举报工作；（10）指导全国价格监督检查与反垄断干部队伍的业务建设。

2. 商务部

商务部反垄断局主要负责的是审查经营者集中的反垄断执法机构，下设 7 个处，分别是：办公室、竞争政策处、商谈处、法律处、经济处、监察执法处、委员会协调处。其具体职责为：（1）起草经营者集中相关法规，拟订配套规章及规范性文件；（2）依法对经营者集中行为进行反垄断审查，负责受理经营者集中反垄断磋商和申报，并开展相应的反垄断听证、调查和审查工作；（3）负责受理并调查向反垄断执法机构举报的经营者集中事项，查处违法行为；（4）负责依法调查对外贸易中的垄断行为，并采取必要措施消除危害；（5）负责指导我国企业在国外的反垄断应诉工作；（6）牵头组织双边或多边协定中的竞争条款磋商和谈判；（7）负责开展双边或多边竞争政策国际交流与合作；（8）承担国务院反垄断委员会的具体工作。

3. 国家工商行政管理总局反垄断与反不正当竞争局

国家工商行政管理总局反垄断与反不正当竞争执法局的主要职责是除价格垄断行为以外的垄断协议、滥用市场支配地位和行政垄断的反垄断执法。其内设机构主要有：综合处、反垄断执法处、反垄断法律指导处、反不正当竞争处、案件督查协调处。具体职责表现为：（1）拟订有关反垄断、反不正当竞争的具体措施、办法；（2）承担有关反垄断执法工作；（3）查处市场中的不正当竞争、商业贿赂、走私贩私及其他经济违法案件，督查督办大案要案及典型案件；（4）承办总局交办的其他事项。

从上述对我国竞争法执法机构的简要介绍可以看出，不论是在反不正当竞争执法领域还是在反垄断执法领域，我国都不存在一个统一的执法机构，因此我国竞争法已经形成了多头执法的现状。我国竞争法执法机构的设置与权力分配目前采用权力共享制，主要原因在于现有的条件限制和我国经济形势状况的制约。如前所述，权力共享制比较容易产生竞争法执法冲突。为避免多头执法可能出现的执法冲突，发改委、商务部和工商总局都在自己的职权范围内调整了相应的执法部门，使他们各自的工作更为明确、清晰。但是仍然难以避免多头执法造成的执法权力冲突，实践中既有执法权积极冲突又有消极冲突。如本节案例导入部分提到的 J 省工商行政管理机关审理 L 市预拌混凝土行业垄断协议案，案例中的垄断协议内容超出了工商行政管理机关的职权范围，包括了价格垄断协议，这一违反垄断法的行为的管辖权属于发改委价格监督检查与反垄断局，导致工商行政管理机关在办理案件的过程中无法全面地发挥作用。再如 "互联网反不正当竞争第一案" 的腾讯 QQ 诉奇虎 360 反不正当竞争恶战，同时损害了消费者的合法权益，本案本应由工商行政管理机关管辖，但其竟没有依职权进行处理，到最后却是由国务院工业和信息化部对两个企业作出批评通告，才暂时平息了风波。由此可见，我国竞争法多头执法的现状，不仅会产生竞争法执法冲突，还可能间接产生不良的社会效果。

案例链接

"3Q 大战" 应由谁主管？

2010 年 9 月 27 日，奇虎 360 发布了其新开发的 "隐私保护器"，专门搜集 QQ 软件是否侵犯用户隐私。随后，QQ 立即指出 360 浏览器涉嫌借用黄色网站进行推广。2012 年 11

月 3 日，腾讯宣布在装有 360 软件的电脑上停止运行 QQ 软件，用户必须卸载 360 软件才可登录 QQ，强迫用户二选一。双方为了各自的利益，从 2010 年到 2014 年，两家公司上演了一系列的互联网之战，并走上了诉讼之路。

2010 年 11 月 21 日，国务院工业和信息化部（简称工信部）发布了《关于批评北京奇虎科技有限公司和深圳市腾讯计算机系统有限公司的通报》（下称《通报》），对奇虎 360 和腾讯 QQ 两公司提出严厉批评，责令两公司停止互相攻击，确保相关软件兼容和正常使用，同时也责令两公司自该通报发布 5 个工作日内向社会公开道歉。《通报》称北京奇虎科技有限公司与深圳市腾讯计算机系统有限公司在互联网业务中产生纠纷，采取不正当竞争行为，甚至单方面中断对用户的服务，影响了用户的正常业务使用，引起用户不满，造成了恶劣的社会影响。我国《反不正当竞争法》第 3 条规定，反不正当竞争案件的监督检查机关为县级以上人民政府工商行政管理机关。但是，在该案的整个处理过程中，按法律规定作为不正当竞争法执法机构的工商行政管理机关却没有发出任何声音，而出面解决此事的却是工信部。在工信部的协调下，争端双方各自向公众道歉，此事才算告一段落。在《反不正当竞争法》执法中，如何处理工商行政管理部门与相关行业部门的关系，合理确定各自的职能定位，维护执法的统一性，是突出问题。

（案例来源：新华财经网）

第二节　竞争法的执法程序

案例引导

可口可乐收购汇源案

2008 年 9 月 3 日，可口可乐以 24 亿美元作为条件，向汇源发出收购其全部股份的要约。2008 年 9 月 18 日，可口可乐公司向我国商务部递交了申报材料，申请批准经营者集中。9 月 25 日、10 月 9 日、10 月 16 日和 11 月 19 日，可口可乐公司根据商务部的要求，对申报材料进行了补充。11 月 20 日，商务部认为可口可乐公司提交的申报材料达到了《反垄断法》第 23 条规定的标准，对此项申报进行立案审查，并通知了可口可乐公司。由于此项集中规模较大、影响复杂，2008 年 12 月 20 日，初步阶段审查工作结束后，商务部决定实施进一步审查，书面通知了可口可乐公司。在进一步审查过程中，商务部对经营者集中造成的各种影响进行了评估，并于 2009 年 3 月 20 日前完成了审查工作。根据《反垄断法》第 27 条，商务部从如下几个方面对此项经营者集中进行了全面审查：（1）参与集中的经营者在相关市场的市场份额及其对市场的控制力；（2）相关市场的市场集中度；（3）经营者集中对市场进入、技术进步的影响；（4）经营者集中对消费者和其他有关经营者的影响；（5）经营者集中对国民经济发展的影响；（6）汇源品牌对果汁饮料市场竞争产生的影响。立案后，商务部对此项申报依法进行了审查，对申报材料进行了认真核实，对此项申报涉及的重要问题进行了深入分析，并通过书面征求意见、论证会、座谈会、听证会、实地调查、委托调查以及约谈当事人等方式，先后征求了相关政府部门、相关行业协会、果汁饮料企业、上游果汁浓缩汁供应商、下游果汁饮料销售商、集中交易双方、可口可乐公司中方合作伙伴以及相关法律、经济和农业专家等方面意见。审查工作结束后，商务部依法对此项集中进行了全面评估，确认集中将产生如下不利影响：（1）集中完成后，可口可乐公司有能力将其在碳酸软饮料市场上的支配地位传导到果汁饮料市场，对现有果汁饮料企业产生排除、限制竞争效果，进而损害饮料消费者的合法权益；（2）品牌是影响饮料市场有效竞争的关键因素，集中完成后，可口可乐公司通过控制"美汁源"和"汇源"两个知名果汁品牌，对果汁市场控制力将明显增强，加之其在碳酸饮料市场已有的支配地位以及相应的传导效应，集中将使潜在竞争对手进入果汁饮料市场的障碍明显提高；（3）集中挤压了国内中小型果汁企业的生存空间，抑制了国内企业在果汁饮料市场参与竞争和自主创新的能力，给中国果汁饮料市场有效竞争格局造成不良影响，不利于中国果汁行业的持续健康发展。为了减少审查中发现的不利影响，商务部与可口可乐公司就附加限制性条件进行了商谈。商谈中，商务部就审查中发现的问题，要求可口可乐公司提出可行解决方案。可口可乐公司对商务部提出的问题表述自己的看法，并先后提出了初步解决方案及其修改方案。经过评估，商务部认为可口可乐公司针对影响竞争问题提出的救济方案，仍不能有效减少此项集中产生的不利影响。鉴于上述原因，根据《反垄断法》第28条和第29条，商务部认为，此项经营者集中具有排除、限制竞争效果，将对中国果汁饮料市场有效竞争和果汁产业健康发展产生不利影响。鉴于参与集中的经营者没有提供充足的证据证明集中对竞争产生的有利影响明显大于不利影响或者符合社会公共利益，在规定的时间内，可口可乐公司也没有提出可行的减少不利影响的解决方案，因此，决定禁止此项经营者集中。

可口可乐与汇源的经营者集中案件是自我国《反垄断法》颁布以来商务部第一个未予批准经营者集中的案件，该案的整个执法程序过程反映了竞争法执法机构的专业性和权威性，也反映了竞争法执法程序的复杂性。

竞争法的实施依靠竞争执法机构遵循竞争程序法对竞争案件作出相应的判断，由于竞争法律关系的专业性和复杂性，要求执法机构在执法过程中需谨慎地作出专业的决定，以确保竞争法执法的公正、透明、准确，因此，竞争程序规范的设置也十分地重要。从广义上看，竞争法执法程序包括了行政程序和司法程序。本节结合我国目前竞争法执法机构设置和执法现状的实际情况，将主要介绍竞争法执法的行政程序。

一、竞争法行政执法程序概述

竞争法行政执法机构承担着维护市场自由竞争秩序的重要角色，但如果没有严格的执法程序可循，竞争法的功能则无法实现，权利人的实体权利也无法得到保障。竞争法的执法程序又称竞争程序法，一般指竞争法执法机关，尤其是行政执法机关认定不正当竞争、垄断协议或滥用市场支配地位等行为方面的执法程序。竞争法行政执法程序可分为一般程序和特殊程序。从世界范围内看，大多数国家对于不正当竞争行为和垄断行为的一般监督程序大致可以分为立案、调查、审理和结案；而特殊程序主要包括承诺制度和宽免制度。

由于各个国家或地区采取的竞争法立法体例和公共执法机构设置都各不相同，因此它们在具体的竞争法执法程序上的规定也有所不同。下面简要介绍几个竞争法代表国家和我国的执法程序规定。

二、竞争法代表国家和地区的执法程序

（一）欧盟

1. 立案

对于竞争案件的开启，根据欧盟《欧共体条约第81条和第82条的实施条例》（简称1/2003号规则）的规定，执法机构可以通过两种形式发动对竞争案件的调查，一种是基于欧盟委员会的自行调查，另外一种则是基于个人的举报。与许多国家不同的是，有权对不正当竞争行为和垄断行为投诉的主体和权利人只能是因被投诉的行为使其合法利益受到侵害的自然人、法人和欧盟成员国。这里的关键是投诉人与被投诉行为之间需有"利害关系"，投诉人不仅需证明他所投诉的行为可能违反了欧盟竞争法，还需证明其受到的损害与不正当竞争行为或垄断行为有因果关系。但是，即使立案后欧盟委员会发现投诉人与案件并无利害关系，也不影响委员会对案件的继续审理和裁决，因为在此情况下欧盟委员会还可以依职权对竞争案件进行调查，前提是违反竞争法的行为存在。

欧盟委员会在调查竞争案件上有很大的自由裁量权，在是否立案上，委员会认为，即便是存在违反竞争法的行为，但如果影响不大，委员会就可能决定不予立案。如果委员会经审查不予立案，则应当告知投诉人不予立案的理由。投诉人若与委员会在是否立案方面存在争议，且委员会坚持不立案，投诉人可以向欧盟普通法院提起指控。除委员会行使自由裁量权时明显不当或者过度以外，欧盟普通法院一般不会要求委员会接受投诉人立案的要求。另外，就算欧盟委员会根据事实对一个案件进行立案后决定不再审理，它都有随时终止审理案件的权力。这一做法体现了市场经济的效率，也体现了执法机构对市场经济自我调节的尊重。

当委员会确定立案后，即会通知被诉人立案的理由，以便他可以陈述自己的意见。正式立案后，委员会便公告对案件的审理，这就不仅表明了委员会将通过正式程序审理案件，并且依据欧盟理事会1/2003号规则第11条第6款的规定，欧盟成员国将不再享有该案件的管辖权。

2. 调查

根据欧盟理事会1/2003号规则，委员会在调查竞争案件的过程中享有各种调查权，具体包括询问权、查阅权、复制权、查封、扣押权等。首先，委员会可以就案件向被诉人询问，要求被诉人及其成员国主管机关提供一切与案件相关的必要信息。通过非正式程序获取信息，如果被诉人提供的信息不完整或不正确，委员会则将采取正式程序，作出决定责令其限期提供。其次，委员会可以授权检查人员进入相关企业或协会及其相关人员的办公场所甚至是住宅进行调查取证，前提是委员会必须已经掌握一定信息且有理由怀疑该企业存在违法行为。执法人员在调查过程中享有的具体权力包括：（1）进入经营者和经营者协会的经营场所、土地和交通工具；（2）检查与业务有关的账簿和其他记录；（3）以

任何形式取得和保存这些账簿和记录的复印件；（4）如有必要，可以查封房产、账簿和记录；（5）要求经营者代表和职员解释与调查事件、调查目的有关的事实和记录，并做记录。最后，如果被调查的经营者拒绝或阻碍委员会的调查，委员会有权对其处以不超过上一营业年度销售总额1%的罚款，若经营者延迟提供证据或信息，委员会还可以对经营者处以每日不超过上一营业年度平均日销售额5%的延迟罚金，其目的主要是对违法者起到惩戒的作用。

欧共体理事会1/2003号规则对委员会调查程序中的义务规定得也十分严格。第一，经委员会授权的调查人员对经营者进行检查时，应当出示委员会的授权书和检查令，其内容应当指明调查对象和目的，并说明处罚规则。第二，委员会在调查开始之前，还应当通知被调查经营者所在地国的竞争执法机构，成员国主管机关应当协助调查。

3. 审理

审理案件的程序是执法机关依法认定经营者是否存在违法行为或决定对其课以处罚之前，需根据从相关经营者获取的信息、证据的真实性、关联性进行分析以还原事实的过程。在这一过程中，除了相关物证、书证以外，还需听取原诉人、被诉人以及第三方当事人的意见，尤其是听取被诉人的意见十分重要，这一程序被称为听审程序（Hearing）即被诉人享有陈述意见的权利。关于听审程序，欧共体理事会听审规则第99号条例规定，不管是法律还是事实上的问题，如果当事人未能获得机会就这些问题发表自己的意见，这些问题不能作为裁决案件的依据。

在欧盟委员会审理案件的过程中，被诉人可以通过两种途径实现自己的陈述权即书面陈述和口头陈述：（1）委员会在立案和初步调查后，应当以书面方式将指控通知被诉的经营者或经营者协会，并说明经营者或经营者协会可以在一定期限内提交书面陈述意见。被诉经营者或经营者协会必须有机会陈述自己的意见，并且可以提供相关证明材料或文件为自己辩护。通过书面陈述，委员会可能根据陈述内容进一步了解投诉的真实性，从而根据相关的法律或者事实问题，重新考虑是否立案。如果委员会发现了新的违法事实，而这些事实并非由被诉经营者或经营者协会自己提供或交代的，被诉人必须再次就新的事实发表陈述意见；（2）与书面陈述不同的是，听审程序中的口头陈述须由涉案经营者在书面陈述中向委员会提出发表口头陈述意见的请求，并提出足够的理由，或者委员会准备对经营者征收罚款或征收延迟罚金，委员会必须批准经营者口头陈述的申请。口头陈述听审程序不公开进行，听审官也必须保护经营者的商业秘密。

4. 结案

欧盟委员会基于调查和审理，认为案件的事实已经清楚，且充分地听取了被诉人和原诉人以及相关第三人的陈述，就可以进入案件的结案程序。一般而言，委员会认为某些违反竞争法的行为有着严重且不可弥补的损害时，其有权作出停止违法行为的决定，并且采取某些临时措施如罚款或日罚款决定等。如果委员会作出否定违法行为的决定，应向投诉人说明被诉行为没有违反竞争法，且需说明理由，但无需向投诉人解释案件审理过程。最后，委员会所作的所有重要决定都应当根据欧共体理事会1/2003号规则予以公告，方才符合程序上的合法性。

欧盟委员会处理竞争案件的程序充分体现了行政执法的特点，即主要由主导行政执法机构推动整个案件调查、审理的进程；裁决者并非以中立的角色作出裁决；利害关系人在调查、审理程序中的参与度不像在准司法裁决程序那样明显，等等。但是欧盟委员会的行政裁决程序提高了竞争法执法效率，比较符合市场经济要求快速处理案件的趋势。同时，为了解决可能存在的执法机构的权力过大而导致权力的滥用，欧盟法院的司法监督发挥了很大的作用。

（二）美国

1. 立案

在反托拉斯案件立案来源方面，美国除了可以接受举报或依职权获得信息以外，还可以根据总统的指示或参众两院任何议员的指示、司法部长的申请进行反托拉斯立案调查。在举报人方面，规定任何人若认为有违反竞争法的事实存在，均可以向竞争执法机构举报，要求采取适当措施，也就是说，美国不像欧盟那样对举报人主体进行了限制。在举报形式上也没有作过多的限制，举报人无论采取书面形式或电话、电子邮件等其他非正式书面形式举报，竞争法执法机构均应予受理。这样的规定使得竞争法执法的渠道更为宽广，对不正当竞争和垄断行为的监督也更加有力。

2. 调查

美国反托拉斯执法机构在调查托拉斯案件的过程中享有收集调查有关信息权，责令被调查人在规定时间内提交有关书面资料权，复制被调查人的任何文件性证据权，命令证人出庭作证权，有权检查证人、收取证据，有传唤权即有权签发传票，传唤当事人、证人到指定场所接受询问。可见，美国反托拉斯执法机构的权力很大，法律直接明确赋予了它们相应的准司法权以确保案件调查程序的顺利进行。尤其是美国联邦贸易委员会，它可以在美国任何地方进行调查，调查可以是公开进行的，也可以是不公开进行的。美国反托拉斯执法机构拥有如此强大的执法权限，因此其调查通常可能会增加被调查经营者的成本与负担。为避免反托拉斯调查过于轻率或不适当地开启和进行，同时为了保障主管机关能够有效地展开调查，美国竞争法规定反托拉斯调查人员必须要获得高级官员的批准，才可以要求被调查者提供证据，且只能要求被调查者提供与案件密切相关的文件和信息。例如，司法部反托拉斯局可以发布正式民事调查令，要求相对人为反托拉斯调查提供信息，每个民事调查令都应当由司法部部长或反托拉斯局局长签署。

3. 审查

由于美国执行竞争法主要采用的是司法模式，所以在审查案件上的程序美国有其自身的特点。通过对托拉斯案件的调查和证据的收集，美国司法部反托拉斯局不能根据其所收集的证据直接作出行政裁决，而必须决定是否向联邦法院提起诉讼。其既可以提起禁止继续违法的民事诉讼，也可以提起对单位处以罚金、对个人处以监禁和罚金的刑事诉讼。反托拉斯局提起诉讼时，必须遵循一般的民事诉讼或刑事诉讼的程序规则，由法院对事实和证据作出进一步的审理，从而判决被告是否违反了竞争法。若判决违法，则在刑事责任方面对被告作出罚金或限制人身自由的处罚；在民事或行政责任方面对被告作出下达某一方面禁令或者包括拆分企业措施在内的处罚。

在反托拉斯案件审查程序方面值得特别关注的是美国联邦贸易委员会对于托拉斯案件

的准司法裁决程序，这一程序凸显了联邦贸易委员会准司法性的性质。虽然在调查收集证据的基础之上，联邦贸易委员会有权向联邦法院提起民事诉讼，但是其也可以根据获取的证据作出行政裁决，而该行政裁决的作出有一个独立的内部行政诉讼程序，与联邦法院的诉讼程序基本一致。联邦委员会管辖的案件包括"不公平"的竞争行为以及"实质性减少竞争或可能导致垄断"的合并行为，对于上述案件委员会决定立案后，先会通过告知或劝导的方式促使涉嫌违法的企业自愿停止违法行为。如果劝导无效，委员会则会展开调查，通过一系列准司法行为的强制措施获取证据和信息之后，如果委员会认为有必要诉讼，且与被告经营者无法达成庭前和解，则会向被告发出诉状及停止令，正式开始内部的诉讼程序。

美国联邦贸易委员会的内部行政诉讼程序，是由委员会内部的调查部门代表委员会作为原告，向委员会内部的行政法官提起诉讼。原被告双方均可以聘请律师，均可以向行政法官提交证据，发表意见及进行辩论。行政诉讼程序的庭审也采用对抗试的庭审方式，最后由行政法官根据双方的举证和辩论意见，裁定被告行为是否违法需要禁止，并裁定禁止令的内容。如果被告或委员会律师在裁定作出的30日以内不向委员会提出上诉，则该禁止令自动生效。若有一方或双方都提出上诉，则委员会可组成5名委员对案件进行复审。在复审程序中，原被告双方仍可以就案件的事实和法律观点进行简要陈述，并可请求进行言词辩论。经过复审后，委员会作出最终裁定，可以维持行政法官之前所作的禁止令裁定，也可以修改、发回重审或推翻裁定。委员会的最终裁定作出之后，被告可以在裁定作出之日起60日内向联邦巡回上诉法院提起上诉。上诉法院经审理后，可以维持、发回重审、修改或推翻联邦贸易委员会的裁定。如果上诉法院维持了联邦贸易委员会的裁定，被告企业还可以向联邦最高法院申请调卷，并申请联邦巡回上诉法院中止该案判决的生效。

可以看出，美国联邦委员会的行政裁决程序有以下几个特点：（1）委员会调查收集证据的过程中运用了类似司法调查的手段；（2）行政法官始终处于中立的地位，根据原被告双方提供的证据认定案件事实；（3）原被告双方当事人在反托拉斯案件的处理过程中享有辩护权，主要通过质证来推动案件的审理，充分保障了当事人的有效参与，这一点与大多数行政执法国家有较大的不同。美国联邦贸易委员会的内部行政诉讼程序这一准司法裁决程序源于美国的法律文化，即司法权对行政权的制衡作用，其有利于保护当事人尤其是被告的基本权利，使他们能够充分地表达自己的意见，进而推动案件的公平审理。然而，准司法程序审判案件的效率较低，并且程序较为复杂，执法成本也相对较高。

（三）日本

同美国一样，日本《禁止垄断法》也规定任何自然人或法人发现有违反竞争法的行为存在都可以向日本公正交易委员投诉而立案，公正交易委员会也可以依职权调查立案。在调查和审理竞争案件的程序方面，日本公正交易委员会采用了与美国联邦交易委员会相似的准司法程序，包括对违法行为的调查以及对违法行为的审判。主要负责调查的官员为审查官，享有相应的调查职权，而审判采用的是"事实审理型"征询意见的方式，在审判程序上采取民事诉讼审判程序。根据日本2005年修订后的《禁止垄断法》，审查官在结束案件的调查之后根据收集到的案件事实和证据，首先可以直接向被告经营者发出排除措施命令。如果被告对于排除措施命令不提出异议,则排除措施命令将自动生效;若对命令不服,可以在命令作出之日起 60 日内要求公正交易委员会开始正式的审判程序。

正式审判程序中,公正交易委员会的审查官充当原告,被告为涉嫌不正当竞争或垄断行为的经营者,法官则为委员会的审判官。程序分为答辩、审理、最终意见陈述三个阶段。首先由审查官和被告就排除实施命令的记载进行陈述和答辩,然后进入事实审理阶段由双方进行举证质证、询问证人,最后进行最终意见陈述。正式审判程序结束后,委员会审判官作出审决案并送达被告。若被告对审决案不提出异议,公正交易委员会将根据审决案作出正式的判决;若被告不服,还可以向公正交易委员会提出上诉申请复审,委员会根据审决案、审决记录和异议书进行复审,并让被告作出口头辩论,以此作出正式的判决。

日本公正交易委员会的审判程序也具有较强的司法诉讼程序的特点,只是在程序上比美国联邦贸易委员会的内部行政诉讼程序要更为简易。它不仅保障了利害关系人的参与权,同时也削弱了执法机构行政权的影响力。但不论是欧盟的行政裁决程序还是美国、日本的司法裁决程序,其形成和发展都是基于不同国家或地区自身的法律制度传统、法律文化演变而成的,符合当前的经济发展的情况和需求。

三、我国竞争法行政执法程序

我国竞争法行政执法机构目前采用的也是行政裁决程序,而最明显的问题就是存在多头执法的现象。我国《反不正当竞争法》对于反不正当竞争执法程序的规定不是很详尽,只规定了执法机构的职权,如询问被检查的经营者、利害关系人、证明人,并要求其提供证明材料或者与不正当竞争行为有关的其他资料;查询、复制与不正当竞争行为有关的协议、账册、单据、文件、记录、业务函电和其他资料;检查与《反不正当竞争法》第 5 条规定的不正当竞争行为有关的财物,必要时可以责令被检查的经营者说明该商品的来源和数量,暂停销售,听候检查,不得转移、隐匿、销毁财物。而关于管辖、立案、调查、审理和决定的具体规定需结合《行政处罚法》和《工商行政管理机关行政处罚程序规定》的规定适用在具体的反不正当竞争案件中。在立案程序方面,根据《工商行政管理机关行政处罚程序规定》第 16 条的规定,工商行政管理机关依据监督检查职权,或者通过投诉、申诉、举报、其他机关移送、上级机关交办等途径发现、查处违法行为。因此,工商行政管理机关处理竞争案件的立案来源是比较广泛的,而且对于投诉的主体也不像欧盟竞争法规定的那样只限于受到违反竞争行为损害的主体。当工商行政管理机关决定立案后,案件进入调查程序。工商行政管理机关在调查案件过程中,可以询问当事人及证人,对涉案的书证、物证可以采取查阅、检查、扣押、复制、查询、查封等行政执法措施。经过调查后,对事实清楚、证据确凿、程序合法的违法行为,应当制作行政处罚决定书。当事人对工商行政管理部门作出的处罚决定不服的,可以自收到处罚决定之日起 15 日内向上一级主管机关申请复议,也可以向人民法院提起诉讼。

而《反垄断法》对反垄断案件的执法程序的规定比《反不正当竞争法》规定得更为详尽,《反垄断法》规定除了执法机构依职权对涉嫌垄断的行为进行调查以外,任何单位和个人都有权向执法机构举报。举报采取书面形式并提供相关证据和事实的,执法机构就应当先作出必要的调查,以初步认定是否存在垄断行为。对于调查和审理程序的规定,除了赋予执法机构相应的调查职权以外，更有明确规定被调查的经营者、利害关系人有权陈述意见。但是我们不能将这里的陈述意见权理解为美国或日本的竞争法执法程序中被告的辩护权，因为我国竞争法执法机关作出最终的行政决定并非是根据经营者的意见，而是根据反垄断执法机构对涉嫌垄断行为的调查进行核实后，认为构成垄断行为的则作出处理决定。由此可见，我国竞争法的执法机构在执法程序中既承担着调查的职能，又扮演着裁决者的角色。

四、反垄断法执行的特殊制度

竞争法中的特殊程序制度主要有承诺制度和宽免制度，从承诺制度和宽免制度产生的历史沿革看，这两个特殊制度也主要是为了提高反垄断执法程序的效率、推动反垄断案件的快速解决与处理从而达到较好制止垄断行为效果而设置的。从性质上看，承诺制度和宽免制度只是反垄断执法程序中运用的特殊手段，因此并不能代替反垄断调查和审理的过程，反垄断执法机构作出裁决还是应当依据相应证据对垄断事实进行还原和判断。目前，承诺制度和宽免制度主要规定在我国《反垄断法》第45条和第46条第2款。

（一）承诺制度

承诺制度又称非正式的和解程序，指涉嫌实施垄断行为的经营者主动承认垄断行为，并作出承诺将采取措施消除不法垄断的不利后果，则反垄断执法机关可以接受其承诺，并不再展开后续执法程序。之所以该制度被称为非正式的和解程序，是因为该制度的适用表现为经营者与执法机构采取协商的方式，达到以自身的承诺换取执法机构暂时停止反垄断调查程序的目的，但经营者最终是否会受到处罚，还要看其履行承诺的情况。根据国际上的反垄断执法经验，经营者承诺制度一般只适用于垄断协议案件的查处，而不适用于滥用市场支配地位或经营者集中的行为，因为滥用市场支配地位的行为人不能因其承认了滥用行为就可以免除处罚；而对于经营者集中行为的控制，执法机构可以在批准集中的决定中附加条件，已达到限制经营者作出垄断行为的目的，因为并非所有经营者集中都是违反反垄断法的。承诺制度的主要内涵包括：（1）从主体上看，作出承诺的主体为实施垄断行为的经营者，决定是否接受承诺的主体为反垄断执法机构；（2）从行为上看，经营者必须及时作出承诺并履行承诺才能真正阻却反垄断调查，只作出承诺而不实际履行承诺，反垄断执法机构可以随时恢复调查程序并作出裁决；（3）从法律后果上看，经营者履行承诺不再实施垄断行为，并消除影响，反垄断执法机构则会终止调查程序。承诺制度的作用在于有利于节约反垄断执法成本，提高执法效率，因为垄断案件的调查一般都比较复杂，不仅涉及法律问题的研究，还要涉及对许多经济问题的分析，时间长、成本高，并且若没有经营者的配合，很难消除垄断行为的影响。

我国《反垄断法》第45条规定，对反垄断执法机构调查的涉嫌垄断行为，被调查的经营者承诺在反垄断执法机构认可的期限内采取具体措施消除该行为后果的，反垄断执法机构可以中止调查。中止调查的决定应当载明被调查的经营者承诺的具体内容。反垄断执法机构决定中止调查的，应当对经营者履行承诺的情况进行监督。经营者履行承诺的，反垄断执法机构可以决定终止调查。有下列情形之一的，反垄断执法机构应当恢复调查：

(1)经营者未履行承诺的;(2)作出终止调查决定所依据的事实发生重大变化的;(3)中止调查的决定是基于经营者提供的不完整或者不真实的信息作出的。从该规定可以看出,我国《反垄断法》规定的承诺制度并没有像某些国家一样限制适用范围,而我国其他反垄断法律制度如某些部门规章对承诺制度作出了一定的细化规定,例如,国家工商行政管理总局颁布的《工商行政管理机构查处垄断协议、滥用市场支配地位案件程序规定》第15条至第19条规定涉嫌实施垄断协议和滥用市场支配地位垄断行为的经营者可以以书面的形式提出中止调查的申请,作出停止侵害、消除影响的承诺,由工商行政管理机构决定是否予以中止调查并进行监督。但是对于承诺的内容、履行的程度,反垄断法律制度都没有作出十分明确的规定,这就需要由执法机构在实践中结合实际情况根据不同的垄断行为具体运用。比如对于垄断协议,应当采取措施终止或者退出垄断协议,若垄断协议已经实施并造成了一定的不利后果,还应当采取措施消除影响;对于经营者集中造成垄断,经营者应当停止集中或拆分企业、转让股份或者以其他资产处置方式恢复到集中以前的状态;对于滥用市场支配地位,应当停止滥用使其行为恢复到正当竞争环境下的行为模式,若造成了一定的不利后果,应当采取赔偿损失等方式消除影响。

(二) 宽免制度

反垄断法中的宽免制度是指参与垄断协议的行为人包括企业和个人,在反垄断执法机构展开调查之前或之后,主动报告和揭发其参与的垄断协议,以获得从宽处理的待遇。这项制度起源于美国的公司宽恕制度,其建立的目的主要是为了降低反垄断执法调查的难度,尤其是对秘密垄断协议,如没有任何书面形式的口头垄断协议的揭发起着重要的作用。

我国《反垄断法》第46条第2款规定了宽免制度,规定的具体内容为:经营者主动向反垄断执法机构报告达成垄断协议的有关情况并提供重要证据的,反垄断执法机构可以酌情减轻或者免除对该经营者的处罚。从该规定上看,我国《反垄断法》中的宽免制度只适用于涉嫌作出垄断协议行为的经营者,而并不包括知晓或参与垄断协议的个人。而且,《反垄断法》对宽免制度仅作了原则性规定,只规定了适用宽免制度的主体与垄断行为,但对于报告垄断协议和提供证据的时间、方式及程序并没有特别细致的规定。结合我国反垄断执法实践,我国宽免制度的适用仍然存在着进一步完善的要求,例如,将宽免制度延伸适用至企业高管人员,加强他们的反垄断法律意识,以更好地揭发隐蔽的垄断协议;再如,在宽免制度中设置差别化宽恕待遇,进而鼓励达成垄断协议的多个经营者尽快向执法机构提供相关证据和信息。

案例链接

山西省朔州市某个体工商户经销仿冒知名商品特有包装装潢案

2008年9月11日,山西省朔州市工商行政管理局执法人员对位于朔城区南垣街自然人张某经营的朔州市朔城区世英副食品经销部进行了检查,发现其所经销的山西杏花牧童酒业有限公司生产的"十年纷"瓷瓶45°白酒、"十年陈酿"42°和45°白酒的瓶形和纸箱包装及装潢涉嫌仿冒山西杏花村汾酒集团有限公司"老白汾酒"(十年陈酿)42°和45°的白酒,立即将其商品予以现场封存,并立案调查。当事人张某于2008年7月、8月购进了山西杏花牧童酒业有限公司生产的"十年纷"瓷瓶45°白酒、"十年陈酿"42°白酒、"十年陈酿"45°白酒共计380件。截至查获时,已销售"十年纷"瓷瓶45°白酒、"十年陈酿"42°白酒、"十年陈酿"45°白酒共计90件,共获利2900元。山西杏花村汾酒集团有限公司生产的"老白汾酒"(十年陈酿)42°和45°的白酒自投放市场以来一直受到消费者的喜爱,销量好,具有很高的市场知名度,其外包装装潢和瓶体不同于普通酒类产品,是特有包装装潢。经过综合分析认定,当事人所经销的山西杏花牧童酒业有限公司"十年纷"、"十年陈酿"白酒,其瓶体、外包装、装潢与山西杏花村汾酒集团有限公司生产的"老白汾酒"(十年陈酿)商品的主要部分和整体印象近似,足以使一般消费者产生误认。主要表现为:(1)外包装都是横向包装,底色都是枣红色;(2)在中心部分都用黄色曲线进行勾勒,勾勒出的部分颜色均为大红色;(3)产品名称都在中心位置横向排列,且所用字体相同;(4)外包装上的其他文字如:酒精度、净含量、生产厂家等位置相同;(5)瓶体都是上粗下细的红坛瓷瓶,瓷瓶上都用白色线条描绘花纹。鉴于上述情况,朔州市工商行政管理局认定张某的行为属于擅自使用与山西杏花村汾酒集团有限公司知名商品相近似的包装装潢,违反了我国《反不正当竞争法》第5条第2项规定,构成不正当竞争行为。依照我国《反不正当竞争法》第21条第2款及《山西省反不正当竞争条例》第25条第1款的规定,对张某做出了责令停止违法行为、没收违法所得2900元、罚款5800元的处罚。按照我国《反不正当竞争法》第5条第2项的规定,仿冒知名商品特有的名称、包装、装潢的不正当竞争行为的仿冒对象是知名商品特有的名称、包装、装潢,仿冒的形式是使用与知名商品特有的名称、包装、装潢相同或者近似的名称、包装、装潢。第一,仿冒的必须是知名商品,是具有一定知名度,为相关公众所知悉的商品,仿冒非知名商品不能构成该违法行为。本案中,山西杏花村汾酒集团有限公司的企业名称在销售市场中广为知悉,"杏花村"、"汾"商标被认定为驰名商标,在长期的市场销售中其产品多次被国内外评为优质产品,具有很高的市场知名度,所以该厂生产的"老白汾酒"(十年陈酿)42°和45°的白酒应当被认定为知名商品。第二,仿冒的是特有的名称、包装、装潢。按照《关于禁止仿冒知名商品特有的名称、包装、装潢的不正当竞争行为的若干规定》,特有是指商品的名称、包装、装潢非为相关商品所通用并具有显著的区别性特征,具有显著的区别性特征是相对于相关商品通用的名称、包装、装潢而言,只要与之相比具有明显的区别,或者主要部分、整体印象不同,具有可识别性,即有显著的区别性特征。山西杏花村汾酒集团有限公司生产的"老白汾酒"(十年陈酿)42°和45°的白酒瓶体和外包装的颜色、图案及排列组合都是自己设计创造的,并且长期使用,使消费者广为认知,是特有的包装、装潢。第三,仿冒要造成市场混淆和消费者误认,包括已经构成误认和足以构成误认。本案中,山西杏花牧童酒业有限公司为扩大自己产品的销量,模仿山西杏花村汾酒集团有限公司产品的外包装、装潢、瓶体,即与山西杏花村汾酒集团有限公司产品的装潢图形、色彩及排列组合近似,足以造成市场混淆,使消费者在购买时误认为是山西杏花村汾酒集团有限公司"老白汾酒"(十年陈酿)白酒的系列产品,一般购买者施以普通注意力很难进行区分。当事人张某销售该仿冒产品,严重损害了消费者的合法权益，构成了仿冒的不正当竞争行为。

本案是执法机构依职权立案调查的不正当竞争案件，从立案到调查，从审理案件、分析证据和事实再到对实施不正当竞争行为的行为人作出处罚决定的整个执法程序都反映了我国竞争法执法主要采取的是行政裁决程序，行政机关在整个案件的处理过程中都起到了主导作用。

（案例来源：国家工商总局公平交易局）

本章小结

本章主要围绕竞争管理关系展开介绍与讨论，核心内容为竞争法执法机构和竞争法执法程序。通过本章的学习，不仅要使学生了解我国竞争法执法机构的类型、执法模式、权力配置以及不同执法机构管辖的具体案件类型及相应的执法程序，而且要培养学生比较分析法学的研究方法，结合竞争法适用的代表国家的执法机构的设置、执法模式与执法程序制度和我国社会主义市场经济的实际情况，思考我国竞争法执法机构及执法程序的问题以及应当如何进一步完善。

技能训练

正确区分我国不同竞争法执法机构的权力配置

目的：使学生更深入地了解我国多个竞争法执法机构的性质、权力分配方式及具体管辖的案件类型。

要求一：通过报纸、杂志、网络等方式搜集材料，列举出6个参与竞争法执法的公共执法机构，并分析其性质。

要求二：通过案例分析它们管辖的案件类型，以及相互之间可能产生的权力冲突。

实践活动

了解我国竞争法执法机构的执法程序

目的：使学生了解我国竞争法执法机构的执法程序和内容。

内容：通过报纸、杂志、网络或实际调研等方式搜集竞争法典型案例，分析案例中立案、调查、审理和结案的具体程序。

要求：通过案例分析，对我国竞争法执法机构的执法程序及享有的权限有较为深刻的了解。

本章练习

一、不定项选择题

1. 采取司法模式执行竞争法的典型国家是：（　　）。
   A. 德国　　　　B. 美国　　　　C. 日本　　　　D. 英国
2. 根据我《国反不正当竞争法》的规定，如果经营者的合法权益受到不正当竞争行为的损害，受害的经营者可以：（　　）。

A. 直接扣押侵害人的财产进行赔偿

B. 采取相同的不正当竞争行为对侵害人进行报复

C. 向仲裁机构申请仲裁

D. 向人民法院提起诉讼

3. 某市工商行政管理局在抽查本市市场上的饮料时发现，除 3 种名牌的饮料外，其余饮料均不合格，该局对此结果在当地新闻媒体上作了详细介绍，导致一些厂家生产的饮料销量急剧下降。下列说法中正确的是哪项？（　　）

A. 市工商行政管理局的抽查行为是履行职责的正常管理行为，但在新闻媒体上公布抽查结果是限制其他经营者的不正当竞争行为

B. 市工商行政管理局抽查行为的背后是以排挤其他经营者为动机，故抽查行为与公布行为均构成不正当竞争

C. 市工商行政管理局的行为不构成不正当竞争

D. 市工商行政管理局的行为虽有排挤其他经营者的意图，但并未指定消费者购买某种饮料，尚不构成不正当竞争

4. 某商店的专营服装，在当地颇有名气。1995 年春，该商店为减少冬季服装库存，经商店经理决定，对外谎称有奖销售以吸引消费者购买冬衣。一时间消费者踊跃购买，每名购买者凭发票摸奖一张。下列哪些说法正确？（　　）

A. 该商店的行为属于不正当竞争

B. 该商店的行为应由检查监督部门处理

C. 消费者可以要求该商店进行赔偿

D. 检查监督部门应责令商店停止其违法行为

5. 甲百货公司在电视上做广告，称该百货公司新到一批罗马瓷砖，欢迎消费者购买。消费者购买了 1 万元的罗马瓷砖后发现该瓷砖的实际生产地为广州，遂向工商行政管理局投诉。工商行政管理局根据《反不正当竞争法》对该百货公司作出责令停止引人误解的虚假宣传，并罚款 2 万元的行政处罚。甲百货公司不服，向上一级工商行政管理机关提出行政复议，理由是其广告真实地反映了商品特性，因为这批瓷砖的确使用的是罗马进口涂料。下列哪项表述正确？（　　）

A. 甲百货公司的广告易使人误解，构成不正当竞争

B. 甲百货公司的广告并无虚假内容，不构成不正当竞争

C. 甲百货公司应当向人民法院提起行政诉讼，提起行政复议是不当的

D. 工商行政管理局对其作出的行政处罚缺乏法律依据

6. 对于违反《反垄断法》实施集中的经营者，国务院反垄断执法机构可以采取的措施包括：（　　）。

A. 责令停止实施集中　　　　B. 限期处分股份或资产

C. 限期转让营业　　　　　　D. 处以罚款

7. 国务院反垄断执法机构根据工作需要，可以授权（　　），依照《反垄断法》规定负责有关反垄断执法工作。

A. 乡（镇）人民政府相应的机构

B. 县（区）人民政府相应的机构

C. 地（市）人民政府相应的机构

D. 省、自治区、直辖市人民政府相应的机构

8. 甲市某酒厂酿造的"蓝星"系列白酒深受当地人喜爱。甲市政府办公室发文指定该酒为"接待用酒"，要求各机关、企事业单位、社会团体在业务用餐时，饮酒应以"蓝星"系列为主。同时，酒厂公开承诺：用餐者凭市内各酒楼出具的证明，可以取得消费100元返还10元的奖励。下列关于此事的说法哪一项是不正确的？（　　）

A. 监督检查部门可以没收酒厂的违法所得，并处以罚款

B. 酒厂的做法尚未构成商业贿赂行为

C. 上级机关可以责令甲市政府改正错误

D. 甲市政府办公室的行为属于限制竞争行为

9. 我国工商行政管理机关管辖的违反《反垄断法》的行为类型包括：（　　）。

A. 价格垄断协议以外的垄断协议

B. 滥用市场支配地位

C. 行政垄断

D. 经营者集中

10. 监督监察部门在监督检查不正当竞争行为，（　　）应当如实提供有关资料或情况。

A. 被检查的经营者　　　　B. 证明人

C. 利害关系人　　　　　　D. 国家机关

二、案例分析

甲、乙两旅行社都是享有盛名的国家承办境外游客到国内观光的经济组织。1995年，两旅行社均接待海外旅客20万人次，经济效益不相上下。1998年上半年，甲旅行社以高薪为条件，致使乙旅行社海外部15名工作人员全部辞职，转入甲旅行社工作。甲旅行社为此成立海外旅行二部，该15名原乙旅行社工作人员在转入甲旅行社时将自己业务资料、海外业务单位名单都带入甲旅行社。1998年全年，两旅行社的业务均发生很大变化，甲旅行社的海外游客骤然上升，效益大增，而乙旅行社业务则受到极大影响，造成较大经济损失。

问：（1）甲旅行社的行为是否构成不正当竞争？如是，应属哪种不正当竞争行为？为什么？

（2）对甲旅行社的行为应由哪一执法机关管辖？是否应进行法律制裁？如何制裁？

第二编 反垄断法

第四章

反垄断法概述

垄断的原意是独占，即一个市场上只有一个经营者。反垄断法是反对垄断和限制竞争、保护竞争自由的法律制度，亦是市场经济国家基本的法律制度之一。本章主要介绍垄断及反垄断法的基本含义、特点，反垄断法所规制的主要内容及反垄断法的适用除外制度。学生可以通过本章学习，结合案例分析，理解和掌握反垄断法的基础理论知识。

学习目标

知识目标：

掌握垄断的基本含义、反垄断法的基本含义及特点；理解反垄断法的适用范围及适用除外制度。

能力目标：

通过对反垄断法基本理论的学习，能够判断哪些是垄断行为，并懂得运用本章的知识分析、判断相关的法律实务问题。

案例引导

三星等6企业遭经济制裁3.53亿案的思考

2013年1月4日，中国对境外企业价格垄断开出首张罚单——韩国三星、LG，中国台湾地区奇美、友达等6家国际大型面板生产商，因垄断液晶面板价格，遭到国家发改委经济制裁3.53亿元人民币。

从国家发改委价格监督检查与反垄断局获悉，韩国三星、LG，中国台湾地区奇美、友达、中华映管、瀚宇彩晶6家企业在2001年至2006年期间，利用优势地位，合谋操纵液晶面板价格，在中国大陆实施价格垄断行为，涉案液晶面板销售数量合计514.62万片，其中，三星82.65万片，LG192.70万片，奇美156.89万片，友达54.94万片，中华映管27.06万片，瀚宇彩晶0.38万片，违法所得2.08亿元。

国家发改委已依法责令涉案企业退还国内彩电企业多付价款1.72亿元，没收3675万元，罚款1.44亿元，经济制裁总额达3.53亿元。其中，三星1.01亿元，LG1.18亿元，奇美9441万元，友达2189万元，中华映管1620万元，瀚宇彩晶24万元。

据了解，自2006年12月开始，国家发改委多次收到举报材料，反映上述6家企业合谋操纵液晶面板价格。2001年至2006年期间，6家涉案企业在中国台湾地区、韩国共召开53次"晶体会议"，针对全球市场交换液晶面板市场信息。在中国大陆境内销售液晶面板时，涉案企业依据"晶体会议"协商价格或互相交换的信息，操纵价格，损害了其他经营者和消费者的合法权益。

国家发改委价格监督检查与反垄断局局长许昆林接受中新社记者采访时表示，目前，涉案的6家企业已提出整改措施：一是承诺今后将严格遵守中国法律，自觉维护市场竞争秩序，保护其他经营者和消费者合法权益；二是承诺尽最大努力向中国彩电企业公平供货，向所有客户提供同等的高端产品、新技术产品采购机会；三是承诺对中国彩电企业内销电视提供的面板无偿保修服务期限由18个月延长到36个月。

此次反垄断调查和处罚，维护了中国企业的合法权益和公平竞争的市场秩序，有助于深化这些液晶面板企业与中国彩电企业的合作，有效提升中国彩电企业竞争力，促进行业发展并惠及消费者。

据中国电子视像协会依据2011年中国液晶电视行业数据测算，仅面板无偿保修服务期限由18个月延长到36个月，就可让国内彩电企业每年节约成本3.95亿元。

据悉，截至目前，TCL、创维、康佳、长虹等国内9家主要彩电企业已收到了1.72亿元退款。

（案例来源：中国观网）

第一节 垄断及反垄断法的基本含义

一、垄断的基本含义

"垄断"一词为英文"Monopoly"的汉译，就"Monopoly"一词的本义看，其有垄断、独占、专卖、专利权、独占者等众多相近的含义。而中文中的"垄断"一词，根据《辞海》的注释，主要有两种含义：其一，垄断即"龙断"或"陇断"，意指高而不相连属的土墩子，如《列子·汤问》中说，"自此，冀之南，汉之阴，天垄断焉"；其二，垄断是指经济意义上的垄断，是指人们在商品生产交换、买卖等商品贸易活动中的独占活动或寡头寡占统治。可见，垄断作为一种经济现象，其最初的含义即为独占和寡占。

那么，反垄断法中的垄断的含义又是如何呢？目前，世界上已有100多个国家和地区制定了反垄断法，从几个市场经济发达国家制定的反垄断法的具体条文看，它们对垄断的表述不尽相同。德国《反限制竞争法》第22条第1款第1项规定，垄断是指"作为某种特定商品或工业服务的供应者或需求者没有竞争者，或者没有实质上的竞争者"。日本《关于禁止私人垄断和确保公正交易的法律》（以下简称《禁止垄断法》）第2条第5款规定："本法所说的私人垄断，是指事业人单独地或与其他事业人结合或合谋以及采取其他任何方法，排除其他事业人的事业活动或进行支配，从而违反公共利益，在一定交易领域实质上限制竞争。"该法又在第2条第7款对垄断状态作了规定，即垄断状态是指一个事业人的市场占有率超过1/2，或者两个事业人的合计市场占有率超过3/4；使新办的属于该事业领域的其他事业人想要进入该事业领域感到非常困难；该事业人获得了显著超过政令规定的该种类利润率的利润；同一般标准相比，其他事业人支付显著过多的销售费和一般管理费。英国关于垄断和限制性商业行为的法律规定：如果一公司或一起行动的两个以上公司占市场 1/4 的商品和服务，就存在垄断的情势，垄断和合并委员会要对是否存在垄断情势的问题以及当事人的活动是否违反公共利益的问题，向国务大臣提出报告。美国作为现代反垄断法的发源地，其《谢尔曼法》、《克莱顿法》、《联邦贸易委员会法》等反垄断法虽未对"垄断"进行解释，但列明了具体的表现形式，如《谢尔曼法》第 1 条规定："任何人以契约、托拉斯形式或其他形式的联合、共谋，限制州际或与外国之间的贸易或商业，是非法的。任何人签订上述契约或从事上述联合或共谋，是严重犯罪。"该法第 2 条又规定："任何人若从事垄断或企图垄断或与他人联合或者合谋，意图实现对州际或对外贸易或商业的任何部分的垄断，均应被视为犯有重罪。"

我国《反垄断法》对垄断这个概念并没有单独予以解释，但在第 3 条中规定了具体的垄断行为，包括：在经济活动中，滥用市场支配地位，或者经营者以任何协议合谋或与其他经营者合谋，排除竞争或者限制竞争的状态或行为。

二、垄断的类型

从不同角度对垄断加以考察并据以分类，有助于我们从各个不同的方面及角度深入了解垄断的性质和属性，从而根据不同的垄断而采取不同的政策，因而具有重要的政策价值和理论意义。

（1）按垄断主体来分，垄断可划分为企业垄断、行政垄断、经济垄断。

垄断企业主要是指享受国家给予的政策，从而控制社会生产，操纵和独占市场的特定企业。这些垄断企业主要存在于食盐、烟草、供电、金融等行业，带有一定计划经济的味道，除了它们，老百姓别无选择。行政垄断，是中国特有的一个概念。在标准经济学中，只有两个术语，一个是"政府垄断"，另一个是"政府授予垄断"，前者是政府直接行使垄断权力（比如酒类专卖、烟草专卖），后者是政府将垄断经营权授予某一个企业。中国特有的"行政垄断"实际上是包括了经济学的"政府垄断"和"政府授予垄断"。经济垄断是经济行为主体在市场竞争过程中形成的较强力控制或采取的排他性行为。经济垄断所导致的市场准入限制主要表现为独占进入市场的机会。也就是说，一旦出现了经济垄断，进入市场的机会就被个别（或少数）经营者所独占。经济垄断的行为者不仅不与他人分享进入市场的机会，而且也不与其他经营者分享新的进入市场的机会。

（2）按垄断内容分，垄断可分为垄断结构和垄断行为。

垄断结构是从市场的角度进行划分的，一般的市场类型是完全竞争、垄断、垄断竞争和寡头垄断。垄断行为，实际上是一种违反竞争法规定的行为，其目的在于扩张自己的经济规模或形成对自己有利的经济地位。

（3）按生产要素分，垄断可分为资本垄断、产品垄断、原材料垄断、技术垄断、人才垄断以及信息资源渠道垄断等。

该分类是按生产要素而具体划分的，根据市场中不同的生产要素做不同的分类，如资本垄断，是指在某个领域内，某一个生产者利用其雄厚的资本，打压商品价格，从而将竞争对手排挤出局，最终达到垄断的目的；产品垄断，是指其生产或传输过程具有垄断性质的一类社会产品（或服务）。

（4）按组织形式来分，垄断可分为卡特尔、辛迪加、托拉斯、康采恩以及混合联合公司等组织形式。

卡特尔（Cartel）是指生产同类商品的企业为了垄断市场，获取高额利润而达成的有关划分销售市场、规定产品产量、确定商品价格等方面的协议所形成的垄断性企业联合。该形式的垄断在第一次世界大战的资本主义国家迅速发展。按协议的内容，卡特尔可以分成：规定销售条件的卡特尔、规定销售价格的卡特尔、规定产品产量的卡特尔、规定利润分配的卡特尔、规定原料产地分配的卡特尔等。生产同类商品的企业作为卡特尔成员，各自在法律上保持其法人资格，独立进行生产经营，但必须遵守协议所规定的内容。卡特尔成立时，一般签订书面协议，有的采取口头协议形式。成员企业共同选出卡特尔委员会，其职责是监督协议的执行，保管和使用卡特尔基金等。由于成员企业之间的经济实力对比会因经济的发展而产生变化，导致卡特尔的垄断联合缺乏稳定性和持久性，经常需要重新签订协议，甚至会因成员企业在争取销售市场和扩大产销限额的竞争而瓦解。

辛迪加，是法语Syndicat的音译，原意为"组合"，是资本主义垄断组织的重要形式之一。由同一生产部门的少数资本主义大企业，通过签订统一销售商品和采购原料的协定以获取垄断利润而建立的垄断组织。

托拉斯（Trust）垄断组织的高级形式之一，是由许多生产同类商品的企业或与产品有密切关系的企业合并组成旨在垄断销售市场、争夺原料产地和投资范围，加强竞争力量，以获取高额的垄断利润。参加的企业在生产上、商业上和法律上都丧失独立性。托拉斯的董事会统一经营全部的生产、销售和财务活动，领导权掌握在最大的资本家手中，原企业主成为股东，按其股份取得红利。

康采恩是由Concern音译而来，有"相关利益共同体"的意思，也是垄断组织的高级形式之一，产生时间晚于卡特尔、辛迪加和托拉斯，由包括工业企业、贸易公司、银行、运输公司和保险公司等在内的来自不同经济部门的许多企业联合组成。康采恩旨在垄断销售市场、争夺原料产地和投资场所，以获取高额的垄断利润。参加康采恩的企业在形式上保持独立，实际上受其中占统治地位的资本家集团（一般是大银行资本家）通过参与制加以控制。它明显地表现出帝国主义时期银行垄断资本和工业垄断资本融合的特点。康采恩中的各个成员企业仍保持法律上的独立性，不失其法人资格，处于核心地位的大企业或大银行作为控股公司，通过收买股票，参加董事会和控制各成员企业的财务，将参加康采恩的其他成员企业置于其控制之下。

混合联合公司是资本主义国家出现的一种独特的跨部门垄断联合组织。原词出自拉丁文Conglomeratus，是地质学名词，其含义是以存在的各种碎石粘合一起的岩石。1941年，美国政府在临时全国经济委员会专刊第27册中，首次用来表示除横向合并和纵向合并以外的企业合并，即生产和职能上无任何联系的两家或多家企业的合并，称为混合合并。之后，美国联邦贸易委员会发表的企业合并报告沿用这个名词。当代西方经济学界使用这一名词，除指企业的混合合并外，还指通过合并实行广泛多样化经营的企业组织，即混合联合企业。

除此，垄断的类型按空间地域范围来分，可分为地区性垄断、区域性垄断、全国性垄断和国家性垄断；按垄断成因分，可分为自然垄断、人为垄断（如卡特尔协议或政府干预）和必然的垄断（即经济活动主体通过经济手段进行激烈竞争所必然形成的垄断）；按市场结构类型分，垄断结构可分为独占、寡头垄断、垄断竞争；按实施主体的地位特点分，垄断行为可分为已经具备某种垄断地位的企业滥用其优势的行为（如搭售或附加其他不合理交易条件、强制交易、不正当的差别待遇、掠夺性定价、限定转售价格、独家交易等）、尚不具备垄断地位的企业谋求垄断利益的行为（如订立卡特尔协议、兼并、股份保有、董事兼任、独占等）、政府干预市场竞争的行为（如设立行政性公司、国家指定专营、地方贸易保护等）。

三、反垄断法的名称和定义

目前世界上已经有 100 个国家或地区制定了反垄断法，但从国外法律部门的称谓来看，以禁止垄断行为为目的的反垄断法很少被直接称为"反垄断法"，而是由其他的各种称谓所代替。

美国的反垄断法不是一部独立的法律，而是由多部法律构成，其基本法律有三部，除《谢尔曼法》外，还有 1914 年颁布的《克莱顿法》和《联邦贸易委员会法》。欧盟反垄断法已成为当前世界最有影响力的反垄断法之一，但该法的名称并非叫"反垄断法"，而是《欧盟竞争法》。将反垄断法称为《竞争法》的国家还有很多。例如，加拿大的反垄断法为《竞争法》，墨西哥反垄断法为《联邦经济竞争法》。东欧国家以及发展中国家及地区近年来通过的反垄断法，其称谓也不尽一致。例如，俄罗斯的反垄断法为《关于竞争及限制市场上的垄断活动的法律》，匈牙利的反垄断法为《禁止不公平和限制性商业行为法》，塔吉克斯坦的反垄断法为《限制垄断活动和发展竞争的法律》，印度尼西亚的反垄断法为《禁止垄断行为和不公平商业竞争法》。日本于 1947 年制定了反垄断法，该法全称为《关于禁止私人独占和维护公平交易的法律》，常常被简称为《禁止垄断法》。韩国反垄断法为《管制垄断和公平交易法》。澳大利亚的竞争法为《贸易行为法》，但其内容包括反垄断、反不正当竞争和消费者保护。我国台湾地区的"公平交易法"也是以反垄断和反不正当竞争为内容，它不是一部单一的反垄断法。

综上所述，由于垄断现象的主要表现不一，立法传统、立法模式和经济背景不同，各国家和地区反垄断也各有侧重，反垄断基本法律的名称也各具有特色，如有反托拉斯法、竞争法、卡特尔法、反限制竞争法、反不正当竞争法、公平交易法等各种不同的名称。

关于反垄断法的定义，学者们有不同的表述。例如，有学者认为，反垄断法是通过规范垄断和限制竞争行为来调整市场中的组织和个人相互之间的竞争关系以及国家在管理市场竞争中发生的关系的法律规范的总和。也有学者从内涵和外延两个方面进行解释，认为从内涵上讲，反垄断法是禁止行为人排除或者限制市场竞争行为的法律部门或者法律规范的总称；从外延上讲，反垄断法是禁止反竞争的购并、联合行为或者滥用市场力量行为的法律部门或者法律规范的总称。

我们认为，反垄断法是指规制经营者限制竞争行为、调整经营者竞争关系的法律规范的总称。反垄断法有实质意义的反垄断法和形式意义的反垄断法之分。实质意义的反垄断法是由反垄断法律规范所构成的系统,是部门法意义上的反垄断法。形式意义的反垄断法是指一国规制垄断行为的规定性法律文件,例如《中华人民共和国反垄断法》。

四、反垄断法的特点

(一) 反垄断法的经济法属性

反垄断法是国家干预经济、克服市场失灵的重要法律手段,它不仅调整经营者之间、经营者与消费者之间的利益关系,更重要的是通过行政执法手段规制垄断协议、滥用市场支配地位、经营者集中等限制竞争的行为;它不仅保护经营者、消费者的具体利益,更重要的是保护市场自由竞争秩序。反垄断法充分体现了个人利益与社会公共利益、个人本位与社会本位的双重立法思想和价值目标。

(二) 反垄断法实体规范具有高度的原则性和抽象性

反垄断法的实体规范是由具有高度概括性的一般术语组成的,具有高度的原则性和抽象性。世界上最为发达的美国反托拉斯法、欧盟竞争法等莫不如此。实体规范的原则性和抽象性必然给执法者带来极大的自由裁量权。正如美国最高法院所指出的,"谢尔曼反托拉斯法作为自由宪章,与宪法的相应条款相比具有概括性(Generality)和适应性(Adaptability),它没有采取具体的界定"。法官对自由裁量权的行使主要取决于其政策偏好、所受的训练和经验。而原则性、抽象性以及由此产生的自由裁量权,又与法律的确定性和可预见性产生了冲突。确定性和可预见性要求反垄断法的规范要尽量明确具体,对反竞争行为要尽量作"文件夹"式的列举,操作性要强,企业可以根据其规定清楚地预见到自己的竞争行为的后果,在实施行为时可以心中有数。但是,竞争关系是复杂的,各个行为和个案的经济后果可能是千差万别的,适用单一的规则不利于促进经济发展,尤其是,竞争更主要是政治选择的结果,所选择的规则首先要反映政治的需要。因此,竞争法的适用具有浓厚的自由裁量色彩,常常需要大量的经济分析,由此导致了较差的确定性和可预见性。反垄断法的抽象性、原则性条款多,就是需要根据经济形势和个案进行经济分析和自由裁量的反映,其优点是能够在一定限度内保障竞争规则不至于僵化机械,可以在执法中考虑政治价值。如何协调确定性和可预见性与基于经济分析的自由裁量性的关系,是竞争立法和执法中的一个难题。许多人建议,在反垄断法上,确定性和可预见性应当是第二位的,自由裁量是第一位的。但是,也有许多人主张,反垄断法应当尽可能确定和具体。因此,对确定性与自由裁量性的不同见解,决定了法律规范的详尽具体还是原则粗疏。当然,在确定基本取向之后,也要尽量避免其不利因素。例如,如果将自由裁量放在第一位,那么执法机关可以通过发布竞争行为分析的指南,尽量给经营者更具体的指导,保证其确定性。

由于我国市场经济尚处于不完善阶段,许多经济现象还没有定型,反垄断法的规定可以先原则抽象一些,以适应改革和发展的需要,随着积累实践经验的积累,通过不断修改法律,逐步予以细化。

（三）反垄断法是公法与私法的结合

反垄断法对市场主体之间竞争关系的调整，对垄断行为的规制，实质上是公权对私权的主动介入，这种介入的出发点是为了社会整体利益而限制私人权利。各国反垄断法普遍规定了公共执法和私法救济两种基本执法途径。换言之，反垄断法首先赋予行政主管机关行政执法权，运用公法手段实施反垄断法和制止垄断行为。同时，还以不同的方式赋予垄断行为的受害者提起民事诉讼的权利，甚至还通过特殊措施鼓励私法救济，如美国反托拉斯法规定了3倍损害赔偿的制度，鼓励受害人提起损害赔偿诉讼。我国台湾地区的"公平交易法"也规定垄断行为的受害人可以提起损害赔偿诉讼。当然，从绝大多数国家和地区的规定来看，由于垄断行为社会影响大，制止的难度大，公法一般占有更为主要的地位。在这一点上，反垄断法充分体现了经济法的特性，可以被看做是公法与私法的结合，也可以被看做是公法与私法之外的新兴法学领域拓展的产物。

（四）反垄断法是实体法与程序法的结合

各国及地区反垄断立法模式虽然不同，但是有一个共同点，即反垄断法集实体法与程序法于一身。这是因为对损害竞争案件的查处需要特定的程序和方法，甚至有关程序的条文在反垄断法中占有相当的篇幅。实体与程序一起规定，有利于反垄断案件的查处。此外，反垄断执法机关不同于一般的行政机关和司法机关，其权限及办案规则与程序等必须在专门的法律中予以明确。

第二节 反垄断法的适用及适用除外制度

案例引导

美国辉瑞公司收购惠氏企业

2009年10月，美国辉瑞公司以680亿美元的价格完成对惠氏企业的收购。从辉瑞、惠氏董事会通过收购决议，到完成收购，该项并购经历了复杂的跨国反垄断审查，从欧盟、澳大利亚、美国到加拿大，辉瑞的收购提案基本上都是被有条件放行。2009年6月，美国辉瑞公司向我国商务部提交了经营者集中反垄断审查申请。6月15日，商务部立案初步审查发现，该项集中行为在动物疫苗领域存在限制排除竞争的行为，进而在初步审查期满后做出进一步审查的决定。

经过3个月的补充审查，商务部于2009年9月29日发布《关于附条件批准辉瑞公司收购惠氏公司反垄断审查决定的公告》要求辉瑞在6个月内剥离在中国大陆地区"瑞倍适"及"瑞倍适-旺"两个品牌的猪支原体肺炎疫苗业务。而中国哈药集团通过5000万美元竞购，获得了辉瑞旗下中国大陆地区两个品牌的猪支原体肺炎疫苗业务。

世界最大制药公司在中国大陆遭遇"阻击"，对中国《反垄断法》的发展完善有何影响？我国处于幼年期的域外适用制度应该如何演进以应对中国特殊国情和经济全球化浪潮中的机遇与挑战？解答这些问题，需要对域外适用制度的概念进行界定，并在对辉瑞惠氏联姻影响进行实证分析的基础上再进行深一步探讨。

（案例来源：法律教育网）

一、反垄断法的适用范围

依照国际法理论，法律适用又称法律管辖。反垄断法域外适用就是一国反垄断法对于境外发生的某些垄断行为所拥有的立法管辖权。一般来讲，反垄断法作为经济法之核心，应属于公法。而依照国际法，能将一国的法律规范，通过某种方式适用于涉外行为的，只有私法。而反观公法，由于涉及国家主权，是不符合域外适用的。可是，日渐频繁的发生于国际间的商事行为使反垄断法越来越为各个主权国家所重视，为使本国利益得以维护，并在国际市场上夺得先机，该法的域外适用成为各国无法忽视的问题。仅凭借传统意义的国际法理论及其适用规范，反垄断法不能域外适用。如何能使本国法律适用于给本国带来恶劣影响、发生在境外的垄断行为，应先从国际法中寻找相应依据。按照国际法的基本原则，任何一个国家，只要是拥有独立的主权，都可凭借立法的方式，达到管辖私人权利的目的，而这里所说的管辖，其确立是基于以下几类管辖：

（一）属地管辖

属地管辖指的是基于领土主权，一个国家具有一种排他性管辖权，其对象就是本国境内之人、事或物，而他国无权管辖的法律行为。反垄断法原则上限于反垄断法所属国家的主权管辖范围，但许多国家的反垄断法规定了域外效力，即发生在国外的垄断行为如果对国内的贸易造成损害的，可以予以管辖，因此，对于法律的域外适用，属地管辖是不予承认的。例如：我国《反垄断法》第2条规定："中华人民共和国境内经济活动中的垄断行为，适用本法；中华人民共和国境外的垄断行为，对境内市场竞争产生排除、限制影响的，适用本法。"

（二）属人管辖

属人管辖指的是一个公民只要拥有本国国籍，不管是身处境内还是境外，都应为本国法律所管辖。因此，许多国家的反垄断法从属人主义原则出发，对在国外的本国企业所实施的垄断与限制竞争行为予以管辖。大多数国家采用以属地主义为基础，以属人主义为补充的管辖原则。

（三）保护性管辖

对于本国法律的适用范围有所扩大，其中就包括一个外国人发生在境外的、对本国利益有所侵犯的行为。虽然，此项管辖赋予了这样一种可能性，即基于本国利益之取向，各国对于本国法律的广泛适用，可正因如此，外界也出现了很多批评，并要求严格而谨慎地对其进行限制与使用。

（四）普遍性管辖

目前，各国反垄断法域外适用的依据大多主张兼而有之，在效果原则之下尤其突出以保护性管辖为依据，即只要涉嫌非法垄断行为，对境内市场竞争产生排除、限制影响的，就可以适用本国法，而不管行为主体是本国人还是外国人，也不论行为发生于境内还是境外。

针对发生于境外的国外企业所实施的但对本国的市场竞争产生恶劣影响的垄断行为，适用本国反垄断法的制度就是反垄断法的域外适用制度。

从本质上讲，反垄断法的域外适用是反垄断法所拥有的域内效力在本国领土外的延伸和扩展。梅斯特克教授在解释《反限制竞争法》（德）中的域外适用制度时指出："正因为对市场开放的坚持，域外适用的效力才会为反限制竞争法（可预防、阻止跨国发生的限制竞争行为）所拥有。此效力不受立法者之期望及思考范围的限制。所以，对于卡特尔禁止法之域外适用，就无放弃之说，这是因为，假如放弃此种效力，国家便失去了规定企业行为的一项有效原则。"

美国1890年《谢尔曼法》制定了一系列关于垄断行为的规定，并有意使之与发生在国际贸易中的相关限制竞争行为相适用。这项法律第2条规定：任何对垄断持坚持或试图坚持态度的，或者与他人合谋，对几州内或国外之贸易（或是商业活动）实施垄断的，定是犯罪（或者不法）行为，应处以5万美金以下的罚金。这表明，对于发生于域外之垄断行为，该法律赋予了自身管辖权的可能性。欧盟竞争法中，对于反垄断法的域外适用这项制度，虽然并无明确的规定，可欧盟条约相关条款表明，对于限制竞争行为，并未规定其主体一定要属于欧盟成员国，或者其发生地也属于成员国。所以，欧盟竞争法具备域外适用之效力，这是欧盟法院、欧盟委员会、相关学者（竞争法的）三方的一致观点。我国学者李悦和冯宗宪表示，这项制度有双层含义：第一，对于本国市场，违法行为会带来实质的、可预期或可预测的后果；第二，相关行为的发生地是境外。也就是说，反垄断法管辖权是否适用，其关键在于，此行为是否会给国内市场带来影响，而无论该行为的实施企业是否注册于国内，或者该行为是否发生于国内。

二、反垄断法适用除外制度

适用除外制度是反垄断法的重要组成部分，也是其一大特色。通常而言，法律具有普遍适用的效力，任何行为都不例外。然而，由于市场竞争、垄断行为规模经济之间的特色关系，及各国特有的文化系统、经济政策和价值目标的差异，反垄断法对于特定时期或特定领域的垄断状态或垄断行为需要适用除外。适用除外制度在某种条件下容忍垄断和限制竞争行为的存在，既是对反垄断法价值目标的合理背离，又是对反垄断法局限的克服。

（一）反垄断法适用除外制度的含义与依据

反垄断法中的适用除外，是指基于某种政策考虑，对特定行业、特定组织或特定行为不适用反垄断法的一项法律制度。各国反垄断法的适用除外规定主要采取两种方式：一是由反垄断法本身直接加以规定，二是在有关特别法中加以规定。此外，个别国家还通过司法判例确定某些领域不适用反垄断法。

简单来说，反垄断法适用除外制度即不适用或豁免适用反垄断法的制度。但有学者认为，适用除外与豁免应当区别而论。适用除外一般是针对特定行业或特定的经济领域，而豁免一般是针对具体行为；适用除外一般由法律直接规定，而豁免往往通过司法判决予以确认；适用除外的具体情形不需要反垄断法专门列举，多由其他特别法规定，而对于豁免，反垄断法规定了详细的标准和机制；豁免是反垄断法的基本内容和有机组成部分，而适用除外则不是。虽然从严格上说，这两者确实有一定的区别，但是适用除外和豁免在本质上都是不适用反垄断法，其作用和理论基础也基本相同，因此，各种严格的区分并不十分必要。

适用除外制度对于促进国家经济发展，实现国家产业政策，维护社会公共利益具有重要作用。其依据在于垄断的二重性以及反垄断法价值目标的非唯一性。在反垄断中，维护和促进竞争是基本的目标，但还必须同时考虑到一个国家或地区其他的经济社会目标，在某些情况下，允许限制竞争可能对整体经济或公共利益更有利。适用除外制度在本质上是反垄断法的目标与其他经济、社会目标协调的结果，是法律权衡利弊后的理性选择。

（二）反垄断法适用除外的范围

从各国及地区反垄断立法适用除外的内容看，反垄断法适用除外包括以下几个方面：

1. 自然垄断行业

自然垄断行业主要涉及公用事业领域，涉及供水、供电、供热、供气、邮政、电信、交通运输等行业。这些行业一般具有社会公益性、系统依赖性、投资规模性、政府管制性等特点。竞争给市场带来好处的同时，也导致了公共产品投资的社会匮乏，从行业和产业特性、社会的总体经济效益出发，自然垄断行业不实行竞争，对社会的整体经济效益更有利，同时可以减少资源浪费，有利于社会福利的最大化。

2. 农业和农业合作团体

农业是整个国民经济的基础，且农业受自然条件的影响比较大，存在很大的自然风险，因此对农业需要做特殊的保护。为了确保农产品的有效供给和稳定农民的收入，世界上许多国家都做特殊的规定。例如，德国《反限制竞争法》第28条规定，农产品的生产、销售、储藏、加工或处理农产品的共同设施的协议，农业生产者企业联合以及此类联合会订立的有关农业产品的生产或销售或储藏、加工或处理农业产品的共同设施的协议或作出的决议不适用卡特尔行为。日本1996年颁布的《关于〈禁止私人垄断及确保公正交易法〉的适用除外等的法律》规定了35种豁免的团体，涉及农业的有农业合作社、农业灾害合作组织、烟草耕种组织等。我国《反垄断法》第56条规定，农业生产者及农村经济组织在农产品生产、加工、销售、运输、储存等经营活动中实施的联合或者协同行为，不适用本法。

3. 知识产权的正当行使

知识产权是一种无形财产权，也是一种合法的垄断权。知识产权之所以被专门法律直接确认为垄断权利，是由知识产权的非物质性决定的。智力成果的内容是没有形体的，不占有空间，不像有形财产那样便于实际占有。智力成果的完成人要推广应用其成果，就必须公开其成果的内容,而一旦公开了又容易被他人擅自使用。因此,就必须用专门的法律给予智力成果完成人以特别的保护,独占性或垄断性是知识产权共有的特性。

因此,对知识产权的适用除外,世界很多国家和地区都做了相关规定。例如,日本《禁止私人垄断及确保公正交易法》第23条规定:"本法不适用于被认为行使著作权法、专利法、实用新型法、外观设计法或商标法所规定权利的行为。"我国台湾地区"公平交易法"第45条规定:"依照著作权法、商标法和专利法行使权利的正当行为,不适用本法规定。"我国《反垄断法》第55条规定:"经营者依照有关知识产权的法律、行政法规规定行使知识产权的行为,不适用本法;但是,经营者滥用知识产权,排除、限制竞争的行为,适用本法。"

本章小结

本章内容属于反垄断法基本理论内容,主要介绍了垄断的基本含义、垄断的类型、反垄断法的名称和定义、反垄断法的特点、反垄断法的适用范围、反垄断法域外适用,以及反垄断法适用除外制度等内容。反垄断法素被称为"经济宪法"、"经济大宪章",其在一国经济法律体系中的核心地位是毋庸置疑的,垄断是一个世界性的经济问题,在市场经济条件下,其和自由竞争始终相伴而生,对自由竞争造成严重的影响,但垄断并非一概十恶不赦,其有一定的合理性,因此,如何理解垄断及反垄断的基本含义,如何理解反垄断法的适用及适用除外制度,是学生重点要掌握的内容。

技能训练

目的:熟练掌握反垄断基本法律规定,能够运用反垄断法知识分析现实问题。

内容:方便面垄断口水战

材料1:以白象为首的以生产中低价产品为主的方便面生产企业,连续3次在行业内部会议上公开向康师傅发难,指责康师傅买断货架和特定销售渠道,排斥竞争对手以及通过亏损经营,打击中低价方便面企业的行为。

材料2:业内人士透露,康师傅旗下"福满多"系列产品一直亏损,2007年至2009年亏损7亿元,存在低价倾销嫌疑。而康师傅本身并不指望"福满多"挣钱,只是希望以此打击中低价方便面生产企业,以此维护其市场霸主地位。AC尼尔森公司2009年12月的调研数据显示,康师傅方便面销售量与销售额的市场占有率分别为41.7%及54.6%。

材料3:康师傅面业旗下分为两大事业部,分别是以生产中高端产品为主的康师傅和以生产中低端产品为主的福满多。从2009年下半年开始,康师傅悄悄调低了福满多系列产品的出厂价格。白象主打"一元面",24包装的袋面出厂价是18元至20元;而福满多推出了27元包装的袋面,价格也在18元至20元之间。

材料4:针对白象方面关于康师傅旗下"福满多"品牌低价销的指责,康师傅负责人表示,作为康师傅旗下的低端品牌,"福满多"生产1~1.5元的方便面,目前在全国的市场占有率约为12%。负责人表示:"目前在低端面领域,参与竞争的企业众多,但是品质方面则参差不齐。作为康师傅旗下的低端面品牌,福满多之所以将价格定在1~1.5元/包,就在于要确保低端市场的品质,避免消费者由于食用不安全和低质量的方便面,从而对整个方便面行业产生负面印象。"负责人还表示:"大厂家进入低端面领域,可以为整个低端面行业树立标准,同时能保证食品的安全和品质。"

步骤和要求:

(1) 学生针对康师傅是否构成垄断展开分组讨论;

(2) 写出分析报告。

实践活动

对我国《反垄断法》的缺陷分析和完善建议

反垄断法是市场经济中的一部重要法律,对于促进市场充分竞争具有重要作用。反垄断法的宗旨是反对垄断,反对限制竞争,保护市场主体参与市场竞争的权利。我国《反垄断法》实施至今已经经过了7个年头,有成功之处,但也有缺陷。《反垄断法》对于深化我国市场经济体制、完善我国市场经济法律体系具有重大的基础性意义,从立法层面上看,是比较成功的。但从执法层面上看,反垄断法关于行政垄断的规定无法适用使其蜕变成了侵权行为法的特别法,使反垄断法建立统一大市场、维护自由竞争的努力几乎化为乌有。而且仅有的几个执法机构不利于建立统一大市场和维护自由竞争。

目的:使学生熟悉我国《反垄断法》的主要规定,培养学生理论与实践相结合的能力,提高学生的分析能力。

内容:分析我国《反垄断法》的缺陷问题并提出完善建议。

步骤:

(1) 老师介绍我国《反垄断法》的立法情况及相关规定;

(2) 学生分组;

(3) 学生通过查阅网络、书籍、专著等资料,分析我国《反垄断法》的缺陷问题并提出完善建议;

(4) 学生代表课堂讨论。

本章练习

一、判断题

1. 《反垄断法》仅适用于中华人民共和国境内经济活动中的垄断行为。 (   )

2. 凡是垄断行为都应受到法律的禁止。 (   )

3. 反垄断法的立法目的是为了预防和制止垄断行为,保护市场公平竞争。 (   )

4. 按组织形式来分,垄断可分为卡特尔、辛迪加、托拉斯、康采恩以及混合联合公司等组织形式。 (   )

5. 世界上第一部反垄断法是1980年德国的《谢尔曼法》。 (   )

二、单项选择题

1. 我国《反垄断法》于(   )由全国人大常委会第二十九次会议通过。

    A. 2007年5月30日   B. 2007年8月30日

    C. 2008年5月30日   D. 2008年8月30日

2. 美国通过的联邦第一部反托拉斯法是（　　）。
   A.《克莱顿法》　　　　　　B.《莫里尔法》
   C.《谢尔曼法》　　　　　　D.《联邦贸易委员会法》
3. 依《反垄断法》规定，下列属于垄断行为的是：（　　）。
   A. 经营者利用市场支配地位　　B. 经营者达成垄断协议
   C. 经营者集中　　　　　　　　D. 政府利用行政权力宏观调控
4. 依《反垄断法》规定，具有市场支配地位的经营者从事的（　　）的行为是滥用市场支配地位的行为。
   A. 以不公平的高价销售商品
   B. 以低于成本的价格销售商品
   C. 限定交易相对人只能与其进行交易
   D. 拒绝与交易相对人进行交易
5. 下列不是垄断协议的是：（　　）。
   A. 家乐福和沃尔玛约定：前者占北京市场，后者占天津市场
   B. 因为价格问题，甲乙两家汽车厂口头约定都不购买丙钢铁公司的钢材
   C. 甲药厂和乙医药连锁超市约定：后者出售前者的某种专利药品只能按某价格出售
   D. 甲药厂和乙医药连锁超市约定：后者出售前者的某种专利药品最高按某价格出售

三、多项选择题

1. 根据我国《反垄断法》的规定，下列属于反垄断法适用除外范围的行为是（　　）。
   A. 为了维持水果价格，某地果农之间就某种水果种植面积进行限定
   B. 各证券公司共同就有关业务佣金协商确定统一费率标准
   C. 某专利权人依照《专利法》规定将其专利授予给甲公司使用，但拒绝授权给乙公司
   D. 某地会计师协会为了规范价格竞争，要求会员对于审计业务最低收取2000元的费用
2. 滥用行政权力排除、限制竞争的行为，是我国《反垄断法》规制的垄断行为之一。关于这种行为，下列哪些选项是正确的？（　　）
   A. 实施这种行为的主体，不限于行政机关
   B. 实施这种行为的主体，不包括中央政府部门
   C.《反垄断法》对这种行为的规制，限定在商品流通和招投标领域
   D.《反垄断法》对这种行为的规制，主要采用行政责任的方式
3. 根据《反垄断法》的规定，下列各项中，不适用反垄断法的行为有：（　　）。
   A. 知识产权的正当行使
   B. 经营者达成垄断协议
   C. 可能具有排除、限制竞争效果的经营者集中

D. 农业生产中的联合或者协同行为
4. 根据《反垄断法》的规定，下列各项中，可被豁免的垄断协议有：（   ）。
   A. 为改进技术、研究开发新产品的
   B. 限制开发新技术、新产品的
   C. 为提高产品质量、降低成本、增进效率，统一产品规格、标准或者实行专业化分工的
   D. 为实现节约能源、保护环境、救灾救助等社会公共利益的
5. 对于违反反垄断法实施集中的经营者，国务院反垄断执法机构可以采取(   )的措施。
   A. 责令停止实施集中   B. 限期处分股份或者资产
   C. 限期转让营业   D. 处以罚款

四、问答题
1. 什么是反垄断法域外效力？
2. 简述反垄断法适用除外的范围。
3. 反垄断法所规制的垄断应如何界定？
4. 简述垄断协议的含义和类型。

五、案例分析

首例互联网反垄断诉讼一审宣判　专家呼吁打破垄断

2013年3月28日，中国"互联网反垄断第一案"奇虎360起诉腾讯滥用市场支配地位一案，在广东省高院做出一审判决。广东高院虽然在认定了腾讯"二选一"行为属于违法，但是判定即时通信与微博等构成强竞争和替代关系，而且这是一个全球性市场，腾讯不存在市场支配地位，因此360全部诉讼请求被驳回，并需承担诉讼费用79万元。360方面对此回应称，正在考虑适时决定是否向最高人民法院提出上诉，并表示"会将反垄断进行到底"。

专家认为，作为中国互联网首例反垄断官司，"奇虎360起诉腾讯滥用市场支配地位"一案，引发了社会、行业及司法界广泛的关注与探讨，其最终的结果将对中国互联网行业产生较大影响。

思考： 腾讯在即时通信软件产品领域（QQ）是否构成市场垄断？能否将其置于全球市场竞争格局考虑，如将FaceBook、google、MSN等认为是QQ的竞争性产品？

第五章

垄断协议

一般地讲，市场上同类产品的生产者或销售者彼此之间是独立的，但是随着市场经济的发展，自由竞争中优胜劣汰的趋势更加明显，为了能够在将来的竞争中立于不败之地，他们往往通过价格联盟、限制产量等形式结合在一起来限制和排除竞争。近年来，随着我国市场的不断开放，形形色色的垄断协议不约而至，再加上垄断协议的形式变得更加隐蔽，给反垄断执法机关的执法活动带来了压力，这些都严重影响了市场经济的健康发展。

本章先介绍垄断协议的定义、特征及分类，而后分析横向垄断协议、纵向垄断协议及行业垄断协议的理论知识及相关规定。学生在学习本章知识要注意联系实际，结合案例分析，加深对知识点的理解。

学习目标

知识目标：

了解垄断协议的含义；

理解横向垄断协议、纵向垄断协议、行业垄断协议的含义、构成要件及主要表现形式；

掌握垄断协议之间的区别。

能力目标：

掌握垄断协议的类型，理解其区别；

能够运用相关知识分析案例，解决相关法律问题。

第一节 垄断协议概述

一、垄断协议的定义

我国《反垄断法》第2章第13条第2款规定了垄断协议的定义，即"排除、限制竞争的协议、决定或者其他协同行为"。

世界各国和地区反垄断法对垄断协议的表述有一定差异，如卡特尔、竞争者合谋、联合行为、不正当交易限制、限制竞争协议等。美国反托拉斯法通常将垄断协议描述为"联合"或"联合行为"，在欧洲，"卡特尔"则经常被用来代表垄断协议。英国公平交易局对卡特尔定义为:"卡特尔是企业固定价格和划分市场的协议。"德国联邦卡特尔局认为,卡特尔是指几个存在竞争关系的企业要消除一些竞争,以协调他们的市场行为。在日本,垄断协议被称为"不正当交易限制",指的是行为人以合同、协议或其他形式的名义,与其他参与者共同决定、维持或提高交易价格,从而对数量、技术、产品、设备或买卖对象加以限制,或者从事其他违反公众利益的经营活动从而对交易构成实质的阻碍。我国台湾地区的"公平交易法"将垄断协议称为联合行为,即"事业以契约、协议或其他方式之合意,与有竞争关系之他事业共同决定商品或服务之价格,或限制数量、技术、产品、设备、交易对象、交易地区等,相互约束事业活动之行为"。

二、垄断协议的特征

(一) 垄断协议的目的是限制竞争

垄断协议实际上是限制协议各方之间的竞争或其与第三方之间的竞争,从而避免竞争风险,共同谋取超额利润,而非通过损害协议一方利益使自己单独获益。对于横向垄断协议而言,通过限制产品数量、分割市场、联合抵制交易等,可以明显地减轻具有直接竞争关系的协议各方的竞争压力;对于纵向垄断协议而言,虽然各方并不具有直接的竞争关系,但是通过垄断协议可以增强自身的竞争能力,在与第三方竞争时取得一定的优势,最终达到限制或排除与竞争对手竞争的目的。

(二) 垄断协议的主体是两个或两个以上的独立经营者

垄断协议的主体必须是独立的经营者,包括一切从事商品经营或者营利性服务的法人、其他经济组织或个人。所谓独立的经营者,是指具有事实上独立的决策能力的经营者。那些在民事法律上虽然属于独立的法律主体,但是事实上不具有独立的决策能力的主体,不属于垄断协议所要求的独立经营者。换言之,法人的分支机构和职能部门由于没有独立的财产,不能独立承担民事责任,自然不能成为垄断协议的主体;而那些听命于母公司的子公司与母公司之间的"垄断协议"通常不属于竞争法所规制的垄断协议。

实施垄断协议行为的主体必须是两个或两个以上的行为人共同采取措施,以限制彼此之间的或与第三人之间的竞争,而不是单个的经营者滥用市场支配地位限制他人与之竞争,这正是垄断协议行为与滥用市场支配地位行为的区别。换言之,任何单个的经营者所实施的市场行为均不可能构成垄断协议行为。

(三) 垄断协议的表现形式是协议、决定或其他协同行为

从合同法角度讲,协议的含义和外延大于合同,合同只是协议的一种。竞争法同时使用协议的概念,目的在于尽可能广地涵盖应当禁止的限制竞争的意思表示形式。除了协议以外,限制竞争行为还可以采取其他形式,比如行业协议的决议,当该决议限制竞争时,也会被认定为违法的协议行为。

三、垄断协议的分类

根据垄断协议所依附的主体在市场经济活动中所处的阶段或身份的不同，垄断协议可分为以下两种类型：

（1）横向垄断协议，即那些生产、销售同一类型的产品或提供同一类型服务、彼此之间存在直接竞争关系的企业通过共谋实施的限制竞争的行为。

（2）纵向垄断协议，即在市场经济中处于不同的环节、地位，或者具有不同的身份和职能并处于同一产业或领域的企业之间通过协议或其他形式所实施的限制竞争的行为。

目前，在限制竞争的垄断协议行为中，较为典型的当属价格垄断协议。鉴于价格垄断协议对我国市场经济的影响较重，并且对我国反垄断法立法实践的研究有重要意义，在此，着重对价格垄断协议加以研究分析。由于价格垄断协议涉及的主体可能处于不同的地位或不同的环节，因此，又可以细分为横向价格垄断协议和纵向价格垄断协议。

（一）横向价格垄断协议

要明确横向价格垄断协议的含义，必须搞清楚什么是价格垄断协议。价格垄断协议是指经营者直接操纵和扭曲价格的协议。故而，横向价格垄断协议即是那些具有竞争关系的经营者之间达成的价格垄断协议。

固定或改变商品价格是横向价格垄断协议的主要表现形式。这里的"固定或改变价格"的内容包括：固定、维持、抬高、压低、稳定商品的价格等限制竞争行为，统称为固定价格的行为类型。这种类型最主要的行为方式是经营者采用协议的形式向部分或全部固定的客户限定价格，如果客户对被限定价格的商品别无选择或者不能轻易地减少对此种商品的消费，就会遭受严重损害。因此，该行为是各国反垄断法首先禁止的垄断行为。此外，固定价格在实践中还存在其他表现形式，如关于提价的协议、严格遵守最低限价的协议、关于存在竞争关系的经营者又不属于相同商品之间维持固定的比率的协议，以及没有经过其他协议方的同意不得擅自减价的协议。

（二）纵向价格垄断协议

纵向价格垄断协议，是指同一产业处于不同层次或具有不同身份的经营者之间直接约定价格的垄断协议。

纵向价格垄断协议的主要表现形式有：对转售的价格加以固定、转售价格不得低于限定的价格。前者是指维持一个确定的价格或价格水平，如约定不得降价或打折，从而保持零售价与批发价的固定比例；后者是指维持一个价格底线，如相互间约定最低的销售价或折扣率等，任何人不得做出有违协议的行为。

从经济效果考察，纵向价格协议可能造成两方面的危害：一是上游经营者极有可能剥夺下游经营者对价格的决定权，减少或消除经销商对该商品进行价格竞争的可能性，从而影响市场的自由竞争；二是消费者可能以相同的价格获得不同的商品或服务质量，再加上经营者和消费者之间存在着信息不对称等因素以及经营者可能具有控制市场的能力，消费者权益极易受损。纵向价格协议对市场价格的影响没有横向协议明显,所以在举证方面更为严格,须有直接证据证明,如固定价格或限定最低价的具体价格协议,而横向价格协议则可以通过间接的证据来认定。

第二节 横向垄断协议

案例引导

汽车零部件企业和轴承企业横向垄断协议案

2000年1月至2010年2月,日立、电装、爱三、三菱电机、三叶、矢崎、古河、住友8家日本汽车零部件生产企业为减少竞争,以最有利的价格得到汽车制造商的零部件订单,在日本频繁进行双边或多边会谈,互相协商价格,多次达成订单报价协议并予实施。价格协商涉及中国市场并获得订单的产品包括起动机、交流发电机、节气阀体、线束等13种。经价格协商的零部件用于本田、丰田、日产、铃木、福特等品牌的20多种车型。截至2013年年底,当事人经价格协商后获得的与中国市场相关的多数订单仍在供货。关于轴承价格垄断案,不二越、精工、捷太格特、NTN四家轴承生产企业,自2000年至2011年6月,在日本组织召开亚洲研究会,在上海组织召开出口市场会议,讨论亚洲地区及中国市场的轴承涨价方针、涨价时机和幅度,交流涨价实施情况,并在中国境内销售轴承时,共同协商的价格或互相交换的涨价信息,实施了涨价行为。

从法律角度来看,上述行为均构成了横向垄断协议。横向垄断协议往往是具有竞争关系的经营者之间通过达成协议等方式,通过共谋、协商一致的方式固定产品价格,排除或限制相关市场内的竞争,并最终导致消费者利益的受损。由于横向协议具有排除、限制竞争效果明显、对市场竞争干预严重以及对消费者损害较大这些特性,因此往往被认定为是最为典型的垄断行为,在建立了反垄断法体系的国家或地区,横向协议都是被重点监管的对象。

我国《反垄断法》第13条第1款明确禁止具有竞争关系的经营者达成固定或者变更商品价格的垄断协议。作为主管价格反垄断执法机构的国家发改委,也在其颁布的《反价格垄断规定》第7条中进一步列举了应当禁止的与价格有关的典型横向垄断协议:固定或者变更商品和服务的价格水平;固定或者变更价格变动幅度;使用约定的价格作为与第三方交易的基础;以及约定采用据以计算价格的标准公式等。在美国及欧盟,通过横向协议而固定或限制产品服务价格、干扰市场运行的,则更是被视为"本身违法"或"核心卡特尔",而遭到立法的直接禁止。

本案中,涉案企业通过在日本频繁、多次进行双边或多边会谈,协商固定产品价格,最终达成一致订单报价协议;在拟对产品进行涨价时,也共同确认涨价方针、涨价时机和幅度;在履行前述垄断协议时,各方仍积极交流实施情况以共同达成协议目标(例如,在投标过程中,由多家企业串通,一家企业报低价而其他企业报高价,使得参与方轮流中标)。前述协议已经构成了我国《反垄断法》规定的横向垄断协议,而实施垄断协议的行为则违反了我国《反垄断法》的相关规定。

(案例来源:新华网)

一、横向垄断协议的定义

横向垄断协议,即我们通常所说的卡特尔,是各国反垄断法所规制的主要内容。各国及地区对卡特尔有着不同的称谓,如美国《谢尔曼法》称之为"契约"、"联合"、"共谋";日本的《禁止私人垄断及确保公正交易法》称之为"不正当交易限制";我国台湾地区的"公平交易法"称之为"联合行为"。其中,美国《谢尔曼法》所称的"联合"、"共谋"和欧盟竞争法规定的"通谋的反竞争经营行为"除了指横向垄断协议外,还包括纵向垄断协议,而日本的"不正当交易限制"和我国台湾地区的"联合行为"则仅指横向垄断协议,即专指卡特尔。

笔者认为,要揭示横向垄断协议或卡特尔这一概念的本质,首先,必须弄清其作为一种特殊的协议与民事协议的区别。这种区别可以从两个方面来看:一是卡特尔体现了国家对这种协议的干预和监管,二是卡特尔不仅包括当事人协商一致达成的合意,还包括"拟制的合意",即企业联合组织根据"多数决议"原则所作出的决议和其他形式的共谋或共同行为。其次,卡特尔作为一种横向垄断协议,不仅包括"企业之间达成的协议"以及"企业联合组织作出的决议",而且还包括企业或企业联合组织"联合一致的行为"(德国《反对限制竞争法》第1条)。

综上所述,横向垄断协议即卡特尔是指具有竞争关系的两个或两个以上的独立的市场主体,通过明示或默示的方式所达成的排除或限制竞争的协议。这里的"明示的方式"主要是指口头或书面的形式,"默示的方式"主要是指行为,包括作为和不作为,"协议"既包括传统民法上的合意,还包括"拟制的合意"。

横向垄断协议与纵向垄断协议的本质区别在于,前者的当事人必须是处于同一产业相同经济阶段并且具有竞争关系的企业,而后者的当事人则是处于同一产业不同阶段且没有直接竞争关系的企业。

二、横向垄断协议的构成要件

一般认为,反垄断法规制的横向垄断协议应具备以下四个要件:

(一) 主体

横向垄断协议是一种特殊的排除、限制竞争的合同,作为合同自然离不开合同主体即合同当事人这个主体要件,横向垄断协议的主体首先应当是反垄断法适用的对象,即垄断行为的实施者或责任承担者。各国反垄断法对横向垄断协议的主体有着不同的称谓,如美国《谢尔曼法》称之为"人",德国《反对限制竞争法》称之为"企业"和"企业联合组织",日本和我国台湾地区称之为"事业者",我国《反垄断法》则称之为"经营者"。

尽管名称不同，但其内涵却基本相同，都是泛指一切从事商品经营或者营利性服务的法人、其他组织和个人，并且还应当包括上述法人、其他组织和个人之间的联合性组织。横向垄断协议的主体必须是独立的并存在竞争关系的两个或两个以上的经营者，这是由横向垄断协议的属性所决定的，一个经营者或者彼此之间不存在竞争关系的两个或两个以上的经营者都不可能成为横向垄断协议的主体。

（二）主观方面

横向垄断协议的主观方面是指横向垄断协议的主体即经营者在主观方面有排除、限制竞争的故意，包括直接故意和间接故意，也就是说，横向垄断协议主体明知垄断协议内容会带来排除或限制竞争的后果，却希望或放任这种后果的发生。从故意的性质上说，横向垄断协议类似于我国《合同法》第 5 条所规定的"恶意串通损害国家、集体、第三人利益的合同"。

（三）客体

任何违法行为都必然侵犯到一定的客体。横向垄断协议也不例外，这个客体就是反垄断法着力保护的公平、自由的竞争秩序或竞争机制。社会发展的历史表明，市场经济体制是有效配置资源、促进经济增长的最优机制，而市场机制要发挥作用，离不开竞争机制。一个国家要保障本国市场经济的健康发展，就必须确保其为一个公平、自由的竞争机制；反之，如果一个国家的有效竞争机制遭到破坏，那么市场经济的运行必然受到严重挫伤。正因为如此，主要的市场经济国家无不将以维护竞争秩序为宗旨的反垄断法奉为"经济宪法"。

（四）客观方面

横向垄断协议主要体现为两个或两个以上的经营者通过口头、书面或行为等方式订立横向垄断协议并在实质上进行排除或限制竞争的行为。对于横向垄断协议构成的客观方面，有学者指出，它是指当事人之间的任何形式的共谋行为及其此后的一致行动。共谋含协议、联合组织的决议、君子协定等一切明示、默示的共通合谋。一致行动并非仅指同样的行动，也包括行动虽各异但目的却相同的相互约束性行动。

三、横向垄断协议的主要形式

横向垄断协议的主要表现形式有：横向限制产销量、横向限制价格、横向分割市场、限制技术进步、联合抵制交易及其他横向垄断协议。

（一）横向限制产销量

横向限制产销量，又称数量卡特尔，是指具有竞争关系的两个（或以上）的经营者共谋限定商品的生产数量或销售数量。它不按照市场供求需要而生产或销售产品，而是人为的地降低产品供应，制造虚假的卖方市场，使消费者不能获得充裕的产品，生产经营者却可以从中获得垄断利润。

（二）横向限制价格

横向限制价格，又称价格卡特尔，是指具有竞争关系的经营者联合固定或变更商品价格的行为。它是在较发达的商品经济和激烈的市场竞争条件下，具有竞争关系的经营者受经济利益最大化的驱动而实施的一种以共同商定价格为内容的违法行为。横向限制价格是一种水平方向的联合即横向联合，其行为主体是处于同一经济阶段的互为竞争对手的经营者。从事生产经营活动的市场主体，不论是自然人、合伙企业还是公司，都可以成为横向限制价格的主体，但参与的经营者必须在经济上和法律上均保持独立。

（三）横向分割市场

横向分割市场，又称分割市场的卡特尔，是指具有竞争关系的两个以上的经营者共谋划分产品销售市场或者原材料采购市场。分割市场包括分割交易地区和分割交易对象。分割交易地区是两个以上的经营者划定彼此之间的交易地区或约定在不同地域投放限额的商品的行为。

（四）限制技术进步

限制技术进步是指具有竞争关系的经营者共谋限制购买新技术、新设备或限制开发新技术、新产品。技术、产品、设备是竞争的重要手段。生产力的提高会改变市场现有的供求关系，新技术、新设备、新产品有利于降低生产成本，促进生产力的提高，从而有利于消费者利益，改进社会整体福利。由于购买新技术、新设备或开发新技术、新产品，需要新的经费投入，并导致现有技术、设备、产品贬值，或因过时而被淘汰，因而限制技术进步通常被禁止。

（五）联合抵制交易

联合抵制交易，又称集体拒绝交易，是指竞争者之间联合起来不与其他竞争对手、供应商或者客户交易的行为。联合抵制可能针对不同的对象，也可能出于不同的原因或目的。在不同情况下，联合抵制对竞争的影响可能截然不同。为了将竞争者置于不利之地而直接拒绝与其交易，或通过迫使供应商中断与竞争者的交易来达到同样的目的的联合抵制显然具有反竞争的性质。

第三节 纵向垄断协议

案例引导

强生公司纵向垄断协议纠纷案

原告北京锐邦涌和科贸有限公司（以下简称锐邦公司）作为两被告强生（上海）医

疗器材有限公司、强生（中国）医疗器材有限公司（以下合称强生公司）医用缝线、吻合器等医疗器械产品的经销商，与强生公司已有15年的经销合作关系。2008年1月，强生公司与锐邦公司签订《经销合同》及附件，约定锐邦公司不得以低于强生公司规定的价格销售产品。2008年3月，锐邦公司在北京大学人民医院举行的强生医用缝线销售招标中以最低报价中标。2008年7月，强生公司以锐邦公司私自降价为由取消锐邦公司在阜外医院、整形医院的经销权。2008年8月15日后，强生公司不再接受锐邦公司医用缝线产品订单，2008年9月完全停止了缝线产品、吻合器产品的供货。2009年，强生公司不再与锐邦公司续签经销合同。原告遂诉至法院，主张两被告在经销合同中约定的限制最低转售价格条款，构成《反垄断法》所禁止的纵向垄断协议，请求判令两被告赔偿因执行该垄断协议对原告低价竞标行为进行"处罚"而给原告造成的经济损失人民币1439.93万元。

上海市第一中级人民法院一审认为，原告尚不能证明两被告行为构成垄断行为，判决驳回原告诉请。原告不服，提起上诉。上海市高级人民法院二审认为，本案相关市场是中国大陆地区的医用缝线产品市场，该市场竞争不充分，强生公司在此市场具有很强的市场势力，本案所涉限制最低转售价格协议在本案相关市场产生了排除、限制竞争的效果，同时并不存在明显、足够的促进竞争效果，应认定构成垄断协议。强生公司对锐邦公司所采取的取消部分医院经销资格、停止缝线产品供货行为属于《反垄断法》禁止的垄断行为，强生公司应赔偿上述垄断行为给锐邦公司造成的2008年缝线产品正常利润损失。据此判决强生公司赔偿锐邦公司经济损失人民币53万元。

（案例来源：中国知识产权裁判文书网）

一、纵向垄断协议的定义和特征

（一）纵向垄断协议的定义

纵向垄断协议在不同文献中有不同的称谓，有的称为"垂直协议"、"垂直限制议"，有的则表述为"纵向协议"或者"纵向限制协议"等。纵向垄断协议一般指的是，居于相同的产业中两个以上包括两个在内有买卖关系的供应商与销售者、批发人与零售商之间，以明示的方式或者默示的方式基于合意而达成的对市场竞争具有排除或者限制作用的协议。

"纵向"是相对于"横向"而言的，横向垄断行为主体之间基于同一经济层次上存在相互竞争的关系；纵向垄断行为的主体处于不同的生产经营环节，因而不存在相互之间的竞争关系，如制造商与批发商、批发商与零售商等。

（二）纵向垄断协议的特征

1. 合意的决定性

纵向垄断协议作为垄断行为的一种，通过该垄断行为达到排除、限制、歪曲竞争的目的或效果。实现排除、限制、歪曲竞争的目的或效果的手段在反垄断法上主要体现为三种，分别是垄断协议、滥用市场支配地位和经营者集中。而纵向垄断协议作为垄断协议的一种类别，参与纵向垄断协议的市场主体之间具有协商的过程是其区别于另两种垄断行为的本质特征，协议是基于合意的基础上成立。因此，纵向垄断协议的本质是合同关系，双方限制竞争的合意是认定一项协议为纵向垄断协议的决定性因素，这是垄断协议所共有的本质特征。纵向垄断协议对达成该合意的双方具有约束力，双方的行为因该协议的存在而受到严格拘束。

2. 约束的相互性

纵向垄断协议是两个或者两个以上主体的共同行为，本质而言是多方主体达成合意，从而形成协议，并以此协议相互约束。所谓协议，就是各方协商的基础上达成的一致意见，依民法理论之观点，合同为意定之债，而私法自治为民法之精髓，任何人皆不可为他人设定义务，但可为自己设定债务，意定之债的目的是各方为自身设定债务换取对他方之债权。纵向垄断协议中双方相互制约各自的经营活动，限制彼此间竞争，即制约经营活动是相互的。

3. 主体的复数性

纵向垄断协议称为协议，是多个市场主体的合意行为，日本反垄断法里称之为"共同行为"，这些都说明纵向垄断协议的市场主体并非单个。进一步而言，纵向垄断协议中的多个参与主体还是独立的法律主体，具有独立的法律地位和经济地位，并且享有独立的财产所有权和经营权，能够独立的承担法律责任。在此需要强调的是，市场主体的法律地位与经济地位并非一概而论，法律认定其独立之经济地位并非完全基于市场主体独立的法人地位。例如，母子公司之间订立的维持转售价格协议中，因子公司一方不具备独立之经济地位便不能构成纵向垄断协议。

二、纵向垄断协议的构成要件

美国《谢尔曼法》第1条规定，任何契约、托拉斯或其他形式的联合、共谋，用来限制州际间或与外国之间的贸易或商业，是非法的。任何人签订上述契约或从事上述联合或共谋，是严重犯罪。《欧共体条约》第81条则规定，国家禁止对成员国间贸易可能造成限制、阻止竞争甚至是扭曲竞争目的的影响企业间的协议。基于合意的决定或进行其他的协同行为都要受到法律的禁止。日本《禁止垄断法》指出，事业人以契约、协议或者是其他理由，和其他事业人一起决定对交易的价格、维持商品的交易价格或者提高交易的价格，限制产品的数量、技术、生产设备与产品的本身以及交易对象等，便是所谓的"不正当交易限制"。我国《反垄断法》则对纵向垄断协议的具体形式进行了列举。上述立法对纵向垄断协议具体构成要件均未明确规定，面对具体的纵向垄断协议的认定，就可能会存在不同的争议，因此有必要明确纵向垄断协议的构成要件，以防止权力的滥用，更好地对市场活动中的垄断行为进行遏制或者消除。

有学者根据德国的《反限制竞争法》和美国的《谢尔曼法》及其相关判例原则，将纵向垄断协议的构成要件总结如下：

1. 主体要件

纵向垄断协议的主体是存在纵向关系的企业,即上下游企业。根据企业在同一生产领域内所处的环节及因此承担的功能不同,可以分为上游企业和下游企业。最典型的上、下游企业关系如产品生产企业和产品销售企业。在纵向垄断协议中,这些上、下游企业之间往往存在买卖的关系。

2. 主观方面

纵向垄断大部分都是以明确协议为实施限制的开端,极少数是通过密谋的方法进行,但无论是协议还是密谋,纵向企业之间为限制竞争而采取的措施的主观故意是肯定的。

3. 客体要件

纵向垄断行为的客体是纵向企业各自所在的生产阶段的竞争,纵向垄断行为的目标在于对同一行业不同经济层次上的有效竞争加以阻挠。

4. 客观方面

即纵向垄断协议、纵向之间密谋,以及限制竞争的具体行为。假若没有协议、密谋,就不会发生纵向垄断,没有限制竞争的具体做法,法律也无规制之必要。

5. 损害结果

对本身违法的纵向垄断和对竞争进行不合理限制的纵向限制,都具有损害竞争行为的效果,一般而言,纵向价格限制的本身就属于违法的范畴,纵向的非价格限制只在不合理限制竞争的前提下方属违法。

三、纵向垄断协议的主要形式

(一) 纵向最低价格协议

纵向最低价格协议是上游经营者固定下游经营者的转售价格,或者限定一个最低的转售价格。固定转售价格是指上游经营者或其他上游厂商在签订买卖合同时,约定交易相对人按照单一的价格转售产品,不能自由变更价格。限定最低转售价格是指上游经营者与下游经营者约定按照买卖协议的约定,在转售其商品时不得低于转售价格。这种价格限制在实践中是通过两个协议实现的:一是供货商(即生产商)与销售商(包括批发商)订立的协议,在这个协议中,供货商约束销售商的转售价格,即限制了销售商与其交易对手的定价自由;二是销售商与其交易对手(包括批发商的零售商)订立的协议,在这个协议中,销售商作为卖方不能自主决定商品的价格,从而这个价格约束不仅影响下游企业,还影响到终端消费者在法律上或经济上的相关利益。如果一个供货商固定其销售商的商品转售价格或者限制其销售商的最低转售价格,销售商在转售其商品时不得不按照合同约定的最低价格销售,这样的价格约束不仅限制了下游销售商对价格的决定权,而且因无法在同一品牌的商品中展开价格竞争,从而扰乱市场的竞争秩序,而这种价格的限制会影响到最终的消费者,这对消费者来说无疑是不公平的。

现实中,上游经营者委托下游经营者代为销售其商品,并规定了销售价格,这时上游经营者不是直接将商品出售给下游经营者，两者之间系成立委托代理关系，并非买卖关系。下游经营者销售该商品，是基于被代理商的委托，商品的所有权没有经过二次转移，而是由上游经营者直接转移到消费者，不存在"转售"问题，所以，这和代理行为中限定销售的价格的行为，不属于固定转售价格。

最低转售价格在许多国家的反垄断法中是被严格禁止的。在1911年美国联邦最高法院在 Dr. Miles 一案的判决书中指出，纵向价格垄断协议严重约束销售商之间的竞争行为，这种做法的后果是限制了销售商之间的竞争，使消费者在销售商之间的竞争中享受不到因竞争所带来的好处。因此，法院依据《谢尔曼法》第1条，判定纵向价格协议与价格卡特尔的后果一样，属于违法行为。

（二）纵向最高价格协议

相对于固定转售价格和限定最低转售价格对价格的约束存在显而易见的影响，限定最高转售价格的情况并不常见。最高价格协议是指上游经营者限制下游经营者的最高转售价格，即下游经营者转售商品的价格不得高于协议约定的价格。一般来说，限定最高转售价格是对下游经营者的自主定价的限制，对于消费者来说，这样的价格约束不会带来很大的损失，甚至限定最高转售价格可以提高下游经营者的效率与积极性。但是，如果上游经营者在市场上占有主导地位，实施最高转售价格往往是上游经营者为了阻碍其他竞争者进入相关市场，或者是为了控制商品的价格和数量，此时便妨碍了市场价格的正常竞争。在美国，很长一段时间，适用本身违法原则的协议有纵向最高价格协议与纵向最低价格协议。但是，美国最高法院在其 1997 年 State Oil Co. v. Khan 一案的判决中，对纵向最高限价的态度发生了根本性的变化，美国联邦法院开始在纵向最高价格协议上适用合理原则。欧盟委员会在 2010 年的《纵向协议集体豁免条例》第 4 条（a）款也明确指出，生产者与销售者之间进行的最高价格限制行为，纵向价格约束的禁止性规定，不适用于此，从而明确了纵向最高转售价格应当适用合理原则。

（三）纵向价格推荐协议

价格推荐是指供货商对销售商就其所提供的商品的转售价格做出没有约束力的推荐，特别是针对名牌产品的价格推荐。现实中，经常看到商品包装上标明的"建议零售价"的字样，这些都是"价格推荐"的方式。对销售商而言，作为推荐意见的销售价格，其没有义务必须执行，从而销售商之间可以就商品价格展开竞争；对供货商而言，向销售商推荐商品转售价格，可作为供货商设定商品销售阶段批发价格及依销售情形支付回扣之基准或价格政策，及限制商品实际出售价格上限的功能；对消费者而言，供货商实施价格维持，有助于增加市场透明度，充分发挥市场竞争机制，尤其是在信息闭塞、销售网点少的地区，消费者可以免受销售商的价格壁垒。因此，在竞争法中，价格推荐协议有益于经济的合法性，普遍被各国所承认。相反，若生产商为了要求经销商遵守自己的推荐价格，采取抵制交易等手段对销售商进行制裁，如延迟供货、减少订单等方式，无形中给销售商带来压力，这种情况下的价格推荐就具有一定的限制，约束销售商，影响价格竞争，从而构成违法行为。区分合法的价格推荐和实质上的维持转售价格行为的关键在于，厂商在标注建议零售价的同时是否运用经济上的奖励或制裁手段或其他强迫性的手段迫使下游厂商遵守建议价格。如果供货商的推荐价格对销售商产生一定的约束力，该价格推荐便是违法的，反之则被视为合法。

第四节　行业协会垄断

一、行业协会的定义及作用

（一）行业协会的定义

对于行业协会，各国立法或者学者对其定义有所不同。《美国经济百科全书》将行业协会定义为：一些为达到共同目的而把资源组织起来的同行或商人的团体。德国则认为行业协会是企业自由参加的注册团体，代表不同产业的利益。

我国的相关法律并没有对行业协会的概念作出明确的规定，理论界的观点也不尽相同，有的学者认为，行业协会是以同行企业为主体，在自愿的基础上为增进共同利益而组织起来的社会经济团体；还有学者认为，行业协会是一种主要由会员自发成立的会员制的、在市场中展开活动的、以行业为标识的非营利、非政府的、互益性的社会组织；也有学者则认为，行业协会是具有统一、相似或相近市场地位的特殊部门的经济行为人组织起来的，界定和促进部门共同利益的集体性组织。

综上，行业协会是指同一行业经营者自愿组成，以保护和增进全体会员的共同利益为目的，按照其章程开展活动的非营利性社会组织。

（二）行业协会的作用

行业协会具有正反两方面的作用。作为政府与市场之间的中介组织，对于充分发挥两者各自在经济活动中的优势，起着至关重要的作用。当然，行业协会的某些活动也可能导致限制甚至是垄断竞争的效果。

1. 行业协会的积极作用

行业协会作为一种重要的非营利性组织，不但得到了市场经济的认可，而且在社会经济生活中扮演着越来越重要的角色，究其原因有如下几点：首先，对于市场经济体制而言，自由、平等、公正乃是市场经济体制的基石，行业协会能够通过自治而保证自由公正的竞争环境。其次，法律是市场经济体制有效运行的重要保障，但是法律，特别是成文法具有与生俱来的缺陷，行业协会可以通过协会规章，弥补和完善竞争法律的体系和内容的不足。再次，行业协会的诸多服务功能有利于提高企业的竞争力。行业协会通过提供教育和培训、举办展览，交流信息，研究开发等多项活动将本来零散分布的资源、信息、资本、技术以及先进经验集中于一个平台之上，供给协会会员交流分享和利用，这不仅极大地削减了企业的经营成本，也有利于提高会员企业的市场竞争力；最后，行业协会可以通过行使标准和认证等市场监管权优化市场竞争环境。

2. 行业协会的消极作用

行业协会的消极作用主要体现在行业协会及其会员实施的限制竞争行为，甚至是垄断行为方面。众所周知，资本的本质属性是趋利性。为了获得高额利润，企业通过技术革新等多种措施竞相提高生产效率，提高产品质量，就是为了自己能在激烈的市场竞争中占有一席之地。客观上，这促进了市场竞争，有利于经济的发展。但是，当一个或几个企业在某一领域处于优势地位或垄断地位时，为了获取垄断利润，他们又必然联合起来，阻碍市场竞争，以保持自己的优势地位。正如亚当·斯密在《国民财富的性质和起因的研究》中所说的那样：同行的经营者很少聚在一起，即使是为了娱乐和消遣，其谈话也是以共谋损害当中或者以某种阴谋诡计抬高价格而告终。从长远来看，这些阻碍市场竞争的行为是不利于甚至是有害于经济发展的。随着社会和经济的发展，早期的、由一个或几个企业垄断某个行业的情况越来越少，垄断行为更多地是依靠行业协会这一平台而加以实施，这主要是行业协会的垄断行为与单个经营者垄断行为相比，有着许多自己的特点，更加有利于垄断活动的开展。美国学者曾指出：社会团体有反托拉斯法的爆发力。

二、行业协会垄断行为的定义和特点

所谓行业协会垄断，是指行业协会以协会决定、章程、活动、共同行动等为手段，意图排除、限制会员之间的竞争、会员与交易相对人的竞争、会员与同行非会员的竞争，以实际达到排除、限制竞争后果的行为。

与单个营业者垄断行为不同，行业协会垄断行为具有以下几个特点：

（一）法律责任主体具有复杂性

行业协会垄断行为是经正当程序以行业协会的名义做出并通过决议、制度等形式实施，从表面上看，行业协会是该行为法律责任的唯一主体。但是，在实施过程中却是由同业会员完成的，真正的受益者也是这些会员企业，所以只要求行业协会承担法律责任，是存在着一些法理上的缺陷的。正如种明钊先生所指出的那样，行业协会限制竞争的行为虽然是由一个法律主体的名义做出的，但在形式的背后却是团体复数意思表示的产物，集中的是团体成员的意思，在性质上和后果上相当于成员的协议。所以在中国当下的理论界和实务界，对于法律责任主体认定存在许多不同意见，目前至少存在着三种观点：一是只以行业协会作为责任主体；二是只以企业为责任主体，但是要求该企业实际参与了制定垄断决议或具体实施了限制竞争或垄断的行为；三是将两者共同作为责任主体。

（二）行为具有集体性和隐蔽性

集体性亦可称为一致性。行业协会具有互益性，为了维护本行业的利益，同业会员之间更容易达成限制竞争或垄断的决议。行业协会通过协会章程对其会员企业有一定的约束作用，决议一经通过，企业就会实施或者配合实施该协议。可见，垄断行为的决议从做出到实施都体现了该行为高度的集体性。

行业协会的限制竞争行为及垄断行为具有高度的隐蔽性。首先，行业协会作为一类社会团体，在社会生活中往往是以一种"中介组织"的角色出现的，所以其行为的社会公信度相较于单个经营者而言更高，其限制竞争或垄断行为的动机便不易察觉，当然的，隐蔽性也更强；其次，行业协会限制竞争的行为或垄断经常被隐藏在依法行使职能的外衣之下，再加上限制行为的方式繁多，这不仅仅具有混淆视听的欺骗性，同时也为区分这些行为带来了很大的难度；最后，行业协会的某些垄断行为具有"非强制性"，仅具"软约束力"，这让相关主体不易将该行为认定为垄断行为。但由于行业协会的行为具有高度的集体性，就实施效果而言，具有实质的强制性，与强制实施并无不同。

三、行业协会垄断行为的危害

一般而言，不论何种主体实施的垄断行为，都会对正常的市场经济竞争秩序造成极大的破坏，进而造成市场配置资源作用的空心化，扰乱整个国民经济的正常发展。行业协会垄断行为的危害主要体现在：

（1）垄断行为导致新的竞争者无法进入该行业，而实行垄断行为的企业在不进行改进技术、提高生产力的情况下仍然能够获得垄断利润，导致整个行业缺乏竞争活力，长期来看，损害了行业内其他企业的利益。

（2）垄断行为限制了消费者的选择权，损害了消费者的经济利益。由于没有新的竞争者加入，消费者在选择商品时只能被迫接受垄断企业所提供的产品种类和价格，由于这些商品的价格并不能反映价值规律和供求关系，与那些经过充分竞争的行业所提供的商品相比，该价格往往存在虚高的情况，因此损害了消费者的经济利益。

（3）垄断行为可能影响政府的正常运行，危害人民的政治利益。如果垄断行为不能得到有效遏制，便会在经济领域形成多个行业寡头，这些大的垄断集团便会凭借其强大的经济能量，从微观经济领域逐步渗透到宏观政策的制定过程中去，使得政府的管理行为越来越有利于维护其自身的垄断地位，便于其获得垄断地位，使得本代表人民行使公权力的政府逐步演化成为其获取私利的工具，这就极大地损害了人民的政治利益。

单个企业实施的垄断行为与行业协会实施的垄断行为相比，存在共性与差别。就共性而言，不论由何种主体实施的垄断行为，都可能造成限制或排除竞争的结果，导致行业内企业缺乏竞争力，危害消费者的合法权益，扰乱正常的经济秩序，进而危害市场经济体制合理高效的运行。但如果就行业协会的垄断行为而言，与单个企业实施的垄断行为相比，由于其法律责任主体复杂，对其垄断行为追责难度大，执法成本高，无法有效地规制其违法行为，亦导致对其他行业协会垄断行为的警示作用不够；行为的集体性和隐蔽性，不仅导致对这些违法行为难以规制，而且集体的违法行为会成倍地放大该行为给市场主体所带来的破坏作用；所以说，与单个经营者垄断的行为相比，行业协会限制竞争或者是垄断行为的社会危害性要大得多。因此，不论是从建设有中国特色的社会主义市场经济的角度出发，还是从普通大众的福祉出发，对行业协会垄断行为加以严格规制都十分必要。

第五节　垄断协议的豁免

一、反垄断法豁免制度概述

为了协调一国竞争政策及其社会经济政策的关系，维护社会整体和长远的利益，许多国家和地区的反垄断法中都设有豁免制度。垄断协议的豁免，是指经营者之间的协议、决议或其他协同行为在某些方面的有益作用大于其所造成的限制竞争方面的不利影响，允许以特定程序使其免受反垄断法制裁的法律制度。实质上，豁免是反垄断法规定的对适用合理原则的联合限制行为免予制裁的实施程序，也是利益均衡的结果，即从经济效果和对限制竞争的影响进行利益对比，在"利大于弊"时，对该垄断协议适用反垄断法豁免。

反垄断法豁免制度存在的合理性和可行性主要体现在以下两个方面：

（一）经济角度

豁免制度可以避免过度竞争所造成的社会资源的巨大浪费。尽管竞争是配置资源的最佳方式，但有些市场或经济部门因其特殊的条件，优化资源配置只能在有限竞争的条件下实现，不必要的或过度的竞争可能无益于社会经济的发展，会造成资源的巨大浪费和不必要的经济损失。在这些市场上，一定程度的垄断却是有益的，如能产生规模经济效应、节约成本、促进技术创新、提升企业效率。

（二）法律角度

豁免制度可以解决反垄断法的刚性和灵活性之间的矛盾。法律一经制定，便具有极强的稳定性，非经法定程序不得随意更改，反垄断法也是如此。同时，反垄断法又具有极强的政策性，何种行为或行业应纳入反垄断法的规制范围，受到不断变化的国内社会、政治、经济形势及国际关系的影响，这就需要反垄断法具有足够的灵活性。反垄断法的豁免制度以抽象的国家整体经济利益和社会公共利益为价值取向，对原本属于反垄断法禁止的行为予以宽容，能够很好地解决反垄断法的刚性和灵活性之间的矛盾。

二、我国垄断协议的豁免适用情形

我国《反垄断法》第15条对垄断协议予以豁免的情形作了如下规定，经营者能证明其所实施的行为属于下列性质的行为的不追究其责任：（1）为改进技术、研究开发新产品的；（2）为提高产品质量、降低成本、增进效率，统一产品规格、标准或者实行专业化分工的；（3）为提高中小经营者经营效率，增强中小经营者竞争力的；（4）为实现节约能源、保护环境、救灾救助等社会公共利益的；（5）因经济不景气，为缓解销售量严重下降或者生产明显过剩的；（6）为保障对外贸易和对外经济合作中的正当利益的；（7）法律和国务院规定的其他情形。对于前款规定的前5项情形，经营者负举证责任，不但要证明其行为不属于《反垄断法》第13条和第14条规制的情形，而且要证明其行为不仅不会阻碍市场的自由竞争，反而会给消费者带来利益。

现阶段，我国垄断协议豁免制度主要适用于以下情形：

（1）特定条件下，为了提高生产或促进有效研发的垄断协议。

改进技术、研究开发新产品，不仅能够提高生产效率，还能促进经济的发展，使消费者获得更多的经济利益。统一产品的规格、标准，是指经营者在各种产品的性能、规格、质量、等级等方面规定统一要求，使它们之间具有可替代性和兼容性；实行专业化分工，是指经营者从以往的生产多种产品的全能型企业转为发挥各自专长的专门化企业，实现经济合理化。这两种行为都有助于提高产品质量、降低生产成本、加快经济效率、保护消费者利益。

（2）能够体现社会公共利益的垄断协议。

公共利益对于社会的存在与发展具有决定性的意义，它是现代政治生活的基石，也是人们判断正义和政府行为的有效标准，是法律秩序和法律目的价值的最终体现。豁免制度主要针对某些行为表面上虽然符合限制或排除竞争的形式，但其不会对市场竞争构成影响，反而有利于促进经济的发展，增加社会公共利益。

（3）特定时期为促进经济发展的垄断协议。

由于经济衰退、销售产量下降或生产明显过剩等情形的发生，为了稳定市场经济秩序，保护经营者利益，从而允许经济不景气的垄断协议的存在。就法律制度的价值取向来讲，设立不景气的垄断协议有违反垄断法的立法精神，即有违以自由竞争为核心的市场经济制度。设立不景气垄断协议豁免制度源于这样的认识：本来在市场经济的周期性经济危机中可以淘汰非效率的市场主体，使社会的总需求与总供给恢复平衡。但是，当危机特别严重时，在特定的产业里导致的不仅是非效率的企业破产，也会导致优秀企业的破产，使该产业整体陷入毁灭的困境。为了避免这种现象的发生，政府有必要在确定一定的法律要件的前提下，允许生产者以限制生产、销售量为目的的垄断协议行为存在。

（4）对外贸易领域中可以豁免的垄断协议。

垄断协议的豁免情形不仅体现在国内特定时期、特定条件下所达成的垄断协议，而且对于那些在经贸往来中尤其是对外贸易领域的垄断协议，我们也要对其行为的性质进行综合考虑，进而提出豁免的理由。在进出口贸易领域中，《反垄断法》适用的豁免制度主要体现在以下情形：一种是直接规定行业性豁免，采用制定专门法或在反垄断法中设立专门条款等形式，直接对进出口领域的贸易进行豁免；另一种是目的性豁免，即不直接规定豁免出口领域，而是规定综合性的豁免标准。

我国《反垄断法》第15条规定的7种豁免情形中，属于前5种豁免情形的，经营者除了证明协议本身的目的的正当之外，还应当证明协议的实施具有两个效果：一是，所达成的协议不会严重限制相关市场的竞争；二是，能够使消费者分享由此产生的利益。

本章小结

垄断协议是指两个或者两个以上的经营者（包括行业协会等经营者团体），通过协议或者其他协同一致的行为，实施固定价格、划分市场、限制产量、排挤其他竞争对手等排除、限制竞争的行为。随着市场经济的发展，垄断协议行为在市场中越来越普遍，对市场的自由竞争构成严重的影响。本章主要介绍了垄断协议的基本含义及横向垄断协议、纵向垄断协议、行业垄断协议的相关理论知识，详细分析了横向垄断协议、纵向垄断协议、行业垄断协议的定义、构成要件、表现形式及垄断协议的豁免等问题。学生要多了解实务，结合实务案例，有助于更深刻的理解本章内容。

技能训练

2012 年，国家工商总局授权湖南省常德市工商局，对湖南相关市州保险行业涉嫌达成垄断协议案展开调查。经调查，从 2006 年 5 月开始，常德市保险行业协会先后组织 16 家保险企业签订相关《合作协议书》，并组织成立"常德市新车保险服务中心"。根据《合作协议书》，新车中心对 16 家保险成员单位的保费进行了调控，对各保险公司份额进行了划分，并且要求保险企业清理撤销与各专业代理和兼业代理人的原代理协议。这意味着，在常德市，除摩托车保险外，16 家保险成员公司的所有新车承保业务都必须集中在新车中心办理。

思考：结合我国《反垄断法》的相关规定，请分析讨论《合作协议书》关于市场份额划分的内容是否违法？属于何种禁止的垄断协议行为？

实践活动

运用反垄断法知识界定生活中的垄断行为

目的：熟练掌握反垄断法的基本法律规定，培养学生法律意识和团队协助能力。

要求：学生针对宝洁公司是否构成垄断展开分组讨论，并写出分析报告。

材料 1：宝洁公司自 1988 年进入中国市场以来，通过渠道建设、品牌组合竞争、收购竞争对手等手段，已占据中国日化市场的重要地位。

材料 2：日化市场资深人士杨某认为："宝洁垄断了很多卖场资源，重要卖场的资源都集中在宝洁手里，大超市里，显眼的陈列区、好的架位，都被宝洁占有。这样只会导致强者更强、弱者更弱。此外，宝洁控制价格的能力很强，宝洁涨价，大家跟着涨；宝洁降价，大家也跟着降。"

材料 3：在新浪网一项调查中，13614 名参与网友中有 92.2%认为宝洁涉嫌垄断洗发水市场；83%的网民认为宝洁涉嫌滥用市场支配地位；还有 73.7%的人认为应强制拆分宝洁，或限制其继续并购同行。

材料 4：宝洁发言人张某认为："怀疑宝洁垄断，并不能只看其市场份额，还要看其是否利用这个市场支配地位，进行价格操纵，人为抬高市场进入壁垒等不正当行为。"

本章练习

一、判断题

1. 根据《反垄断法》第 13 条、第 14 条的规定，可以将垄断协议分为横向垄断协议、纵向垄断协议。（　）
2. 根据《反垄断法》的规定，实施垄断行为的主体只能是企业。（　）
3. 卡特尔就是横向垄断协议。（　）

4. 行业协会是指同一行业经营者自愿组成，以保护和增进全体会员的共同利益为目的，按照其章程开展活动的非营利性社会组织。（　　）

5. "固定或改变商品价格"是横向价格垄断协议的主要表现形式。（　　）

二、单项选择题

1. 下列哪一选项属于《反不正当竞争法》和《反垄断法》均明文禁止的行为？（　　）

   A. 甲省政府规定，凡外省生产的汽车，必须经过本省交管部门的技术安全认证，领取省内销售许可证以后，方可在本省市场销售

   B. 乙省政府决定，在进出本省的交通要道设置关卡，阻止本省生产的猪肉运往外省

   C. 丙省政府规定，省内各机关和事业单位在公务接待等活动时需要消费香烟的，只能选用本省生产的"金丝雀"牌香烟，否则财政不予报销

   D. 丁省政府规定，外省生产的化肥和农药在本省销售的，一律按销售额加收15%的环保附加费

2. 经营者违反《反垄断法》的规定，达成并实施垄断协议的，由反垄断执法机构责令停止违法行为，没收违法所得，并处一定数额的罚款。该罚款数额是（　　）。

   A. 50万元以下

   B. 100万元以下

   C. 上一年度销售额1%以上10%以下

   D. 上一年度销售额2%以上20%以下

3. 依法对涉嫌垄断行为进行调查的是（　　）。

   A. 人民检察院

   B. 反垄断执法机构

   C. 反垄断委员会

   D. 各级人民政府

4. 根据《反垄断法》的规定，下列各项中，属于法律禁止的纵向垄断协议的是（　　）。

   A. 限制开发新技术、新产品

   B. 限制商品的生产数量或者销售数量

   C. 限制购买新技术、新设备

   D. 限定向第三人转售商品的最低价格

5. 依《反垄断法》规定，下列属于经营者集中情形的是（　　）。

   A. 经营者通过取得资产的方式，取得对其他经营者的表决权

   B. 经营者通过合同等方式，能够对其他经营者施加影响

   C. 经营者合并

   D. 经营者联合抵制交易

三、多项选择题

1. 根据《反垄断法》的规定，下列各项中，属于法律禁止的横向垄断协议的有（　　）。

A. 固定或者变更商品价格的协议
B. 限制购买新技术、新设备或者限制开发新技术、新产品
C. 联合抵制交易
D. 固定向第三人转售商品的价格

2. 根据《反垄断法》的规定，下列各项中，可被豁免的垄断协议有（　　）。
A. 为改进技术、研究开发新产品的
B. 限制开发新技术、新产品的
C. 为提高产品质量、降低成本、增进效率，统一产品规格、标准或实行专业化分工的
D. 为实现节约能源、保护环境、救灾救助等社会公共利益的

3. 某市多家粮油厂家签订合作框架合同，统一食盐的出售价，不得降低价格。该行为被反垄断主管机关依法认定为垄断。根据反垄断法律制度的规定，该垄断行为的具体类型不属于（　　）。
A. 垄断高价
B. 掠夺性定价
C. 纵向垄断协议行为
D. 横向垄断协议行为

4. 某品牌白酒市场份额较大且知名度较高，因销量急剧下滑，生产商召集经销商开会，令其不得低于限价进行销售，对违反者将扣除保证金、减少销售配额直至取消销售资格。关于该行为的性质，下列哪一判断是不正确的？（　　）
A. 维护品牌形象的正当行为
B. 滥用市场支配地位的行为
C. 价格同盟行为
D. 纵向垄断协议行为

5. 根据《反垄断法》规定，下列哪些选项不构成垄断协议？（　　）
A. 某行业协会组织本行业的企业就防止进口原料时的恶性竞争达成保护性协议
B. 三家大型房地产公司的代表聚会，就商品房价格达成共识，随后一致采取涨价行动
C. 某品牌的奶粉含有毒物质的事实被公布后，数家大型公司联合声明拒绝销售该产品
D. 数家大型煤炭企业就采用一种新型矿山安全生产技术达成一致意见

四、简答题
1. 垄断协议与一般的民事合同有何区别？
2. 典型的横向垄断协议有哪些？
3. 典型的纵向垄断协议有哪些？
4. 哪些垄断协议可以获得反垄断法豁免？
5. 简述垄断协议的概念与法律特征。

五、案例分析

2000年6月,中国国际旅行社总社、中国旅行社总社等在京的9家特许经营出境旅行社主要针对东南亚地区市场,制定了出境旅游路线的最低保护价,并于当年7月1日开始执行。最低保护价比过去一般价格高出不少,如泰国一地6晚7日的最低保护价为3900元,而过去最低曾达2800元。据9家旅行社介绍:制定最低保护价完全是为了有效地维护旅游者的利益。因为以往东南亚旅游,旅游者所交的团费远远低于成本价,甚至出现所谓"零团费",所缺费用由东南亚地区的旅行社承担。这些旅行社为了把钱挣回来,往往强迫旅游者购物,增加自费项目等,使旅游者的权益受到了极大的损害。

问题:这9家旅行社的行为属于什么行为?应如何处理?

第六章

滥用市场支配地位

随着经济全球化的发展,滥用市场支配地位行为表现得越来越突出,对市场竞争产生重大危害,理解掌握禁止滥用市场支配地位的相关知识,对于反垄断法的学习具有重要意义。本章主要介绍市场支配地位的概念及认定、滥用市场支配地位的概念及特点、滥用市场支配地位的主要表现形式、有关滥用市场支配地位行为的立法及法律规制等内容。学生在学习本章知识的过程中要注意联系实际,结合案例分析,加深对知识点的理解。

学习目标

知识目标:

了解滥用市场支配地位的含义;

理解"相关市场"的界定;

掌握滥用市场支配地位的法律规制以及我国《反垄断法》关于企业滥用市场支配地位的相关规定。

能力目标:

能够运用《反垄断法》中关于企业滥用市场支配地位的相关规定,分析案例,解决相关法律问题。

案例引导

腾讯QQ大战360

2010年春节期间:腾讯推出QQ医生1.0Beta版本,此后很长一段时间内只作为查杀盗号木马的小工具。随后QQ医生3.2推出,界面及功能酷似360,同时宣布赠送诺顿防病毒软件半年试用。

2010年中秋节期间:"QQ软件管理"和"QQ医生"自动升级为"QQ电脑管家",涵盖了云查杀木马、系统漏洞修补、安全防护,系统维护和软件管理等功能,而这也是目前360安全卫士的主流功能。

2010年10月29日:360公司推出一款名为"360扣扣保镖"的安全工具。360称该工具全面保护QQ用户的安全,包括阻止QQ查看用户隐私文件、防止木马盗取QQ以及给QQ加速,过滤广告等功能。72小时内下载量突破2000万,并且不断迅速增加。腾讯对此作出强烈说明,称360扣扣保镖是"外挂"行为。

2010年11月3日:傍晚6点,腾讯公开信宣称,将在装有360软件的电脑上停止运行QQ软件,倡导必须卸载360软件才可登录QQ,这是360与腾讯一系列争执中,腾讯方面迄今为止最激烈的行动。此举引发了业界震动。

【分析】从这些事件中我们可以看到,腾讯一直在尝试进入互联网的安全服务市场,包括将其安全服务软件作为附属产品、自动升级功能,这一切都把挑战的矛头指向了360安全卫士等一系列软件。而在11月3日这一事件达到高潮,也是腾讯公司在互联网即时通讯服务市场上绝对支配地位的绝好体现:腾讯宣布将在装载有360的电脑上停止运行QQ软件,这一举措等于借腾讯和360争端这一矛盾,变相地强迫QQ用户卸载360软件。这体现了腾讯在互联网即时通讯服务市场上有着相当大的支配力,以至于用户对其产生了依赖性,从而使它能通过逼迫用户做出选择而排挤其他软件。

而从市场结果标准上来看,最终被迫卸载360各种软件的QQ用户达6000万,腾讯公司达到了他们的目的,而这一举措显然是以严重损害消费者利益为代价的。

虽然本例最后在工信部的调停下得以解决,但是这引发的思考却远远超出了滥用市场支配地位本身。在互联网功能如此强大的今天,大企业可以通过产品和消费者对产品的依赖性来影响消费者的选择,甚至强迫消费者做出有利于企业的选择。这无疑将大大地增加了信息时代大企业的话语权,也是我们值得关注的一个现象。

看到这里,在传统的反垄断观点中,腾讯和360一案谁是谁非似乎已有定论,但是如果我们从这个案例所处的时代和市场来看,显然又有新的认识和变数。

(案例来源:百度文库)

第一节 市场支配地位的概念及认定

我国《反垄断法》第3章规定了"滥用市场支配地位",值得注意的是,市场支配地位本身并不违法,只有在具有市场支配地位的企业有滥用这种市场支配地位的行为或者具有其他违法性时,才受到反垄断法的禁止,因此,我国《反垄断法》对具有的市场支配地位的企业进行"监督、控制"是以"滥用市场支配地位"为前提的。

一、相关市场界定的含义与意义

(一)相关市场界定

相关市场是反垄断法中的一个特有概念,它不同于经济学意义上的"市场",经济学上的市场是买卖双方交易的场所,而反垄断法作为维护市场竞争秩序的基本法,它是通过市场来发挥作用的,因此它所研究的不是经济学所指的抽象的市场,而是各个市场主体在经营过程中的具体的竞争状况,是确定当事人是否存在竞争的范围。这就要求《反垄断法》在对市场主体的行为进行规制的过程中,必须对相关市场的概念进行明确的界定,这样才可能准确地判断并遏止垄断市场的行为。

我国《反垄断法》规定，本法所称相关市场，是指经营者在一定时期内就特定商品或者服务进行竞争的商品范围和地域范围。作为成文法国家，我国将相关市场的概念明确的以法条形式规定出来，有助于反垄断执法以及企业对其自身行为进行判断。

在反垄断法执法实践中，通常需要界定相关商品市场和相关地域市场。相关商品市场是指根据商品的特性、用途及价格等因素，由需求者认为具有较为紧密替代关系的一组或一类商品所构成的市场。这些商品表现出较强的竞争关系，在反垄断执法实践中可以作为经营者进行竞争的商品范围。相关地域市场，是指需求者获取具有较为紧密替代关系的商品的地理区域。这些地域表现出较强的竞争关系，在反垄断执法实践中可以作为经营者进行竞争的地域范围。

（二）界定相关市场的意义

在反垄断法的实施过程中，第一个问题通常就是界定相关市场，相关市场的大小与结构对评判某种行为是否会产生反竞争的效果往往具有决定性的意义。具体来看，界定相关市场主要具有以下两方面的作用：

1. 判断垄断行为的具体形态

垄断行为有多种表现形式，在判定一种行为属于何种具体的垄断形态时，界定相关市场是一个十分重要的环节。例如，对企业的合并控制，企业合并有水平、垂直、混合合并三种形式，判断经营者之间的合并属于何种结合，是按照当事人是否处于相同或不同的生产经营阶段而定的。在这一判断过程中，界定相关市场十分关键。如果当事人之间属于同一相关市场，那么，一般来说其合并就是水平合并；如果当事人分别处于相互关联的前后或上下游相关市场中，那么其合并便是垂直合并；而处于互不关联的不同相关市场上的当事人的合并，则是混合合并。由于这几种合并对竞争的危害程度不同，执法当局对它们所采取的态度也各不同。一般而言，各国对水平合并的态度最为严厉，对垂直合并和混合合并则采取了相对宽容的政策，因此，正确判断合并的形态，对当事人的权益有重要的影响，而在这一过程中，正确的界定相关市场就显得举足轻重了。同样的道理也适用于对限制竞争协议的规制，某个协议到底是属于水平协议还是垂直协议，也有赖于对相关市场的正确界定。

2. 测定行为的违法效果

在反垄断法中，除少数自身违法的情况外，绝大多数行为都需要对其进行具体分析来确定是否具有反竞争的效果，而这种分析的展开必须以相关市场的界定为前提。例如，就禁止滥用市场独占地位而言，市场独占地位的构成和相关市场的界定有着紧密的联系，只有在一个范围确定的市场上，才可能衡量某个经营者是否具有独占地位。相关市场范围的大小对独占地位的衡量具有重大甚至是决定性的意义，只有将一个市场界定为恰当的包含所有替代品和替代区域时，才能正确评估经营者的市场份额是否已经达到独占地位。如果将一个市场界定的过宽，那么就会减少经营者实际的市场份额，使具有独占地位的企业逃脱法律制裁；相反，如果将市场界定的过窄，就会人为夸大经营者的市场份额，使其蒙受不白之冤。因此，可以说，界定相关市场是统计市场份额的基础。同样，在对企业合并进行审查时，界定相关市场也是必不可少的。只有划定了相关市场的具体范围，才能准确地计算出当事人所拥有的市场占有率及其所在市场的集中度，从而正确评价合并行为是否会产生反竞争的市场效果。

二、界定相关市场的基本依据

（一）替代性分析

在反垄断执法实践中，相关市场范围的大小主要取决于商品（地域）的可替代程度。在市场竞争中对经营者行为构成直接和有效竞争约束的，是市场里存在需求者认为具有较强替代关系的商品或能够提供这些商品的地域。因此，界定相关市场主要从需求者角度进行需求替代分析。当供给替代对经营者行为产生的竞争约束类似于需求替代时，也应考虑供给替代。

（二）需求替代

需求替代是根据需求者对商品功能用途的需求、质量的认可、价格的接受以及获取的难易程度等因素，从需求者的角度确定不同商品之间的替代程度。原则上，从需求者角度来看，商品之间的替代程度越高，竞争关系就越强，就越可能属于同一相关市场。

（三）供给替代

供给替代是根据其他经营者改造生产设施的投入、承担的风险、进入目标市场的时间等因素，从经营者的角度确定不同商品之间的替代程度。原则上，其他经营者生产设施改造的投入越少，承担的额外风险越小，提供紧密替代商品越迅速，则供给替代程度就越高，界定相关市场尤其在识别相关市场参与者时就应考虑供给替代。

三、市场支配地位的认定

（一）认定市场支配地位的因素

对经营者市场支配地位的认定，是确定经营者滥用市场支配地位的前提条件和必要条件。对于市场支配地位的认定，需要综合考虑各种因素。综合分析各国立法及司法实践，一般都规定以市场份额作为主要考虑因素，同时需要结合其他因素综合考虑，如潜在竞争、企业间关系、企业的技术优势等。我国《反垄断法》吸收了反垄断法先进国家和地区的立法经验，确立认定经营者的市场支配地位，应当依据下列因素：

1. 经营者在相关市场的市场份额以及相关市场的竞争状况

市场份额是指特定经营者的总产量、销售量或者生产能力在特定的相关市场中所占的比例，故又称为市场占有率。市场份额在确定市场支配地位中一般具有决定性意义。除追求利润外，企业经常追求的经营目标就是增加市场份额。在市场经济中，市场份额、利润和规模经济常常是密切相关的。高的市场份额可能给企业带来市场的支配力量。在通常情况下，小的市场份额不会构成市场支配力量，而大的市场份额总是可能伴随着市场支配力量，但并非总是如此，相关市场的竞争格局也是影响市场支配力量一个重要因素。

2. 经营者控制销售市场或者原材料采购市场的能力

上、下游市场是一个经营者的生命线，一般来说，一个经营者能够控制产品销售或原材料采购，就能对其他经营者的行为产生间接控制。如果一个经营者与其上、下游经营者订立的合同是排他性的，这种合同涉及的市场份额越大，市场被控制的程度就越大。

3. 经营者的财力和技术条件

经营者的财力是竞争的后盾，如果经营者的财力悬殊，那么它们之间往往难以公平竞争。经营者财力越大，在相关市场中的地位就越有利。技术条件主要是指企业对知识产权的占有情况。在当今这个知识经济年代，经营者间的竞争很多时候是技术之间的竞争，一种新技术不仅可以迅速改变企业的市场份额，而且可以给整个产业带来新的竞争和革新。

4. 其他经营者对该经营者在交易上的依赖程度

在某些情况下，企业在市场份额方面并不处于优势地位，而在与交易对方进行交易时却表现出一定的市场优势，这称为相对市场优势。相对市场优势地位产生三交易之中，享有这一地位的当事人虽没有绝对的市场支配力，但其所拥有的资源使其有足够的力量从交易方手中掠夺更多的利益。

（二）市场支配地位的推定

对于市场支配地位的推定，各国立法并不相同。德国《反限制竞争法》第 19 条规定，一个企业占有相关市场至少 1/3 的市场份额；3 个或 3 个以下企业共同占有其 50%或 50%以上的市场份额；5 个或 5 个以下企业共同占有其 2/3 或 2/3 以上的市场份额。美国司法实践认为，企业占有 90%的市场份额就具有垄断力，占有 60%的市场份额是否具有垄断力存在疑问，而占有 33%的市场份额尚不具有垄断力。日本《禁止私人垄断和确保公正交易法》第 2 条规定，一个企业每年在相关市场的销售额超过市场总量的 1/2，或者两个企业的销售额之和超过市场总量的 3/4，就推定具有市场支配地位。俄罗斯的法律则规定，市场份额超过 65%的企业推定具有市场支配地位，市场份额不超过 35%的则不具有市场支配地位。

根据我国《反垄断法》第 19 条的规定，有下列情形之一的，可以推定经营者具有市场支配地位：（1）一个经营者在相关市场的市场份额达到 1/2 的；（2）2 个经营者在相关市场的市场份额合计达到 2/3 的；（3）3 个经营者在相关市场的市场份额合计达到 3/4 的。有前款第（2）项、第（3）项规定的情形，其中有的经营者市场份额不足 1/10 的，不应当推定该经营者具有市场支配地位。被推定具有市场支配地位的经营者，有证据证明不具有市场支配地位的，不应当认定其具有市场支配地位。

第二节 滥用市场支配地位概述

案例引导

四大国有行率先集体上涨手续费

2010 年开始，多家银行集体上涨 ATM 跨行取款转账手续费，在四大国有银行（中国银行、中国工商银行、中国农业银行、中国建设银行）率先集体上涨手续费之后，许多股份制银行如广发银行，交通银行也纷纷跟风上涨，造成许多银行用户的抱怨纷纷，而之前商业银行收取诸如小额账户管理费，信用卡挂失费，零钞清点费，重置密码费，已经引起消费者的不满和不解，虽然有银行业协会出面解释，但仍平息不了人们的牢骚以及质疑：这些商业银行特别是四大国有银行的做法，是否滥用了他们的市场支配地位？

【分析】对于四大国有银行率先上涨 ATM 机跨行取款转账手续费，查询费以及其他各种名目繁多的冗杂费用，我们认为这是一种滥用了市场支配地位的行为，而且这是构成了一种剥削性的滥用。

（案例来源：三亿文库）

一、滥用市场支配地位的概念及特点

（一）滥用市场支配地位的概念

对于滥用市场支配地位的概念，纵观各国法律，没有一个国家或地区的反垄断法对滥用行为下过一般性的定义，各国通常是在反垄断法中采取列举的方法，但又往往不充分，只是列举一些典型的滥用行为，并采用"兜底条款"来囊括法律未加列举的其他行为。法律之所以很难对"滥用市场支配地位行为"做出一个概括性的定义，主要是因为对"滥用"进行定义比较困难，究其原因：第一，从企业实施的某项行为对市场竞争可能产生的客观效果出发，无法得出此项行为是非法的滥用行为，还是正常、合法的竞争行为；第二，从企业的主观意图看，也无法确定某项行为是非法的"滥用"市场支配地位的行为，还是合法的利用市场支配地位的行为；第三，市场支配地位本身是一个相对的概念，用一个对滥用行为的绝对的、严格的法律定义来一个涵盖相对的、变动的市场支配地位是比较困难的；第四，市场竞争的策略和行为本身是客观存在的，不带有任何法律评价的色彩。

借鉴上述规定，结合禁止滥用市场支配地位的立法意图，我们可以对滥用市场支配地位下一个定义，所谓滥用市场支配地位，是指拥有市场支配地位的企业利用其市场支配地位来实施的反竞争行为；或者是拥有市场支配地位的企业滥用其市场支配力，并在一定交易领域实施的实质性地限制竞争，违背公共利益，并为反垄断法所禁止的行为。

（二）滥用市场支配地位的特点

1. 主体的特定性

滥用市场支配地位是由具有支配地位的经营者实施的，要是经营者不具有市场支配地位，则其不可能存在滥用市场支配地位的问题，这是构成滥用市场支配地位的必要条件，不具有市场支配地位的经营者很难在市场竞争秩序中产生较大的损害，因此一般不受反垄断法规制。

2. 行为本身不正当性

滥用市场支配地位是具有市场支配地位的经营者不正当地利用其支配地位，损害竞争秩序的行为。拥有市场支配地位的经营者往往不受市场竞争机制的制约，从而不必考虑竞争对手或交易相对人的反应就可以自由定价或作出其他决策。也就是说，现代反垄断法已经不再反对市场支配地位本身，经营者不分大小强弱，都有自主经营权，可以自由地享有和行使自己的财产权利和人身权利，但权利的行使不能超过必要的限度，即不能破坏自由竞争的秩序。

3. 主体数量的特殊性

滥用市场支配地位可以由单个经营者实施，也可由多个经营者共同实施，此类垄断行为以单独行为为必要要件，以共同行为为任意要件。数个企业共同实施滥用市场支配地位的行为多数出现在垄断协议竞合的情况下，如在一个特定的相关产品市场上，存在着少数几家大企业，分别具有相当大市场份额和市场影响力，若它们之间达成限制产量、提高价格的卡特尔协议，则既是垄断协议，又是滥用市场支配地位。但反垄断法通常将多个经营者推定具有市场支配地位，其优点在于，可减轻反垄断执法机构的举证责任。如果若干经营者占据一个市场的主要市场份额，很容易通过实施协同行为来控制该市场。而反垄断执法机构很难掌握其达成垄断协议的证据。将多个经营者合并计算来推定其中的每个经营者都具有市场支配地位，则无需掌握其达成垄断协议的证据，就可以规范垄断企业的行为。

二、滥用市场支配地位的主要表现形式

由于滥用行为的类型形形色色，反垄断法不可能穷尽列举所有的滥用行为。各国通行的做法是对滥用行为采取列举的方式。首先，对滥用市场支配地位的行为作出必要的列举，以确定哪些典型行为是依法应当禁止的。其次，在列举的基础上，设置兜底条款，将其他有可能对竞争构成实质性的限制或明显损害消费者的行为概括在内。这样，既增强了法律规范的可操作性，又使得法律规范能够适应不断发展变化的社会经济生活的需要。

滥用市场支配地位的行为根据所涉及的主体的不同，反垄断法和反垄断执法机关传统上将滥用行为划分为两种基本类型，即剥削性滥用行为和妨碍性滥用行为。

（一）剥削性滥用行为

所谓剥削性滥用，即占市场支配地位的企业因不受市场竞争的制约，可以对其交易对手提出不合理的交易条件，特别是不合理的价格。该行为是针对交易相对人所实施的，主要包括垄断高价、差别待遇、拒绝交易、强制交易四种类型。

1. 垄断高价

所谓垄断高价，是指拥有市场支配地位的企业凭借其市场支配地位向消费者或用户索取不合理的垄断高价的行为。其表现在于两个方面：一方面，拥有市场支配地位的企业作为供应方，高价销售其产品，盘剥销售方；另一方面，拥有市场支配地位的企业作为销售方，低价购进产品，盘剥供应方。垄断高价的目的是获取超额利润，与排挤竞争对手无关。竞争法理论认为，占有市场支配地位的企业凭借其市场优势，非常可能向市场提供比其实际可能生产的数量少得多的产品，或索要与其生产成本相比不合理的高价。因此，反垄断法的任务就是要求这些企业的产品或者服务的价值保持在与市场竞争条件下相适应的水平，规制的对象主要侧重于政府授权的合法的垄断行业（如公用事业）以及自然垄断

行业（如供水、供电行业），目的是保护企业交易对手和消费者的利益。

2. 差别待遇

差别待遇即歧视，是指处于市场支配地位的企业没有正当理由，对条件相同的交易对象，就其所提供的商品价格、配件供给、交货速度、担保、售后服务以及其他交易条件，给予明显有利或不利的区别对待。差别对待的方法多种多样，常用的有非统一定价（出售同一种产品时，对不同的顾客收取不同的价格）、数量折扣（企业根据买主购买产品数量的多少制定不同的价格）、给予各种津贴、为买主提供服务或设施等。在歧视待遇行为中，价格歧视是最主要的歧视待遇行为。价格歧视即卖方对购买相同等级、相同质量货物的买方要求支付不同的价款，或者买方向提供相同等级、相同质量货物的卖方支付不同价款，从而使相同产品的卖方因销售价格不同或者买方因进货价格不同而获得不同的交易机会，直接影响到它们之间的公平竞争。

3. 拒绝交易

拒绝交易也称为抵制，是指占市场支配地位的企业没有正当理由而拒绝与对手交易。拒绝交易的表现形式有多种，例如，它可表现为一个占有市场支配地位的企业同它一直供货的批发商中断合同关系，也可表现为拒绝向一个新的潜在购买者供货。拒绝交易对市场竞争的影响是显而易见的，主要表现是：制造商通过拒绝供货的方式可以强迫批发商或零售商按其规定的价格销售其产品，从而限制了批发商或零售商之间的价格竞争；可以推动建立封闭型的销售网络，从而构成新的成本低廉的销售制度进入市场的障碍；会限制消费者的购买渠道；限制处于上、下游生产阶段的第三方企业的经营活动。

4. 强制交易

强制交易，是指处于市场支配地位的企业采取利诱、胁迫或其他不正当的方法，迫使其他企业违背自己的意愿与之交易或者促使其他企业从事限制竞争的行为。强制交易的表现形式多种多样，包括强迫他人与自己进行交易，强迫他人不与自己的竞争对手交易，迫使竞争对手放弃或回避与自己的竞争，等等。

（二）妨碍性滥用行为

妨碍性滥用行为是占有市场支配地位的企业对其他同类竞争者所实施的滥用行为。该行为的目的是为了排挤竞争对手，或者阻碍潜在竞争者进入市场。妨碍性滥用主要有以下表现形式：

1. 掠夺性定价

掠夺性定价是企业凭借其市场支配地位，以排挤竞争对手、进一步强化自己的市场地位为目的，无正当理由地以低于成本的价格销售产品的行为。这种滥用行为的特点是有选择地降低价格，以图损害竞争对手。法律之所以制裁掠夺性定价，并不是因为它现在导致了低价，而是因为可能在将来导致产量减少和价格提高。

2. 搭售

搭售是指销售方在购买方购买其所需商品时，要求购买方以购买其不需要的其他商品为条件。搭售又可分为"一揽子强制销售"和"第三方强制"。"一揽子强制销售"即销售商迫使或者强制购买者购买一揽子产品，而购买者只想购买其中的某种产品。"第三方强制"是在供应商品或者服务时,以购买者必须从特定第三人那里获得商品或者服务作为条件,否则就拒绝供应。

搭售对竞争的影响主要是:占有市场支配地位的企业通过这种行为将其在某个市场的竞争优势不公平地辐射到被搭售的产品或服务的市场上,从而不公平地限制这些产品或服务的竞争;能够实施在其他情况下无法实施的价格歧视;能够提高进入障碍,排除其他企业销售相关产品的机会,或者增加那些未能提供一揽子产品的企业的进入障碍;逃避价格管制,等等。

现代各国通常认为搭售行为不必然违法,如果是为了保证产品的质量和稳定性,要求买方购买一定的配套产品则不应当属于禁止之列。因此,要用合理性原则判断,即通过分析企业的搭售行为是否具有合理性,来决定是否对该搭售行为进行制裁。

3. 独家交易

独家交易又称排他交易协议,通常包括一个或一系列协议,其中约定供应商同意在特定的地区内向销售商独家销售商品,或者销售商同意只从供应商处购买用于转售的一类商品,或者双方当事人相互承担上述两个方面的约束。从表面上看,独家交易是不同经济阶段(生产商与销售商)的企业之间的关系,实质上它的矛头是针对生产商的同业竞争对手,因而一旦形成独家交易协议,生产商的同业竞争者就少了一条经销渠道,并使其处于不利境地,如果经销商也具有市场支配地位,其情形就更为严重。

4. 瓶颈垄断

瓶颈垄断又称卡脖子垄断,指企业凭借其市场支配地位,利用所掌握的具有瓶颈性质的基础设施和建立的供应网络、销售网络遏制其他同业竞争者的营业活动的行为。瓶颈垄断最著名的案例是1912年"圣路易铁路终点设施案"。圣路易铁路控股公司被指控凭借其独占的铁路终点设施阻碍进入市场的其他铁路公司。该设施建于一狭窄的山谷之中,所有从西部通向圣路易铁路必须经过这一山谷。事实证明,每一个铁路公司建造一个自己的终点设施是不经济的。圣路易公司拒绝新铁路公司使用其拥有的设施,企图将它们逐出市场。瓶颈垄断要求原告证明:第一,独占者控制了关键设施;第二,竞争者不能再建同样的设施;第三,拒绝竞争者利用关键设施;第四,提供关键设施的可能性;第五,被告对其拒绝进入或者所提出的被原告认为过分苛刻的条件,是否提出合理的理由。在实际适用瓶颈垄断时,必须满足以下基本条件:首先,法院必须确信进入关键设施是真正"必要的",而不是纯粹为了"便利"或者"节省费用";其次,法院必须适当的考虑独占者拒绝或者限制进入的理由。

三、有关滥用市场支配地位行为的立法

各国和地区的反垄断法都对滥用市场支配地位的行为进行规制,一般采取列举方式规定所禁止的滥用行为。例如,《欧洲共同体条约》第82条规定,一个或多个在共同体市场内或者其中的相当一部分地域内占有优势地位的企业滥用这种地位的任何行为,可能影响成员国之间贸易的,因与共同市场不相容而被禁止,特别是禁止包含下列内容的滥用行为:(1)直接或间接实行不公平的购买或者销售价格或者其他不公平的条件;(2)限制生产、销售或者开发新技术,损害消费者的利益;(3)在相同的交易情形下,对交易当

事人实行不相同的交易条件,因而置其于不利地位;(4)要求对方当事人接受与合同主体在本质上或者商业惯例上无关联的附加义务,作为签订合同的前提条件。

我国台湾地区的《公平交易法》也列举了"独占之事业"不得从事下列行为:(1)以不公平之方法,直接或间接阻碍其他事业参与竞争;(2)对商品价格或服务报酬,为不当之决定、维持或变更;(3)无正当理由,使交易相对人给予特别优惠;(4)其他滥用市场支配地位之行为。

我国《反垄断法》第17条列举了7类滥用行为:(1)以不公平的高价销售商品或者以不公平的低价购买商品;(2)没有正当理由,以低于成本的价格销售商品;(3)没有正当理由,拒绝与交易相对人进行交易;(4)没有正当理由,限定交易相对人只能与其进行交易或者只能与其指定的经营者进行交易;(5)没有正当理由搭售商品,或者在交易时附加其他不合理的交易条件;(6)没有正当理由,对条件相同的交易相对人在交易价格等交易条件上实行差别待遇;(7)国务院反垄断执法机构认定的其他滥用市场支配地位的行为。

第三节　滥用市场支配地位的法律规制

案例引导

百度公司被诉滥用市场支配地位

2009年12月18日,北京市第一中级人民法院("法院")公开开庭宣判了原告唐山市人人信息服务有限公司("人人公司")诉被告北京百度网讯科技有限公司("百度公司")垄断纠纷案,判决驳回原告人人公司的诉讼请求。

原告人人公司是一家从事医药信息咨询服务的公司,其诉称:由于其降低了对百度搜索竞价排名的投入,被告百度公司即对其所经营的全民医药网在自然排名结果中进行了全面屏蔽,从而导致了全民医药网访问量的大幅度降低。而百度公司这种利用中国搜索引擎市场的支配地位对其网站进行屏蔽的行为,违反了我国《反垄断法》的规定,构成滥用市场支配地位强迫其进行竞价排名交易的行为。为此,人人公司请求法院判令被告百度公司赔偿其经济损失人民币1106000元,解除对全民医药网的屏蔽,并恢复全面收录。

被告百度公司辩称,首先,其确实对原告人人公司所拥有的全民医药网采取了减少收录的措施,实施该措施的原因是人人公司的网站设置了大量垃圾外链、搜索引擎自动对其进行了作弊处罚。但是,该项处罚措施针对的仅仅是百度搜索中的自然排名结果,与原告人人公司所称的竞价排名的投入毫无关系,亦不会影响其竞价排名的结果。其次,原告人人公司称百度公司具有《反垄断法》所称的市场支配地位缺乏事实依据。百度公司提供的搜索引擎服务对于广大网民来说是免费的,故与搜索引擎有关的服务不能构成《反垄断法》所称的相关市场。因此,被告百度公司请求人民法院判决驳回原告人人公司的诉讼请求。

【判决分析】 本案的判决对以下方面提供详尽的解读与分析：(1) 相关市场的界定；(2) 市场支配地位的认定；(3) 滥用市场支配地位行为的认定及其正当性之认定。

(1) 相关市场的界定。

法院认为"中国搜索引擎服务市场"是本案中《反垄断法》意义上的"相关市场"，理由如下：(a) 相关产品市场：法院认为，由于"搜索引擎服务"所具有的快速查找、定位并在短时间内使网络用户获取海量信息的服务特点，是其他类型的互联网应用服务所无法取代的，即作为互联网信息查询服务的搜索引擎服务于网络新闻服务、即时通讯服务等其他互联网服务并不存在构成一个相关市场所必需的紧密的需求替代关系。因此，"搜索引擎服务"本身可以构成一个独立的相关市场。(b) 相关地域市场：法院认为：考虑到文化背景、语言习惯等因素，中国的网络用户选择并可以获取的较为紧密替代关系的搜索引擎服务一般来源于中国境内，即中国境内相关服务的提供者会表现出较强的竞争关系，因此，其将本案的相关地域市场界定为中国境内市场。(c) 最后，尽管被告百度公司提出抗辩：由于搜索引擎服务相对于广大网络用户而言是免费的，而免费服务不是《反垄断法》所约束的领域，因此，本案不存在《反垄断法》意义上的相关市场，但是，法院对此观点不予支持，理由如下：搜索引擎服务商向网络用户提供的免费搜索服务不能等同于公益性的服务，它仍然可以通过吸引网络用户并借助广告等营销方式来获得现实或潜在的商业利益。

(2) 市场支配地位的认定。

在本案中，原告人人公司试图依据《反垄断法》第19条第 (1) 项的规定去证明百度公司在"中国搜索引擎服务市场"具有市场支配地位，即百度公司在相关市场上的市场份额达到50%以上，从而推定百度公司具有市场支配地位。为了证明百度公司在相关市场的市场份额超过50%，人人公司提交了以下证据：(a) 刊登在《中国证券报》2008年9月17日第四版题为《百度坐拥中国搜索市场近2/3》的文章，该文章述称：根据某咨询公司的调查结果，百度在搜索引擎市场以65.8%的市场份额遥遥领先；(b) 百度公司于2008年10月23日在其网站上刊登的《百度Q3客户数欲破20万大关 付费搜索增长稳健》。百度公司在该文章中声称其在搜索引擎市场稳稳占据70%以上的市场份额。

尽管原告人人公司提供了以上证据，但法院认为其提供的证据不足以证明被告百度公司确实占据了"中国搜索引擎服务市场"1/2以上的市场份额，即不足以证明百度公司获得了市场支配地位，理由如下：(a) "市场份额"所依据的相关市场的范围与本案所定义的相关市场的范围是否一致无法确定，而相关市场范围的大小与市场份额的计算直接相关，因此，法院不能确定上述两文中市场份额的计算是以范围相同的相关市场为依据。(b) 由于本案中的相关市场是中国搜索引擎服务市场，原告人人公司仅提交了两篇有关被告市场地位的新闻报道，未提供具体的计算方式、方法及有关基础性数据的证据能够使法院确信该市场份额的确定源于科学、客观的分析。

综上，在证明经营者是否具有市场支配地位的过程，法院要求原告承担标准较高的举证责任，比如，原告不能仅仅依据新闻报道或公司宣传资料中所述称的市场份额而证明某一经营者具有市场支配地位，而是需要提供具体的分析。此外，法院在本案中强调：认定经营者是否具有市场支配地位，原则上应当根据《反垄断法》第18条所规定的市场份额、竞争状况、控制销售市场和原料市场的能力等因素进行判断。由此可见，在缺乏相关反垄断执法机构对市场支配地位的认定之情形下，法院将对经营者是否具有市场支配地位的认定采取较为谨慎的态度。

（3）滥用市场支配地位行为的认定及其正当性之分析。

根据《反垄断法》第17条的规定，部分商业行为如具有正当理由，其将不构成滥用市场支配地位的行为。然而，《反垄断法》并未对"正当理由"进行规定，相关的实施细则或指南亦未出台。因此，本案判决中为如何理解和适用"正当理由"提供了一个很好的例子。

首先，法院强调：《反垄断法》并不禁止企业通过自身的发展形成规模经济，从而占据一定的市场支配地位，《反垄断法》禁止的是占据市场支配地位的企业所实施的，能够影响市场结构，破坏市场竞争秩序的行为和措施。如果经营者所实施的行为具有正当理由，也没有产生破坏市场竞争秩序的后果，即不构成《反垄断法》所禁止的滥用行为。

接着，法院认定本案中的被告百度公司屏蔽原告人人公司的网页之行为具有正当理由，如下：（a）总体而言，法院认为原告人人公司所经营的全民医药网被百度搜索减少收录的原因是其网站本身存在的"垃圾外链"被搜索引擎识别后，搜索引擎的反作弊机制对其进行了"减少收录数量"的处罚措施所致。（b）百度公司通过在其网站上登载相关内容，从而一定程度上向社会公布了其搜索引擎的算法规则及针对作弊行为的处罚方式。（c）百度公司的处罚措施针对的是所有设置了"垃圾外链"的被搜索网站而非单独指向原告人人公司所经营的全民医药网。（d）法院还强调百度公司所采取的反作弊措施是为了使搜索结果更为真实和可靠，从而保护广大搜索引擎用户的利益。

本质而言，法院在本案的分析主要集中在被告百度公司采取的上述措施对原告人人公司而言是否存在歧视性或者胁迫性。此外，法院认为：原告人人公司未能举证证明被告百度公司系因其降低了对竞价排名部分的投入而减少了对其所经营网站自然排名部分的收录，为此，对原告人人公司以其减少竞价排名投入而推定自然排名的结果也受到了影响的主张，法院不予支持。

（案例来源：找法网）

一、滥用市场支配地位的构成要件

（一）主体要件

企业所具有的市场支配地位是滥用市场支配地位的首要构成要件。反垄断执法机关认定企业是否滥用市场支配地位时，首先应考虑企业是否处于市场支配地位。不具有市场支配地位的企业不可能构成滥用市场支配地位。同时，企业也可以此作为抗辩的理由。

（二）行为要件

德国法学家迪特瑞希·霍夫曼认为，"'滥用'本身无道德或刑事上的因素，一种行为若由其他企业实施则可能是正常的竞争，但若拥有市场支配地位的企业实施则就构成

'滥用'并受到禁止，因为在第二种情况下该行为对市场结构将产生充分的影响并将威胁到有效竞争"。一般认为，"滥用"仅指行为人不恰当利用其优势地位而实施的损害他人和社会利益的客观和外在的行为，既有针对同业竞争者所实施的滥用行为，也有针对交易相对人所实施的滥用行为。

（三）损害要件

违法者实施滥用市场支配地位的行为必须造成了较大的损害后果，即滥用行为所产生的损害须达到一定的程度。从反垄断法维护自由公平的市场竞争机制的根本目的出发考虑，这种损害应当解释为对自由、公平的有效竞争秩序的破坏。这种损害的对象不一定是某个具体的受害个人或企业，还可能是竞争机制或竞争秩序。

二、滥用市场支配地位的法律责任

（一）各国反垄断法关于滥用市场支配地位的法律责任规定

一个企业被认定拥有市场支配地位并滥用了市场支配地位，就应当承担相应的法律责任。综观世界各国反垄断法，法律制裁的形式有刑事制裁、行政制裁和民事制裁。

日本公正交易委员会按照《禁止私人垄断法》第8章第2节的规定对垄断状态进行规制。主要措施是命令涉及垄断状态的企业转让部分营业或采取其他必要措施恢复在该产品或服务领域内的有效竞争。日本公正交易委员会发布"竞争恢复措施令"属于行政制裁措施，当事人不服，不得要求行政复议，但可在一定期限内向法院提起诉讼。可以说，垄断状态规制始终是悬在大企业头上的一把利剑。然而，日本至今尚无一例关于垄断状态的案件，人们不禁会对垄断状态规制的有效性问题产生怀疑。究其原因，主要是因为针对垄断状态的制裁措施过于单一。反垄断法规定对涉及垄断状态的企业只能采取行政制裁，而且集中在竞争恢复令这一制裁措施上，一旦采用，势必会出现肢解大公司的局面。肢解大公司社会影响大、过程复杂，公平交易委员会不愿轻易采用，而替代措施又跟不上，因此如何使垄断状态规制更有效，是否仿效美国增加以损害赔偿为主的民事制裁措施，一直是日本法学界关心的问题。

美国反托拉斯法对"垄断化"的制裁较为严厉。《谢尔曼法》第2条规定了刑事制裁措施："任何为垄断化或企图为垄断化，或与他人联合或共谋以垄断美国州际或对外贸易的任何部分者，都构成重罪；如该罪成立，法院可判处犯罪公司100万美元以下罚金，犯罪个人10万美元以下罚金或3年以下监禁，并处罚金和监禁。"

德国、法国、英国、欧共体等国家和地区对市场支配地位滥用的救济措施，基本上也是刑事处罚、行政制裁和民事救济三种类型。

1. 刑事处罚

对滥用行为的刑事处罚一般只限于罚金和监禁，但美国法上的监禁在欧洲法上是见不到的。以欧共体为例，具有司法机关性质的欧共体委员会，在服从欧洲法院法律监督下，有权对触犯《罗马条约》第86条的企业处以罚金。

2. 行政制裁

对于违反禁止滥用市场支配地位的法律规定、实施滥用行为的企业，反垄断执法机关可以针对滥用行为发布禁令，责令其停止违法行为或宣布实施滥用行为的合同无效；行为人有违法所得的，应当没收违法所得。除此之外，反垄断执法机关还可以根据情节，处以一定数额的罚款。此为实施滥用市场支配地位行为的主要行政责任。行政制裁在欧洲（尤其是大陆法系国家）应用的很广泛，其主要特点是高效和便捷。

3. 民事救济

滥用行为本质上是一种侵权行为，占有市场支配地位的企业实施滥用行为，给其竞争者、消费者等造成了损害，这些受害人有权要求停止违法行为和赔偿因违法行为造成的损害。因此，民事救济首先是停止侵害，制止该行为的继续，接着就是赔偿损失。在德国，私人也可以提起因违反反垄断法而造成损害的赔偿诉讼，但诉讼的范围较美国要窄，仅在反垄断法的禁止性规定是以维护私人权利为目的的，私人才有权据此起诉；如果禁止性规定只保护竞争，私人则无权向违反该规定的人要求赔偿。

(二) 我国《反垄断法》关于滥用市场支配地位行为法律责任的相关规定

根据我国《反垄断法》第47条和第50条的规定，经营者违反法律的禁止性规定，实施滥用市场支配地位的行为的，应当承担民事责任和行政责任。

1. 民事责任

我国《反垄断法》第50条规定，经营者实施垄断行为，给他人造成损失的，依法承担民事责任。这是垄断经营者对受损者承担民事责任的法律依据。这个损失应当包括直接经济损失和可合理预见的未来收益损失。

市场经济是法治经济，也是竞争经济，市场中的经营者都享有参与竞争的权利，其他经营者都不得剥夺。同时，经营者应当依法参与竞争，不得实施垄断行为，排除、限制竞争。经营者实施垄断行为，排除、限制竞争，给他人造成损害的，应当承担相应的民事责任。民事责任是民事法律关系人不履行民事法律义务所应当承担的法律后果。民事责任具有以下特点：一是以财产责任为主；二是以等价、补偿为主；三是向特定的权利人或者受害人承担责任。经营者实施垄断行为对他人造成损失具体承担何种民事责任，依据具体情况和有利于受损失人的原则确定。我国《民法通则》规定承担民事责任的方式有10种：停止侵害，排除妨碍，消除危险，返还财产，恢复原状，修理、重作或更换，赔偿损失，支付违约金，消除影响、恢复名誉，赔礼道歉。而经营者实施垄断行为对他人造成损失具体承担何种民事责任，要依据具体情况和有利于受损失人的原则确定。

2. 行政责任

我国《反垄断法》第47条规定，经营者违反本法规定，滥用市场支配地位的，由反垄断执法机构责令停止违法行为，没收违法所得，并处上一年度销售额1%以上10%以下的罚款。本条所称"经营者违反本法规定"，是指根据《反垄断法》第17条第2款、第18条、第19条的规定被认定为具有市场支配地位的经营者，滥用其市场支配地位，从事《反垄断法》第17条第1款规定的垄断行为，具体包括低买高卖、掠夺性定价、拒绝交易、强制交易或者限定交易对象、搭售、差别待遇等。经营者违反本法规定滥用市场支配地位的，反垄断执法机构应当首先责令其停止违法行为；经营者可以查清的违法所得的，反垄断执法机构应当没收其违法所得；此外，还应当对经营者处以罚款，以惩戒其不再滥用其市场支配地位。《反垄断法》第 47 条根据我国具体情况，对经营者滥用市场支配地位的违法行为的罚款处罚作了规定，具体罚款数额由反垄断执法机构根据违法行为的具体情形在法定范围内裁量。

本章小结

禁止滥用市场支配地位制度属于反垄断法的基本内容，同时也是市场规制法的重要内容，如何判断市场支配地位是否被滥用，显然对是否采取反垄断行为来说是非常重要的。市场占有率的高低是衡量市场支配地位的一个测量指标。但高占有率并不必然导致认定市场支配地位。学生在本章的学习中，要结合实际情况，多了解现实中的一些案例，帮助理解本章的内容。

技能训练

中国某航空股份有限公司在河南民用航空市场上占有 60%～65%的市场份额，自 2005 年起推出五级代理人制度，按照对其的"忠诚度"将代理人分为五级，分别享受不同的销售待遇，包括供应机票种类和促销奖励等。其中五级待遇最高，优先保证供应其热线航班机票，并给予较高的折扣，条件是不得销售其他航空公司的机票，不得向其他代理商提供该航空公司的机票和航班信息。其他级别待遇依次下降。为了维持这一制度，航空公司还采取了一系列惩罚措施，如装扮成顾客考察代理商的忠诚度，没收代理商销售的其他航空公司机票。通过网络监控代理商每天的售票情况，对不守规的代理商屏蔽该航空公司的航班信息，增加其退票难度等。

思考：该航空公司的行为是否违反了《反垄断法》？其行为是否构成差别性待遇行为，构成不正当竞争行为？为什么？

实践活动

开展滥用市场支配行为的市场调研

目的：使学生掌握我国《反垄断法》的主要规定，培养学生熟练应用反垄断法知识的能力，提高学生处理垄断纠纷的实践水平。

内容：滥用市场支配地位行为的市场调研。

步骤：

（1）学生分组；

（2）各组确定调研的对象；

（3）制订调研的计划；

（4）进行调研；

（5）在教师的指导下对调研材料予以整理和分析。

要求：根据调研材料，结合反垄断法知识写出调研报告。

本章练习

一、判断题

1. 具有市场支配地位的经营者滥用市场支配地位是违法行为。（　　）
2. 只要市场份额达到二分之一的经营者就可以推定具有市场支配地位。（　　）
3. 《反垄断法》之所以规制市场支配地位滥用行为，是因为该行为给自由竞争、其他竞争者以及消费者带来诸多危害。（　　）
4. 搭售是指销售方在购买方购买其所需商品时，要求购买方以购买其不需要的其他商品为条件。（　　）
5. 对滥用优势地位的规制是反垄断法的三大支柱之一。（　　）

二、单项选择题

1. 依《反垄断法》规定，依据其在相关市场的市场份额，可以推定（　　）具有市场支配地位。
   A. 合计份额达到四分之三的三个经营者
   B. 合计份额达到三分之二的两个经营者
   C. B 选项情形下，其中份额不足十分之一的经营者
   D. 份额达到二分之一的一个经营者

2. 关于市场支配地位推定制度，下列哪些选项是符合我国《反垄断法》规定的？（　　）
   A. 经营者在相关市场的市场份额达到二分之一的，推定为具有市场支配地位
   B. 两个经营者在相关市场的市场份额合计达到三分之二，其中有的经营者市场份额不足十分之一的，不应当推定该经营者具有市场支配地位
   C. 三个经营者在相关市场的市场份额合计达到四分之三，其中有两个经营者市场份额合计不足五分之一的，不应当推定该两个经营者具有市场支配地位
   D. 被推定具有市场支配地位的经营者，有证据证明不具有市场支配地位的，不应当认定其具有市场支配地位

3. 依《反垄断法》规定，具有市场支配地位的经营者从事的（　　）的行为是滥用市场支配地位的行为。
   A. 以不公平的高价销售商品
   B. 以低于成本的价格销售商品
   C. 限定交易相对人只能与其进行交易
   D. 拒绝与交易相对人进行交易

4. 依《反垄断法》规定，下列属于经营者集中情形的是（　　）。
   A. 经营者通过取得资产的方式，取得对其他经营者的表决权
   B. 经营者通过合同等方式，能够对其他经营者施加影响
   C. 经营者合并
   D. 经营者联合抵制交易

5. 在经营者集中具有排除、限制竞争效果的前提下，国务院反垄断执法机构可以作

出对经营者集中不予禁止决定的情形是( )。
    A. 经营者证明该集中对竞争能产生有利影响
    B. 该集中对竞争产生的有利影响小于不利影响
    C. 经营者能证明该集中符合社会公共利益
    D. 该集中对竞争产生了巨大的不利影响，违背社会公共利益

三、多项选择题

1. 根据《反垄断法》的规定，下列各项中，属于经营者集中的有( )。
    A. 经营者合并
    B. 经营者通过取得股权或资产的方式取得对其他经营者的控制权
    C. 经营者通过合同取得对其他经营者的控制权
    D. 经营者通过合同外的方式取得能够对其他经营者施加决定性影响的地位

2. 经营者集中可以不向国务院反垄断执法机构申报的情形有( )。
    A. 参与集中的一个经营者拥有其他每个经营者 50% 以上有表决权的股份或资产
    B. 参与集中的每一个经营者 50% 以上有表决权的股份或者资产被同一个未参与集中的经营者拥有
    C. 参与集中的经营者有一个经营者拥有 50% 以上的市场份额
    D. 参与集中的经营者不得没有市场份额的 50%

3. 认定经营者具有市场支配地位，应当依据的因素有( )。
    A. 该经营者在相关市场的市场份额以及相关市场的竞争状况
    B. 该经营者控制销售市场或者原材料采购市场的能力
    C. 该经营者的财力和技术条件
    D. 该经营者规模大小

4. 禁止具有市场支配地位的经营者从事滥用支配地位的行为有( )。
    A. 以不公平的价格销售产品或者以不公平的低价购买商品
    B. 没有正当理由以低于成本价销售商品
    C. 没有正当理由搭售商品，或者在交易时附加其他不合理的交易条件
    D. 没有正当理由拒绝与交易相对人进行交易

5. 关于市场支配地位推定制度，下列哪些选项是符合我国《反垄断法》规定的？( )
    A. 经营者在相关市场的市场份额达到二分之一的，推定为具有市场支配地位
    B. 两个经营者在相关市场的市场份额合计达到三分之二，其中有的经营者市场份额不足十分之一的，不应当推定该经营者具有市场支配地位
    C. 三个经营者在相关市场的市场份额合计达到四分之三，其中有两个经营者市场份额合计不足五分之一的，不应当推定该两个经营者具有市场支配地位
    D. 被推定具有市场支配地位的经营者，有证据证明不具有市场支配地位的，不应当认定其具有市场支配地位

四、简答题

1. 如何认定滥用市场支配地位行为？

2. 简述反垄断法中界定相关市场的意义与方法。
3. 典型的滥用市场支配地位的行为有哪些？

五、案例分析

2008年9月3日，可口可乐宣布计划以现金收购中国汇源果汁集团有限公司（01886.HK）。可口可乐公司建议收购要约为每股12.20港元，并等价收购已发行的可换股债券及期权。可口可乐现已取得汇源3个股东签署的接受要约不可撤销承诺，3个股东总共拥有汇源66%的股份。汇源果汁2007年2月在香港上市，拥有汇源果汁在中国的全部业务。据媒体援引市场调研公司的数据，汇源果汁在中国纯果汁市场占有46%的市场份额，中浓度果汁也占到39.8%的市场份额，是毫无争议的行业龙头，可口可乐旗下的果汁子品牌也占有25.3%，位居第二。两者若合并，将占市场份额70%以上，将对统一等其他企业形成很大的竞争压力。

思考：可口可乐的收购行为涉及哪些法律问题？按照我国《反垄断法》的规定，其应如何应对？反垄断调查机构在受理申报后该如何处理？

第七章

经营者集中

经营者集中作为我国《反垄断法》所规制的一种垄断行为,从狭义上讲即企业合并。企业合并本身是企业自主经营的范畴,通过合并企业,可以扩大规模实现规模效应,减少单位成本从而增加企业利润;在市场经济环境下,合并可能会直接导致竞争者数量的减少,改变市场结构,从而有可能产生反竞争的效果。对经营者集中行为如何趋利避害,在发挥其积极效果的同时抑制其可能产生的消极的反竞争效果成为反垄断法不可回避的问题。在反垄断法领域对经营者集中行为进行法律规制有其必要性。在具体制度设计上,我国同其他主要国家一样,主要通过申报和审查制度、实体标准以及抗辩事由等对经营者集中行为进行规制,以促进其在经济发展中积极的发挥作用。

学习目标

知识目标:

掌握经营者集中的概念和特点;

理解经营者集中的分类及对竞争的影响;

理解并掌握经营者集中法律规制的必要性及其实体和程序制度。

能力目标:

能运用经营者集中法律规制的实体标准分析具体的集中行为;

能运用经营者集中法律规制中的程序制度处理经营者集中的申请。

第一节 经营者集中概述

案例引导

可口可乐并购汇源案

美国可口可乐公司与中国汇源果汁集团有限公司欲实行集中,2008年9月18日,美国可口可乐公司向我国商务部递交了申报材料。商务部根据《反垄断法》第23条规定的标准,对此项申报进行立案审查,并通知了可口可乐公司。立案后,商务部对此项申报依法进行审查,对申报材料进行了认真核实,对此项申报涉及的重要问题进行了深入分析,并通过书面征求意见、论证会、座谈会、听证会、实地调查、委托调查以及约谈当事人等方式,先后征求了相关政府部门、相关行业协会、果汁饮料企业、上游果汁浓缩汁供应商、下游果汁饮料销售商、集中交易双方、可口可乐公司中方合作伙伴以及相关法律、经济和农业专家等方面意见。商务部认为,此项经营者集中具有排除、限制竞争效果,将对中国果汁饮料市场有效竞争和果汁产业健康发展产生不利影响。鉴于参与集中的经营者没有提供充足的证据证明集中对竞争产生的有利影响明显大于不利影响或者符合社会公共利益,在规定的时间内,可口可乐公司也没有提出可行的减少不利影响的解决方案,因此,决定禁止此项经营者集中。

【问题】商务部禁止可口可乐并购汇源案,是我国《反垄断法》实施后第一件被禁止集中的案件,该案件引起了广泛的关注。基于该案例,我们不禁要问,对于经营者集中为何需要审批又为何会最终被禁止集中,历史上多少大公司大企业不都是通过集中不断地做大做强的吗?

【分析】在市场经济环境下,经营者集中(狭义上的企业合并)可以说是一项非常普遍的企业经营活动。企业通过合并的方式可以迅速地实现规模的扩大,降低单位产品的生产成本,提高企业收益,实现规模效应,进而推动产业升级和资本结构的优化配置从而促进经济的发展。正如美国经济学家乔治·J.斯蒂格勒所说"没有一个美国大公司不是通过某种程度、某种形式的兼并成长起来的,几乎没有一家公司主要是靠内部扩张成长起来的",因此,企业合并在经济发展中发挥了非常积极的作用。另外,在市场经济条件下企业合并也是其经营自主权和合同自由的选择。然而,随着经济的发展,放任自由的企业合并也越来越引起各国反垄断立法者的重视并予以规制,在反垄断法领域,企业合并作为经营者集中[①]的重要方式之一,对其进行规制也已是各主要国家和地区的普遍做法,包括现代反垄断法发源地的美国以及经济发达的欧盟地区、德国、日本等均形成了相对完善的法律规制体系。我国作为市场经济体制国家,随着经济的发展,对企业合并或者说经营者集中的规制也日益引起大家的重视,尤其是《反垄断法》的制定,对我们全面了解该制度起到了重要的作用。

(案例来源:商务部)

一、经营者集中的界定

目前各国对反垄断法所规范的经营者集中的界定基本趋于一致,即是指经营者之间合并或通过取得资产、股权的方式取得对其他经营者的控制权或对其他经营者施加决定性影响的情形。经营者集中主要表现为三种情形:(1)合并,一般英语用"Merger"来表示,指经营者之间的合并即民商法上的企业合并,可以是新设合并,也可以是吸收合并,合并完成后发生经营者的法律主体资格消灭或变更;(2)经营者通过取得股权或资产的方式

---

① "经营者集中"是借鉴了欧盟竞争法的概念,美国和其他很多国家的反垄断法不使用"经营者集中",而是使用"企业并购"即 Merger 或 Acquisition,简称 M&A。即便在欧盟,人们一般也习惯将"经营者集中"称为"企业并购"。

获得对其他经营者的控制权，英语一般用"Acquisition"来表示，即收购；（3）通过合同、联营、人事兼任等方式来实现对其他经营者的控制，这种方式的经营者集中在集中前后经营者各方均可保留独立的法律人格。由此可见，通常所说的企业合并是最狭义的经营者集中。这里的"经营者"通常包括公司、组织以及从事经营活动的个人，比企业的概念要广。

我国《反垄断法》用专门一章对经营者集中及其规制作出了规定，对经营者集中的概念采取列举的方式罗列了构成经营者集中的几种现象，包括：（1）经营者合并；（2）经营者通过取得股权或者资产的方式取得对其他经营者的控制权；（3）经营者通过合同等方式取得对其他经营者的控制权或者能够对其他经营者施加决定性影响。对于"经营者"，我国《反垄断法》第12条明确规定："本法所称经营者，是指从事商品生产、经营或者提供服务的自然人、法人和其他组织。"

二、经营者集中的分类

经营者集中根据经营者各方在经济中的相互关系可以分为横向集中、纵向集中和混合集中。当然在现代经济领域，经营者之间的集中往往是复杂的，可能同时包含了横向、纵向和混合集中，因此关于经营者集中的分类并不是绝对的。

（一）横向集中

在美国等西方国家，最初的并购多是采取横向并购的方式，即横向集中的方式。所谓横向集中，又称水平集中，是指生产、销售或提供同一类产品、服务或有替代关系的产品[1]、服务的具有直接竞争关系的经营者之间的集中。例如，生产同一种电视显示屏的企业之间的合并就是典型的生产同种产品之间的经营者集中；又如，近年来一些知名的证券交易所之间的合并可以看做是提供同类的金融服务的经营者之间的合并。横向集中是实践中最常见的集中方式，企业通过横向集中可以扩大企业规模，减少单位产品的生产成本，从而实现规模效应，与此同时，横向集中也直接减少了市场上竞争企业的数量，从而可能导致市场集中度过高而使得竞争减少，直接破坏竞争性的市场结构，进而减少有效竞争，因此，各国反垄断法均对横向集中作出了非常严格的规制。[2]

（二）纵向集中

纵向集中又称垂直集中，是指位于经济领域中不同市场层级的经营者之间的集中，即经济学上所说的上、下游企业之间的集中。例如，产品的生产企业与销售企业之间的合并；又如生产服装的企业向上游并购生产棉纱的企业或向下游并购销售服装的企业；等等。诸如此类的合并并不在直接竞争的企业之间展开，一般不会对相关市场的竞争产生影

---

[1] 如果两种商品之间能够相互替代以满足消费者的某一种欲望，则称这两种商品之间存在着替代关系，这两种商品互为替代品。替代品指的是那些同现有产品具有相同功能的产品。

[2] 当然，在现代社会企业合并的根本目的并不都是为了获得竞争优势，或者最终也不一定获得规模效益增强竞争优势，甚至有的企业合并本身只是为了融资的目的，因此也并非一定对其进行控制。

响；相反，纵向集中还可以在一定程度上减少单个企业的交易成本，如谈判成本等，从而使得各企业之间的外部交易成本内化为一个企业的内部管理成本，从而提升企业的竞争力，具有一定的积极意义，因此，实践中大多数的纵向集中都不被禁止，各国也一般对其持宽松的态度，但是纵向集中在特殊情形下亦可能产生妨碍或限制竞争的效果，例如，假设棉纱生产企业是某种棉纱唯一生产者，两企业的合并可能导致其他服装生产企业无法获得该原材料，此时，棉纱生产企业与服装生产企业之间的合并则由可能限制或阻碍服装生产企业之间的竞争，可能对市场竞争产生不利影响，需要制定相关法律予以适度地规制。

（三）混合集中

混合集中是指处于不同市场的经营者之间的集中行为。例如，金融企业与制造业的合并等。混合集中一般不会改变或影响市场结构，对竞争一般没有什么不利影响，大多数情况下都是被允许的。只是当混合竞争行为产生或加强了市场支配地位有可能限制市场竞争的时候，才会由反垄断法对其进行规制。关于混合集中西方学者将其分为三类：第一类是产品扩张型集中，指一个企业需要另一个企业生产其不能生产而又与其生产和销售有关的产品时，而进行的集中；第二类是市场扩张型集中，指一个企业为扩张竞争范围而对其尚未进入地区的生产同类产品的企业进行集中；第三类是纯粹的集中，指把那些生产经营不相关的产品或服务的一个或多个企业联合起来的集中。对混合集中是否具有反竞争效果，目前尚无定论，多是进行个案分析、处理，当其产生明显的反竞争效果时，则予以规制。已有国家通过相关规范性文件对其进行了一定的规范，例如，1984年美国司法部发布了《非横向合并指南》，对于纵向集中和混合集中进行规制。欧共体委员会于2007年11月28日颁布了《关于企业之间非横向合并新指南》，其中的内容包括了关于纵向集中和混合集中的规制。

三、规制经营者集中的必要性

经营者集中在各国乃至世界经济发展的历程中都产生过深远影响，具有一定的积极意义，可以直接减少竞争对手，扩大企业规模，促使规模效益的实现，提高企业的生产效率，使得企业在市场中的竞争力不断增强，并逐步做大做强。一个多世纪以来，以美国为代表的西方各主要国家通过大规模的企业并购，实现了企业规模的迅速扩张，并进而推动了产业升级和资本结构的优化配置，一大批大型跨国公司随之诞生，影响着不少国家乃至全球经济格局。

但是，经营者集中也会产生反竞争的效果。市场经济是竞争经济，竞争机制作为市场发挥资源配置作用的基础，通过竞争实现了优胜劣汰，各市场主体或者说经营者在竞争中取胜的同时也希望巩固这种竞争优势，从而获得长期稳定的垄断利润。经营者集中会直接导致竞争者数量的减少，改变市场结构。一旦其取得竞争优势，势必利用自己的优势地位来排除或限制竞争，形成新的垄断甚至是寡占或独占，反竞争效果可想而知。因此，一味地放任经营者集中，必将损害经济效益，使得技术创新停滞，生产技术落后，消费者利益受损，并导致整个国家乃至整个社会的经济发展停滞不前和社会福祉降低，因此，对经营者集中行为进行规制以维护竞争机制对经济和社会的作用就为各国反垄断法所规制的重要内容之一。世界上已有120多个国家或地区已经对经营者集中进行规制,我国也不例外。

第二节 经营者集中的法律规制

案例引导

商务部关于禁止马士基、地中海航运、达飞设立网络中心经营者集中案

马士基是全球最大的集装箱海运企业,在全球142个国家和地区设有办公机构,营业范围包括集装箱班轮航运、码头服务、内陆运输、物流、港口拖轮、油轮、油和天然气的勘探和生产、零售业以及航空运输。马士基在中国各主要港口从事集装箱班轮航运服务及相关业务。地中海航运是全球第二大集装箱海运企业,在全球范围内提供将集装箱海运服务与铁路、河运和公路货运相结合的集装箱运输及辅助服务、港口服务、邮轮服务。地中海航运在中国从事集装箱班轮航运及辅助业务。达飞是全球第三大集装箱海运企业,业务范围包括海运、冷藏运输、港口装卸设施以及地面物流。达飞在中国主要从事集装箱班轮航运业务及少量物流业务、代理业务等。2013年10月,马士基、地中海航运、达飞(以下称交易方)签署协议,拟在英格兰和威尔士设立一家有限责任合伙制的网络中心,统一负责交易方在亚洲—欧洲、跨大西洋和跨太平洋航线上集装箱班轮的运营性事务。2013年9月18日,我国商务部收到本案经营者丹麦穆勒马士基集团、地中海航运公司、法国达飞海运集团公司设立网络中心的集中反垄断申报。2013年12月19日,商务部确认经补充的申报文件、资料符合《反垄断法》第23条的要求,对该项经营者集中申报予以立案并开始初步审查。2014年1月18日,商务部决定对此项经营者集中实施进一步审查。2014年4月18日,商务部决定延长进一步审查期限,截止日期为2014年6月17日。在该案的审查过程中,商务部首先通过相关商品市场为国际集装箱班轮运输服务市场和相关地域市场为亚洲—欧洲航线、跨太平洋航线和跨大西洋航线从而确定了相关市场。然后依据我国《反垄断法》所规定的经营者集中审查的程序从实体标准,具体考虑因素方面对本次合并进行竞争分析,商务部对交易方及网络中心涉及的相关市场份额、市场控制力、市场集中度、市场进入、对消费者和其他经营者的影响等因素进行了评估,认为本次集中完成后,交易方将形成紧密型联营。(1)截至2014年1月1日,马士基、地中海航运、达飞在亚洲—欧洲航线运力份额分别为20.6%、15.2%、10.9%,分别排名第一、第二、第三,任一交易方的运力份额均超过其他竞争对手。交易方合计运力份额高达46.7%,运力整合后的市场控制力明显增强。(2)本次交易显著增强交易方的市场控制力。(3)本次交易将大幅提高相关市场的集中度。审查表明,交易前,市场上存在包括本案交易方在内的多个竞争者,亚洲—欧洲航线国际集装箱班轮海运市场的赫芬达尔-赫希曼指数(HHI)值约为890。交易后,由于交易方形成紧密型联营,减少了市场主要竞争者的数量,HHI值增至约2240,HHI值变量约为1350。亚洲—欧洲航线集装箱班轮运输服务市场将从较为分散变为高度集中,市场结构将发生明显变化。(4)本次交易将进一步推高相关市场的进入壁垒。国际集装箱班轮海运服务是资金密集型行业,具有规模经济效应，但市场中存在一定数量且具有有效竞争关系的竞争者是维护市场竞争的必要条件。本次交易集合了交易方的实力，整合了交易方的运营网络，消除了相关市场中主要竞争者之间的有效竞争，可能进一步推高国际集装箱班轮海运服务市场的进入壁垒，难以产生新的有竞争力的制约力量。（5）本次交易对其他有关经营者的影响。交易完成后，交易方通过整合可能挤压其他竞争者的发展空间，使其在未来的竞争中进一步处于劣势地位。审查发现，交易方可能利用其增强的市场控制力损害货主的利益。本案还将增强交易方对港口的议价能力。为争取交易方船舶挂靠，港口可能被迫接受更低的港口服务价格，给港口发展带来负面影响。申报方依法提供救济方案予以的抗辩，但商务部审查认为此项经营者集中形成了交易方紧密型联营，在亚洲—欧洲航线集装箱班轮运输服务市场可能具有排除、限制竞争效果。参与集中的经营者不能证明该集中对竞争产生的有利影响明显大于不利影响或者符合社会公共利益。因此，商务部最终作出了禁止集中的决定并予以公告。

【分析】本案涉及对经营者集中的反垄断审查。作为我国经营者集中反垄断审查的部门商务部，严格遵循了经营者集中的申报和审查程序以及实体法律规定。在审查过程中首先确定了相关市场，然后从包括审查的实体标准和具体因素方面展开竞争分析，并听取了经营者的抗辩理由，最后认为参与集中的经营者不能证明该集中的有利影响明显大于不利影响或社会公共利益，因此商务部作出了决定禁止此项经营者集中的决定，并且在其商务部的网站上予以公布且说明禁止集中的理由。由此案可以看出，在经营者集中控制过程中，我国在申报、审查程序，以及审查的实体标准和具体考虑因素方面严格依据法律规定处理，具有较高的透明度保证了执法的公正。

（案例来源：商务部）

一、经营者集中立法概况

（一）美国与欧盟的相关规定

目前，对经营者集中进行规制已成各国共识，只是具体制度上各有不同，下面以美国和欧盟为例，作简要介绍。

美国是现代反垄断法的发源地，其《谢尔曼法》第1条和第2条明确对经营者集中行为进行规制，但其规定十分原则，缺乏操作性；1914年通过的《克莱顿法》第7条明确规定了对企业合并控制的制度，被认为是美国规范企业合并最重要的法律，该条规定："从事商业或从事影响商业活动的任何人，不得直接或间接取得从事商业或从事影响商业活动的其他人的股份或股份资本。受联邦贸易委员会管辖的任何人也不得取得从事商业或从事影响商业活动的其他人的全部或部分资产，如果这种取得行为导致国内某个商业部门或某个影响商业的活动中严重减少了竞争或者产生了垄断的趋势。"但是，该条规定存在严重的缺陷，企业要想逃避合并条款，只要购买竞争企业的实物资产就可以做到。直到1950年的《塞勒-凯弗维尔修正法》实施，这个缺陷才得到弥补。该法规定，在美国国内任何地区任何商业中，凡是购买竞争企业的股票或资产，并且可能在实质意义上减少竞争的,均属违法。1976年颁布的《哈特-斯科特-罗迪诺反托拉斯改进法》是对《克莱顿法》的重要补充,据此,涉及大企业的合并必须在合并前向联邦贸易委员会或司法部反垄断局进行申报。除了这些基本法律外,美国反垄断法执法机构还制定了一系列的关于企业合并的指南,这些指南也是考察美国合并法律的重要文件。例如,美国司法部于1968年发布的《合并指南》并于1982年和1984年进行了修订,1992年司法部和联邦贸易委员会联合发布的《横向合并指南》于1997年和2010年进行了修订。

欧盟于1989年12月21日通过的《关于企业集中控制的第4064/89号理事会条例》于1990年9月21日生效,是欧共体①控制企业合并的主要法律,其所要规制的对象是达到了所谓"共同体规模"的企业所实施的集中行为。该条例规定,企业集中是指以前独立的两个或者两个以上的企业所实施的合并行为;或者至少已经对一个企业或一个以上的个人或企业取得支配地位,通过购买有价证券或者资产、订立合同或者其他任何方式,从而全部或部分的直接或间接支配其他一个或者一个以上企业的行为。同时,根据条例前言部分所作的说明,这里所指的集中,是指那些能够永久性的改变企业的结构的行为,而不是短暂的企业合并。1997年和2004年,欧共体对该条例进行了两次修改,出台了《关于企业集中控制的139/2004号理事会条例》以及《执行139/2004号理事会条例的802/2004号委员会条例》。除了条例以外,欧共体委员会还颁布了大量关于企业合并的规章、通知和指南,如2004年颁布的《横向合并指南》、《欧盟合并控制程序最佳行动指南》,2007年颁布的《非横向合并指南》等重要的配套性文件。这些文件作为条例的补充,在具体细节方面完善了欧共体关于控制企业合并的法律体系。通过这些条例和指南,欧共体所规制的企业集中包括相互独立的企业之间的合并、取得对于企业的直接或者间接支配权的行为以及企业所实施的合营等行为。

(二) 我国的相关立法概况

我国于2008年正式实施的《反垄断法》以专章的方式对经营者集中行为加以规制,具体包括规制经营者集中的程序制度即申报和审查制度,实质标准,经营者集中的抗辩制度以及违反《反垄断法》规定所应当承担的法律责任制度等。但该法对经营者集中法律规制的相关内容规定的仍然过于原则化,实践操作性不强,因此更多操作性内容以专门的行政法规、指南以及部门规章的方式予以规定。例如,国务院于2008年颁布了《关于经营者集中申报标准的规定》,2009年国务院反垄断委员会出台了《关于相关市场界定的指南》、2009年商务部又会同相关部门公布了《金融业经营者集中申报营业额计算办法》。此外,商务部还相继公布了《经营者集中申报办法》、《经营者集中审查办法》、《关于实施经营者集中资产或业务剥离的暂行规定》、《关于评估经营者集中竞争影响的暂行规定》、《未依法申报经营者集中调查处理暂行办法》等规范性文件。除此之外,我国在《反垄断法》实施之前,就已经开始对经营者集中进行法律规制,其主要的规范性文件包

---

① 欧共体是欧盟的前身,1991年年底欧共体12国首脑云集荷兰边境小镇马斯特里赫特开会,签署了《马斯特里赫特条约》,该条约经各成员国议会批准,于1993年生效,欧共体扩大为欧洲经济政治联盟,也就是现在的欧盟。

括 2003 年国家外经贸部和国家工商行政管理总局等联合发布的《外国投资者并购境内企业暂行规定》，后来被 2006 年的《外国投资者并购境内企业规定》代替，其中规定，外国投资者并购我国境内企业符合特定情形时应向商务部和国家工商行政管理总局报告。后来，为了弥补该规定中关于反垄断申报制度的不足，2007 年 3 月 8 日，商务部条法司和反垄断调查办公室发布了《外国投资者并购境内企业反垄断申报指南》，用以具体规定当事人如何进行反垄断审查申报。可以说，我国目前已就经营者集中的规制形成了一个相对完整的法律体系。伴随着我国经济生活的不断发展以及立法水平的提高，相关制度会不断完善。

一般而言，对经营者集中的法律规制主要体现为申报和审查制度，即符合申报条件的经营者提交申报材料后，由审查机构根据法定的标准对申报材料进行审查，并决定是否准予经营者集中。如果符合条件，则准予集中；否则，不准予集中，或者只有在附加限制性条件的前提下才准予集中。下面分别介绍申报制度和审查制度。

二、申报制度

经营者集中申报制度指由符合申报标准的参与集中的经营者向反垄断审查机构提交与集中有关的材料，并准备接受其审查的制度。经营者集中申报制度是经营者集中审查制度的前提，也是经营者集中规制制度的基础。

（一）申报模式

经营者集中的申报模式主要有两种，一种是事前申报模式，一种是事后申报模式。事前申报是指拟实施集中的经营者在进行集中前依据法律规定向反垄断执法机构进行申报，在获得批准后才能实施集中的申报方式。事后申报是指达到法定规模的经营者在自行进行集中后向反垄断执法机构进行申报，由反垄断执法机构决定批准或撤销业已形成的集中的申报模式。事前申报制度作为一种事先预防的制度，便于国家反垄断执法机构及时准确地掌握相关国内企业的情况，并可以减少因为集中不被批准而花费的庞大成本，起到事先预防和减少损失的作用。相对而言，事后申报制度虽可以及时抓住集中的最佳时机先集中后申报，例如经营者濒临破产或存在危机时及时通过集中进行救济，但是因为集中所花费的人、财、物的成本巨大，在审查中一旦被禁止集中并要求恢复到集中前的状态，则会产生巨大的损失或者浪费。目前大多数市场经济国家普遍采取事前申报的方式。

事前申报和事后申报均属于强制申报，除了事前申报和事后申报的强制申报模式外，还有自愿申报的模式，即无论是事前还是事后申报，都由经营者自己决定，如英国、澳大利亚、新西兰、印度等国家大多主张自愿申报制度。但是，自愿申报制度通常会以一些相配套的法律措施相辅助。这些措施主要包括：（1）制定并购准则，供并购交易者自我判断拟进行的并购交易是否有可能触犯反垄断法；（2）在反垄断执法机构中设置咨询部门，向拟进行并购的交易者提供事前的咨询服务；（3）建立并购交易的司法审查制度，如未经申报的并购交易触犯反垄断法，经由反垄断执法机构或竞争对手、消费者等作原告向法院提起诉讼，由法院依据反垄断法的规定和并购指南或并购准则，予以司法补救。

我国《反垄断法》第 21 条规定经营者集中达到国务院规定的申报标准的，经营者应当事先向国务院反垄断执法机构申报，未申报的不得实施集中。由此可见，我国采取的是强制事前申报的模式，只要经营者集中达到了国务院规定的申报标准就必须先申报。

(二) 申报标准

确定合理的申报标准是各国及地区规制经营者集中的一个重要起点。并不是所有的经营者集中行为都可能排除或限制竞争，市场中一些中小型企业之间的集中可以促使企业做大做强，增强竞争力，而不会导致排除或限制竞争的效果，对此进行审查显得没有必要，况且经营者集中作为一种自由的市场行为，如果对任何集中都由国家相关机构进行审查，那么因为工作量巨大也会变成无法完成的任务。因此，各国及地区通过设定经营者集中的申报标准来确定经营者集中的申报范围。符合申报标准的经营者集中行为，经营者应当履行申报义务，是否准许集中，由法定的国家反垄断执法机关审查后决定；不符合申报标准的经营者可以自行合并，不受国家反垄断执法机构的审查。

申报标准主要包括行为标准和规模标准。申报行为标准主要规定哪些行为属于反垄断法意义上的经营者集中行为；申报规模标准又称为狭义的经营者集中申报标准，即经营者集中行为达到何种规模才需申报。本书从规模标准，即何种规模的集中行为才需申报的狭义的角度来阐述。对此，目前主要有两种标准，一种是以销售额、资产额和交易额等绝对规模为申报标准；另一种是以市场占有率等相对规模为申报标准。

1. 以销售额、资产额或交易额等绝对规模为申报标准

经营者的销售额、资产额或交易额在实践中比较容易获得，而且简单明了，能够比较直观地反映参与集中的经营者的经济实力与规模。目前，越来越多的国家采用了销售额、资产额或交易额标准的立法模式。美国1914年《克莱顿法》第7条规定，拥有总资产或年净销售额1亿美元以上的人，取得另一家年销售额或总资产1000万美元以上的制造业公司或非制造业公司的表决权证券或资产；或者拥有总资产或年净销售额1000万美元以上的人，取得另一家总资产或年净销售额1亿美元以上的有表决权证券或资产。在此基础上，取得方将拥有被收购人的15%以上的有表决权证券或资产；或被收购人累计被取得的有表决权证券或资产总额超过1500万美元。凡是符合以上规模标准的，必须进行事先申报。另外，美国的申报标准还包括有按交易额的规定，比如超过2亿美元的交易额也需要申报。而且美国将此交易额的计算方法进行了详细规定，包括时间和计算公式等。美国2001年2月的《哈特-斯科特-罗迪诺法》进一步明确了申报标准，具体为：就规模来说，凡资产超过2000万美元的交易合并企业必须申报；就交易额来说，涉及合并交易额从以前的1000万美元上涨到5000万美元，但不再执行15%的收购比例要求。从2005年起，美国法律将对经营者集中须事先申报的主体规模和交易规模逐年根据GNP的变化作相应的调整。

欧盟的申报标准最早在《合并控制条件》中规定。并购相关企业的全球年营业额总计超过50亿欧元，而且同时满足相关企业中至少有两家企业都在欧盟范围内年度营业额单独超过2.5亿欧元，除非每个有关企业的2/3以上的欧盟范围内的年度总营业额来自同一企业。如企业并购不符合上述规定，但同时符合下列四个条件的集中即属于"欧共体影响"的并购：a. 所有有关企业在全球范围内的年总营业额之和超过25亿欧元；b. 在至

少 3 个成员国的每一个中，所有有关企业的年总营业额之和超过 1 亿欧元；c. 有关企业中至少有两家企业在 b 中所指的至少 3 个成员国的每一个中的年营业额均各自超过 2500 万欧元；而且 d. 有关企业中至少有两家企业在欧共体内的年营业额均各自超过 1 亿欧元。除非有关企业中每一家企业欧共体内年营业额的 2/3 以上，都是在相同的一个成员国中实现的。符合上述标准都应当申报。

德国《反对限制竞争法》中规定的申报标准也是按企业销售额来计算，例如在其第六次修订中规定参与合并的企业在上个营业年度内全球销售额至少达到 10 亿马克；第二，参与合并的企业中至少有一个企业在德国境内的销售额至少达到 5000 万马克，满足上述条件的需要申报。

日本采取以资产额为申报标准的立法模式，其申报标准是：参与合并一方的总资产达到了 100 亿日元或以上，另一方的总资产达到了 10 亿日元或以上，这个合并计划必须事先进行申报，接受申报的机关是公平交易委员会。

2. 以市场占有率等相对规模为申报标准

市场占有率是最能够体现参与集中的企业在相关市场上影响力的指标。匈牙利《禁止不正当竞争法》规定，在上一个历年内，参与者就其所售商品而言在有关市场上的全部市场份额超过 30%的企业组织合并，必须事先取得竞争监督机构的批准。我国台湾地区"公平交易法"规定，事业因结合而使其市场占有率达 1/3 者；参与结合之一事业，其市场占有率达 1/4 者，应先向"中央"主管机关提出申报。以市场占有率或者市场份额为申报标准的前提是界定相关市场。这在一定程度上较以销售额或资产额标准相对明确、确定而言，相关市场的认定往往具有不确定性，需要复杂的计算和翔实的资料，然而市场上的申报主体却很难做出客观的评估，由此可能存有较大的争议。可见，越来越多的国家和地区采用销售额、资产额或交易额的方式确定申报标准。

我国《反垄断法》第 21 条规定经营者集中达到国务院规定的申报标准的，经营者应当事先向国务院反垄断执法机构申报，未申报的不得实施集中。对于经营者集中的具体标准并未在该法中予以明确规定，而是授权国务院制定具体的明确申报标准。2008 年 8 月 3 日生效实施的《国务院关于经营者集中申报标准的规定》明确，经营者集中达到下列标准之一的，应当事先向国务院商务主管部门申报，未申报的不得实施集中：（1）参与集中的所有经营者上一会计年度在全球范围内的营业额合计超过 100 亿元人民币，并且其中至少两个经营者上一会计年度在中国境内的营业额均超过 4 亿元人民币；（2）参与集中的所有经营者上一会计年度在中国境内的营业额合计超过 20 亿元人民币，并且其中至少两个经营者上一会计年度在中国境内的营业额均超过 4 亿元人民币。根据该规定可知，我国在申报标准方面借鉴了欧盟的营业额标准。营业额包括相关经营者上一会计年度内销售产品和提供服务所获得的收入，扣除相关税金及其附加，关于营业额的计算，应当考虑银行、保险、证券、期货等特殊行业、领域的实际情况，具体办法由国务院商务主管部门会同国务院有关部门制定。2009 年 7 月，商务部会同中国人民银行、中国银监会、中国保监会、中国证监会制定发布的《金融业经营者集中申报营业额计算办法》规定了经营者集中未达到上述规定第 3 条规定的申报标准，但按照规定程序收集的事实和证据表明该经营者集中具有或者可能具有排除、限制竞争效果的，国务院商务主管部门应当依法进行调查。为了对相关实践加以指导,相关部门先后发布了多个指引性的文件,如商务部 2009 年 11 月制定发布的《经营者集中申报办法》,这些文件在某种程度上对经营者集中的标准进行了细化,增强了其操作性。

(三) 申报义务人

申报义务人是指依照法律规定应当向反垄断执法机构进行申报的参与集中的经营者。由于参与集中的经营者为两个或两个以上,是否每一个经营者都必须履行申报义务?一般而言,由于经营者集中总是涉及主动获得控制权的一方,而其他方在集中过程中可能被消灭,要求其履行申报义务可能并不实际,因此,多由主动获得控制权的一方负责申报,同时,其他经营者也有一定的配合义务。我国《反垄断法》并没有具体地规定申报义务人,但实践中商务部颁布的《经营者集中申报办法》根据不同的集中类型作出了明确的规定。依据该办法的规定,通过合并方式实施的经营者集中,由参与合并的各方经营者申报;其他方式的经营者集中,由取得控制权或能够施加决定性影响的经营者申报,其他经营者予以配合。申报义务人未进行集中申报的,其他参与集中的经营者可以提出申报。申报义务人可以自行申报,也可以依法委托他人代理申报。

(四) 申报内容

申报内容是申报义务人依据法律规定向反垄断执法机构提交的与集中相关的文件和资料,反垄断执法机构将根据这些文件和资料做出是否准予经营者集中的决定。根据我国《反垄断法》及商务部的相关规定,申报义务人申报集中,应当提交的文件、资料包括:(1) 申报书,申报书应当载明参与集中的经营者的名称、住所、经营范围、预定实施集中的日期,申报人的身份证明或注册登记证明,境外申报人还需提交当地公证机关的公证文件和相关的认证文件;委托代理人申报的还应当提交申报人签字的授权委托书;国务院反垄断执法机构规定的其他事项。关于申报书很多国家或地区专门规定了申报书的统一格式。(2) 集中对相关市场竞争状况影响的说明,包括集中交易概况,相关市场界定,参与集中的经营者在相关市场的市场份额及其对市场的控制力;主要竞争者及市场份额、市场进入、市场集中度、行业发展现状,集中对市场结构、行业发展、技术进步、国民经济发展、消费者以及其他经营者的影响;集中对相关市场竞争影响的评估及依据。(3) 集中协议及相关文件,即参与集中的经营者所达成的各种形式的集中协议文件,如协议书、合同以及相应的补充文件等。(4) 参与集中的经营者经会计师事务所审计的上一会计年度财务会计报告;(5) 国务院反垄断执法机构即商务部所规定的其他文件、资料。经营者提交的文件、资料不完备的,应当在国务院反垄断执法机构规定的期限内补交文件、资料。经营者逾期未补交文件、资料的,视为未申报。

(五) 申报免除

对于经营者集中符合法定条件的应当申报,未经申报的不得集中,在特殊情形下,法律也规定了免于申报的情形。实践中,常见于某一集团内部的控股股东与子公司之间或者受同一控股股东控制的子公司之间的集中,这种集中的实质是集团内部的整合,如母子公司、兄弟公司之间的集中。如日本《禁止垄断法》第 15 条第 2 款规定，属于下列情况不在此限：合并公司中的任意一家公司拥有其他所有公司各自已发行股份总数超过 50% 的；拥有参与合并的公司各自已发行股份总数超过 50% 的公司，与被拥有股份的公司为同一公司的场合。从理论上看，尽管经营者在法律上是相互独立的法人，但在反垄断法律领域中将不再作为相互独立的经营者看待，而是作为一个整体对待，其集中一般不会对市场竞争产生影响，通常是经营者内部进行资源整合和提高效率而采取的措施，免除申报反而可以提高经营者集中控制制度的效率，也符合经济自由的基本原则。

我国《反垄断法》第 22 条借鉴了各国的通行做法，也作了类似规定。对于经营者集中有下列情形之一的，可以不向国务院反垄断执法机构申报：（1）参与集中的一个经营者拥有其他每个经营者 50% 以上有表决权的股份或者资产的；（2）参与集中的每个经营者 50% 以上有表决权的股份或者资产被同一个未参与集中的经营者拥有的。上述关于申报免除的规定一般是基于控股股东与其被控制的经营者之间的集中，或者同被一个控股股东所控制的经营者之间的集中的情形。

拓展阅读

申报前咨询制度

申报前咨询制度，也称申报前咨询程序。在欧盟，它是指申报集中的企业为了避免集中申报受理之后出现被禁止的结果，在申报之前和委员会进行非正式的信息交流，并进行相关事宜和法律的咨询。在欧盟竞争法上，申报前咨询程序虽然不是法定程序，但对双方来讲都是极富价值的，因为这可以准确地确定申报方所要申报的信息内容，在多数情况下也将显著减少申报企业的申报工作量。我国反垄断法执法机构可以考虑建立这一制度。

三、审查制度

经营者集中的审查制度是指经营者按照法律规定向反垄断执法机构进行申报后，反垄断执法机构依法立案受理并依据法定的标准进行审查，根据经营者集中可能对竞争带来的影响，依据法律作出是否准许经营者集中的决定的制度。该项制度主要包括审查主体、审查程序、审查标准以及审查决定等几个方面的内容。

（一）审查主体

审查主体是指承担经营者集中审查义务的主体。我国经营者集中审查的主体为国务院规定的承担反垄断执法职责的机构即商务部。国务院反垄断执法机构根据工作需要，可以授权省、自治区、直辖市人民政府相应的机构，依照《反垄断法》的规定负责有关反垄断执法工作。需要注意的是，国务院反垄断执法机构是经营者集中控制的审查主体，其作为行政机构根据工作的需要可以通过授权的方式授权其下级机构负责审查，但只能由省级相应机构，不得再向下授权。

(二) 审查程序

各国反垄断法对于审查的程序一般分为初审和主审。初审的时间较短，一般为自收到申报材料起30日内，欧盟规定的是25个工作日。如果审查机构允许集中的，应当在此期限内做出决定，逾期未做出决定的视为准许。如果反垄断执法机构认为集中将严重影响竞争的应当在初审期限内作出进一步审查的决定，由此进入经营者集中的主审程序，主审的期限一般较长。我国经营者集中也分为初审和主审两个阶段。

1. 初审阶段

国务院反垄断执法机构应当自收到经营者提交的符合《反垄断法》规定的申报的文件、资料之日起30日内，对申报的经营者集中进行初步审查，并作出是否实施进一步审查的，决定，并书面通知经营者。国务院反垄断执法机构作出决定前，经营者不得实施集中。国务院反垄断执法机构作出不实施进一步审查的决定或者逾期未作出决定的，经营者可以实施集中。如果国务院反垄断执法机构认为集中会可能限制或排除竞争需进一步审查的，应当作出书面决定。

2. 主审阶段

国务院反垄断执法机构决定实施进一步审查的，应当自决定之日起90日内审查完毕，做出是否禁止经营者集中的决定，并书面通知经营者。做出禁止经营者集中的决定，应当说明理由。审查期间，经营者不得实施集中。有下列情形之一的，国务院反垄断执法机构经书面通知经营者，可以延长前款规定的审查期限，但最长不得超过60日：（1）经营者同意延长审查期限的；（2）经营者提交的文件、资料不准确，需要进一步核实的；（3）经营者申报后有关情况发生重大变化的。国务院反垄断执法机构逾期未做出决定的，经营者可以实施集中。

(三) 审查标准

前面我们提到过申报标准的问题，这里我们必须分清经营者集中的申报标准和经营者集中的审查标准。经营者集中的申报是经营者集中审查的前提。什么条件的经营者集中需要申报，属于申报标准的问题，申报之后反垄断执法机关依据何种标准来做出是否准许集中的决定的准则，就是我们所说的审查标准，即经营者集中规制的实体标准。经营者集中审查的实体标准即判断某项经营者集中是否违法的标准，很多学者又称之为经营者集中法律规制的实体标准。包括一般原则和具体考察因素两个方面。

1. 一般原则

目前各国关于经营者集中的原则性审查标准主要有两种：一种是以美国为代表的"实质减少竞争"的标准，一种是以欧盟为代表的"严重阻碍有效竞争"的标准；除此之外，还有一些国家仍然采取的是"市场支配地位"的标准。

1) 实质减少竞争标准

实质性减少竞争标准是指企业的合并如果产生实质性限制、减少竞争的效果，则合并将被禁止的审查标准。美国在1914年的《克莱顿法》中首次确立了"实质减少竞争标准"（Substantial Lessening of Competition，SLC）。该法第7条规定："……可能实质性削弱竞争或旨在形成垄断的企业合并是被禁止的",该条制定的目的是控制早期实质性减少竞争的并购行为,因此"早期原则"从此产生。采用这一标准的国家除了美国外,还包括澳大利亚、新西兰、日本、韩国等。

2)严重阻碍有效竞争标准

2004年的欧盟部长理事会通过《理事会关于企业之间集中控制条例》,即第139/2004号并购条例,其中第2条第3款规定:"一项并购,尤其是由于其产生或增强企业的支配性地位而严重妨碍共同体市场或其相当部分地域的有效竞争的,应当宣布为与共同体市场不相容,如宣布为与共同体市场不相容的,就予以阻止,相反则不予阻止",确立了"严重妨碍有效竞争"的标准。早期欧盟采取市场支配地位标准,但是在2004年的修订后,则依据市场支配地位并不必然对竞争产生影响的考虑,"采取了市场支配地位与严重阻碍有效竞争并行"的标准,其实质是一项集中会否严重阻碍有效竞争,而市场支配地位只是确认是否严重妨碍有效竞争的主要原因之一。实质上该标准与美国的"实质减少竞争标准"已经非常相似。

3)市场支配地位标准

市场支配地位标准是指以经营者集中行为是否会产生或增强市场支配地位作为是否准予集中的标准。市场支配地位标准实际上就是采取市场结构的标准。德国《反对限制竞争法》第36条第1款规定,凡预见合并将产生或加强市场支配地位,联邦卡特尔局应禁止合并,但参与合并的企业证明合并也能改善竞争条件,且这种改善超过支配市场的弊端的,不在此限。德国以外的其他一些欧洲国家,如意大利、瑞士和丹麦等,使用的也是市场支配地位标准。欧盟在早期也适用该标准。但随着反垄断法学界对垄断的规制从结构主义向行为主义的过渡,有观点认为,市场支配地位,标准过于僵化,反垄断法反对的是滥用市场支配地位,而非市场地位本身,因此欧盟的审查标准从市场支配地位标准过渡到了严重阻碍有效竞争的标准。

我国《反垄断法》规定经营者集中具有或者可能具有排除、限制竞争效果的,国务院反垄断执法机构应当做出禁止经营者集中的决定。与美国的"实质减少竞争"标准以及欧盟的"严重阻碍有效竞争"标准相比较,这个标准既没有强调对竞争的实质性减少,也没有强调阻碍竞争的严重程度,也就是说,只规定了排除或限制竞争却没有规定是否需要达到一定的程度,如此一来,就会形成"只要集中造成竞争减少的后果都应当被禁止"的理解。在这一点上,我国尚需进一步明确。

2. 具体考察因素

实践中,各国在对经营者集中审查时均会根据本国的经济状况规定具体考察一些因素,这些因素主要包括对相关市场的界定、市场份额、市场集中度、进入障碍、潜在竞争者、效力、破产等。

1)相关市场

相关市场是指经营者在一定期间内就某种商品经营所涉及的区域或范围,它可分为相关产品市场、相关地域市场和相关时间市场。但在各国反垄断执法过程中,一般只考虑两个方面的因素,即相关产品市场和相关地域市场。相关产品市场是指同类产品或具有替代关系的产品的范围,所以同类产品或具有替代关系的产品构成了同一市场;相关地域市场是指消费者能够有效地选择各类竞争产品，供应商能够有效地供应产品的一定区域。我国《反垄断法》所称相关市场，是指经营者在一定时期内就特定商品或者服务（以下统称商品）进行竞争的商品范围和地域范围。例如，在商务部在审查马士基、地中海航运、达飞设立网络中心经营者集中案时，就只对竞争的商品范围和地域范围进行了审查。

2）市场份额

市场份额因素是反垄断执法机构对市场竞争分析的起点。根据各国实践，反垄断执法机构在对相关市场做出界定后，就会以经营者的市场份额为起点进行竞争分析，原因是企业的市场份额在很大程度上表现了企业的经济实力和它们在市场上的竞争力，而且随着企业市场份额的不断提高，企业滥用市场优势地位的可能性也会越来越大。不过，随着反垄断控制方法由结构主义逐渐向行为主义过渡，作为结构主义主要考虑因素的市场份额的地位已不如以前，美国司法部规定，判断合并是否具有限制或排除竞争的效果，要综合考虑各种相关因素，而不能仅依靠市场份额和市场集中度两个指标来决定，尽管如此，其仍然是各国反垄断法判定市场支配地位的指标之一，事实上，在众多考虑因素中，它们的作用也仍然比较重要。

3）市场集中度

相关市场的集中度是指在一个特指的市场或行业中生产集中在少数几家大型企业手中的程度。市场集中度与市场支配地位有密切联系。当市场集中度不高，市场中有着众多小企业时，可以认为市场支配地位不存在；当市场集中达到一定程度时，便可能产生市场支配地位，即市场集中度越高，市场支配地位也就越强，企业实现垄断的可能性越大，或者企业实施某种联合行为以排挤竞争对手的可能性越大。通过对市场集中度的考察，可以分析相关市场的竞争状况。在市场集中度的计算方面，美国使用赫芬达尔-赫希曼指数（HHI）来评估当前和未来的市场集中度。该指数是将市场所有参与者的市场份额平方再相加后计算得出的。以美国1992年《横向合并指南》为例，根据HHI的数值，可以将市场集中度大致分为三种情况，即当HHI<1000时为没有集中的市场，当1000<HHI<1800时为中度集中的市场，当HHI>1800时为高度集中的市场。欧共体委员会和日本公平交易委员会也将市场分为没有集中的市场、中度集中的市场和高度集中的市场。然而，欧共体委员会和日本公平交易委员会根据各自的经济发展情况使用了不同的HHI绝对值和变化值。我国在最近的一次商务部审查马士基、地中海航运、达飞设立网络中心经营者集中案时也使用了该指标。审查表明，交易前，市场上存在包括本案交易方在内的多个竞争者，亚洲—欧洲航线国际集装箱班轮海运市场的赫芬达尔-赫希曼指数（HHI）值约为890。交易后，由于交易方形成紧密型联营，减少了市场主要竞争者的数量，HHI值增至约2240，HHI值变量约为1350。亚洲—欧洲航线集装箱班轮运输服务市场将从较为分散变为高度集中，市场结构将发生明显变化。

4）对市场进入和技术进步的影响

一般来说，市场进入门槛的高低决定了集中是否会产生或者加强企业的市场势力，甚至滥用市场势力。如果市场进入没有障碍或进入难度很低，则经营者集中后即使占有很高的市场份额，其也不可能随意抬高价格、限制产量和控制其他交易条件，这是因为，一旦相关市场价格提高，对新的市场进入者完全是一种动力。当存在潜在竞争者的情况下，企业意欲通过集中产生或者加强市场控制力是不现实的，即使取得市场控制力也不可能滥用。鉴于此，欧美等国家和地区对集中进行审查时，都会把市场进入分析作为一项重要考虑因素。

科学技术本身能够促进生产力的发展，对经济的发展产生了巨大作用，同时考虑到经营者集中对技术进步带来的诸多影响，很多国家和地区的反垄断执法机构在审查集中时，把科学技术的进步也作为考虑的因素之一。

5) 对消费者和其他有关经营者的影响

反垄断法对经营者集中规制是为了防止该行为产生反竞争的效果，以保障公平竞争市场的形成，保护其他经营者的合法权益从而最终保护消费者的权益，实现消费者的福利。如果一项经营者集中可能会排除或限制竞争，产生例如掠夺性定价的行为，就不仅损害了其他经营者的利益，而且从根本上损害了消费者的利益，也违反了反垄断法的立法目的。因此，目前各国在对经营者集中进行审查时，都会从消费者和其他相关经营者的角度来考虑是否准予集中。

6) 对国民经济的影响

经营者集中一方面可以促进企业规模的迅速扩大，减少产品的单位成本，从而提高生产效率实现规模效应，实现企业的迅速做大做强，并进而促进一国经济的发展。但另一方面，经营者集中也可能产生排除或限制竞争的消极作用，从而破坏公平竞争的市场，损害竞争机制，并最终损害一国的经济，因此对经营者集中的审查势必考察其对国民经济所产生的影响，这是一项宏观的标准，与各国的经济发展阶段相关，也与一国的产业政策相关。在很多经济发展较为落后的国家，其企业规模普遍较小，但随着贸易自由化和经济全球化的到来，国内更是缺乏有竞争力的大企业，因此适当的经营者之间的集中就被认为是有利于国民经济发展的。我国作为一个发展中国家，企业规模较小、民族品牌实力较弱且普遍缺乏竞争力，因此部分学者认为在现阶段我国就应当考虑经营者之间的集中对经济的影响，以促进企业做大做强，并促进本国经济的发展。

7) 其他考虑因素

从我国《反垄断法》第 27 条的规定来看，所谓其他考虑因素，在立法上是一个兜底条款。实践中，国家反垄断执法机构认为其他应当考虑的因素的均可能成为反垄断审查时具体需要考虑的因素。

(四) 审查决定

1. 禁止集中和不予禁止集中的决定

在我国，经营者集中具有或可能具有排除、限制竞争效果的，反垄断执法机构应当做出禁止经营者集中的决定。除非经营者能够证明集中所产生的有利影响明显大于不利影响，或者符合社会公共利益的，反垄断执法机构可以做出对经营者不予禁止的决定。从我国《反垄断法》实施至 2014 年，我国被禁止的集中有两件，一件是可口可乐并购汇源案，一件是马士基、地中海航运、达飞设立网络中心经营者集中案。从我国经营者集中反垄断执法机构网站公布的信息可以看到，经营者集中的案例被禁止集中的毕竟是少数，而一般的中小企业之间的集中或者不会对竞争产生严重影响的经营者集中多数是被准许的。依据我国《反垄断法》的相关规定，对于禁止集中的，需说明理由；不予禁止集中，并未强制性规定需要说明理由，这种做法缺乏透明度，难免引起猜测，也不利于公平执法。

2. 附加限制性条件

考察美国和欧盟等国家和地区的经营者集中控制的立法和实践，反垄断执法机构在经营者集中的审查过程中决定禁止的交易是少数，大多数集中如果对竞争产生一定影响的，可以通过附加限制性条件的方式准许其集中，这样不仅能够兼顾集中所带来的规模经济的效益，也能防止其对竞争的损害。我国《反垄断法》也借鉴了这种做法，对不予禁止的经营者集中，国务院反垄断执法机构可以决定附加减少集中对竞争产生不利影响的限制性条件。2009年商务部发布的《经营者集中审查办法》对限制性条件做了进一步明确的规定，关于附加限制性条件的类型包括：（1）结构性条件：剥离参与集中的经营者的部分资产或业务等结构性条件；（2）行为性条件：参与集中的经营者开放其网络或平台等基础设施、许可关键技术（包括专利、专有技术或其他知识产权）、终止排他性协议等行为性条件；（3）综合性条件：结构性条件与行为性条件相结合的条件。

案例链接

附加限制性条件类型包括了结构性条件、行为性条件也包括综合性条件。采取结构性条件的例如关于附条件批准佩内洛普有限责任公司收购萨维奥纺织机械股份有限公司的集中，要求 Alpha V 的最终控制实体 Apef 5 履行的义务为自商务部作出审查决定起6个月内将其持有乌斯特的股份转让给独立第三方；向商务部报告受让方的身份、交易量以及交易日期，确保转让乌斯特的股份不会产生新的排除、限制竞争问题；转让乌斯特的股份完成前不得参与或影响乌斯特经营管理活动；根据商务部《关于实施经营者集中资产或业务剥离的暂行规定》（商务部公告2010年第41号），委托独立的监督受托人对转让股份进行监督。采取行为性条件的如通用电气（中国）有限公司（以下简称通用中国）与中国神华煤制油化工有限公司（以下简称神华煤制油）设立合营企业的经营者集中，反垄断申报商务部决定附加限制性条件批准此项集中，要求神华集团和神华煤制油履行如下义务：通用中国与神华煤制油设立合营企业，从事水煤浆气化技术许可，不得利用限制供应水煤浆气化技术原料煤，或者以供应原料煤为条件，迫使技术需求方使用该合营企业的技术，或者提高使用其他技术的成本。此外，更多案例可参见我国反垄断执法机构商务部的网站。

（五）国家安全审查

美国是世界上第一个制定专门的国家安全法的国家，国家安全作为一个完整的概念，首先在美国提出。一般而言，谈及国家安全，主要是指政治和军事的安全，但是随着经济全球化的进程，国家经济安全也日益成为国际社会所关注的问题。例如，一国企业通过对外投资的方式可能控制他国特有的战略性资源，更容易掌握他国的信息、消灭他国的民族品牌甚至通过经济上的扩张威胁他国的经济安全。因此，目前很多国家出台了法律，设置了专门的部门来对外资并购问题进行安全审查。例如，美国成立了多个部门组成的外国投资审查委员会（CFIUS），对外国公司收购本国的一些特殊行业进行安全审查。例如，中海油并购优尼科案就曾遭遇美国的安全审查，最终中海油放弃了对优尼科的收购；联想并购IBM个人电脑部时也经受了美国的安全审查。我国在《反垄断法》实施之前，有关外资并购的相关规定中已经有专门的规定对外资并购进行安全审查，而《反垄断法》的制定更明确规定外资并购境内企业或者以其他方式参与经营者集中，涉及国家安全的，除依照法律的规定进行经营者集中审查外，还应当按照国家有关规定进行国家安全审查。只不过关于何为国家安全，如何进行国家安全审查，在《反垄断法》中确缺乏明确的规定。国务院办公厅在2011年2月3日发布《关于建立外国投资者并购境内企业安全审查制度的通知》（国办发〔2011〕6号）中指出并购安全审查范围为：外国投资者并购境内军工及军工配套企业，重点、敏感军事设施周边企业，以及关系国防安全的其他单位；外国投资者并购境内关系国家安全的重要农产品、重要能源和资源、重要基础设施、重要运输服务、关键技术、重大装备制造等企业，且实际控制权可能被外国投资者取得。并购安全审查内容包括并购交易对国防安全，包括对国防需要的国内产品生产能力、国内服务提供能力和有关设备设施的影响；并购交易对国家经济稳定运行的影响；并购交易对社会基本生活秩序的影响；并购交易对涉及国家安全关键技术研发能力的影响。另外，该通知中还进一步明确了并购审查的工作机制，通过建立部际联系会议，在国务院领导下由发改委、商务部牵头根据外资并购所涉及的行业和领域，会同相关部门开展并购安全审查。

值得注意的是，《反垄断法》对经营者集中进行规制的目的是为了防止其反竞争的效果，因此，对外商投资并购进行安全审查与《反垄断法》的立法目的是不相容的，有碍法律的系统性，因此，在未来《反垄断法》的修订中是否仍然保留该部分内容值得商榷。

拓展阅读

根据商务部官方网站的统计，我国自2008年8月1日《反垄断法》实施以来至2012年9月30日，反垄断局共审结经营者集中案件474件，其中无条件批准458件。[①] 禁止集中的，截至2014年底共两起，除了可口可乐并购汇源外，另一起为商务部关于禁止马士基、地中海航运、达飞设立网络中心经营者集中案。根据《反垄断法》的规定经营者集中并非一概禁止，法律规定了经营者集中的审查制度，规模较大的符合条件的经营者集中，只要达到审查条件，就必须申请审查经批准后才能集中，未通过审查的禁止集中。实践中更多大量的经营者集中并没有达到需要审查的条件，因此可无需向反垄断执法机构申请审批就可以集中。

实践中有关企业合并的案例随处可见，为何有的合并需要经过审批，而有的不用审批，有的经审批允许集中而有的经过审批被禁止集中？鉴于经营者集中的积极作用，并非

---

① 参见经营者集中反垄断审查无条件批准案件信息统计情况，http://fldj.mofcom.gov.cn/article/zcfb/201211/20121108437868.shtml，2012-11-16.

所有集中都需审批，需要审批的集中行为也非都被禁止，实践中更多的是大量无需审批的经营者集中行为或不被禁止的集中行为，究其原因，首先相关的问题就是经营者集中的申报标准和审查标准的问题。

第三节　经营者集中规制的抗辩

经营者集中规制的抗辩事由是指在特定条件下，对形式上符合垄断要件的经营者集中行为不予禁止和制裁，而允许其进行集中的制度。有学者也称之为经营者集中的豁免。在对经营者集中进行规制的制度安排中，各国普遍规定了抗辩制度。基于抗辩制度，虽然集中会对竞争产生影响，但是集中本身能为经济的发展带来更大的利益，因此，如果对竞争的不利能够被有利的因素所抵消，则该项集中就可能被准许。关于经营者集中控制的抗辩因素主要有效率抗辩、破产原则和社会公共利益原则。

一、效率抗辩

所谓效率抗辩，是指经营者往往可以依据集中所带来的特有的经济效率来对经营者集中进行抗辩。这种效率的抗辩必须满足一定的条件。其一，效率的特有性，即经营者必须证明该种效率是非集中不得有的效率，而非一般的效率；其二，该特有的效率必须是可以被证实的效率，即这种效率必须是能够认知并可以被证明的，而非抽象的。以美国为例，其《横向合并指南》就指出：企业结合可以使其更好地利用现有资产，合并后的企业同合并前的企业相比，就相同数量和相同质量的产品生产可以降低成本从而有潜力产生更大的效率，这种效率被称为"可认知的效率"，而可以被证实则是指企业应当举证说明有关效率如何实现、在何时实现、如何提高企业的能力等。其三，反垄断执法机构应当考虑，可认知的效率是否可能大到足以超过该合并损害相关市场上消费者利益的坏处。而欧盟还要求效率必须有利于消费者。美国、欧盟、加拿大等国家和地区都确立了效率抗辩作为分析经营者集中行为是否能够被豁免的理由。我国在制定《反垄断法》时也借鉴了该制度。不过该制度也存在一定的缺陷，即效率以及量化的证明实际上非常困难，且需要花费很大的精力，因此适用起来难度很大。

二、破产原则

破产原则又叫破产抗辩，是指参与集中的经营者以其中一方是即将破产的企业为由进行抗辩。通常情况下，一项集中如果被集中一方涉及破产企业，通过集中可以减少企业破产所带来的负面效应则可以准予集中。虽然企业破产是市场经济的优胜劣汰的正常现象，但过度的企业破产不仅会引发失业等社会问题，而且如果将濒临破产的企业逐出市场，还可能导致市场力量的进一步集中。因此，与其让一家企业破产，还不如让新的所有人通过合并途径来取得合并管理公司的资产，以便保持市场上的竞争状态。把兼并破产企业作为经营者集中审查的豁免条件之一，是国际上的通行做法。从效率角度考虑，企业破产总会造成一定的净损失，而集中则能避免这一损失的发生，其效率足以补偿其对竞争产生的损害，而且这种情况下，其反竞争效果也是微不足道的，因为破产企业即使能使收购方市场力量增强，其增强程度也将是有限的。目前依据各发达国家的相关规定，其适用主要满足三个方面的条件：一是宣称即将破产的企业如果不能被另一企业接管，则其在不久的将来会因财务问题而被迫退出相关市场；二是除申报的集中外没有其他可替代性的方案，使其反竞争的效果更小；三是如果没有集中，破产企业的资产将会不可避免地退出市场。满足上述条件，反垄断执法机构可能准予集中。

三、社会公共利益原则

社会公共利益是一种与私人利益相对的范畴，不是个别人或者个别企业的利益，也不是个别党派或者个别集团的利益，而是一种普遍的和社会的利益，放在一国的范畴，可以说是一种国家的利益，但关于公共利益的概念范围或内容在反垄断法中并没有明确的界定。在反垄断审查中，经营者提出的社会公共利益一般是对国民经济发展的积极影响，如生产合理化或者专业化，或者提高企业的国际竞争力。以社会公共利益作为经营者集中审查的豁免条件之一是各国的通例，只是对社会公共利益的解释各有不同。著名的波音-麦道公司合并案就是一个例证。美国联邦贸易委员会出于国家整体经济和公共利益的考虑，在合并后占据世界飞机制造市场64%份额的情况下，仍不顾欧盟的强烈反对，批准了这项合并。国际上许多国家将集中所带来的后果是否有利于整体经济和社会效益，作为经营者集中禁止的一项豁免事由。

我国《反垄断法》第28条规定，经营者能够证明该集中对竞争产生的有利影响明显大于不利影响，或者符合公共利益的，国务院反垄断执法机构可以做出对经营者集中不予禁止的决定。由此看来，我国《反垄断法》规定的集中禁止豁免包含两种情况：集中对竞争产生的有利影响大于不利影响和集中符合社会公共利益。

案例链接

1997年波音与麦道合并案

波音、空客与麦道分别是世界排名前三位的飞机制造公司。波音公司在世界商用飞机制造领域占有高达64%的市场份额，而空客公司占有30%的份额，麦道公司占有6%的市场份额，波音公司占有很强的市场支配地位，其可以生产全系列的飞机，而麦道和空客则无法做到，另外，波音公司与世界三大航空公司订立了排他性的供货协议，通过该协议，波音公司拥有了其他公司无法匹敌的市场支配势力。波音与麦道合并后，如果订购麦道公司的飞机转而订购波音公司的飞机，则无需支付违约金，而通过波音公司签约，则航空公司可以享有变更机型等方面的优惠，处于竞争压力下，航空公司不得不与波音公司订立独家供货协议。因此二者之间的合并仅从市场竞争的角度进行分析，将对市场竞争起到负面作用。然而美国政府认为该合并可以提高美国航空企业的国际竞争力，对美国的就业、国防技术起到积极的推动作用，符合美国的社会公共利益，因此联邦贸易委员会在短时间内无条件地批准了合并申请。

（案例来源：北京法院网）

第四节　违反经营者集中规定的法律责任

从世界各国和地区反垄断法的立法来看，大多数国家对未经批准实施的经营者集中行为都规定了相应的法律责任，主要包括禁止集中、资产剥离、解散已合并企业、赔偿损失，以及对于通过人事兼任、合同或者合营等方式实施的集中可以通过解除职务或者宣告合同无效等其他方法来要求参与集中的企业承担责任；严重的还包括刑事责任，如美国对于违反规定擅自集中的，可以判处高额的罚金。

我国和世界上大多数国家一样，规定了经营者集中的事先申报制度，对于经营者违反法律规定实施集中的，由国务院反垄断执法机构责令停止实施集中、限期处分股份或者资产、限期转让营业以及采取其他必要措施恢复到集中前的状态，并可以处 50 万元以下的罚款。关于违反经营者集中的法律后果，我国规定的行政责任为罚款 50 万元以下，相对于动辄几个亿的集中以及其他国家对于擅自集中的刑事责任、行政责任和民事责任而言，我国的处罚规定既低又没有形成系统的处罚体系，因此不太可能起到真正的震慑作用，所以很难说该制度能够真正发挥其规制经营者集中的作用。因此，在未来的法律修订中应当加强对法律责任体系的完善，以期发挥真正的实际效果，为我国的经济发展保驾护航。

本章小结

经营者集中在反垄断法领域的实质是指经营者通过获得其他经营者的控制权的方式所实现的结合，主要表现为企业合并、通过获得股权或资产的方式取得其他企业的控制权，或者通过合同、人事兼任等获得对其他经营者的控制权，等等。经营者集中一方面可以扩大企业规模实现规模效应，促进企业做大做强和促进社会经济的发展；另一方面，也可能产生反竞争的效果，从而影响竞争机制发挥作用，对市场经济体制产生不利影响，因此，目前世界各主要市场经济国家均对经营者集中行为进行规制，尤其是横向集中因其减少直接竞争企业的数量容易产生反竞争的效果，各国均予以严格的控制。对经营者集中进行规制的制度主要包括申报和审批制度，拟实行的集中如果符合申报条件的，相关申报义务人应当向反垄断执法机关依法进行申报，反垄断执法机关则应当依据审查程序进行审查，各国根据自身的经济发展状况确定相应的申报和审查标准，符合标准的准予集中，否则不准予集中，但特殊情形下，一些本应禁止的经营者集中行为各国也规定了一些抗辩制度，如基于效率的抗辩、破产抗辩和社会公共利益的抗辩，如果抗辩理由成立，也可能准予实施集中。此外，对于经营者集中行为，各国普遍都规定了相应的法律责任制度，由反垄断执法机构审查决定是否准予集中，未经批准不得集中，如果依法不准集中而擅自集中的或未经申报集中的，则应当承担相应的法律责任。

技能训练

正确理解经营者集中的法律规制

目的：结合我国《反垄断法》实施以来的禁止经营者集中的案例，具体分析我国反垄断执法机构做出禁止集中决定的理由。

要求一：搜集资料，列举我国对经营者集中审查的案例，并分析审查决定作出的依据。

要求二：了解我国经营者集中审查的实体标准、程序以及抗辩事由。

实践活动

了解经营者集中法律规制制度在我国的具体实践情况

目的：使学生了解经营者集中法律规制在我国的具体实践操作。

内容：学生通过我国反垄断执法机构的网站、相关报纸、杂志、网络等方式搜集有关经营者集中的实际案例，了解我国经营者集中控制制度的必要性、实体标准和程序。

要求：通过实际案例分析掌握我国经营者集中法律规制制度的规定以及存在的不足，并思考完善相关制度的措施。

本章练习

一、不定项选择题

1. 对于违反《反垄断法》实施集中的经营者，国务院反垄断执法机构可以采取的措施有（　　）。
   A. 责令停止实施集中　　B. 限期处分股份或者资产
   C. 限期转让营业　　　　D. 处以罚款

2. 依《反垄断法》规定，下列属于经营者集中情形的是（　　）。
   A. 经营者通过取得资产的方式，取得对其他经营者的表决权
   B. 经营者通过合同等方式，能够对其他经营者施加影响
   C. 经营者合并
   D. 经营者联合抵制交易

3. 在经营者集中具有排除、限制竞争效果的前提下，国务院反垄断执法机构可以作出对经营者集中不予禁止决定的情形是（　　）。
   A. 经营者证明该集中对竞争能产生有利影响
   B. 该集中对竞争产生的有利影响小于不利影响
   C. 经营者能证明该集中符合社会公共利益
   D. 该集中对竞争产生了巨大的不利影响，违背社会公共利益

4. 对反垄断执法机构依法作出的禁止经营者集中的决定不服的，（　　）。
   A. 可依法申请行政复议或提起行政诉讼
   B. 不能提起行政诉讼
   C. 应该直接起行政诉讼
   D. 可先依法申请行政复议，对行政复议不服的，可提起行政诉讼

5. 根据《反垄断法》规定，关于经营者集中的说法，下列哪些选项是正确的？（　　）

A. 经营者集中就是指企业合并

B. 经营者集中实行事前申报制，但允许在实施集中后补充申报

C. 经营者集中被审查时，参与集中者的市场份额及其市场控制力是一个重要的考虑因素

D. 经营者集中如被确定为可能具有限制竞争的效果，将会被禁止

6. 甲、乙两饮料公司达成合并意向，涉嫌经营者集中的垄断行为，经举报，被反垄断执法机构立案调查。下列说法正确的是(　　)。

A. 在调查期间，甲、乙公司承诺在反垄断执法机构认可的期限内采取具体措施消除该行为后果的，反垄断执法机构可以决定中止调查

B. 在调查期间，甲、乙公司承诺在反垄断执法机构认可的期限内采取具体措施消除该行为后果的，反垄断执法机构可以决定终止调查

C. 甲、乙公司不履行承诺的，应当恢复调查

D. 反垄断执法机构对该事实调查核实后，认为构成垄断行为的，应当依法做出处理决定，并应当向社会公布

7. 经营者集中的经济效果既有积极效果，又有消极效果，所以《反垄断法》对其规制正确的是(　　)。

A. 反垄断法对经营者集中在于"控制"而不是"禁止"

B. 我国对经营者集中实行强制的事前申报模式

C. 国家反垄断执法机构对申报的经营者集中进行初步审查的期限是自收到文件资料之日起 90 日内

D. 经营者集中的申报审查机构是国务院商务部

8. 根据《反垄断法》的规定，下列经营者集中的行为应当申报表述正确的是(　　)。

A. 参与集中的所有经营者上一会计年度在全球范围内的营业额合计超过 100 亿元人民币，并且所有经营者上一会计年度在中国境内的营业额均超过 4 亿元人民币

B. 参与集中的所有经营者上一会计年度在中国境内的营业额合计超过 20 亿元人民币，并且其中至少两个经营者上一会计年度在中国境内的营业额均超过 4 亿元人民币

C. 参与集中的一个经营者拥有其他每个经营者 50%以上有表决权的股份或者资产的

D. 经营者的所有集中行为均应申报

9. 我国审查经营者集中，以下属于应当考虑的因素有(　　)。

A. 参与集中的经营者在相关市场的市场份额及其对市场的控制力

B. 相关市场的市场集中度

C. 经营者集中对市场进入、技术进步的影响

D. 经营者集中对消费者和其他有关经营者的影响

10. 下列有关经营者集中的处理的说法正确的有(　　)。

A. 经营者集中可能具有排除、限制竞争效果的，国务院反垄断执法机构应当做出禁止经营者集中的决定
B. 对外资并购境内企业或者以其他方式参与经营者集中，还应当按照国家有关规定进行国家安全审查
C. 对于禁止集中和不予禁止的经营者集中，国务院反垄断执法机构都可以决定附加减少集中对竞争产生不利影响的限制性条件
D. 经营者违反法律规定实施集中的，国务院反垄断执法机构可以采取责令限期处分股份或者资产、限期转让营业，并处以罚款的措施

二、问答题

1. 简述经营者集中的概念和分类。
2. 简述经营者集中控制的必要性。
3. 简述我国经营者集中控制的申报和审查制度。

第八章

行政性垄断

在市场经济体制下，垄断作为市场机制作用的必然结果是经营者在自愿参与市场竞争中通过资本的积聚获得独占或寡占的优势地位以谋求垄断利润的一种行为，这种垄断我们称之为经济性垄断。与之相对的是，如果某种竞争优势的获得并非依赖于经营者自身的竞争，而是依赖于行政权力的作用，由此所形成的垄断，我们称之为行政性垄断。行政性垄断仅仅通过行政权力的滥用就可以轻易、迅速地获得竞争优势，排除或限制竞争，并保有垄断利润，严重破坏优胜劣汰的市场竞争秩序，其危害之大显而易见，因此，为建立自由、统一、开放和竞争有序的市场经济环境，促进经济的健康发展，有必要对行政性垄断予以严格规制。

学习目标

知识目标：
掌握行政性垄断的概念、构成、特点及具体表现形式；
理解行政性垄断的成因、危害及其法律规制。

能力目标：
熟悉和掌握行政性垄断的具体表现形式及法律规制。

第一节 行政性垄断概述

案例引导

广东省教育厅指定赛事软件一审被判违法

2014年4月以来，一起广东省深圳市斯维尔科技有限公司（以下简称斯维尔）状告广东省教育厅滥用行政职权涉嫌行政垄断一案作为我国《反垄断法》正式实施以来第一起被正式受理并进入实质审理阶段的行政垄断诉讼案件[1]引起了社会的广泛关注。

---

[1] 2008年8月1日，北京4家企业向北京市第一中级法院提起诉讼，状告国家质检总局涉嫌行政性垄断。由于当天正是我国《反垄断法》实施的第一天，因此此案被称为"反垄断第一案"，但此案最终的结果是法院不予受理。因此广东斯维尔诉广东省教育厅一案被称之为我国行政垄断诉讼第一案。

"工程造价学"作为近年来建筑管理业内的热门专业,几乎所有工程从开工到竣工都要求全程预算,为此,工程造价也成为业内职业培训及相关技能比赛的热门项目。据悉,工程造价技能的学习或比赛操作,都必须使用专业的软件程序及其操作平台。而生产这类软件程序的企业中,斯维尔、广联达、上海鲁班软件有限公司三家,占据了市场的主要份额。2014年年初,教育部首次将"工程造价基本技能"列为"2013—2015年全国职业院校技能大赛"赛项之一。业内习惯将由教育部组织的比赛称为"国赛",由各省组织的选拔比赛称为"省赛"。4月1日,以广东省教育厅、高职院校、行业企业等组成的工程造价广东"省赛"组委会发通知称,大赛由广东省教育厅主办,广州城建职业学院承办,广联达软件股份有限公司"协办"。在随后组委会公布的《赛项技术规范》和《竞赛规程》中都明确,赛事软件指定使用广联达独家的认证系统、广联达土建算量软件GCL2013 和广联达钢筋算量软件 GGJ2013。一直在积极介入"工程造价基本技能""国赛"和各地"省赛"赛事的斯维尔公司,认为广东省教育厅指定独家赛事软件的做法有滥用行政权力之嫌,违反了《反垄断法》,独家指定广联达的做法对斯维尔造成的损失很大。因为培训学校为了参加"省赛"和"国赛",就要购买广联达软件。这样斯维尔不仅损失了高职院校市场,更重要的是,这些学生毕业后进入施工单位、造价咨询公司,会倾向性选择广联达软件。从长远市场战略看,如果不对这种行政指定产品的做法加以制止,工程造价技能软件的市场将会造成"一家独大"的局面,斯维尔将无立足之地。为此,斯维尔在沟通无效的情况下,于4月26日向广州市中级人民法院提起行政诉讼。现该案已于2015年2月2日作出一审判决,确认广东省教育厅指定在2014年工程造价基本技能省级选拔赛中,独家使用广联达公司的相关软件行为违法。

【分析】本案系我国《反垄断法》正式实施后第一个正式进入诉讼程序进行实质审理的行政性垄断案件,庭审中就是否构成行政性垄断行为以及构成何种行政垄断行为展开了全面的讨论。所谓行政性垄断,根据《反垄断法》第8条,是指行政机关和法律、法规授权的具有管理公共事务职能的组织滥用行政权力,排除、限制竞争的行为。一审中采纳反垄断法领域专家证人的意见认为广东省教育厅作为行政主体在"省赛"的相关规程、通知中明确指定所有参赛者只能使用广联达公司的软件的限制交易行为,是通过直接方式给相对人设定了具体的权利义务,直接对参赛单位施加了影响,因此这种行为属于限定交易中滥用行政权力排除、限制竞争行为。独家指定行为又使广联达产品依靠行政权力扩大市场份额,通过滥用行政权力将其他具有竞争关系的经营者排除、限制出相关市场,影响了合理有效的竞争关系。一审判决,确认广东省教育厅指定在2014年工程造价基本技能省级选拔赛中,独家使用广联达公司的相关软件行为违法,构成行政性垄断,违反了《反垄断法》第32条规定"行政机关和法律、法规授权的具有管理公共事务职能的组织不得滥用行政权力,限定或者变相限定单位或者个人经营、购买、使用其指定的经营者提供的商品",属于强制交易行为。

【问题】什么是行政性垄断?行政性垄断与经济性垄断有何区别?行政垄断的构成要件有哪些?下面我们来详细论述。

(案例来源:《法制日报》)

一、行政性垄断的界定

(一) 行政性垄断的概念及特征

行政性垄断又称行政垄断或滥用行政权力排除或限制竞争行为,其定义在理论界尚存在争议。我国《反垄断法》关于行政性垄断的规定体现在总则第8条,该条规定"行政机关和法律、法规授权的具有管理公共事务职能的组织不得滥用行政权力,排除、限制竞争"。可见,我国立法中的行政性垄断系行政机关和法律、法规授权的具有管理公共事务职能的组织滥用行政权力,排除、限制竞争的行为。

行政性垄断具有如下特征:

(1) 行政性垄断的主体是行政主体而非市场主体。

行政性垄断是行政主体通过行使行政权力直接或间接地作用于市场而产生的排除或限制竞争的行为。行政性垄断的主体系行政主体,行为的方式是滥用了行政权力,实施了排除或限制竞争的行为。实践中,行政性垄断可以表现为行政主体通过实施某一具体行政行为直接作用于特定的市场主体限制竞争的情形,例如,对符合行政许可条件的某一经营者故意拖延许可,使其无法加入到当地同类经营者的竞争中;也可以表现为行政主体通过制定法规、规章或者发布通知、命令等规范性文件的方式即抽象行政行为的方式间接作用于市场主体限制竞争的情形,例如某县政府以发布"通知"或者"命令"的方式强制该县所有的行政单位都必须购买某品牌汽车作为公务用车,从而限制了其他汽车厂商参与竞争。行政性垄断作用的对象虽然涉及市场主体,甚至有时更是表现出为了照顾某个特定的市场主体(经营者)而给予其特定的优惠,从而使得其他同类经营者不能自由公平的参与到竞争中来,但是实施行政性垄断的主体系行政主体,且为行政主体依靠其行政权力而实现。

(2) 行政性垄断实际上排除或限制了市场竞争,侵害了竞争秩序。

在市场经济中,垄断本是市场主体自发参与市场竞争并在竞争机制的作用下通过技术革新、产品创新、管理进步等逐步获得竞争优势的情况下而实现的,与行政管理职权的行使本无关系。但是,当行政主体被赋予了某种经济管理职权,并且其通过行使该职权直接或间接地赋予某些市场主体以某种市场优势时,加之市场主体又有自愿主动获得这种市场优势的愿望,行政权力与经济力一旦结合,就更容易、更迅速地产生了排除或限制竞争的效果。因此,行政性垄断与经济性垄断的实质一样,都是排除或限制了市场竞争,侵害了竞争秩序。但相对于经济性垄断,基于行政权力形成的垄断并不是市场自身优胜劣汰的结果,无法实现自由竞争机制对资源的合理有效配置,违背了市场竞争的基本规律,妨碍了市场经济体制的建立,不利于经济的长远发展和社会进步,且其产生与行政主体的腐败密切相关,对社会经济的危害相对于经济性垄断也更加严重,因此反垄断法对行政性垄断进行规制就非常必要。

(3) 行政性垄断具有双重违法性。

行政性垄断既是一种行政违法行为,也是一种排除或限制竞争行为,具有双重违法性。行政主体滥用行政权力而做出的排除或限制竞争的行为,与经济性垄断的结果一样,导致了对竞争秩序的破坏，但是行政性垄断产生的根源是行政权力本身的特性①及行政权力的滥用，而非经济性垄断中市场主体通过自身技术创新、管理革新等获得市场优势而自发形成的垄断。行政主体滥用行政权力所实施的行政行为是一种行政违法行为，受到《行政法》的调整，该行政违法行为实质上也排除或限制了竞争，因此也侵害了竞争秩序违反了《反垄断法》的规定是一种违反《反垄断法》的行为。作为一种双重违法行为，我们在对其进行规制时，应当考虑行政法与《反垄断法》相关实体法律制度以及程序法律制度之间的协调和衔接。

（4）行政性垄断具有强制性、抽象性和隐蔽性。

行政权力带有一定的强制性，行政主体在实施经济管理职权时，对行政相对人实施的滥用行政权力的行为也当然具有强制性，行政相对人必须遵守，从而导致的滥用行政权力排除或限制竞争的行为也就不可否认地具有强制性。同时，行政主体滥用行政权力实施的排除或限制竞争行为可能发生在实施某一次具体行政行为时，也可能发生在实施抽象行政行为时，相对于针对具体对象一次性适用的具体行政行为，行政主体通过制定反复适用的规范性文件的方式滥用权力排除或限制竞争的情况更为常见，因此具有抽象性。由于行政性垄断的抽象性，行政主体以发布规范性文件的方式实施的排除或限制竞争行为，会让行政相对人认为是必须遵守的，对于普通群众来说，很难发觉其所产生的排除或限制竞争的影响，在此意义上，行政性垄断又具有隐蔽性。

基于行政性垄断的强制性、抽象性和隐蔽性，使其产生的危害也更加严重，对行政性垄断的法律规制也必须结合其特点，尤其是对通过抽象行政行为所实施的行政性垄断必须严格予以规制，但长期以来我国行政诉讼对抽象行政行为却不予审查，这对于规制行政性垄断来说是一种很大的缺陷。

（二）行政性垄断的构成

行政性垄断的构成，简而言之，其行为主体为行政机关和法律法规授权的具有管理公共事务职能的组织即行政主体；其行为方式为滥用了行政权力；其行为实际上排除或限制市场竞争，即侵犯了市场竞争秩序。

1. 行政性垄断的主体要件

行政性垄断的主体为行政主体，具体包括两类：

（1）行政机关即政府及其所属部门。这里的政府，指地方政府，而不包括中央政府，因为中央政府在我国即国务院，其所实施的行为是国家垄断，代表的是国家利益，为合法行为；政府所属的部门指中央政府部门或地方政府部门。在界定行政机关时，更准确地说，应该是地方政府、中央政府部门或地方政府部门。

（2）法律或法规授权的具有管理公共事务职能的组织。该类组织可以是从事社会管

---

① 行政权具有强制性、单方性和效力先定等特点。行政权的单方性是指行政主体可依法自主实施行政行为而无需相对方的许可或同意，相对方无权拒绝行政主体依法和依职权作出的行政行为；而强制性即以国家强制力保障其实施，而效力先定是指行政行为一经作出就发生效力，先假定其符合法律规定，对相对方具有拘束力，相对方必须遵守和服从。

理事务的事业单位，也可以是从事经营的企业，作为行政主体其行政权力的来源并非行政组织法的明确规定而是经授权获得。此类组织的身份具有双重性，只有当其以法律法规的授权行使行政权力时，才可能成为行政性垄断的主体。实践中需要注意的是，在行政委托的情形下，受委托行使行政管理职权的组织，依委托人的授权从事相关行政管理行为，其法律后果并非由受托人承担，而是由委托人即授权的主体承担，因此，受托行使行政管理职权的组织并非独立的行政责任主体，因此不能作为行政性垄断的主体。

2. 行政性垄断的行为要件

行为要件即行政主体滥用了行政权力实施了排除或限制竞争的行为，其实质是实施了行政违法行为。此处的滥用行政权力，是指行政主体违反《行政法》的规定所实施的行政违法行为。这种行政违法行为既可以是违反了行政实体法所实施的行为，也可以是违法了行政程序法所实施的行为；既可以是自始无行政权力而实施的行为，也可以是行政权力终止后所实施的行为或者是超越权限范围所实施的行为，甚至是违背了行政法律法规的基本精神、原则或目的实施的行为；既可能表现为具体行政行为，也可能表现为抽象行政行为，如通过制定法规、规章、决定、命令等实施的行为。

3. 实际上排除或限制市场竞争，即侵犯了市场竞争秩序

行政主体在国家行政管理活动中所从事的行为多种多样，并不一定都侵犯或者说破坏竞争秩序。例如，公安机关作为行政机关在实施治安管理活动中对当事人的行政处罚并未涉及竞争关系，但是当某地方政府在对地方经济进行管理的过程中明确规定某外地商品不得进入本地销售或者本地商品不得销售到外地，就是该地方政府作为行政管理主体在实施经济管理职权时滥用其行政权力阻碍商品自由流通的行为，该行为排除或限制了经营者之间的公平竞争破坏了市场竞争秩序，是典型的行政性垄断行为。

在市场经济体制下，行政主体在从事经济管理过程中，滥用行政权力实施的行为实际上排除或限制了经营者之间的竞争，破坏了竞争秩序，妨碍了统一、开放、自由、竞争、有序的市场的形成，就是反垄断法所规制的行政性垄断行为。

（三）行政性垄断与经济性垄断的区别

行政性垄断与经济性垄断是相对的概念，经济性垄断是指作为市场主体的企业（经营者）或者企业集团凭借经济实力，在生产和流通领域里限制或排除竞争的垄断，是市场经济内生的、非体制性的垄断。

行政性垄断与经济性垄断的区别主要表现在以下几个方面：一是在行为主体上，行政性垄断的主体为行政主体，具体表现为行政机关或法律法规授权的行使公共管理职权的社会组织，而经济性垄断的主体为市场主体即经营者；二是形成垄断优势的来源，行政性垄断是行政主体所享有的具有强制力的行政权力，而经济性垄断的优势是一种市场优势，这种市场优势是在自由市场中基于企业自由竞争而自发形成的经济实力，比如企业在竞争中基于资金、技术，人才、管理所具有的竞争优势；三是行政性垄断的形成过程较之于经济性垄断要短，行政性垄断在其优势形成过程中无需时间或过程的积累，只需掌握了行政权力即可实施，而经济性垄断的优势力量来源于市场竞争本身，企业只有在竞争中获胜才能逐步积累其优势从而才可能实施垄断行为，因此其形成并非一蹴而就而是需要一定时间的

积累才可能实现。

行政性垄断虽然区别于经济性垄断,但其实质与经济性垄断一样,仍然是对竞争产生排除或限制的作用,均属于竞争法的范畴,因此对行政性垄断通过《反垄断法》进行规制也确有其必要性。

二、行政性垄断的分类

行政性垄断的分类即行政性垄断依据不同的标准所作出的划分。主要包括:

(一)依据行政主体所实施的行政行为的种类划分

依据行政主体所实施的行政行为的种类,行政性垄断可以分为抽象行政垄断与具体行政垄断。抽象行政垄断是指行政主体通过实施抽象行政行为,即颁布行政法规、规章、决定、命令等规范性文件的方式来实施的排除或限制竞争的行为。而具体行政垄断是指行政主体通过具体行政行为实施的排除或限制竞争的行为。在实践中,抽象行政垄断可以反复适用甚至很多具体行政垄断也是以抽象行政垄断为依据实施,抽象行政垄断比具体行政垄断的危害更大,涉及面更广,因此,规制抽象行政垄断应该成为《反垄断法》的重点。

拓展阅读

抽象行政行为是指行政主体运用行政权,针对不特定相对人所实施的行政行为,包括行政立法或制定规范性文件的行为。具体行政行为是指行政主体运用行政权,针对特定相对人设定权利义务的行为。抽象行政行为表现为行政主体制定行政法规、规章或制定规范性文件的行为(即行政法规、规章之外的决定、命令、通知、会议纪要等形式的文件),其适用范围广、具有反复适用性,有一定的时效性,影响范围较大,时间较长,不具有可诉性。而具体行政行为表现为行政主体针对某一特定行政相对人作出的一次性的行政行为,仅对行政相对人有效,不可反复适用,认为具体行政行为不合法的行政相对人可以向司法机关起诉,具有可诉性。

(二)依据行为的不同表现方式划分

按照行为的不同表现方式,可将行政性垄断划分为地区垄断、行业垄断、强制交易以及强制经营者从事垄断行为和抽象行政垄断行为。这是一种重要的分类方式,我国《反垄断法》即按此种标准加以划分。作为一个从计划经济逐步转轨到市场经济的国家,我国在计划经济时期表现出来的行政计划或行政命令的经济管理模式在体制转轨过程中一直存在,加之现阶段在缺乏有效监督的情形下仍存在行政权力对经济的不当干预,从而导致了行政性垄断现象层出不穷,严重影响了我国市场经济体制的建立和完善。因此,对行政性垄断进行规制是一项十分紧迫和重要的任务。

第二节 行政性垄断的成因及危害

一、行政性垄断的成因

行政性垄断是行政机关或法律法规授权的具有管理公共事务职能的组织滥用行政权力排除或限制竞争的行为。其作为行政权力的滥用与市场力量相结合的产物，产生的根本是政府对经济干预过当，而导致政府对经济干预过当的原因又是多方面的，在我国主要包括利益分配的因素、经济体制的作用和法律规制的原因。

（一）政府干预过当

行政性垄断的产生，是行政主体利用行政权力作用于社会经济的结果，即政府对经济干预过当的结果。

行政权力是一项对社会诸多事务进行管理的综合性权力，当然包括对社会经济事务的管理。在计划经济体制下，国家通过计划的方式对社会经济事务实行统筹管理，统收统支，统一分配，可以说，经济领域不存在市场竞争一说，或者说整个经济就是一种国家垄断，因此也就不存在排除或限制竞争的情形。而在完全的市场经济理论下，政府对经济实行完全自由放任的态度，市场将会产生最大的效率，无需行政权力对经济进行管理，也不会产生行政性垄断。但实践中人们逐步认识到完全自由的市场经济模式只存在于经济学家的理论之中，在自由竞争为基础的市场经济体制下仍可能出现市场失灵的情形，例如市场竞争本身所存在的反竞争的效果，包括垄断、一些公共产品市场不愿意提供以及市场本身存在的信息不对称所导致的资源浪费等。因此，为了对市场失灵的情况予以规制，伴随其产生的政府干预理论（即政府对市场经济的干预）也逐步被市场经济国家所采纳。政府对经济的干预源自其对经济的行政管理职权，而政府在干预经济的过程中，滥用权力直接或间接地作用于市场竞争时，就可能对市场竞争产生消极的后果，形成行政性垄断，即政府对经济干预过当导致了行政性垄断的形成。由此看来，行政性垄断产生的前提是政府对经济的管理或者说干预，当政府干预过当，即政府失灵导致排除或限制竞争的效果时，就会形成行政性垄断，因此，行政性垄断形成的根本原因是政府对经济干预过当。行政性垄断作为政府干预经济的行政行为，是一种典型的干预过当的非理性行为。只要是政府行使经济调控的国家都可能会发生干预过当的问题，而当这种不当干预导致排除或限制竞争时，竞争法也就有必要对其进行规制，以保证健康的市场竞争秩序。

（二）利益分配机制失衡

利益分配机制失衡是行政性垄断产生的一个重要诱因。在我国实行分税制以来，中央和地方财政的分立就促使了地方政府或政府部门为了地方或部门的利益实施排除或限制竞争的行为。这种利益可能存在于地区与地区之间或者部门与部门之间，甚至是个人与国家之间。在政府为了实现本地区或本部门的利益甚至是公务人员为了个人利益而滥用对经济的行政管理职权，从而排除或限制竞争的时候，就会导致地区封锁、部门封锁、强制交易等破坏自由统一的市场，妨碍竞争的情形。这也是我国自建立社会主义市场经济体制以来规范行政性垄断的法律为何主要是关于地区封锁或行业封锁的原因。当然，在特殊情况下，掌握了行政权力的个人可能也会为了个人私利而滥用行政权力实施排除或限制竞争的行为，只不过其仍然表现为以行政主体的名义所实施，因此在对行政性垄断进行规制时，是否有必要对公务人员的个人行为实施制裁，是一个值得关注的问题。

（三）体制原因

无论是在发达的市场经济国家，还是在像我国一样的由计划经济体制向市场经济体制转轨的国家，均存在行政性垄断。在发达的市场经济国家或地区，如美国、欧盟等，均对行政性垄断从法律的角度进行了规制。但是这些国家或地区因为市场经济的传统，即使政府对经济进行干预，其程度也是适当的，而且是谨慎的，另外，其对权力的控制和监督机制使得国内行政性垄断并不常见，也因此这些国家的反垄断法以规制经济性垄断为主。在计划经济体制下，行政权力与经济力量紧密结合，整个市场就是一种全局性的国家垄断局面。例如，我国作为一个从高度集中的计划经济体制向市场经济体制转轨的国家，1978年十一届三中全会之前，实行高度集中的计划经济体制，政府在经济生活中拥有主导和统治地位，国家行政权力渗透到经济生活的每个角落，形成了高度的国家垄断。在计划经济体制下，企业的自主经营意识淡薄，自主经营权被剥夺，行政机关干预经济运行的思维深入人心，这些"习惯"在今天依然存有惯性，我国政府以及相关部门在行使职权的过程中仍然难以绝对抛弃过去的种种习惯，加上权力控制与监督机制薄弱，行政机关过度干预企业状况非常常见，严重削弱了企业的自主经营权，而企业在过去被管得太多太死的惯性下，也很难意识到自己的权利受到了侵犯，行政性垄断表现得越发严重。因此，在转轨的过程中，由于传统体制的影响，使得我国这样的经济转轨型国家，行政性垄断相较于经济性垄断更加凸显，其危害也更加严重，规制的任务也更加紧迫。

（四）法律制度的原因

行政权力对市场经济的干预基于市场失灵的理论和实践有其正当性，但是任何权力一旦不受约束，就可能产生腐败。行政性垄断就是滥用行政权力的结果，而对权力进行约束的最有效的途径就是法律制度，尤其是责任制度。我国虽已建立了相关法律制度对行政性垄断进行规制，但是这些制度并不完善，且没有发挥其应有的作用，一定程度上放任了行政权力的滥用。首先，未形成有效衔接的行政性垄断法律规制的体系。我国关于行政性垄断的规定非常多，但其散见于诸多法律、法规和规章之中，有全国人大制定的基本法，国务院制定的行政法规，还有部委行政规章和地方人大及其常委会制定的地方性法规等，形式多样，效力参差不齐，立法标准不一，没有形成一个有机联系的行政性垄断规制体系，由此给相关执法活动带来了困难。其次，相关立法不完善，法律适用打折扣。以2008年正式实施的《反垄断法》为例，这是我国当前对行政性垄断规制最重要的专门性法律，然而《反垄断法》对行政性垄断进行规制的内容仍然存在很多不完善的地方，例如缺乏对行政性垄断的明确定义、缺乏权威统一的反垄断执法机构，在对行政性垄断进行规制的法律责任制度中，甚至没有赋予反垄断执法机构真正的处理权，而仅仅拥有向实施行政垄断的行政主体的上级机关建议的权利。另外，对于行政性垄断的规制范围、法律责任的承担方式以及对抽象行政性垄断行为的司法救济的途径都没有做出很明确的规定。实践中，对行政性垄断行为的法律规制带来了难度，最后，对行政性垄断行为制裁的力度不足，缺乏有力的责任制度，主要体现在禁止性规范多，制裁性规范少。立法绝大多数只做了禁止性规定，例如以"不得"、"禁止"为规制内容，而具体的制裁惩罚措施没有详细规定等。

二、行政性垄断的危害

（一）破坏自由、平等、公平的竞争秩序

自由、平等、公平的市场竞争秩序是市场机制发挥作用的基础，其在促进资源自由流动的同时，实现了资源的优化配置，提高了生产效率，促使了技术革新、管理创新以及经济、社会的最终发展。然而，行政机关、法律法规授权的管理公共事务的组织滥用行政权力，实行地区封锁、行业垄断或者限定或变相限定消费者只能购买其指定的经营者的商品或服务等。各种排除或限制竞争的行为实际上是排斥或限制了市场主体之间的自由、平等、公平的竞争，妨碍了市场中包括资本等各个要素的自由流动，也妨碍了市场机制作用的发挥，并可能最终妨碍社会主义市场经济体制的建立。

（二）损害经营者的合法权益

行政机关或经授权的行使公共管理职权的社会组织实施的地区封锁、行业封锁、强制交易以及强制经营者实施垄断行为的排除或限制竞争的行为，一方面剥夺或者限制了其他经营者参与市场交易的机会，另一方面也限制了被保护的经营者的经营自主权，包括财产权和人事权等，实际上对被保护的经营者而言，可能妨碍其技术创新、管理进步等，从而使其最终丧失了市场竞争力。因此，从根本上也损害了被保护的经营者的长远利益。

（三）损害消费者的权益

在自由、平等、公平的市场竞争环境中，消费者往往能获得质优价廉的商品；反之，消费者的权益自然会受到损害。行政性垄断使消费者权益受损最严重的当属自主选择权和公平交易权。所谓自主选择权，是指消费者在市场交易中享有自主选择提供商品或服务的经营者，自主选择商品品种或者服务的方式，自主决定购买或不够买任何一种商品，接受或不接受任何一项服务的权利。所谓公平交易权，是指消费者在购买商品或接受服务时，有获得质量保障、价格合理、计量正确等的公平交易的权利，有权拒绝强制交易。当行政机关强制消费者购买某种商品或接受某种服务时，消费者的选择范围实际上被缩小，而政府等行政主体通过行政权力强制交易的商品多是其保护的弱势企业的产品，往往质次价高，消费者自主选择权与公平交易权受损之结果便不难预见了。

（四）妨碍或破坏自由、统一、开放、公平竞争的市场的形成

自由、统一、开放和公平竞争的市场是市场经济体制的必然要求和基本特征，也是建立市场经济的根本。自由包括资源流动的自由和进入退出的自由；公平主要指市场主体地

位的平等和市场机会的均等，竞争过程、竞争环境、竞争结果的公平。在市场经济条件下，政府的根本职能是组织竞争、维护竞争，而不是参与竞争、限制竞争。经营自由是现代市场经济条件下市场主体最基本的权利。而行政性垄断则以地区或部门的利益为目标，将某地区和行业的经济活动与其他地区和行业的经济活动相分离，导致地区经济封锁部门经济割裂，破坏了市场经济的开放和统一，行政垄断为了谋取更多的利益，往往用行政命令的方式限制市场主体的生产经营，或者强迫市场主体交易，使得市场主体的自主经营权受到严重损害，公平竞争的秩序难以维持，最明显的是进入市场、退出市场、销售商品的权利受到侵害。

(五) 滋生腐败，破坏社会主义法治的权威

腐败虽然在实践中的表现多种多样，但其本质都是利用公权力谋取个人私利。行政性垄断是行政机关或法律法规授权的管理公共事务的组织滥用行政权力非法获取利益的行为，这种利益可以是本部门的利益、本地区的利益甚至是个人利益，实际上是就是权钱交易行为，是一种典型的行政腐败。在行政主体对经济进行管理的过程中，为了获取个人利益，容易滋生腐败；同时，腐败的滋生又容易导致新的滥用行政权力的违法行政行为的形成，破坏了依法治国，依法行政的法治原则，违背了法律面前人人平等的法律尊严，破坏了社会主义法治的权威，甚至会妨碍社会主义政治体制的完善。

第三节 行政性垄断的法律规制

行政性垄断的规制是一个系统的工程，不仅与政治体制、经济体制本身有关，而且也离不开法律制度的完善。目前，仍有理论认为，行政性垄断是中国这样的转型国家所特有的产物，而其他国家并不存在此类垄断。其实不然，在市场经济条件下，只要有政府运用行政权力干预经济的行为，就可能出现因滥用权力而产生的行政性垄断，这从各主要国家对行政性垄断的法律规制可见一斑。

一、主要国家（地区）行政性垄断法律规制概述

(一) 发达市场经济国家

行政性垄断并不是计划经济国家特有的产物，美国的经验认为，禁止政府机构对竞争进行限制，这比禁止私人部门的限制更具重要性和基础性。即使从历史上看，美国政府参与经济的程度相比是较低的，但是这个经验仍然是非常可靠的。在美国、欧盟这样的发达市场经济国家或地区基于政府对经济的干预，行政主体滥用行政权力排除或限制竞争的行为也成为法律规制的对象，但由于自由市场经济的传统及基础作用，均将其与经济性垄断一并予以规制。例如，美国《谢尔曼法》的适用对象是"Person"即"人"。虽然在其反托拉斯法中没有明确对行政性垄断的规制，但实践中通过最高院的司法判例对其适用对象"人"做出了扩大解释，即"除了自然人、合伙、公司、非公司组织及其他被联邦法、州

法及外国法所承认的商业实体外,还包括在诉讼中被作为被告的市政机关和政府官员",从而将行政垄断与经济性垄断一并归入反托拉斯法进行规制。当然,美国的"州行为理论"可能使州及地方政府限制竞争的行为合法化,即州行为在一定条件下可能被豁免。《谢尔曼法》和《克莱顿法》的任务虽然是反对限制竞争行为,但它们没有机械到反对国家选择的限制竞争政策或者国家从事的限制竞争行为。

欧盟反垄断立法的目的是基于欧共体统一市场的建立,其对行政性垄断的规制同样是缺乏明确规定,但是在实际案例中却通过对其适用对象"企业"的扩大解释来实现。"企业"在司法和执法实践中并不囿于营利性的动机,而是看其是否能作为一个法律上或经济上实体从事的是经济性活动。因此,即使是国家机关只要是从事经济性活动,就适用欧共体竞争法。欧共体法院在 Hoefner 一案中,区分了国家机构行使国家主权行为与企业行为。如果一个国家机构的活动符合欧共体法的目的,并且其权力完全是按照欧共体法的规定来行使的,那么这个国家机构的行为则可视为国家主权行为;相反,如果国家机构向市场提供的商品或者服务处于竞争性的市场,则该机构的活动应视为企业活动,适用欧共体条约规定的竞争规则。

美国及欧盟作为发达的市场经济国家,通过具有权威性的反垄断执法机构,完备的法律责任体系和成熟的立法技术实现了对行政性垄断与经济性垄断的一并规制,这对于我国反垄断立法的完善有一定的借鉴意义。

拓展阅读

Parker V. Brown 案

"州行为理论"(the state action doctrine)是在 1943 年 Parker V. Brown 一案中确定的,并在之后的司法实践中不断地得到扩展。

美国加州盛产葡萄干,90%以上的葡萄干销往其他州或国外。为了保护州农业利益,加州制定了农业分配法。该法授权州政府限制种植者间的竞争,维持农产品销售价格,授权州政府建立农产品分配顾问委员会。在种植者的要求下,顾问委员会成立了计划委员会,负责草拟市场分配计划。分配计划经顾问委员会批准,并经该地区占 51% 以上种植面积的 65% 的生产者同意后,作为一项制度生效。1940 年的分配计划,规定所有进入市场的葡萄干必须交给计划委员会设在产地的收购站。生产者在获得许可证,并按每吨 2.5 美元的标准缴纳许可费的条件下,才有将 30% 的合格产品通过普通商业渠道销售。该案原告在加州从事葡萄干生产、收购、包装与州际销售活动。原告诉称,在 1940 年计划生效以前,他已经签订了葡萄干销售合同。如果计划得以实施,他就无法履行已经签订的合同,无法进行葡萄干的州际贸易。原告认为州政府的行为违反了《谢尔曼法》,要求地区法院禁止州农业长官、州农业分配委员会成员和其他被告的行为。地区法院判决被告败诉,被告上诉至最高法院。美国最高院认为,国会制定《谢尔曼法》的意图是保护竞争,而不是限制州政府制定规则的权力;州政府作为主权单位,其限制贸易的行为不适用反托拉斯法。加州市场分配计划、成立计划委员会都是源于州政府立法的权威。州政府作为主权单位,其限制贸易的行为没有违反《谢尔曼法》。这就是美国反托拉斯法中的"州政府行为规则"根据该规则州政府行为可豁免。

(资料来源:法律教育网)

(二) 经济转型国家

相对于发达的市场经济国家,我国作为一个从高度集中的计划经济体制向市场经济体制转型的国家,现阶段行政性垄断产生的背景与俄罗斯等转型国家有着很大的相似性。这些国家对行政性垄断的法律规制对我国有一定的借鉴意义。

俄罗斯属于从计划经济体制向市场经济体制转型的国家,在其《关于竞争和在商品市场中限制垄断活动的法律》中明确了行政性垄断的主体包括联邦行政权力机构、俄联邦各部门的行政权力机构以及各市政当局。该法律详细列举了行政性垄断的表现形式,包括:(1) 指向抑制竞争的法令和行为;(2) 可能限制竞争的机构设置和权力授予;(3) 行政主体的协同行为;(4) 行政主体参与企业性活动。这些表现形式既有具体行政行为,也有抽象行政行为。俄罗斯反垄断法还赋予了反垄断主管机关即联邦反垄断局在查处行政性垄断中的相应权力,如对行政主体下达指令权、提供建议权、行政处罚权以及为查处行为所具有的获取信息权。相应的实施行政性垄断的行政主体当然地负有相应的法定义务。这种赋予反垄断主管机关相对独立和权威的地位的制度安排不仅有利于对行政性垄断行为进行制约,而且也提高了办案效率,对行政主体具有真正的约束力。另外,该法还对违反法律规定实施排除或限制竞争的行为规定了民事、行政和刑事责任,不仅相关行政主体要承担责任,相关的官员个人也可能承担相应的法律责任,这种完备的责任制度体系的设计对行政性垄断的规制起到了核心的作用。相比较而言,其立法更值得我国学习和借鉴。当然,关于转型国家,除俄罗斯外,乌克兰、匈牙利、保加利亚、罗马尼亚等国对行政性垄断的立法也值得我们研究,这里囿于篇幅不再详述。

二、我国行政性垄断的法律规制

(一) 相关法律规定

改革开放伊始,我国在建立自由竞争的市场经济体制的过程中就意识到了对行政性垄断进行法律规制的重要性,早在《反垄断法》实施以前,我国就存在大量的法律文件对行政性垄断进行规制。

最早对行政性垄断进行规制的法律文件是 1980 年国务院颁布的《关于开展和保护社会主义竞争的暂行规定》(学界一般简称为《竞争十条》)。其第 6 条规定,开展竞争必须打破地区封锁和部门分割。任何地区和部门不准封锁市场,不得禁止外地商品在本地区、本部门销售。对本地区出产的原材料必须保证按国家计划调出,不准进行封锁。工业、交通、财贸等有关部门对现行规章制度中妨碍竞争的部分,必须进行修改,以利于开展竞争。采取行政手段保护落后,抑制先进,妨碍商品正常流通的作法,是不合法的,应当予以废止。该法律文件虽然没有涉及"行政性垄断"的概念,但却最先对地区封锁和部门分割等妨碍竞争的行为作出了禁止性规定，该文件于 2001 年废止。

1990 年《关于打破地区间市场封锁进一步搞活商品流通的通知》规定，工业、商业、物资等部门的企业，可以在全国范围内选购本企业所需产品；生产企业在完成国家计划产品任务后，可以在全国销售产品；任何地区和部门都不能对企业选购或销售产品人为地干涉、设置障碍。

1993 年实施的《反不正当竞争法》是我国在《反垄断法》制定之前规范行政性垄断的主要法律。基于当时比较突出的地区垄断、部门垄断以及强制交易行为，该法明确规定政府及其所属部门不得滥用行政权力，限定他人购买其指定的经营者的商品，限制其他经营者正当的经营活动；政府及其所属部门不得滥用行政权力，限制外地商品进入本地市场，或者本地商品流向外地市场。政府及其所属部门违反规定，限定他人购买其指定的经营者的商品、限制其他经营者正当的经营活动，或者限制商品在地区之间正常流通的，由上级机关责令其改正；情节严重的，由同级或者上级机关对直接责任人员给予行政处分。被指定的经营者借此销售质次价高商品或者滥收费用的，监督检查部门应当没收违法所得，可以根据情节处以违法所得 1 倍以上 3 倍以下的罚款。据此，《反不正当竞争法》将本属于《反垄断法》规制的部分行政性垄断行为纳入其规范的范畴，只不过《反不正当竞争法》主要规范了强制交易、地区垄断和部门垄断以及相关的法律责任，对行政性垄断的规制并不全面，且相关责任制度主要为行政处分这样的内部处罚制度，因此实践中未能真正地发挥作用。

2001 年 4 月，在市场经济体制的建设中，面对地区封锁日益严重、地区间经济流动不断受阻的情况，国务院制定的《关于禁止在市场经济活动中实行地区封锁的规定》以行政法规的形式，明令禁止经济生活中各种形式的地区垄断行为，明令禁止任何单位或者个人违反法律、行政法规和国务院的规定，以任何方式阻挠、干预外地产品或者工程建设类服务（以下简称服务）进入本地市场，或者对阻挠、干预外地产品或者服务进入本地市场的行为纵容、包庇，限制公平竞争。将禁止地区封锁的范围从商品贸易领域扩展至服务贸易，且对涉及地区封锁的抽象行政行为的处理办法也作出了规定并明确了法律责任，即"任何地方不得制定实行地区封锁或者含有地区封锁内容的规定，妨碍建立和完善全国统一、公平竞争、规范有序的市场体系，损害公平竞争环境"，政府及其所属部门滥用行政权力实施行政垄断的，由上级机关责令其改正；情节严重的，由同级或上级机关对直接责任人员给予行政处分构成犯罪的，由司法机关依法追究刑事责任。但在司法实践中，行政处分收效甚微，并没有起到它应有的作用。

2008 年 8 月正式实施的《中华人民共和国反垄断法》以专门法的形式对垄断包括行政性垄断进行规制。该法律以总则和专章规定的方式建立了禁止行政性垄断的法律规范体系，将行政性垄断界定为行政机关和法律、法规授权的管理公共事务职能的组织滥用行政权力排除、限制竞争的行为，并在第 5 章明确列举了行政性垄断的具体表现形式，包括强制交易、地区封锁，以及强制经营者从事垄断行为和抽象行政垄断行为。另外，还规定了相应的法律责任制度。当然除了《反垄断法》对行政性垄断进行专门的规制外，一些相关的单行法也涉及了行政性垄断。这些单行法主要有 1997 年颁布的《价格法》，对政府部门制定垄断性行业价格的权限和程序进行了规定；对地方政府滥用职权擅自定价、调价等行为规定了行政责任。其中，引入了听证会制度，主要是政府指导制定公用事业、公益性服务、自然垄断经营的商品价格的时候，政府价格部门应该主持召开听证会，广泛征求顾客、经营者等多方面的意见。地方各级人民政府超越定价权限和范围擅自制定、调整价格的，可以通报批评或依法给予行政处分。

1999年颁布的《招标投标法》对招标投标活动中的行政性垄断行为及法律责任作了规定，该法第6条规定依法必须进行招标的项目，其招标投标活动不受地区或者任何部门的限制，任何单位和个人不得违法限制或者排斥本地区、本系统以外的法人或者其他组织参加投标，不得以任何方式非法干涉招标投标活动。第12条规定招标人有权自行选择招标代理机构，委托其办理招标事宜。任何单位和个人不得以任何方式为招标人指定招标代理机构。招标人具有编制招标文件和组织评标能力的，可以自行办理招标事宜。任何单位和个人不得强制其委托招标代理机构办理招标事宜。依法必须进行招标的项目，招标人自行办理招标事宜的，应当向有关行政监督部门备案。第62条规定任何单位违反本法规定，限制或者排斥本地区、本系统以外的法人或者其他组织参加投标的，为招标人指定招标代理机构的，强制招标人委托招标代理机构办理招标事宜的，或者以其他方式干涉招标投标活动的，责令改正；对单位直接负责的主管人员和其他直接责任人员依法给予警告、记过、记大过的处分，情节较重的，依法给予降级、撤职、开除的处分。个人利用职权进行前款违法行为的，依照前款规定追究责任，即依法所进行的招标活动，既不受地区也不受部门限制，禁止排斥或限制本地区以外的组织或法人参加投标的行为、禁止指定招标代理机构给投标人、禁止强制招标人委托招标代理机构、禁止以其他方式干涉招投标活动。

我国《药品管理法》第69条规定，地方人民政府和药品监督管理部门不得以要求实施药品检验、审批等手段限制或者排斥非本地区药品生产企业依照本法规定生产的药品进入本地区。第70条规定，药品监督管理部门及其设置的药品检验机构和确定的专业从事药品检验的机构不得参与药品生产经营活动，不得以其名义推荐或者监制、监销药品。《药品管理法》的规定旨在限制药品行业内的地方保护主义以及行政限制交易行为。

我国《行政许可法》第15条第2款规定，地方性法规和省、自治区、直辖市人民政府规章，不得设定应当由国家统一确定的公民、法人或者其他组织的资格、资质的行政许可；不得设定企业或者其他组织的登记设立及其前置性行政许可，其设定的行政许可，不得限制其他地区的个人或者企业到本地区从事生产经营和提供服务，不得限制其他地区的商品进入本地区市场。该条款试图限制行政机关利用行政许可可实施行政垄断违法行为。

从我国对行政性垄断进行规制的相关立法文件的表现形式来看，规制行政性垄断的立法文件不是少，而是相当地多，且表现形式多样，既有专门的反垄断法、相关单行法，也有行政法规、规章等其他规范性文件，但是这些法律法规在实践中所起到的效果却并不理想。

（二）行政性垄断的具体表现形式

2008年正式实施的《中华人民共和国反垄断法》以专门性立法的方式对行政性垄断行为进行了较为系统的规制，结合该法的规定，我国目前所规制的行政性垄断的表现形式包括以下几种：

1. 地区垄断

地区垄断又称地区封锁或横向垄断、块块垄断，是指地方政府及其部门或其授权的机构为了本地区的经济利益，滥用行政权力，阻碍商品在地区之间自由流通的行为。需要注意的是，地区垄断不仅仅是对商品流通的地域限制，也包括对资金、技术、人员流动以及企业跨地区联合的限制。地区垄断是我国当前行政性垄断中表现最突出、危害最大的一种，它阻碍商品的自由流通，妨碍建立统一、开放、竞争有序的市场体系，损害自由、公平的竞争秩序，危害社会主义市场经济体制的建立与完善。对地区垄断，我国从改革开放之初就有专门的规定予以规制，其相关规定主要有：1980年《关于开展和保护社会主义竞争的暂行规定》（又称《竞争十条》）；2001年发布的《国务院关于禁止在市场经济活动中实行地区封锁的规定》，2011年修订；我国《行政许可法》第15条第2款也明确规定地方性法规和省、自治区、直辖市人民政府规章，不得设定应当由国家统一确定的公民、法人或者其他组织的资格、资质的行政许可；不得设定企业或者其他组织的设立登记及其前置性行政许可。其设定的行政许可，不得限制其他地区的个人或者企业到本地区从事生产经营和提供服务，不得限制其他地区的商品进入本地区市场。2008年我国《反垄断法》的实施，以法律的形式专门系统地对地区封锁明确予以禁止。其中第33条、34条、35条就分别规定行政主体不得滥用行政权力实施妨碍商品在地区间自由流通的行为，排斥或限制外地经营者参与本地的招投标活动的行为，排斥或限制外地经营者在本地投资或设立营业机构的行为。

1）妨碍商品自由流通的行为

《反垄断法》第33条就妨碍商品自由流通的行为作出了列举性的规定，具体包括：(1) 对外地商品设定歧视性收费项目、实行歧视性收费标准，或者规定歧视性价格；(2) 对外地商品规定与本地同类商品不同的技术要求、检验标准，或者对外地商品采取重复检验、重复认证等歧视性技术措施，限制外地商品进入本地市场；(3) 采取专门针对外地商品的行政许可，限制外地商品进入本地市场；(4) 设置关卡或者采取其他手段，阻碍外地商品进入或者本地商品运出；(5) 妨碍商品在地区之间自由流通的其他行为。从法理上说，妨碍商品自由流通的地区垄断不仅表现为限制外地商品流入本地市场，也表现为限制本地商品的流出。限制外地商品流入是为了保护本地区的商品，使其免于竞争或者维持竞争优势，而限制本地商品流出主要限于一些本地特有的或者稀缺性的资源的流动。

案例链接

湖南省新化县天龙山乡盛产石墨，该乡境内各矿盛产的石墨是全县境内60家碳素石墨生产企业的原材料。天龙山乡政府为了垄断货源，独家经营，成立了天龙山石墨总公司。1993年6月22日，天龙山乡政府与毗邻的冷水江市三尖乡（也是石墨产地）政府联合发布了《关于加强石墨资源管理的联合公告》，规定"两乡人民政府授权各自的石墨公司对本乡的石墨产品统一经营管理，实地统购统销，其他个人不得从事经营活动，各矿洞生产的石墨矿砂，按乡属分别由石墨公司统一收购、统一销售"。1994年4月11日，天龙山乡人民政府又发布了《关于对石墨统购统销的规定》规定"凡属我乡管辖生产的石墨砂、石墨块的矿山企业，必须自觉服从统购统销的归口管理。不允许擅自销售给个人经营者或其他集体单位,违者执行经济上罚款和行政处理"。天龙山乡政府还未经省政府批准擅自设立检查站,并授权天龙山石墨总公司施行行政执法权和行政处罚权,对装运石墨的车辆进行检查,对违反统购统销的单位和个人除没收、罚款、收取管理费外,还对有关人员进行吊打或对单位领导予以撤职。

【分析】本案中湖南省新化县天龙山乡人民政府作为行政机关,其利用行政权力一方面设立天龙山石墨总公司,对石墨产品生产统购统销;另一方面设立检查站,防止本地的石墨产品外销,这使得其他公司购买石墨原材料只能向天龙山石墨公司购买,从而违反了《反垄断法》所禁止的强制交易的相关规定,而且其设置检查站防止本地石墨产品外销的做法也违反了《反垄断法》所禁止的设置关卡或者采取其他手段,阻碍外地商品进入或者本地商品运出的规定,是一种典型的地区封锁的行为。根据《反垄断法》第33条第4项的规定,行政机关和法律、法规授权的具有管理公共事务职能的组织不得滥用行政权力,设置关卡或者采取其他手段,阻碍外地商品进入或者本地商品运出,妨碍商品在地区之间的自由流通。

(案例来源:豆丁网)

2)排除或限制外地经营者参加本地的招投标活动的行为

《反垄断法》第34条规定行政机关和法律、法规授权的具有管理公共事务职能的组织不得滥用行政权力,以设定歧视性资质要求、评审标准或者不依法发布信息等方式,排斥或者限制外地经营者参加本地的招标投标活动。招标投标行为是指由招标人事先提出货物、工程或服务采购的条件和要求,邀请众多的投标人投标,并按照规定的程序从投标人中选择合适的交易对象的一种市场交易行为。招标投标行为本身就是一种竞争性的采购方法,在整个过程中保证程序的公开、公平和公正,是保证竞争机制发挥作用的基础,有利于提高市场效率和促进社会经济的长远发展。但是在市场化的招标投标过程中,如果地方政府或其部门仅仅为了地方利益甚至某些行政官员仅是为了一己私利,干涉招投标活动,暗中安排本地企业或者关系企业中标,势必在实质上排除或限制竞争,久而久之也就损害了市场效率,阻碍了经济的发展。对限制竞争的招标投标活动除了有《反垄断法》的规范外,还有《招标投标法》及《招标投标法实施条例》等单行法对限制招投标活动予以约束,并形成了一个系统的规范体系。例如,《招标投标法》明确规定依法必须进行招标的项目,其招标投标活动不受地区或者部门的限制。任何单位和个人不得违法限制或者排斥本地区、本系统以外的法人或者其他组织参加投标,不得以任何方式非法干涉招标投标活动。并规定招标人可以根据招标项目本身的要求,在招标公告或者投标邀请书中,要求潜在投标人提供有关资质证明文件和业绩情况,并对潜在投标人进行资格审查;国家对投标人的资格条件有规定的,依照其规定。招标人不得以不合理的条件限制或者排斥潜在投标人,不得对潜在投标人实行歧视待遇。招标文件不得要求或者标明特定的生产供应者以及含有倾向或者排斥潜在投标人等的其他内容。另外,《招标投标法实施条例》对限制招投标的行为表现以列举的方式规定:招标人不得以不合理的条件限制、排斥潜在投标人或者投标人。招标人有下列行为之一的,属于以不合理条件限制、排斥潜在投标人或者投标人:(1)就同一招标项目向潜在投标人或者投标人提供有差别的项目信息;(2)设定的资格、技术、商务条件与招标项目的具体特点和实际需要不相适应或者与合同履行无关；（3）依法必须进行招标的项目以特定行政区域或者特定行业的业绩、奖项作为加分条件或者中标条件；（4）对潜在投标人或者投标人采取不同的资格审查或者评标标准；（5）限定或者指定特定的专利、商标、品牌、原产地或者供应商；（6）依法必须进行招标的项目非法限定潜在投标人或者投标人的所有制形式或者组织形式；（7）以其他不合理条件限制、排斥潜在投标人或者投标人。上述法律规范对限制招投标行为进行了列举，实践中地方政府干预招投标多是暗中进行或者说以隐秘的方式进行，判断起来具有一定的难度。

案例链接

某市冶金系统要建办公大楼，经项目核准机关核准，招标方式为向社会公开招投标。为了扶持本市本系统的企业，招标单位在指定媒体上发布的招标公告中要求潜在投标人必须是在本市有冶金专业项目的类似业绩。据悉，某冶金系统虽然有其行业的特殊性，但其要建造的是办公大楼，只是一般性的房建工程，具备相应房建资质的建筑施工企业都能完成，并不需要投标人具有冶金专业项目的类似业绩。

【分析】招标单位的做法将投标人限定在本市范围内且具备冶金专业项目的业绩，排除了本市以外的其他建筑施工企业参与投标的机会，明显地违反了《反垄断法》第34条："行政机关和法律、法规授权的具有管理公共事务职能的组织不得滥用行政权力，以设定歧视性资质要求、评审标准或者不依法发布信息等方式，排斥或者限制外地经营者参加本地的招标投标活动。"因此构成限制跨地区招投标的地区垄断。当然，该行为也违反了招标投标单行法及相关细则关于限制跨地区招标投标的相关具体规定。

（案例来源：和讯网）

3）排斥或限制外地经营者在本地投资或设立营业机构的行为

我国《反垄断法》对行政机关和法律、法规授权的具有管理公共事务职能的组织滥用行政权力，采取与本地经营者不平等待遇等方式，排斥或者限制外地经营者在本地投资或者设立分支机构的行为明确予以禁止。滥用行政权力限制外地经营者在本地投资或设立营业机构的实质就是限制资本的自由流动，而市场经济中资本的自由流动既是市场要素的自由流动，更是资源有效配置的前提，因此，限制资本的自由流动实际上就是限制了竞争，从而阻碍了市场竞争机制发挥作用。具体来说，包括限制外地经营者在本地投资设厂，设立分支机构或者限制外地经营者对本地经营者的兼并、收购、参股、控股、重组等。常见的限制资本自由流动的方式包括在外地企业的设立方面，如提高设立的门槛，设置繁琐的审批程序和条件，增加对外地企业资金来源及运用的审查次数，规定与外地企业投资无关的资质条件或要求外地企业提供不必要的高额担保，给予本地企业更多的税收优惠或其他照顾等；在企业组织结构方面，如限制或禁止外地经营者收购本地经营者等。除此之外，实践中可能还存在逆向限制的问题，表现为本地政府一味地只注重招商引资，给予相对于本地经营者更多的优惠，即所谓的"外来的和尚好念经"，从而使得本地企业无法获得公平竞争的机会。

2. 部门垄断

部门垄断又称为行业垄断①、纵向垄断或条条垄断，是指政府行业行政主管部门为了本部门的利益，利用其合法拥有的经济管理职权，排除或者限制竞争的情形。部门垄断在我国《反垄断法》中没有明确的禁止，其定义在理论上也存在争议，在此借鉴多数学者的说法，即认为"行业垄断是国家行业行政主管部门为了某一特定部门的利益滥用其合法拥有的投资权、资源管理权、财证权、企业管理权及其他行政管理权力排斥、限制、禁止本行业以外的经营者或本行业内其他经营者从事某种经营活动的行为"。关于部门垄断是指中央政府部门或地方政府部门（包含授权管理某一行业的全国性或地方性行政性公司）为了本部门的利益，利用其合法拥有的管理经济事务的行政职权排除或限制竞争的行为。在实践中，其典型的形式还表现为行政权力和经济实体结合起来的行政性公司，这些主体政企不分，利用其掌握的行政权力很容易排斥或限制竞争。

拓展阅读

1999 年国务院办公厅转发国家经贸委等部门的《关于清理整顿小炼油厂和规范原油成品油流通秩序意见》（即"38 号文件"）和《关于进一步整顿和规范成品油市场秩序的意见》（即"72 号文件"）及其他相关文件可以说改变了中国成品油零售批发的市场格局，赋予了中石油、中石化和中海油三家石化集团在有关石油的开采、炼制、进口、批发和零售等几乎所有方面的垄断权，从而在石油行业高筑起了行业壁垒，直接导致了行业垄断的出现。

在我国的民航领域，虽然民航在运营过程中早已经市场化，国内航空公司都已经作为市场主体参与到市场竞争中去，但是该行业仍然有很多方面需要行政审批或者被行业主管部门管理。尤其是热门航线与黄金时刻被称为"生命线"，直接决定航空公司的经济效益。现在的民航，申请某条航线的经营权并不难，难的是拥有航班时刻。而对于已经作为市场经济中的竞争主体的航空公司来说，中国民航的航班时刻分配，还主要是通过行政配给。因此，在航班时刻分配上，民航总局作为行业主管部门滥用权力排除地方支线航空公司的竞争将黄金时刻分配给国有大型航空公司的行为就是典型的部门垄断。

（资料来源：百度文库）

3. 强制交易

行政强制交易又叫指定交易，是指行政机关和法律、法规授权的具有管理公共事务职能的组织滥用行政权力，限定或者变相限定单位或者个人只能经营、购买、使用其指定的经营者提供的商品或服务的行为。行政强制交易行为的实质是行政主体利用其掌握的行政权力，违背市场交易中的平等自愿原则，强迫交易相对人只能经营、购买、使用其指定的经营者的商品或服务的行为，该行为直接损害了交易相对人的经营自主权或自主选择权。这里的交易相对人可以是其他经营者也可以是消费者；与此同时，损害了其他同类产品或

---

① 这里的行业垄断是指行业行政主管部门滥用其行政管理职权排除或限制竞争的行为，因此行业指行业行政主管部门，而不是经济生活领域中具体的行业。

服务的经营者的平等竞争的权利，或者说排斥或限制了其他经营者平等的参与市场交易的机会。

行政强制交易的基本形式既可以表现为强制购买，也可以表现为强制出售；既可以是强制交易相对人只能经营、购买、使用行政主体自己提供的产品或服务，也可以是强制交易相对人只能经营、购买或使用行政主体指定的其他经营者的产品或服务。一般而言，行政主体指定的经营者主要是其挂靠企业或者关系企业；既可以是直接限定，也可以是变相限定，比如明示只能向其指定的某某企业购买产品就是典型的直接限定，而变相限定则是通过隐秘的或者潜在的方式给予某关系企业或挂靠企业一定的优惠或者使关系企业或挂靠企业处于优势地位，例如给予关系企业税收减免的优惠或者通过对其他经营者实施重复检验、拖延行政许可等方式实质上阻碍了交易相对人向其他经营者购买、使用商品或服务的行为，等等。

案例链接

2010年1月8日，广东省某市政府召开政府工作会议，会议的主要内容是落实省政府加强道路交通安全管理，推广应用卫星定位汽车行驶记录仪。在会议纪要中，市政府明确指定新时空导航科技有限公司（以下简称新时空公司）自行筹建的卫星定位汽车行驶监控平台为市级监控平台，要求该市其余几家GPS运营商必须将所属车辆的监控数据信息上传至新时空公司平台。此后，该市物价局依据该会议纪要，又批复同意新时空公司对其他GPS运营商收取每台车每月不高于30元的数据接入服务费。2010年5月12日，该市政府办公室印发了《强制推广应用卫星定位汽车行驶记录仪工作方案》，明确要求全市重点车辆必须将实时监控数据接入市政府指定的市级监控平台。2010年11月11日，该市政府又召开政府工作会议，形成"市政府工作会议纪要2010年第79期"，重申了上述要求，并要求交警部门对未将监控数据上传至新时空公司平台的车辆，一律"不予通过车辆年审"。2011年1月26日，该市易流科技有限公司等3家汽车GPS运营商联名向广东省工商局投诉，反映该市政府在强制推广汽车GPS工作中的行政行为涉嫌滥用行政权力排除、限制竞争。3月25日，3家企业又向广东省人民政府法制办公室就该市政府上述行政行为提起行政复议。

调查发现，截至2010年年底，该市共有GPS运营商11家，其中新时空公司、威霸公司、易流公司等运营商建有企业监控平台。在确定新时空公司自建的监控平台为市级平台以前，该市所有GPS运营商管理的车辆监控信息均由其直接上传至省级监控数据中心。由于市政府不恰当地介入，严重破坏了当地GPS运营商的市场竞争格局。

【分析】这是一起典型的行政机关指定交易的案例，该案广东省某市政府通过会议纪要的形式并通过要求市交警部门对未将监控数据上传至新时空平台的车辆采取不予通过车辆年审的强制措施，限定该市的GPS运营商向其指定的企业即新时空导航科技有限公司（简称新时空公司）提交有关车辆的监控数据信息，并必须向新时空公司每辆车每月缴纳30元的数据接入费，这使得该市在企业监控平台这一原本竞争领域中实际排除了指定公司以外的其他公司的竞争，严重破坏了该市汽车GPS运营服务市场的竞争格局。违反了《反垄断法》第32条"行政机关和法律、法规授权的具有管理公共事务职能的组织不得滥用行政权力，限定或者变相限定单位或者个人经营、购买、使用其指定的经营者提供的商品"，构成强制交易。

（案例来源：安丰网）

4. 强制经营者从事垄断行为

我国《反垄断法》第36条规定，行政机关和法律、法规授权的具有管理公共事务职能的组织不得滥用行政权力，强制经营者从事《反垄断法》所规定的垄断行为。《反垄断法》所规定的垄断行为包括达成垄断协议、滥用市场支配地位、经营者集中。强制经营者从事垄断行为侵害了经营者的经营自主权，也损害了其他经营者获得公平竞争机会的权利。首先，构成该行为需注意的是行为主体是行政机关和法律、法规授权的具有管理公共事务职能的组织而非经营者；其次，上述行为主体滥用了行政权力；再次，强迫市场主体违背自己的意愿从事我国《反垄断法》所规定的排除或限制竞争行为，包括强制市场主体签订垄断协议、强制市场主体滥用市场支配地位、强制市场主体实施反垄断法所禁止的经营者集中。

拓展阅读

强制经营者从事垄断行为在实践中频频出现，例如行业主管部门利用其行政管理职权限制行业内经营者的竞争，比较典型的有国内民航主管部门多年来为了维持其高价格禁止航空公司销售打折机票而颁发禁折令强制各航空公司维持统一定价的行为，该行为实际上促使各航空公司之间形成了一种价格卡特尔。另外，行政主体牵头的经营者集中行为即行政性的"拉郎配"现象在实践中也层出不穷。"拉郎配"是指政府强迫企业加入某个企业集团或者强迫经济效益好的企业接受某些经济效益不好的企业，比较典型的案件有北京万辉药业与北京制药厂兼并案。北京双鹤药业股份有限公司是一个国有控股的上市公司，北京制药厂是其最大的股东。2000年时北京双鹤药业效益较好，当时北京市政府内部有一个政策，即每一个效益好的上市公司都应带上一个效益不好的国有企业。这样，在政府的操作下，就由市属国有企业万辉药业兼并了北京制药厂。当年此消息一出，就引起双鹤药业股票价格的剧烈下滑，该项兼并导致了双鹤药业背上了沉重的包袱。另外，行政性的"拉郎配"还可能导致市场集中，改变市场结构，导致滥用市场支配地位的情形。

5. 抽象行政垄断行为

抽象行政垄断行为即行政机关滥用行政权力，通过实施抽象行政行为的方式来排除或限制竞争的行为。行政机关所实施的抽象行政行为包括行政立法和制定行政规范性文件。所谓行政立法，主要包括行政法规和规章，而行政规范性文件是指行政主体在法定权限内制定的除行政法规和规章之外的决定、命令等普遍性行为规则的总称，俗称"红头文件"。实践中多表现为"行政措施"、"决定"、"命令"，甚至以"报告"、"纪要"、"答复"、"意见"、"通知"、"解释"、"说明"、"函"等形式发布。相对于具体行政垄断行为，抽象行政垄断行为可以在一段时期内反复适用，其适用面更广、影响更大，且实际上行政机关实施上述各种行政垄断行为都可以通过抽象行政垄断行为的方式来实施，再加上在我国《行政诉讼法》2014年11月1日修订以前,抽象行政行为并不属于司法机关受案范围不接受法院的审查,因此长期以来并不具有可诉性,故难免出现行政主体通过制定行政法规或行政规范性文件的方式实施反竞争的行为而不受法院审查的情形,所以在实践中其造成的危害也更大。因此,在对行政性垄断行为进行规制的时候,必须重视对抽象行政垄断行为的控制。

案例链接

某省政府下发了关于支持某汽车集团公司发展的指导意见并以行政命令的方式在全省执行。意见中的主要内容是:省内要尽量购买该汽车集团的汽车。县级以上行政单位,经批准购买汽车的要按规定的标准首选该集团。省级机关及所属各单位购车和报废更新车辆时,必须购买该集团汽车;在该省内购买该汽车享受税收、贷款优惠等。

【分析】本案中某省政府作为地方政府系行政机关,其发布指导意见的行为系抽象行政行为,该意见的内容是以行政命令的方式要求县级以上行政单位,经批准购买汽车的要按规定的标准首选该集团。省级机关及所属各单位购车和报废更新车辆时,必须购买该集团汽车;在该省内购买该汽车享受税收、贷款优惠。其属于以抽象行政行为强制交易排除或限制竞争的行为,侵犯了各行政单位的自主选择权和其他汽车品牌厂商的公平竞争的权利。

(三)行政性垄断的法律责任制度

案例链接

河北省交通运输厅、物价局和财政厅涉嫌行政垄断的案件

2013年10月,河北省交通运输厅、物价局和财政厅联合下发《关于统一全省收费公路客运班车通行费车型分类标准的通知》(冀交公〔2013〕548号),确定自2013年12月1日起,调整全省收费公路车辆通行费车型分类,并对本省客运班车实行通行费优惠政策。客运班车通过办理高速公路ETC卡或者月票,按照计费额的50%给予优惠。2013年10月30日,交通运输厅下发《关于贯彻落实全省收费公路客运班车通行费车型分类标准有关事宜的通知》(冀交公〔2013〕574号)进一步明确规定,优惠政策"只适用于本省经道路运输管理机构批准,有固定运营线路的客运班线车辆"。据调查,通行费支出对经营者收益率影响较大。根据某运输公司测算的数据,高速公路通行费占其总收入的比重约为10%~20%。河北省有关部门对本省客运班车实行通行费优惠政策,其实质是对本省客运班车经营者按照通行费额给予经济补偿,使河北省客运班车经营者的通行费成本大幅低于其他省份相关经营者,导致外省经营者处于不利的竞争地位。以天津至石家庄线路为例,天津公司单程需缴纳通行费360元,而河北省公司则只需缴纳180元,单次差额180元。据天津一运输公司测算,仅这一线路天津公司比河北公司每年多支出130余万元。河北省有关部门的上述做法,损害了河北省客运班车经营者与外省同一线路经营者之间的公

平竞争。国家发展改革委就相关问题与交通运输部进行了沟通确认，并已经依据《反垄断法》相关规定，向河北省人民政府办公厅发出执法建议函，建议其责令交通运输厅等有关部门改正相关行为，对在本省内定点定线运行的所有客运企业，在通行费上给予公平待遇。通过改正相关行为，有利于保证所有客运企业之间的公平竞争。

（案例来源：新华网）

  法律责任制度是一项法律制度发挥实效的关键。对于行政主体滥用行政权力排除或限制竞争的行为，行政机关应当承担相应的法律责任。我国《反垄断法》第51条明确规定，行政机关和法律、法规授权的具有管理公共事务职能的组织滥用行政权力，实施排除、限制竞争行为的，由上级机关责令改正；对直接负责的主管人员和其他直接责任人员依法给予处分。反垄断执法机构可以向有关上级机关提出依法处理的建议。法律、行政法规对行政机关和法律、法规授权的具有管理公共事务职能的组织滥用行政权力实施排除、限制竞争行为的处理另有规定的，依照其规定。

  我国《反垄断法》对行政性垄断规定的法律责任系行政责任且仅限于"由上级机关责令改正"和"依法给予处分"或者反垄断执法机构可以向有关上级机关提出依法处理的"建议"。由此可以看出，我国对于行政性垄断仅仅规定了行政系统内部自我监督的方式，并没有赋予反垄断执法机构相应的处罚权力，而仅仅是赋予其向实施行政性垄断的行政主体的上级机关的建议权。上述案例中，国家发改委就是选择向河北省人民政府办公厅发出执法建议函，建议其责令交通运输厅等有关部门改正相关行为。而实践中，行政性垄断往往就是上级行政机关的旨意或者在其默许下进行的，因此很难起到监督的作用；再加上作为反垄断法执法机构，不仅在法律地位上没有被赋予较高的权威，而且在行政性垄断的法律责任制度中也只有建议权而没有处罚权，因此排除了反垄断执法机构的管辖；再者上述法律责任制度没有规定司法救济的途径，尤其是对于抽象行政垄断行为法院并不能对抽象行政行为进行审查；行政性垄断对其他经营者和消费者造成的损失如何补救的问题也没有涉及。因此《反垄断法》的制定虽然使得我国对行政性垄断的规制有了一个相对比较完备的体系，但是要使得其真正地发挥作用，还有赖于法律的进一步细致和完善。例如，在责任形式上，应当建立起完备的民事责任、行政责任和刑事责任的责任体系；在具体的责任承担方式上，进一步细化，如民事赔偿原则和数额、行政处罚方式等；建立其统一的、权威的反垄断执法机构，赋予反垄断执法机构对实施行政性垄断的主体处罚权而不仅仅是建议权，规定具体的处罚方式；规定法院对行政性垄断的司法管辖权，除了对具体行政垄断进行管辖，还应当赋予法院对抽象行政垄断的审查权利。基于抽象行政行为的排除、限制竞争行为的影响面更广，危害性更严重，而我国法院在审理行政诉讼时对抽象行政行为又不予审查的情形，不可不说是一种缺陷，因此衔接好《反垄断法》与行政程序法律制度非常重要。2014年11月1日上午，第十二届全国人民代表大会常务委员会第十一次会议审议通过《全国人民代表大会常务委员会关于修改〈中华人民共和国行政诉讼法〉的决定》（以下简称《决定》）。该《决定》全文共计61条，自2015年5月1日起施行。这是行政诉讼法自1989年制定后作出的首次修改。修改的最大亮点之一是扩大了行政诉讼的受案范围，将行政机关滥用行政权力排除、限制竞争的行为作为人民法院的受案范围；把"具体行政行为"修改为"行政行为"，此外，对于规章以下的规范性文件，也就是俗称的"红头文件"，《决定》规定可以在提起具体诉求时提出审查请求，这已是一大进步。

本章小结

行政性垄断是行政机关或法律法规授权的具有管理公共事务职能的组织滥用行政权力排除或限制竞争的行为。其具体表现形式包括地区垄断、行业垄断、强制交易、强制经营者从事垄断行为以及抽象行政垄断行为。行政性垄断虽为行政违法行为，但其实质上与经济性垄断一样，侵犯了公平自由的竞争关系，属于竞争法规制的范畴。在我国2008年正式实施的《反垄断法》中，以总则和专章的方式对行政性垄断做了专门的规定，包括具体行政性垄断行为的界定、种类及其相关法律责任制度，只不过有关行政性垄断的法律责任制度侧重于行政机关的内部自我监督，如由"上级机关责令改正"、"依法处分"等，实践中很难起到规制的效力，而鉴于我国在体制上作为一个由计划经济向市场经济转型的国家，行政性垄断的层出不穷以及其对经济和社会的严重阻碍，我国有必要对行政性垄断的相关法律制度尤其是法律责任制度进一步完善、细化。

技能训练

正确分析生活中出现的行政性垄断的现象，并结合现有的法律，从上级行政机关、经营者以及司法机关等不同的角度提出解决相关行政性垄断争议的方法。

目的：正确理解我国目前行政性垄断法律规制的内容，并能分析其不足和思考完善的措施。

实践活动

根据行政垄断的理论知识，观察社会经济生活中的现象，并列举自己周边发生的或者通过各种新闻、网络、其他媒体所了解到的有关行政性垄断的例子，如地区垄断、行业垄断、强制交易以及强制经营者从事垄断行为的行政性垄断，并能够正确适用法律。

本章练习

一、不定项选择题

1. 某市政府所属有关部门的下列哪一行为违反《反垄断法》的规定？（   ）
    A. 市卫生局成立的儿童保健专家组受某生产厂家委托，对其婴儿保健产品提供质量认证标志并收取赞助费
    B. 市工商局和市电视台联合举办消费者信得过产品评选活动，评选中违反公平程序而使当选的前八名全部为本市产品
    C. 市交管局规定，全市货运车辆必须在指定的两种品牌中选择安装一款车辆运行记录器，否则不予年检；其指定品牌为本地的"波浪"牌和法国的NJK牌
    D. 市政府决定对市酒厂减免地方税以提供财政支持
2. 甲市某酒厂酿造的"蓝星"系列白酒深为当地人喜爱。甲市政府办公室发文指定

该酒为"接待用酒",要求各机关、企事业单位、社会团体在业务用餐时,饮酒应以"蓝星"系列为主。同时,酒厂公开承诺:用餐者凭市内各酒楼出具的证明,可以取得消费100元返还10元的奖励。下列关于此事的说法哪一项是不正确的?(   )

    A. 甲市政府办公室的行为属于限制竞争行为

    B. 酒厂的做法尚未构成商业贿赂行为

    C. 上级机关可以责令甲市政府改正错误

    D. 监督检查部门可以没收酒厂的违法所得,并处以罚款

3. 行政垄断的主体是(   )。

    A. 行政机关　　　　　　B. 法律、法规授权的具有管理公共事务职能的组织

    C. 行业协会　　　　　　D. 大型国有企业

4. 根据《反垄断法》的规定,下列属于行政垄断行为有(   )。

    A. 某市工商局对来本市经营的外地分公司领取营业执照收取登记费

    B. 某市国有资产监管机构参与本市S国有独资公司兼并M公司的表决

    C. 某省政府要求相关部门对所有本省生产的啤酒免检,对外地进省的啤酒严格检验

    D. 为了本省汽车企业形成规模,某省国有资产监督管理委员会决定将本省甲乙两汽车生产企业合并

5. 滥用行政权力排除、限制竞争的行为是我国《反垄断法》规制的垄断行为之一。关于这种行为,下列哪些选项是正确的?(   )

    A. 实施这种行为的主体,不限于行政机关

    B. 实施这种行为的主体,不包括中央政府部门

    C.《反垄断法》对这种行为的规制,限定在商品流通和招投标领域

    D.《反垄断法》对这种行为的规制,主要采用行政责任的方式

6. 下列有关行政垄断的说法正确的是(   )。

    A. 行政机关制定含有限制竞争内容的规章属于行政垄断

    B. 具有市场支配地位的经营者限定单位或者个人经营、购买、使用其指定的经营者提供的商品的行为属于行政垄断

    C. 某市工商管理机关对于进入本市的奶制品都进行统一的有害添加剂检测,该行为属于滥用行政权力排除限制竞争

    D. 行政机关和法律法规授权的具有管理公共事务职能的组织滥用行政权力排除限制竞争的,应当承担民事赔偿责任

7. 下列哪些行为属于《反垄断法》所规定的行政垄断行为?(   )

    A. 限定交易行为　　　　B. 地区封锁

    C. 强制垄断行为　　　　D. 抽象垄断行为

8. 下列不属于反垄断法所禁止的滥用行政权力排除、限制竞争行为的是(   )

    A. 限制外地商品进入本地市场

    B. 限制外地经营者参加本地招标投标

    C. 通过颁布行政规范性文件的方式限制外地企业与本地企业进行竞争

D. 提高对市场上销售某类所有产品的检验标准

9. 根据《反垄断法》的规定,下列各项中,属于滥用行政权力排除、限制竞争行为的有( )。

　　A. 行政机关和法律、法规授权的具有管理公共事务职能的组织滥用行政权力,限定或者变相限定单位或者个人经营、购买、使用其指定的经营者提供的商品的行为
　　B. 对外地商品设定歧视性收费项目、实行歧视性收费标准,或者规定歧视性价格
　　C. 强制经营者从事垄断行为
　　D. 排斥或者限制外地经营者在本地投资或者设立分支机构

10. 下列哪一选项属于《反不正当竞争法》和《反垄断法》均明文禁止的行为?( )

　　A. 甲省政府规定,凡外省生产的汽车,必须经过本省交管部门的技术安全认证,领取省内销售许可证以后,方可在本省市场销售
　　B. 乙省政府决定,在进出本省的交通要道设置关卡,阻止本省生产的猪肉运往外省
　　C. 丙省政府规定,省内各机关和事业单位在公务接待等活动时需要消费香烟的,只能选用本省生产的"金丝雀"牌香烟,否则财政不予报销
　　D. 丁省政府规定,外省生产的化肥和农药在本省内销售,一律按15%的环保附加费

二、案例分析题

1. 某市住房保障和房产管理局（以下简称市房管局）下发了《关于〈加强个人住房贷款担保服务管理若干规定〉的通知》,其中关于担保程序的第一项指出,借款人应先向指定的担保公司提出贷款申请,填写抵押贷款担保申请表。《通知》规定,借款人与银行签订借款合同,同时与担保公司签订抵押合同。由此可知,贷款银行只有在确认指定的某担保公司与借款人签订了抵押担保合同,并收到该担保公司出具的放款通知书后,贷款部门才会依照约定的划款方式和时间将借款人申请的贷款转到售房单位指定账户。综上所述,该担保公司收取的担保服务费具有一定的强制性。贷款购房者在办理个人住房贷款手续时,被强制接受该担保公司提供的担保服务,并需要交纳数额不等的担保费、服务费。请对该行为进行分析,是否违反我国《反垄断法》的规定,请具体分析和说明理由。如果处于反垄断执法机关的角度,应当如何处理,为什么?

2. 某镇盛产水蜜桃、油茶等水果,每年需要大量纸箱、桃筐等,某纸箱店为了谋取垄断性的经济利益,承诺给予该镇财政所一定的分红。于是该镇财政所为了谋取经济利益,给这一纸箱店制定了优惠政策,买他们的纸箱或桃筐,减收特产税。一车油茶可以减税110~220元,1吨水蜜桃可以减税44元。尽管财政所没有强制水果商必须购买该纸箱店的纸箱、桃筐,但水果商还是争相购买。请分析该案是否适用我国《反垄断法》的规定,并具体说明理由。

第三编 反不正当竞争法

第九章

反不正当竞争法概述

反不正当竞争法一般是从诚实信用和商业道德的反面来定义不正当竞争行为的,由于"诚实信用"、"商业道德"等标准并非法律上的规范术语,各国在反不正当竞争立法中往往在一般定义之后罗列了应受处罚的具体不正当竞争行为。不正当竞争行为受到国家有关行政机关的监督检查,市场主体违反法律规定义务实施不正当竞争行为的,须承担相应的法律责任。

学习目标

知识目标:
掌握我国不正当竞争行为的概念、特征及表现形式;
掌握我国对不正当竞争行为的监督检查和法律制裁内容。

能力目标:
能够正确认识《反不正当竞争法》与《反垄断法》的联系与区别;
能够运用反不正当竞争法的基本理论分析市场竞争行为引起的法律纠纷案件。

第一节 不正当竞争行为的法律界定

案例引导

德国在华子公司陷入商业诋毁纠纷

2007年7月6日,某社区网站在企业资讯栏目刊登《声明》,该声明第一段使用加粗字体称:"诺托·弗朗克公司为德国诺托·弗朗克国际集团在华唯一全资子公司,温州诺托公司及其所销售产品与德国诺托(ROTO)无关。中国市场出现的任何其他所谓'中国诺托'牌或'诺托'、'NUOTUO'牌产品属于冒牌产品",下方有"诺托中国"、"ROTO及图"标识及含有诺托·弗朗克公司优势、目标及其产品等内容的介绍。该《声明》注明来源为诺托·弗朗克公司。温州诺托公司认为,《声明》中的"冒牌"一词对该公司及其产品有贬损竞争对手及其产品之意,会使读者对被贬损的企业及其产品产生负面印象,对公司的商业信誉造成了损害。于是以商业诋毁为由,将诺托·弗朗克公司诉至法院,要求诺托·弗朗克北京公司停止侵权、赔偿损失、赔礼道歉。北京市第一中级人民法院终审判决诺托·弗朗克北京公司删除侵权声明、在网站上赔礼道歉、赔偿经济损失3万元。

【问题】诺托·弗朗克北京公司所发布的《声明》属于一种什么性质的行为？

【分析】诺托·弗朗克北京公司与温州诺托公司是同行业竞争者，理当公平竞争。作为同行业竞争者，诺托·弗朗克公司发布《声明》应当注意避免有损竞争对手声誉的言辞，注意相互尊重，诺托·弗朗克公司明知"属于冒牌产品"一语关乎经营者市场声誉及其企业形象，仍借助媒体予以公开发布，已给温州诺托公司的商誉及市场经营造成不良影响，构成商业诋毁的不正当竞争行为。

（案例来源：中国法院网）

一、不正当竞争行为的概念与特征

不正当竞争行为有广义和狭义之分。广义上的不正当竞争，包括垄断、限制竞争和其他违反商业道德行为在内的所有破坏竞争的行为。狭义的不正当竞争，是指除垄断、限制竞争行为以外的破坏竞争的行为，即只限于不正当竞争行为。目前大多数国家的不正当竞争立法都采用狭义的概念。

（一）不正当竞争行为的概念

通常认为，不正当竞争行为是指以违背诚实信用原则和公平竞争的商业道德手段从事市场交易，扰乱社会经济秩序的行为。不正当竞争行为的实质是违反诚实信用的商业惯例和公认的商业道德的行为。

表9.1　　　　　　　　　　　　　　不正当竞争行为概念

法律（条约）	地位	有关定义
1896年德国《反不正当竞争法》	世界上第一个专门禁止不正当竞争行为的法律	不正当竞争行为是在营业中为竞争目的采取违反善良风俗的行为，它包括所有的工商业领域中与诚实惯例相背离的行为和与普遍公认的商业道德相背离的行为
1900年《保护工业产权巴黎公约》布鲁塞尔修订本	世界上第一个规定反不正当竞争行为的国际条约	凡在工商业活动中违反诚实经营的竞争行为即构成不正当竞争行为
1934年日本《不正当竞争防止法》	亚洲最早的现代竞争法律	
1993年中国《反不正当竞争法》	我国第一部全面规范市场竞争秩序的法律	经营者在市场交易中，应当遵守自愿、平等、公平、诚实信用的原则，遵守公认的商业道德。本法所称的不正当竞争是指经营者违反本法规定，损害其他经营者合法权益，扰乱社会经济秩序的行为

(二) 不正当竞争行为的特征

经营者的行为构成不正当竞争的，必须具备以下特征：

（1）不正当竞争行为的主体是经营者。所谓经营者，是指从事商品经营或营利性服务的法人、其他经济组织和个人。我国《反不正当竞争法》第2条第3款对经营者作了相应界定。非经营者不是竞争行为主体，所以也不能成为不正当竞争行为的主体。但是在有些情况下，非经营者的某些行为也会妨害经营者的正当经营活动，侵害经营者的合法权益，这种行为也是反不正当竞争法的规制对象。比如，政府及其所属部门滥用行政权力妨害经营者的正当竞争行为就是这种类型。

案例链接

中国食品添加剂生产应用工业协会是否应认定为"经营者"？

2004年1月16日，欧洲博闻公司与上海博华国际展览有限公司（以下简称博华公司）就共同举办亚洲食品配料及技术展览会（以下简称FIA）签订备忘录，约定：欧洲博闻公司为FIA的主办单位，负责整个展会的预算及成本核算，负责海外市场展商的组织工作、宣传工作等；博华公司向欧洲博闻公司提供本地开支及费用，负责中国地区的市场推广、宣传、现场服务等；博华公司与案外人上海科技展有限公司（以下简称会展公司）订立联合办展的协议书。

2005年1月20日中国食品添加剂生产应用工业协会（以下简称委中食添协会）和中国国际贸易促进委员会轻工行业分会（以下简称轻工分会）共同发布中食添协（2005）第03号《关于第十届中国国际食品添加剂和配料展览会（FIC2006）参展若干问题的通知》。该文发文对象是"各参展单位"。文中称："为了避免多头参展给企业造成时间、人力和财力的浪费，我们优先安排只参加FIC2006企业的展位，建议凡报名参加了在相近时间、相同城市举办的内容相似的其他展会的单位，不要再申请FIC2006的展位，以满足其他企业的参展需求。"中食添协会于2005年12月14日发布中食添协（2005）45号《关于CMP公司在巴黎FIE展上粗暴侵犯中国展团权益和在上海举办的两个展会（FIC和FIA）相关情况的通报》。该文发文对象是"各会员单位和参展单位"。文中称："本月12日，协会召开了协会副理事长、各专业委员会主任委员和秘书长单位通讯会议。参加会议的各副理事长、专业委员会主任委员单位和专业委员会秘书长全票一致同意对CMP公司实施制裁，要求协会会员单位和参展商从2006年起不再参加FIA的展出活动。对已交了费用并退出FIA的单位，可做适当补偿处理。凡是继续参加FIA的单位，FIC展将不再分给展位。"该文还称："CMP公司是一家一贯不讲诚信，不讲信誉，不讲游戏规则的公司，其所谓的全球战略就是要独霸全球各大洲的食品添加剂和食品配料展览市场，实行高价格垄断，为了达到这个目的，他们不择手段，不讲规则。"上述CMP公司即指欧洲博闻公司。

中食添协会是全国性行业组织。协会章程载明：协会是非营利性的社会团体。协会以为食品添加剂和食品配料行业服务为宗旨，以促进行业稳定、健康的发展为目的。协会接受政府委托搞好行业管理，反映行业情况与意见，维护会员合法权益，发挥政府与行业之间的桥梁与纽带作用。

中国国际食品添加剂和配料展（以下简称 FIC）于 2006 年 3 月 1 日至 3 日在上海举行，主办单位为中食添协会和轻工分会，展会内容为食品添加剂、食品配料、相关检测仪器及生产设备等，参展商需交展位费。

本案中的中食添协会虽然属于政府委托进行行业管理的全国性行业组织，但从其行为性质来看，其系 FIC 展会的举办单位，从事了展会的有偿经营活动，性质上属于提供营利性服务的经营者，且与案中欧洲博闻公司、博华公司存在竞争关系，其行为应受《反不正当竞争法》的规制。

（案例来源：北京知识产权律师网）

拓展阅读

对经营者的两种解释：主体资格说和行为性质说

理论界关于经营者概念主要有两种学说：主体资格说和行为性质说。

主体资格说通常从主体资格角度理解经营者，认为只有专门从事商品生产和经营以及营利性服务的具有法定从商资格的主体才能成为法律意义上的经营者，即只有经依法核准登记领取营业执照、具有从事经营活动资格的单位和个人，才能成为经营者。

行为性质说从主体行为的角度对经营者进行广义的解释，认为虽不具有经营资格的经营主体，但参与经营活动而实施不正当竞争时，也认为属于反不正当竞争法上的经营者，企业的职工代表或者代理他人实施经营行为的人、无营业执照而从事经营活动的个人、利用业余时间从事营利性推销活动的个人以及行政机关等都可以归入此类经营者，而不再是经营者的例外。

事实上，主体资格说对经营者如此严格的解释使《反不正当竞争法》的适用范围受到了诸多限制，不利于法律的有效规制。行为性质说一改主体资格说从主体入手分析的局限，而着眼于行为，从行为的经营性入手，把所有经营性行为都纳入《反不正当竞争法》的调整范围，扩充了《反不正当竞争法》的适用空间。行为性质说是当前司法实践中的主流观点。如国家工商总局 1995 年发布的《关于禁止侵犯商业秘密行为的若干规定》中，已经明确企业职工（个人）可以成为侵犯商业秘密行为的主体，即对于侵犯商业秘密这种不正当竞争行为而言，个人属于"经营者"的范畴，很显然在这里的"经营者"是按照行为性质来界定的。《关于公办学校收受商业贿赂行为是否受〈反不正当竞争法〉调整问题的答复》（工商公字〔2006〕90 号）中指出，国家工商总局《关于禁止商业贿赂行为的暂行规定》第九条第二款中的"有关单位"，是指在商品交易中收受商业贿赂的单位，不受单位性质的限制。即没有经营资格的主体，但从法律角度讲其行为破坏市场竞争秩序，也应纳入《反不正当竞争法》的规制范围。

（2）不正当竞争行为是违法行为。不正当竞争行为的违法性，主要表现在违反了《反不正当竞争法》的规定，既包括违反了该法第 2 章关于禁止各种不正当竞争行为的具体规定，也包括违反了该法第 2 条的原则规定。经营者的某些行为虽然表面上难以确认为该法明确规定的不正当竞争行为，但是只要违反了自愿、平等、公平、诚实信用原则或违反了公认的商业道德，损害了其他经营者的合法权益，扰乱了社会经济秩序，也应认定为不正当竞争行为。

（3）不正当竞争行为侵害的客体是其他经营者的合法权益和正常的社会经济秩序。不正当竞争行为的破坏性主要体现在：危害公平竞争的市场秩序；阻碍技术进步和社会生产力的发展；损害其他经营者的正常经营和合法权益。有些不正当竞争行为，如虚假广告和欺骗性有奖销售，还可能损害广大消费者的合法权益。

二、不正当竞争行为的表现形式

我国《反不正当竞争法》第 2 章共 19 个条文规定了不正当竞争行为的表现形式，包括：（1）假冒仿冒行为（2）商业贿赂行为（3）虚假宣传行为（4）侵犯商业秘密行为（5）不正当有奖销售行为（6）商业诋毁行为等六类典型的不正当竞争行为，以及五种限制竞争行为或垄断性行为：（1）强制性交易行为（2）滥用行政权力限制竞争行为（3）搭售和附加其他不合理交易条件的行为（4）低价倾销行为（5）串通招投标行为。

（一）市场混同行为（又称假冒仿冒行为）

根据《反不正当竞争法》第 5 条规定，属于这类不正当竞争行为的有：
（1）假冒他人注册商标；
（2）擅自使用知名商品特有的名称、包装、装潢，或者使用与知名商品近似的名称、包装、装潢，造成和他人的知名商品相混淆，使购买者误认为是该知名商品；
（3）擅自使用他人的企业名称或姓名，引人误认为是他人的商品；
（4）在商品上伪造或冒用认证标志、名优标志等质量标志，伪造产地，对商品作引人误解的虚假表示。

（二）商业贿赂行为

商业贿赂行为是指经营者在市场交易活动中，为争取交易机会，特别是为获得相对于竞争对手的市场优势，通过秘密给付财物或者其他报偿等不正当手段收买客户的负责人、雇员、合伙人、代理人和政府有关部门工作人员等能够影响市场交易的有关人员的行为。

我国《反不正当竞争法》第 8 条规定，经营者不得采用财物或者其他手段进行贿赂以销售或者购买商品。在账外暗中给予对方单位或者个人回扣的，以行贿论处；对方单位或者个人在账外暗中收受回扣的，以受贿论处。经营者销售或者购买商品，可以以明示方式给对方折扣，可以给中间人佣金。经营者给对方折扣、给中间人佣金的，必须如实入账。接受折扣、佣金的经营者必须如实入账。

（三）引人误解的虚假宣传

引人误解的虚假宣传是指经营者利用广告或其他方法，对商品的质量、制作成分、性能、用途、生产者、有效期限、产地等作引人误解的宣传的行为。引人误解的虚假宣传，既包括虚假宣传，也包括引人误解的宣传两种类型。

我国《反不正当竞争法》第9条规定，经营者不得利用广告或者其他方法，对商品的质量、制作成分、性能、用途、生产者、有效期限、产地等作引人误解的虚假宣传。广告的经营者不得在明知或者应知的情况下，代理、设计、制作、发布虚假广告。

（四）侵犯商业秘密行为

我国《反不正当竞争法》第10条对经营者侵犯商业秘密的不正当竞争行为规定了以下几种表现形式：

（1）经营者以盗窃、利诱、胁迫或者其他不正当手段获取权利人的商业秘密；

（2）经营者披露、使用或允许他人使用以盗窃、利诱、胁迫或其他不正当手段获取的权利人的商业秘密；

（3）经营者违反约定或者违反权利人有关保守商业秘密的要求，披露、使用或者通知他人使用其所掌握的商业秘密；

（4）第三人在明知或应知商业秘密是经营者通过不正当手段获得并加以不法披露、使用或允许他人使用的情况下，仍然去获取、使用或者披露权利人的商业秘密。

（五）不正当有奖销售行为

我国《反不正当竞争法》第13条对不正当有奖销售行为规定了以下几种表现形式：

（1）谎称有奖销售或对所设奖的种类、中奖概率、最高奖金额、总金额、奖品种类、数量、质量、提供方法等作虚假不实的表示；

（2）采取不正当手段故意让内定人员中奖；

（3）故意将设有中奖标志的商品、奖券不投放市场或不与商品、奖券同时投放；故意将带有不同奖金金额或奖品标志的商品、奖券按不同时间投放市场；

（4）抽奖式的有奖销售，最高奖的金额超过5000元；

（5）利用有奖销售手段推销质次价高的商品；

（6）其他欺骗性有奖销售行为。

（六）商业诋毁行为

经营者实施的诋毁商誉行为，如通过广告、新闻发布会等形式捏造、散布虚假事实，使用户、消费者不明真相而对受到诋毁的经营者产生错误认识或怀疑心理，从而不愿或不再与之进行交易。我国《反不正当竞争法》第14条规定，经营者不得捏造、散布虚伪事实，损害竞争对手的商业信誉、商品声誉。

（七）强制性交易行为

我国《反不正当竞争法》第6条规定，公用企业或者其他依法具有独占地位的经营者，不得限定他人购买其指定的经营者的商品，以排挤其他经营者的公平竞争。

案例链接

煤气公司的行为属于不正当竞争行为吗?

2011年3月,某市一居民小区竣工,水、电、气等有待开通,竣工验收时,煤气公司的验收人员发现小区所用的煤气灶具和热水器不是煤气公司指定的有关企业的产品,就认为不符合要求,不能通气。承建小区的单位辩称:我们选用的煤气灶和热水器是具有生产许可证的企业通过认证的优质产品,质量好、价格合理,比煤气公司指定的产品畅销。煤气公司的领导要挟:必须换上煤气公司指定的产品,否则不能通气,以免出现安全问题。

该案中,煤气公司的行为属于公用企业或者其他依法具有独占地位的经营者强制交易的行为。因为这类行为限制了消费者的自主选择权,排斥了处于平等交易地位的经营者,限制了竞争,因而是一种不正当竞争行为。我国《反不正当竞争法》第6条规定,公用企业或者其他依法具有独占地位的经营者,不得限定他人购买其指定的经营者的商品,以排挤其他经营者的公平竞争。

(案例来源:豆丁网)

(八)滥用行政权力限制竞争行为

我国《反不正当竞争法》第7条规定,政府及其所属部门滥用行政权力限制竞争的行为有:(1)限定他人购买其指定的经营者的商品;(2)限制其他经营者正当的经营活动;(3)限制外地商品进入。

(九)搭售和附加其他不合理交易条件的行为

附条件交易行为是指经营者利用自己的经济优势或经营上的优势,在销售商品或提供服务时,违背购买者的意愿,搭售其他商品或附加其他不合理的交易条件的行为。我国《反不正当竞争法》第12条规定,经营者销售商品,不得违背购买者的意愿搭售商品或者附加其他不合理的条件。该行为主要包括:(1)搭售;(2)限制转售价格;(3)限制转售地区;(4)限制转售客户;(5)限制技术受让方在合同技术的基础上进行新技术的研制开发等。

(十)低价倾销行为

《反不正当竞争法》第11条规定,禁止经营者以排挤竞争对手为目的,以低于成本的价格销售商品,但规定了一些例外情形:(1)销售鲜活商品;(2)处理有效期限即将到期的商品或者其他积压的商品;(3)季节性降价;(4)因清偿债务、转产、歇业降价销售商品。

(十一) 串通招投标行为

《反不正当竞争法》第 15 条对此作了规定，投标、招标中常见的两种类型的不正当竞争行为：（1）投标者串通投标，抬高标价或压低标价的行为；（2）投标者和招标者之间相互勾结，以排挤竞争对手的行为。

根据我国在 2007 年 8 月 30 日通过的《反垄断法》中的规定，强制性交易行为在内的五种限制竞争行为或垄断行为属于《反垄断法》中的规制行为。因此，本书所提出的不正当竞争行为指的是假冒仿冒行为、商业贿赂行为、虚假宣传行为、侵犯商业秘密行为、不正当有奖销售行为、商业诋毁行为。

第二节 反不正当竞争法的概念及调整对象

一、反不正当竞争法的概念

反不正当竞争法有广义和狭义之说。广义上的反不正当竞争法，是指由国家制定的，制止经营者违反诚实信用原则或其他公认的商业道德的手段从事市场交易的各种不正当竞争行为，维护公平竞争秩序的法律规范的总称。它包括以《反不正当竞争法》为主体，其他相关法律、法规等为补充的所有法律规范。狭义的反不正当竞争法，是指反不正当竞争专门法或者特别法，在我国特指 1993 年 9 月 2 日第八届全国人大常委会第三次会议通过的《中华人民共和国反不正当竞争法》，该法于 1993 年 12 月 1 日起正式实施。本书采用广义之说。

二、反不正当竞争法的立法宗旨

我国《反不正当竞争法》第 1 条开宗明义地规定："为保障社会主义市场经济健康发展，鼓励和保护公平竞争，制止不正当竞争行为，保护经营者和消费者的合法权益，制定本法。"制定《反不正当竞争法》最有针对性的立法目的就是要制止不正当竞争行为，通过制止不正当竞争行为保护经营者和消费者的合法权益，维护社会经济秩序，鼓励和保护公平竞争，充分发挥竞争机制的积极作用，以促进社会主义市场经济的健康发展。

三、反不正当竞争法的调整对象

反不正当竞争法调整的对象是因不正当竞争行为而引发的各种社会关系。

(一) 反不正当竞争法调整的是市场交易中的竞争关系

反不正当竞争法调整的是市场交易活动中的经济竞争关系，人们在社会生活中的关系并不都是竞争关系，就是在市场交易中也并不都是竞争关系，如合作关系，社会生活中发生竞争关系的时机和场合非常多，但只有市场交易中的竞争关系才由反不正当竞争法调整。

（二）反不正当竞争法调整的是由不正当竞争行为而引发的各种社会关系

经营者在市场交易中的竞争关系，既有因正当竞争所形成的竞争关系，又有因不正当竞争行为所形成的竞争关系，因此没有不正当竞争行为，也就没有由此而产生的关系，反不正当竞争法调整的是由竞争行为而引发的各种社会关系。

四、我国反不正当竞争立法概况

我国反不正当竞争法律制度是随着市场经济改革的不断深入而逐步建立和发展起来的。20世纪80年代，我国已经在部分市场经营领域或针对部分经营者不正当竞争行为进行了法律规制，如1982年的《广告管理暂行条例》中就规定禁止广告经营活动中的不正当竞争。同时，一些地方开始进行了专门的不正当竞争地方立法。

1993年9月2日，在第八届全国人大常委会第三次会议通过的《中华人民共和国反不正当竞争法》标志着我国反不正当竞争法律体系初步形成。该法是我国第一部全面规范市场竞争秩序的法律，共5章33条，自1993年12月1日起施行。

随着反不正当竞争立法工作的不断推进，以《反不正当竞争法》为核心，包括相关法律、行政法规、部门行政规章和地方性法规等多种法律渊源在内的反不正当竞争法律体系基本形成。另外，最高人民法院于2007年1月12日发布了《关于审理不正当竞争民事案件应用法律若干问题的解释》，自2007年2月1日起施行。我国反不正当竞争法律体系如图9.1所示。

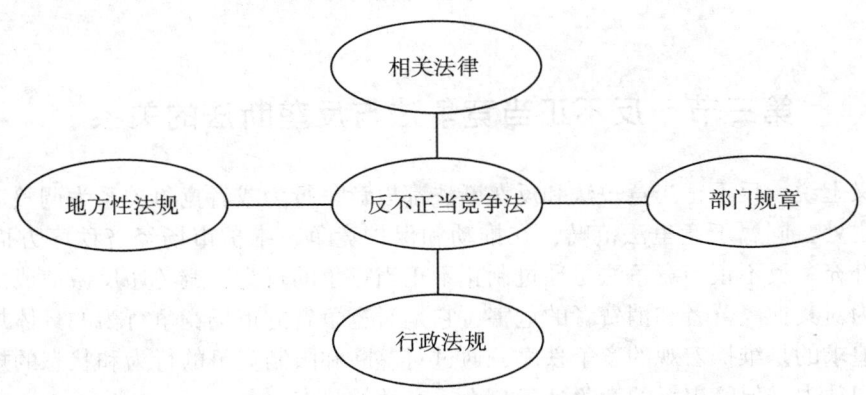

图9.1 我国反不正当竞争法律体系

在图9.1中：

相关法律：如《产品质量法》、《消费者权益保护法》、《广告法》、《价格法》、《招标投标法》等。

行政法规：如《产品质量认证管理条例》、《旅行社管理条例》等。

部门规章：如国家工商行政管理总局规定《关于禁止有奖销售活动中的不正当竞争

行为的若干规定》、《关于禁止仿冒知名商品特有的名称、包装、装潢的不正当竞争行为的若干规定》、《关于禁止侵犯商业秘密行为的若干规定》、《关于禁止商业贿赂行为的暂行规定》，国家发展计划委员会规定《价格违法行为处罚规定》、《禁止价格欺诈行为的规定》等。

地方性法规：如《四川省反不正当竞争条例》、《北京市反不正当竞争条例》、《上海市反不正当竞争条例》等。

拓展阅读

网络不正当竞争行为受立法关注

2010年7月，《反不正当竞争法》修订作为重点立法项目列入2010年国务院立法工作计划。2011年最新版本的修订稿已由国家工商总局提交国务院法制办。该法的修订重点之一便是扩大不正当竞争行为的界定范围。针对2010年爆发的互联网恶性竞争事件，修订稿新增了相关的条文，将利用信息技术实施的攻击、干扰和控制行为，以及利用软件外挂程序，假冒用户实施的恶意评价等行为列入了不正当竞争手段的范围。

有法学专家认为，此规定界定的范围并不能解决目前愈演愈烈的互联网恶性竞争。3月8日，以全国人大代表、湖北经济学院院长吕忠梅教授为首的34位人大代表联名向全国人大提交了"关于修改《反不正当竞争法》规范网络竞争行为的议案"。该议案建议，在《反不正当竞争法》中增加"网络不正当竞争行为"一章，明确了网络不正当竞争行为的法律概念，并对典型的网络不正当竞争行为进行了列举。

第三节　反不正当竞争法与反垄断法的关系

从广义上说，反不正当竞争法和反垄断法都以竞争行为或者竞争关系为调整对象，二者有相似之处，同属于竞争法范畴，在推动和保护竞争、维护市场经济秩序方面相互交叉、互为补充。反不正当竞争法是通过制止不正当竞争的行为，避免违反诚信或商业道德的竞争行为对其他经营者和消费者的危害，它是对竞争者的市场竞争行为的具体规制。而反垄断法追求的是维护宏观的竞争秩序，通过对垄断和限制竞争的行为和状态的规制来防止市场出现独占，保障市场的竞争处于自由、有效的状态。

一、反不正当竞争法与反垄断法的联系

（一）二者相互配合和补充

反垄断法的实施需要反不正当竞争法的配合和补充。如果一个国家只是反垄断，而无反不正当竞争，企业就可能会滥用它们的自由竞争权利，随意侵犯其他企业的正当权益，或者侵犯消费者的利益。因此，在市场经济条件下，反对限制竞争和反对不正当竞争是同等重要的任务，市场经济既然会同时出现限制竞争行为和不正当竞争行为，反垄断法和反

不正当竞争法就会成为一对双胞胎，它们的产生和发展都是市场经济本能和内在的要求。

（二）二者互为条件，且调整范围存在交叉

我国《反不正当竞争法》第11条规定，经营者不得以排挤竞争对手为目的，以低于成本的价格销售商品。第12条规定，经营者销售商品，不得违背购买者的意愿搭售商品或者附加其他不合理的条件。这些行为之所以被视为不正当竞争，一方面，是因为它们具有不合理性，即对消费者或者其他经营者来说显得不公平；另一方面，这些行为如果真正达到损害市场竞争的程度，行为人一般都占有市场支配地位，这些行为从而也可被视为限制竞争的行为或者垄断行为，受反垄断法的规制。

（三）反垄断法的适用是反不正当竞争法有效实施的前提

一个国家制定和实施反不正当竞争法，其前提条件是这个国家的经济生活中存在着自由竞争，如果没有自由竞争，经营者就不存在自由订立合同的可能性，也不会出现不正当竞争行为。打破垄断和引入竞争是国家颁布和实施反不正当竞争法的前提，可以说，反垄断法为反不正当竞争法的执行提供了保障。

二、反不正当竞争法与反垄断法的主要区别

从各国反不正当竞争立法与反垄断立法规制的行为看，反不正当竞争法主要禁止不正当竞争行为，而反垄断法主要禁止垄断行为，有的国家也称之为限制竞争行为，二者之间存在明显的区别。

（一）立法目的不同

反不正当竞争法的立法目的是维护公平的竞争秩序，保护合法经营者和消费者的利益，简称为公平竞争法，它追求的是公平竞争，防止竞争过度。而反垄断法的立法目的则是保障企业在市场上自由参与竞争的权利，提高经济效率，扩大社会福利。反垄断法追求的是自由竞争，防止竞争不足，因而也简称为自由竞争法。

（二）作用不同

反不正当竞争法有利于保障静态的财产权和人身权，是竞争领域的侵权法，是传统民事侵权法在经济市场化和社会化程度提升后，向商事领域及公法领域的一种自然延伸。反垄断法有利于实现动态的交易安全，不是维护个别主体的具体权益的法律，反垄断法主要关注公共利益，关注自由、公平竞争的市场环境，并寻求经济效益和经济民主的平衡。

（三）调整角度不同

从二者调整角度来看，反不正当竞争法与反垄断法都是保护公平竞争的重要法律，它们分别从不同的角度来保障和促进公平。反不正当竞争法是从规范各种不正当竞争入手，通过制止不正当竞争行为，避免有失诚信的不正当竞争行为对经营者和消费者造成危害，

并缔造自由、公正的竞争秩序,体现的是国家运用法律手段对市场进行微观调控。而反垄断法则是从规范限制竞争的状态和行为出发,通过对垄断和限制竞争的行为和状态进行规制,防止出现少数经营者控制和操纵市场、限制竞争,从而维护经济的自由、民主和公正的竞争秩序,体现的是国家对市场的宏观调控。也就是说,反不正当竞争法主要着眼于对竞争秩序的保护,而反垄断法则体现着对企业自由和市场竞争的双重保护。

(四)行为方式及救济和制裁措施不同

从行为方式及其救济和制裁上看,不正当竞争行为的形式多种多样,常表现为一种侵权行为。垄断则主要是企业(厂商)以独占、寡占及联合行为等控制市场,排斥或限制竞争,各种形式的垄断协议或垄断组织是设置市场壁垒,阻碍他人进入市场的通常表现形式,常表现为一种合同行为。反垄断法自其诞生之初,就强调国家或行政机关的主动干预,而无论大陆法国家还是英美法国家,对不正当竞争行为主要采取私法救济,国家对其采取不告不理的态度。不正当竞争行为相对于垄断行为来说,前者主要是侵害私人的利益,因而主要是通过私人诉讼来制止不正当竞争行为,而后者主要侵害的是公共利益,常通过行政程序来制止垄断行为,甚至用刑罚来惩罚严重垄断行为。

(五)规范方式不完全相同

反不正当竞争法的规定和适用较为具体,行为的合法性和非法性非常明确。反垄断法的规定和适用较为笼统,灵活性和政策性强,垄断等一些限制竞争行为的违法性由于国家产业政策上的变化,会导致反垄断法律制度相应修订,常常会改变原本违法的一些行为的性质。

第四节 对不正当竞争行为的监督检查和法律制裁

一、对不正当竞争行为的监督检查

市场经济的本质就是竞争,竞争是推动市场经济发展的动力机制,同时也关系到所有参与竞争者的切身利益,一些竞争者以不正当手段,以损害竞争对手和消费者的合法权益为代价,谋取非法利益,破坏市场经济的公平竞争秩序。因此,国家行政机关从维护市场秩序正常运行的需要出发,必须依法对不正当竞争行为进行监督检查。

(一)监督检查部门

我国《反不正当竞争法》第3条第2款规定:"县级以上人民政府工商行政管理部门对不正当竞争行为进行监督检查;法律、行政法规规定由其他部门监督检查的,依照其规定。"在我国,县级以上人民政府工商行政管理部门及法律、行政法规规定的其他部门是对不正当竞争行为进行监督检查的部门。国家工商行政管理局1994年成立了公平交易局,并设立反不正当竞争处,专门负责反不正当竞争执法工作。

（二）监督检查部门的职权

县级以上监督检查部门对不正当竞争行为，可以进行监督检查。监督检查部门在市场监督检查过程中，依法行使下列职权：

（1）询问权。有权按照规定的程序询问被检查的经营者、利害关系人、证明人，并要求提供证明材料或者与不正当竞争行为有关的其他资料。被检查的经营者、利害关系人和证明人应当如实提供有关资料或者情况。

（2）查询取证权。有权查询、复制与不正当竞争行为有关的协议、账册、单据、文件、记录、业务函电和其他资料。

（3）检查财物权。检查与《反不正当竞争法》第5条规定的不正当竞争行为有关的财物，必要时可以责令被检查的经营者说明该商品的来源和数量，暂停销售，听候检查，不得转移、隐匿、销毁该财物。

（4）处罚权。对确认的不正当竞争行为，有权责令停止违法行为、消除影响、没收违法所得、吊销营业执照、处以罚款等。

（三）被监督检查企业的权利救济

我国《反不正当竞争法》规定，企业对监督检查部门作出的处罚决定不服的，可以自收到处罚决定之日起15日内向上一级主管机关申请复议；对复议决定不服的，可以自收到复议决定之日起15日内向人民法院提起诉讼；也可以直接向人民法院提起诉讼。该法有关复议的规定与1991年1月1日正式实施的《行政复议条例》规定一致。但需要注意的是，我国在1999年4月29日第九届全国人民代表大会常务委员会第九次会议上通过了《行政复议法》，并于1999年10月1日正式实施，该法对复议期限作了重大修改，即公民、法人或者其他组织认为具体行政行为侵犯其合法权益的，可以自知道该具体行政行为之日起60日内提出行政复议申请；但是法律规定的申请期限超过60日的除外。并在其附则中明确，本法施行前公布的法律有关行政复议的规定与本法的规定不一致的，以本法的规定为准。因此，被监督检查企业对包括行政处罚决定在内的具体行政行为不服的，需按照行政复议法及其实施条例，以及行政诉讼法的规定行使救济权利。

二、不正当竞争行为引起的法律责任

市场主体违反法律规定的义务，应承担相应的法律责任。我国《反不正当竞争法》对不正当竞争行为规定了民事、行政和刑事三种法律责任。

（一）不正当竞争行为的民事责任

我国《反不正当竞争法》第20条规定："经营者违反本法规定，给被侵害的经营者造成损害的，应当承担损害赔偿责任，被侵害的经营者的损失难以计算的，赔偿额为侵权人在侵权期间因侵权所获得的利润；并应当承担被侵害的经营者因调查该经营者侵害其合法权益的不正当竞争行为所支付的合理费用。被侵害的经营者的合法权益受到不正当竞争行为损害的，可以向人民法院提起诉讼。"

（二）不正当竞争行为的行政责任

1. 行政处分

《反不正当竞争法》规定："政府及其所属部门违反本法第7条规定，限定他人购买其指定的经营者的商品，限制其他经营者正当的经营活动，或者限制商品在地区之间正常流通的，由上级机关责令其改正；情节严重的，由同级或上级机关对直接责任人员给予行政处分。""监督检查不正当竞争行为的国家机关工作人员滥用职权、玩忽职守，构成犯罪的，依法追究刑事责任；不构成犯罪的，给予行政处分。"

2. 行政处罚

我国《反不正当竞争法》规定的行政处罚形式主要是没收违法所得、罚款和吊销营业执照。针对不同类型的不正当竞争行为，分别规定了经营者的责任，主要有：

（1）市场混同行为的责任。经营者假冒他人的注册商标，擅自使用他人的企业名称或者姓名，伪造或者冒用认证标志、名优标志等质量标志，伪造产地，对商品质量作引人误解的虚假表示的，依照《商标法》、《产品质量法》的规定处罚。

经营者擅自使用知名商品特有的名称、包装、装潢，或者使用与知名商品近似的名称、包装、装潢，造成和他人的知名商品相混淆，使购买者误认为是该知名商品的，监督检查部门应当责令停止违法行为，没收违法所得，可以根据情节处以违法所得1倍以上3倍以下的罚款；情节严重的，可以吊销营业执照。

（2）商业贿赂的责任。经营者采用财物或其他手段进行贿赂以销售或者购买商品，不构成犯罪的，监督检查部门可以根据情节处以1万元以上20万元以下的罚款；有违法所得的，予以没收。

（3）不正当有奖销售的责任。经营者违法进行有奖销售，监督检查部门应当责令停止违法行为，并可根据情节处以1万元以上20万元以下的罚款。

（4）虚假宣传的责任。经营者利用广告或者其他方法，对商品作虚假宣传的，监督检查部门应当责令停止违法行为，消除影响，可以根据情节处以1万元以上20万元以下的罚款。广告的经营者在明知或应知的情况下，代理、设计、制作、发布虚假广告的，监督检查部门应当责令停止违法行为，没收违法所得，并依法处以罚款。

（5）侵犯商业秘密的责任。侵犯商业秘密的，监督检查部门应当责令停止违法行为，并可以根据情节处以1万元以上20万元以下的罚款。

（6）滥用独占地位的责任。公用企业或者其他依法具有独占地位的经营者，限定他人购买其指定的经营者的商品，以排挤其他经营者的公平竞争的，省级或设区的市的监督检查部门应当责令停止违法行为，可以根据情节处以5万元以上20万元以下罚款；被指定的经营者借此销售质次价高商品或者滥收费用的，监督检查部门应当没收违法所得，可以根据情节处以1倍以上3倍以下的罚款。

（三）不正当竞争行为的刑事责任

刑事责任是行为人违法刑事法律规定，依法应接受刑罚制裁的法律后果。《反不正当竞争法》规定对假冒他人注册商标、销售伪劣商品和商业贿赂3种不正当竞争行为可追究刑事责任。而实际上，对不正当竞争行为可追究刑事责任的不止以上3种类型，根据我国《刑法》的有关规定，商业诋毁、虚假宣传等行为构成犯罪的，追究相应的刑事责任。

本章小结

本章主要介绍了不正当竞争行为的概念及特征、不正当竞争行为的表现形式。不正当竞争行为主要包括假冒仿冒行为、商业贿赂行为、虚假宣传行为、侵犯商业秘密行为、不正当有奖销售行为、商业诋毁行为6种典型的表现形式，以及公用企业或者其他依法享有独占地位的经营者的限制竞争行为、政府及其所属部门滥用行政权力的限制竞争行为、搭售或附加不合理条件行为、低价倾销行为、招标投标中的串标行为5种限制竞争行为。

本章对反不正当竞争法的概念、调整对象、立法概况、反不正当竞争法与反垄断法的关系以及对不正当竞争行为的监督检查和法律制裁等内容也作了相应介绍。学习反不正当竞争法的基础理论知识，是进一步研习各种不正当竞争行为及其法律规制的前提和基础。通过本章的学习，学生应充分认识到：反不正当竞争法作为现代竞争法的重要组成部分，对于维护市场交易活动的诚实信用原则、公认的商业道德以及公平竞争的秩序具有十分重要的作用。通过对不正当竞争行为的法律界定和法律规制，有力地保障了经营者和消费者的合法权益。在技能上，学生应具备运用反不正当竞争法原理处理企业竞争法律实务的能力。

技能训练

案例分析

目标：熟悉掌握不正当竞争行为的法律界定方法，能够运用反不正当竞争法律制度处置各项不正当竞争行为。

内容：2006年以来，当事人在林州市某信用社先后与多家保险公司签订了借贷者意外伤害保险代理协议，联合开办了"安贷宝"借款人人身意外伤害保险业务。该种保险业务办理对象是到当事人处申请贷款的年龄在16~65周岁的借款人（自然人），保费按贷款金额的规定比例向客户收取，保险受益人为当事人。经核实，2009年上半年，当事人共办理"安贷宝"人身意外伤害保险2384笔，参保金额1246947.9元，保险手续费374084.03元。其中被强制购买保险的有4笔，金额为22.7万元，保险费率均按贷款金额的3‰收取，保费共计681元。当事人的行为是否违反了《反不正当竞争法》？请提出解决方案及依据。

步骤和要求：
（1）学生分组讨论；
（2）学生各组代表分析案例并阐述观点；
（3）教师点评。

实践活动

模拟法庭辩论

目的：启发思维，加强学生对反不正当竞争立法原则规定的理解和思考，培养学生庭审应变及熟练应用相关知识的综合能力。

形式：模拟法庭辩论。

要求：以易迅"贵就赔"活动为案例，由学生分组收集相关材料并撰写法律文书，模拟进行法庭辩论。

案例资料：2012年年底，易迅推出了一项服务叫做"贵就赔"，承诺只要消费者在易迅购买的商品比京东同款商品的售价贵，就将差价返还给消费者。而且易迅方面还表示，对京东的价格压力将会成为长期策略。就此活动，京东发函警告称"易迅违反《反不正当竞争法》及相关商业道德准则"。

社会有关人士对该起事件的法律性质展开了讨论。一种意见认为，易迅的做法涉嫌不正当竞争。《反不正当竞争法》总则第1条就规定了违反不正当竞争法的行为，包括企业通过自己的经营行为损害其他企业的合法权益，扰乱经济社会秩序。因为易迅的行为直接针对京东，肯定是对京东本身的经营产生不利的影响，虽然在《反不正当竞争法》当中没有对易迅的这些行为给予明确的规定，但其原则上属于《反不正当竞争法》规范的范畴。另一种意见认为，易迅的这一行为，并不违反《广告法》及《反不正当竞争法》，从商业角度看，也是正常的商业竞争。

本章练习

一、判断题

1. 我国《反不正当竞争法》不仅规范了一些典型的不正当竞争行为，而且还规范了部分限制竞争行为。（   ）
2. 世界上第一个专门禁止不正当竞争行为的法律是1896年德国《反不正当竞争法》。（   ）
3. 不正当竞争行为侵害的客体是其他经营者的合法权益和正常的社会经济秩序。（   ）
4. 经营者对工商部门作出不正当竞争行为的认定及处罚决定不服的，有权在收到处罚决定之日起15日提起行政复议。（   ）
5. 县级以上人民政府工商行政管理部门有权对不正当竞争行为进行监督检查。（   ）

二、单项选择题

1. 根据《反不正当竞争法》，下列各项不属于经营者的是（   ）。
   A. 商场　　　　　B. 理发店　　　C. 公立学校　　　D. 美容院
2. 下列各项，不属于不正当竞争行为构成要件的是（   ）。
   A. 经营者违反法律规定　　　　B. 损害其他经营者的合法权益

C. 扰乱社会秩序　　　　　　　　D. 不正当竞争行为给受害人造成了重大损失
3. 下列属于正常竞争行为的是(　　)。
   A. 季节性降价
   B. 擅自使用他人的企业名称
   C. 对商品质量作引人误解的虚假表示
   D. 在商品上伪造认证标志
4. 下列行为属于不正当竞争的是(　　)。
   A. 低于成本价销售鲜活产品
   B. 商场为了促销，在成本价以上将商品打折出售
   C. 企业经营不善，因为歇业而降价销售产品
   D. 商场抽奖式的有奖销售，最高奖的金额达到10000元
5. 甲酒店向该市出租车司机承诺，为酒店每介绍一位客人，酒店向其支付该客人房费的20%作为奖励，与其相邻的乙酒店向有关部门举报了这一行为。有关部门调查发现甲酒店给付的奖励在公司的账面上皆有明确详细的记录。甲酒店的行为属于(　　)。
   A. 正当的竞争行为　　　　　　B. 商业贿赂行为
   C. 限制竞争行为　　　　　　　D. 低价倾销行为

三、多项选择题

1. 下列有关《反不正当竞争法》与《反垄断法》关系的说法正确的是(　　)。
   A. 反不正当竞争法和反垄断法都以竞争行为或者竞争关系为调整对象，同属于竞争法范畴。
   B. 反不正当竞争法是对竞争者的市场竞争行为的具体规制，反垄断法保障市场的竞争处于自由、有效的状态。
   C. 反垄断法的适用是反不正当竞争法有效实施的前提。
   D. 主要通过私人诉讼以制止不正当竞争行为和垄断行为。
2. 下列哪些行为同时受现行《反不正当竞争法》与《反垄断法》的规制？(　　)
   A. 价格垄断协议　　　　　　　B. 滥用行政权力限制竞争行为
   C. 强制性交易行为　　　　　　D. 串通招投标行为
3. 根据《反不正当竞争法》的规定，下列各项中，属于限制竞争行为的是(　　)。
   A. 某市燃气公司要求该市所有燃气用户只能购买和使用其提供的燃气灶具，否则不予供气
   B. 某市公安交通警察支队要求所有的汽车用户必须到其指定公司安装汽车防盗报警器，否则不准上路
   C. 某招标人在招标前将标底提前透露给一个投标人
   D. 某电信局要求其辖区内的用户必须使用其提供的电话机，否则不予安装

四、问答题

1. 简述不正当竞争行为的特征。
2. 简述反不正当竞争法与反垄断法的区别。

第十章

市场混同行为

市场混同行为是各国普遍禁止的不正当竞争行为，该行为通过冒充特定竞争对手的商品或者服务，对竞争对手的商业利益造成严重损害，损害消费者的利益，扰乱市场公平竞争秩序。因此，从法律上科学界定市场混同行为，规制市场主体的不正当行为，对于维护公平竞争的市场秩序具有十分重要的意义。

学习目标

知识目标：
掌握市场混同行为的概念及特征；
掌握各种市场混同行为的法律界定及法律规制的相关规定。

能力目标：
能够运用反不正当竞争法相关规定，分析和处理各类市场混同行为所引起的法律问题。

第一节 市场混同行为概述

案例引导

"雅培"商标侵权案

原告雅培制药有限公司拥有"雅培"、"ABOOTT"等驰名注册商标。原告发现被告深圳市雅培医药科技有限公司将原告驰名商标恶意注册为企业字号；生产销售侵犯"雅培"、"ABOOTT"商标的侵权产品；冒用原告公司名义设立虚假网站进行宣传，并在网站上突出使用"ABOOTT"商标；将含"雅培"字样的企业名称使用在被告的商品上，遂诉至法院。

【问题】被告的行为是一种什么类型的不正当竞争行为？

【分析】本案被告具有搭"雅培"商标便车的故意，将"雅培"驰名商标作为自己的字号，并在自己的商品及网络上突出使用，导致误认和混淆，其行为属于一种市场混同行为，构成侵犯商标权及不正当竞争。

（案例来源：《广东科技报》）

一、市场混同行为的概念及特征

（一）市场混同行为的概念

市场混同行为又称为假冒仿冒行为，是指经营者违反法律规定，采用假冒、模仿他人商业标识等不正当手段，损害其他经营者的合法权益，扰乱社会经济秩序的行为。

《反不正当竞争法》第5条规定，经营者不得采用下列不正当手段从事市场交易，损害竞争对手：（1）假冒他人的注册商标；（2）擅自使用知名商品特有的名称、包装、装潢，或者使用与知名商品近似的名称、包装、装潢，造成和他人的知名商品相混淆，使购买者误认为是该知名商品；（3）擅自使用他人的企业名称或者姓名，引人误认为是他人的商品；（4）在商品上伪造或者冒用认证标志、名优标志等质量标志，伪造产地，对商品质量作引人误解的虚假表示。

（二）市场混同行为的特征

市场混同行为不仅损害了消费者的利益、扰乱了市场公平竞争秩序，而且冒充特定竞争对手的商品或者服务，对竞争对手的商业利益也会造成严重损害。

市场混同行为具有以下特征：

（1）市场混同行为以竞争为目的。市场混同行为针对的对象是特定的市场经营者以及这些经营者的产品或服务，行为人在主观上希望客户或消费者产生混淆和误解，以此获得竞争优势。

（2）市场混同行为表现为对他人的标志或标识的利用。市场混同行为人针对的主要是他人的商品或服务标志，如商标、商品名称、包装、装潢以及企业名称、产地名称、质量标志等。

（3）市场混同行为的本质是欺骗性的。此类行为人搭名牌产品的便车，不正当地掠夺他人的商品声誉和商业信誉，欺骗与之交易的消费者和经营者。通过欺骗手段，行为人不正当地占有了他人潜在的或现实的市场份额。

案例链接

华伦天奴，一个国际名牌的悲剧

1987年，意大利高级服饰品牌华伦天奴首次进入中国市场，由于华伦天奴自身发展的历史原因，华伦天奴又区分为华伦天奴·格拉瓦尼、玛丽欧·华伦天奴和卓凡尼·华伦天奴三个品牌名称。时隔20余年，我们看到的是让人眼花缭乱的"华伦天奴·××"以低廉的价格充斥在城市里各个繁华的闹市街区，而真正的意大利品牌华伦天奴却早已撤出中国市场。华伦天奴，一个世界知名品牌，在中国却被"傍名牌"噩梦缠身。在中国各大城市的大街小巷，一款华伦天奴·比奴的西裤只要49元，而衬衫只需50元。许多中国厂家在注册商标时于"华伦天奴"商标前面或者后面加上另外一个名称，并在使用时将两部分分开，只使用"华伦天奴"部分。上海市工商局商标处一位负责人指出，目前在国家工商行政管理总局商标局备案、本土企业正在申请中的加各种前缀后缀的"华伦天奴"品牌就有158个之多，仅上海一地，假冒或仿制"华伦天奴"的厂家就超过了200家。在这样的情形之下，支撑不下去的正宗意大利华伦天奴品牌"卓凡尼·华伦天奴"选择了暂时从中国市场全身而退。

根据《最高人民法院关于审理商标民事纠纷案件适用法律若干问题的解释》第9条第2款对近似商标的规定，在中国大陆生产的诸多"华伦天奴·××"的品牌，与原华伦天奴商标相比在文字的字形、读音、含义以及整体结构上都极为相似，易使相关公众对商品的来源产生误认，或者产生认为其来源与意大利华伦天奴的商品有特定的联系的误解。一般购买者施以普通注意力即会发生误认。那些已经在所谓"专卖店"购买带有"华伦天奴"字样服饰的消费者，他们都是慕名而来，而且自认为购买的是正宗华伦天奴服装。

根据我国《关于禁止仿冒知名商品特有的名称、包装、装潢的不正当竞争行为的若干规定》第5条第2款规定："一般购买者已经发生误认或者混淆的，可以认定为近似。"依据仿冒知名商品特有的名称、包装、装潢的不正当竞争行为的认定条件，"华伦天奴·××"显然已构成了商业混同的情形。造成华伦天奴悲剧的原因有许多。其中很大程度上是由于真正华伦天奴品牌的拥有者对大量仿冒华伦天奴的冷漠和放任，华伦天奴想要重新回到中国市场，需要其自身内部的联合与团结，在抓紧对傍"华伦天奴"品牌诉讼之余，重新建立其品牌在中国消费者心中的形象，使消费者认清华伦天奴的真面目。

（案例来源：百度文库）

二、市场混同行为的主要类型

（一）假冒他人注册商标

该行为指的是未经商标注册人的许可，在同一商品、同一种服务或类似商品、类似服务上使用与其注册商标相同或相近似的商标的行为。

根据法律规定，假冒他人的注册商标包括：（1）未经商标注册人的许可，在同一种商品或者类似商品上使用与其注册商标相同或者近似的商标的；（2）销售明知是仿冒注册商标的商品；（3）伪造、擅自制造他人注册商标标识或者销售伪造、擅自制造的注册商标标识。

（二）仿冒他人知名商品特有的名称、包装、装潢

该行为是指擅自使用知名商品特有的名称、包装、装潢，或者使用与知名商品近似的名称、包装、装潢，造成和他人知名商品相混淆，使购买者误认为是该知名商品的不正当竞争行为。

构成仿冒知名商品特有的名称、包装、装潢行为的主要要素有:被仿冒的商品是知名商品;被仿冒的商品名称、包装、装潢为知名商品所特有;经营者的手段必须是擅自做相同或者近似的使用;经营者行为上能引起购买者误认,造成和他人知名商品相混淆。

(三)擅自使用他人的企业名称或者姓名

该行为是指经营者擅自使用他人的企业名称或者姓名从事市场交易,引人误以为是他人的商品或者服务,损害竞争对手的不正当竞争行为。

(四)伪造、冒用质量标志、伪造产地

该行为是指经营者以在商品上伪造或者冒用质量标志,伪造产地,对商品质量作引人误解的虚假表示的不正当竞争行为。

三、市场混同行为的法律规制

(一)国际公约

《保护工业产权巴黎公约》(以下简称《巴黎公约》)第10条之二关于"不正当竞争"的规定,系经由历次公约修订会议(1900年布鲁塞尔、1911年华盛顿、1925年海牙、1934年伦敦、1958年里斯本、1967年斯德哥尔摩)而渐次成型。在其第10条之二所列举的特别禁止的三类不正当竞争行为中,首先提及市场混同行为,即"不论依什么方法,性质上对竞争者的营业所、商品或者工商业活动造成混淆的一切行为"。

世界知识产权组织(World Intellectual Property Organization,WIPO)国际局于1994年出版了题为《反不正当竞争——世界现状分析》的研究报告,以《巴黎公约》第10条之二为依据,着重在第四部分论述了不正当竞争行为的一般定义,及包括混同行为在内的三种不正当竞争行为的基本概念和构成要素。1996年又以WIPO出版物825(e)编撰公布了《反不正当竞争示范条款》,其中第2条规定了混淆的"一般原则"和"混淆的例子":

(1)一般原则:依工商业活动中,与他人的企业或者企业的活动,尤其是该企业提供的产品或服务产生或者可能产生混淆的任何行为或做法,将构成不正当竞争行为。

(2)混淆的例子:混淆尤其是在有关下列事项上产生:(1)商标,不论是否注册;(2)商号;(3)商标或者商号以外的商业标识;(4)产品的外观;(5)商品或者服务的表述;(6)著名人士或众所周知的虚构形象。

(二)德国

德国《反不正当竞争法》第16条规定了市场混同行为的规制内容。规定行为人在商业交易中使用姓名、商号或使用营利业务、工业企业或印刷品的专门标志,而使用方式足以与他人有权使用的姓名、商号或特别标志相混淆,可以对行为人请求停止使用。假如使用人已知或应知滥用程度足以引起混淆,则应对受害人负损害赔偿的责任,这些商业标志与其他用于区别这类业务与其他类业务的、在所参与的交易范围内视为营利业务标志的持定设计，都视为营利业务的特别标志。

（三）日本

日本《反不正当竞争防止法》主要在第1条规定禁止市场混同行为，即"因下列各项行为之一的行为，营业上的利益可能蒙受损失者，有权要求停止该项行为：（1）在本法施行的地区内，使用众所周知的他人的姓名、商号、商品的容器包装等与他人的商品标记相同或类似的标记，或者销售、周转或出口使用这种标记的商品，而与他人的商品产生混淆的行为；（2）在本法施行的地区内，使用众所周知的他人的姓名、商号、商标等与他人营业上的标记相同或类似的标记，而与他人营业上的设施或活动产生混淆的行为"。

（四）英国

作为普通法国家代表，英国没有专门反不正当竞争诉讼，而是将仿冒行为（Passing Off）作为一种可诉的侵权行为。自17世纪早期出现的仿冒案例以来，仿冒之诉的概念已有几百年的发展历史。英国反不正当竞争法主要是在仿冒诉讼的基础上发展起来的，其禁止仿冒制度则是通过禁止仿冒行为的判例累积而成的。

仿冒之诉的理论基础是任何人无权用自己的产品冒充他人的产品，用以制止不法经营者利用他人的商誉或知名度误导公众相信其产品或服务是来自于该他人或与该他人有关联的不法行为。值得注意的是，作为一种侵权行为的"仿冒行为"将损害结果作为行为的构成要件之一，而典型的不正当竞争行为中的市场混同行为则并不要求损害结果必然发生，只要有可能造成市场混淆就可以进行规制。

（五）中国

我国对市场混同行为的法律规制见表10.1。

表10.1　　我国对市场混同行为的法律规制

	具体行为表现	相关法律
1	假冒他人的注册商标	《反不正当竞争法》、《商标法》、《刑法》
2	仿冒他人知名商品特有的名称、包装、装潢	《反不正当竞争法》
3	擅自使用他人的企业名称或者姓名	《反不正当竞争法》、《产品质量法》
4	伪造、冒用质量标志、伪造产地	《反不正当竞争法》、《产品质量法》

《反不正当竞争法》确定的是社会主义市场经济条件下竞争的基本规则，它着眼于解决市场竞争中的共性问题，是各行各业、各类商品或服务的市场交易中均应遵守的共同规范。由于其他有关的市场立法也在相关的领域中涉及了一些不正当竞争行为的规定，特别是市场混同这类欺骗性的市场交易行为，在此情况下，即发生法律规定的竞合问题。对此，在法律责任的设定上，区分两种不同情况作了两种原则不同的处理：

（1）市场混同行为与其他有关法律的规定发生竞合，其他有关法律也明确规定了相应的法律责任的，转致适用其他法律的规定处罚。如我国《反不正当竞争法》第 21 条第 1 款明确规定，经营者假冒他人的注册商标，擅自使用他人的企业名称或者姓名，伪造或者冒用认证标志、名优标志等质量标志，伪造产地，对商品质量作引人误解的虚假表示的，依照我国《商标法》、《产品质量法》的规定处罚。

(2) 其他法律没有规定的，适用我国《反不正当竞争法》有关法律责任的明确规定予以处理。如我国《反不正当竞争法》第 21 条第 2 款规定，经营者擅自使用知名商品特有的名称、包装、装潢，或者使用与知名商品近似的名称、包装、装潢，造成和他人的知名商品相混淆，使购买者误认为是该知名商品的，监督检查部门应当责令停止违法行为，没收违法所得，可以根据情节处以违法所得 1 倍以上 3 倍以下的罚款；情节严重的，可以吊销营业执照；销售伪劣商品，构成犯罪的，依法追究刑事责任。

第二节 假冒他人注册商标行为

案例引导

奔驰诉三菱侵犯注册商标专用权案

奔驰是德国著名的汽车品牌，被誉为世界最成功的高档汽车品牌之一，其名气享誉全球。奔驰汽车的标志，是由外部一个圆圈，内部一个三叉星组成，三叉星将圆分成相等的三份。而三菱是一家历史悠久的日本公司，其生产的汽车的标志与奔驰颇为相似，亦是由一个圆圈，圈内三个菱形将圆三等分。据此，奔驰曾以三菱侵犯其注册商标专用权将三菱告上法庭。

【问题】三菱是否侵犯奔驰注册商标专用权？

【分析】我国《商标法》第 57 条规定，未经商标注册人的许可，在同一种商品上使用与其注册商标近似的商标，或者在类似商品上使用与其注册商标相同或者近似的商标，容易导致混淆的行为，均属侵犯注册商标专用权。我国《反不正当竞争法》第 5 条第 1 款也有类似规定。在奔驰与三菱的案件中，二者商标的主体部分，奔驰由三个完全相同的尖锥体构成，三菱则由三个相同的菱形构成。根据《最高人民法院关于审理商标民事纠纷案件适用法律若干问题的解释》第 9 条第 2 款规定，《商标法》第 52 条第（1）项规定的商标近似，是指被控侵权的商标与原告的注册商标相比较，其文字的字形、读音、含义或者图形的构图及颜色，或者其各要素组合后的整体结构相似，或者其立体形状、颜色组合近似，易使相关公众对商品的来源产生误认或者认为其来源与原告注册商标的商品有特定的联系。汽车是一个价值比较高的商品，所以消费者在购买的时候，绝对不可能是马马虎虎、随随便便的，必须要经过仔细考量、辨认和挑选，在这种情况下，对两个在读音、造型和形状上有明显区别的商标，是不容易误认的，因此，这种情况案件均不构成商标近似。

（案例来源：百度文库）

一、概念

假冒他人注册商标行为是我国市场经济体制转轨时期一种严重的商标侵权和不正当竞争行为。假冒他人注册商标行为指的是未经商标注册人的许可，在同一商品、同一种服务或类似商品、类似服务上使用与其注册商标相同或相近似的商标的行为。它主要表现为四种形态，即在同一种商品上使用与他人注册商标相同的商标的行为、在同一种商品上使用与他人注册商标近似的商标的行为、在类似商品上使用与他人注册商标相同的商标的行为、在类似商品上使用与他人注册商标近似的商标的行为。

假冒他人注册商标行为是一种不正当竞争行为，也是一类典型的侵犯注册商标专用权的行为。我国 2013 年 8 月新修订的《商标法》第 57 条规定的侵犯注册商标专用权的行为中，即包含了假冒他人注册商标行为。见表 10.2。

表 10.2　　　　　　　　假冒注册商标行为与侵犯注册商标专用权行为

	假冒注册商标行为 《反不正当竞争法》	侵犯注册商标专用权行为 《商标法》
同	1. 在同一种商品上使用与他人注册商标相同的商标的行为	1. 未经商标注册人的许可，在同一种商品上使用与其注册商标相同的商标的
同	2. 在同一种商品上使用与他人注册商标近似的商标的行为	2. 未经商标注册人的许可，在同一种商品上使用与其注册商标近似的商标，或者在类似商品上使用与其注册商标相同或者近似的商标，容易导致混淆的
同	3. 在类似商品上使用与他人注册商标相同的商标的行为	
同	4. 在类似商品上使用与他人注册商标近似的商标的行为	
异		3. 销售侵犯注册商标专用权的商品的
异		4. 伪造、擅自制造他人注册商标标识或者销售伪造、擅自制造的注册商标标识的；
异		5. 未经商标注册人同意，更换其注册商标并将该更换商标的商品又投入市场的
异		6. 故意为侵犯他人商标专用权行为提供便利条件，帮助他人实施侵犯商标专用权行为的；
异		7. 给他人的注册商标专用权造成其他损害的。

二、具体表现形式

作为最为常见的和最为严重的市场混同行为，假冒他人注册商标行为必须具备市场混同行为的一般特征，即经营者采用假冒或者仿冒等不正当竞争手段，使其商品或者服务与他人的商品或者服务发生混淆，从而导致消费者的误认。假冒他人注册商标行为有多种多样的表现形式。其具体的表现形式主要有：

（一）在同一商品或者服务上使用与他人注册商标相同的商标

对于如何认定假冒注册商标中的"同一种商品"，学界存在不同观点。有人认为，同一种商品是指在功能、用途、生产部门、销售渠道、消费对象等方面相同的商品，或者相关消费者一般认为相同的商品。认定时，应采用尼斯协定国际分类法并结合相关消费者对商品的一般认识进行综合判断；还有学者认为，同一种商品应以注册商标核定使用的商品为参照商品，以《商标注册用商品和服务国际分类表》为基础，以商品的通用名称和用途作为主要标准，同时还应当参考商品的主要原料、消费对象、销售渠道等因素。此外，"商标相同"是指侵权人的商标与权利人的注册商标相比，二者在视觉上基本无差别。

拓展阅读

尼斯协定

尼斯协定是一个有多国参加的国际公约，其全称是《商标注册用商品和服务国际分类尼斯协定》。该协定于1957年6月15日在法国南部城市尼斯签订，1961年4月8日生效。尼斯协定的成员国目前已发展到65个。我国于1994年8月9日加入了尼斯联盟。尼斯协定的宗旨是建立一个共同的商标注册用商品和服务国际分类体系，并保证其实施。目前，国际分类共包括45类，其中商品34类、服务项目11类，共包含一万多个商品和服务项目。申请人所需填报的商品及服务一般说来都在其中了。不仅所有尼斯联盟成员国都使用此分类表，而且非尼斯联盟成员国也可以使用该分类表。所不同的是，尼斯联盟成员国可以参与分类表的修订，而非成员国则无权参与。目前世界上已有130多个国家和地区采用此分类表。我国自1988年11月1日起采用国际分类，大大方便了商标申请人，更加规范了商标主管机关的管理，使国际间商标事务的联系更为密切。尤其是1994年我国加入尼斯协定以来，我们积极参与了对尼斯分类的修改与完善，已将多项有中国特色的商品加入尼斯分类中。尼斯分类表定期修订，一是增加新的商品，二是将已列入分类表的商品按照新的观点进行调整，以求商品更具有内在的统一性。尼斯分类第10版自2012年1月1日起实行。

尼斯分类表包括两部分，一部分是按照类别排列的商品和服务分类表，另一部分是按照字母顺序排列的商品和服务分类表。

按照类别排列的分类表将商品和服务按照1~45类的顺序排列。每类有一个类别号和标题，每类的标题概括了本类所包含商品的特征及范围，最后列出了本类包括的所有商品或服务项目，每项商品或服务均有一个顺序号，以便查找。另外，每一类有一个注释，对本类主要包括哪些商品，本类与相关类别的商品如何区别，如何划分边缘商品的类别作了说明，这个注释对划分一些易混淆商品的类别有很大帮助。如第三类，类名为"洗衣用漂白剂及其他物料，清洁、擦亮、去渍及研磨用制剂，肥皂，香料，香精油、化妆品，香水、牙膏、牙粉",其注释为"本类主要包括洗澡用品和化妆品。尤其包括：个人用除臭剂；化妆用卫生用品。尤其不包括：清洁烟囱用化学制品（第一类）；生产过程中用的去渍用品（第一类）；非个人用除臭剂（第五类）；磨石或手磨砂轮（第八类）"。

世界知识产权组织出版了按英文、法文顺序排列的商品和服务分类表。我国商标主管机关也编排印制了按汉语拼音顺序排列的商品和服务分类表。使用这个表查阅一般商品的类别就像查字典一样方便。如某一生产电视机和录像机的企业，要在这两种商品上申请商标注册，按照汉语拼音顺序，很容易就能查到这两种商品都属于第9类；又如，某一生产食品的企业要在牛奶和冰淇淋上申请商标注册，借助该表，也可以很快查到这两种商品分别属于第29类（牛奶）和第30类（冰淇淋）。

（二）在同一商品或者服务上使用与他人注册商标近似的商标

商标近似，是指被控侵权的商标与权利人的注册商标相比较，其文字的字形、读音、含义或者图形的构图及颜色，或者其各要素组合后的整体结构相似，或者其立体形状、颜色组合近似，易使相关公众对商品的来源产生误认，或者认为其来源与注册商标的商品有特定的联系。因而判断侵权商标和被侵权商标是否近似，要以一般消费者在选购商品时是否可能发生误认为依据。

对文字商标是否近似，主要应从文字的读音、外形、意义三方面考虑。一般来说，读音相同，外形和意义也大致相同的，应该判断为近似商标。而字义不同，外观上也不会造成消费者误认的，即使读音相同，也不应判断为近似商标。如"老少"和"老小"，读音、外形、意义都差不多，因此应判断为近似商标；而"东风"和"登峰"，虽然读音差不多，但外观和意义完全不同，不会导致消费者误认，因而不是近似商标。对图形商标是否近似的判断，除了坚持一般消费者施以普通注意的判断标准外，一般应从图的外形、图的选材范围、图的主体部分等多种因素，并结合文字进行综合分析。

近似商标的判断是十分重要的，它是决定行为人的行为是否构成假冒他人注册商标的关键因素之一。

（三）在类似商品或者服务上使用与他人注册商标相同的商标

对商品是否类似，主要应从商品的功能、用途、原材料构成、销售渠道、贸易对象、是否存在竞争关系、是否相同或基本相同加以判断。如成人穿的皮鞋和雨鞋，都是鞋类产品，用途、销售对象等基本相同，因此应判断为类似商品。对服务是否类似，主要应从服务对象、行业、提供服务的场所、提供服务的具体内容是否相同或相近以及是否具有竞争关系等因素加以判断。

在判断商品或服务是否类似时，还必须考虑一个国家的经济发展水平和人们的消费习惯。对类似商品的判断，不能脱离一个国家的经济发展现状。

（四）在类似商品或者服务上使用与他人注册商标近似的商标

司法机关在认定商品或者服务是否类似，通常以相关公众对商品或服务的一般认识综合判断。此外,《商标注册用商品和服务国际分类尼斯协定》、《类似商品或服务区别表》等分类方法可以作为判断类似商品或者服务的重要参考。

> **拓展阅读**
>
> 最高人民法院《关于审理商标民事纠纷案件适用法律若干问题的解释》
> （法释〔2002〕32号）
>
> 第10条：人民法院依据《商标法》第52条第1项的规定，认定商标相同或者近似按照以下原则进行：(1) 以相关公众的一般注意力为标准；(2) 既要进行对商标的整体比对，又要进行对商标主要部分的比对，比对应当在比对对象隔离的状态下分别进行；(3) 判断商标是否近似，应当考虑请求保护注册商标的显著性和知名度。
>
> 第11条：《商标法》第52条第1项规定的类似商品，是指在功能、用途、生产部门、销售渠道、消费对象等方面相同，或者相关公众一般认为其存在特定联系、容易造成混淆的商品。类似服务，是指在服务的目的、内容、方式、对象等方面相同，或者相关公众一般认为存在特定联系、容易造成混淆的服务。商品与服务类似，是指商品和服务之间存在特定联系，容易使相关公众混淆。商品与服务类似，是指商品和服务之间存在特定联系，容易使相关公众混淆。
>
> 第12条：人民法院依据《商标法》第52条第1项的规定，认定商品或者服务是否类似，应当以相关公众对商品或者服务的一般认识综合判断；《商标注册用商品和服务国际分类表》、《类似商品和服务区分表》可以作为判断类似商品或者服务的参考。

三、法律规制

（一）商标法的有关规定

我国对假冒他人注册商标行为的规制，适用于《商标法》中侵犯注册商标专用权的有关规定，即该法第60条、61条和67条的规定。根据规定，因假冒注册商标行为引起纠纷的，由当事人协商解决；不愿协商或者协商不成的，商标注册人或者利害关系人可以向人民法院起诉，也可以请求工商行政管理部门处理。

工商行政管理部门处理时，认定侵权行为成立的，责令立即停止侵权行为，没收、销毁侵权商品和主要用于制造侵权商品、伪造注册商标标识的工具，违法经营额5万元以上的，可以处违法经营额5倍以下的罚款；没有违法经营额或者违法经营额不足5万元的，可以处25万元以下的罚款。对5年内实施两次以上商标侵权行为或者有其他严重情节的，应当从重处罚。销售不知道是侵犯注册商标专用权的商品，能证明该商品是自己合法取得并说明提供者的，由工商行政管理部门责令停止销售；涉嫌犯罪的，应当及时移送司法机关依法处理。

对侵犯商标专用权的赔偿数额的争议，当事人可以请求进行处理的工商行政管理部门调解，也可以依照我国《民事诉讼法》向人民法院起诉。经工商行政管理部门调解，当事人未达成协议或者调解书生效后不履行的，当事人可以依照我国《民事诉讼法》向人民法院起诉。

（二）刑法的有关规定

针对假冒他人注册商标情节严重构成犯罪的，我国《刑法》第213至第215条做了以下规定：

第213条规定，假冒注册商标罪：未经注册商标所有人许可，在同一种商品上使用与其注册商标相同的商标，情节严重的，处3年以下有期徒刑或者拘役，并处或者单处罚金；情节特别严重的，处3年以上7年以下有期徒刑，并处罚金。

第214条规定，销售假冒注册商标的商品罪：销售明知是假冒注册商标的商品，销售金额数额较大的，处3年以下有期徒刑或者拘役，并处或者单处罚金；销售金额数额巨大的，处3年以上7年以下有期徒刑，并处罚金。

第215条规定，非法制造、销售非法制造的注册商标标识罪：伪造、擅自制造他人注册商标标识或者销售伪造、擅自制造的注册商标标识，情节严重的，处3年以下有期徒刑、拘役或者管制，并处或者单处罚金；情节特别严重，处3年以上7年以下有期徒刑，并处罚金。

拓展阅读

我国现行法律规制的不足与立法完善

对假冒他人注册商标行为的规制，目前主要依据《商标法》及其实施细则以及《反不正当竞争法》。《反不正当竞争法》第5条第1项和第21条仅仅将假冒他人注册商标行为宣布为不正当竞争行为，在行为的认定和处罚措施等方面既未突破《商标法》的规定，也未补充《商标法》的不足，亟待修订完善。

（一）我国现行法律规制的不足

从反不正当竞争的角度看，现行《反不正当竞争法》的规定还存在以下两个方面的不足：

1. 假冒未注册商标行为没有纳入《反不正当竞争法》的规制范围

《反不正当竞争法》第5条第1项只保护注册商标，对未注册商标不予保护。未注册商标是指未向国家商标局申请注册登记而投放到市场上使用的商标。未注册商标虽未注册，没有专用权，不受商标法保护，但这并不代表它不受任何法律保护。我国《民法通则》第5条规定，公民、法人的合法的民事权益受法律保护，任何组织和个人不得侵犯。商标法既然允许未注册商标的存在，未注册商标就理所当然应成为所有人享有的一种民事权益，成为民法的一般保护对象，他人不得随意加以侵犯。

从立法例上看，许多国家及地区的反不正当竞争法都对未注册商标给予保护，例如日本、韩国以及我国台湾地区的反不正当竞争法也有规定，只要商标是众所周知的，不管是否注册，都受保护。对这个问题，我国台湾地区的"公平交易委员会"有着极为典型的解释：（一）《商标法》第62条关于侵害商标权之适用，限于同一或同类商品，若不属同一或同类之仿冒行为，则不在该条规范之列；至于《公平交易法》第20条第1项第1.2款之规定则不限于商标法实施细则所订之同一或同类商品，但需具备为相关大众所共知，且有致商品来源发生混淆之要件。（二）受《商标法》保护者系以获准注册之商标为限，公平交易法则不限于注册商标，从而若仿冒他人注册商标使用于同一或同类商品，且该他人商标又为相关大众所共知者，依公平交易法第39条规定前4条之处罚，其他法律有较重之规定者，从其规定，自优先适用商标法第62条规定（处5年以下有期徒刑、拘役或科或并科5万元以下罚金）。

2. 对假冒行为的规制限于相同或者类似商品

《反不正当竞争法》第5条第1项将假冒行为局限于同一种或类似商品上，因而一旦经营者将注册商标所有人的注册商标恶意抢注到其他不相同也不类似的商品上时，现行《商标法》、《反不正当竞争法》均无规制办法。而从日本、韩国以及我国台湾地区的相关竞争立法来看，它们在处理商标法和反不正当竞争法的适用关系时，都是以后者补充辅助前者为特征。也就是说，商标法对于假冒行为规定只限于同一种或类似商品，而竞争法不以同一或类似商品为限，只要具备在实施地区内为相关公众所熟知，并有导致市场混淆的后果，就可以对其进行规制。

（二）我国现行法律规制的立法完善

从商标法立法的意义和法律本身不可避免的局限性看，《商标法》只保护注册商标而不保护未注册商标是有其合理性的。但从反不正当竞争、维护公平合理、诚实信用的市场竞争秩序看，我国《反不正当竞争法》对商标的保护既局限于注册商标，又限于相同或类似商品的范围，这对于保护商标权人的权利、维护市场竞争秩序都是极为不利的。因此，为了切实有力打击日益严重的商标侵权行为，《反不正当竞争法》亟待修订，对《商标法》应加以补充和完善。对商标的保护不应以相同或类似商品为限，在非同类商品上使用他人注册商标，只要引起了市场混淆的后果，也应定性为假冒行为，并受到法律规制。同时，《反不正当竞争法》不但应保护注册商标，而且应保护未注册商标，即将擅自使用他人未注册商标的行为也定性为假冒的不正当竞争行为。但对未注册商标的保护，则通常要求未注册商标是知名的或使用该商标的商品是知名的商品。

第三节　仿冒知名商品特有的名称、包装、装潢行为

案例引导

毕加索品牌书写工具能否被认定为知名商品？

原告上海帕弗洛文化用品有限公司（以下简称帕弗洛公司）于2003年开始经营"毕加索"品牌书写工具，并为商品设计了独特的包装装潢，造型优美、设计独特。被告上

海艺想文化用品有限公司（以下简称艺想公司）在2008年生产销售与"毕加索"相同的名称、包装和装潢的书写工具，原告认为被告的行为构成不正当竞争，诉至法院。原告主张其生产的"毕加索"品牌书写工具为知名商品，并提供了其与各地经销商签订的《经销合同》、网络排名、参展、获奖证书等证据。被告艺想公司辩称，原告提供的相关证据无法证明其商品是知名商品。

本案中，一审法院认为原告帕弗洛公司提供的证据尚不足以证明其商品具有知名度，在判决中未认定涉案书写工具为知名商品；二审法院认为，帕弗洛公司自2004年起生产销售涉案书写工具，并在全国十几个大城市中设立专柜进行销售，属于销售时间较长、销售区域覆盖较广；连续几年参加了行业展会推广宣传其产品，并获奖，进行了持续的宣传推广；涉案钢笔不纯粹是一种书写工具，同时也是一种馈赠礼品，应当考虑其特定的销售对象；帕弗洛公司提交的网络排名、网络关键字搜索结果等证据可以作为法院认定知名度的参考因素；帕弗洛公司成立以来，销售范围逐步扩大、销售量稳步攀升。综合考虑之后，认定涉案书写工具为知名商品。

【问题】如何认定知名商品？

【分析】知名商品的认定问题是假冒仿冒知名商品特有的名称、包装、装潢的不正当竞争行为成立的最关键要件。由于知名商品的促成因素非常复杂，难以制定出具体的统一认定标准。实践中，法院在认定知名商品时，会综合考虑影响该商品的各种客观要素作出判断，并根据"谁主张谁举证原则"由原告提供证明商品声誉的证据，此种标准在学理上被称为"综合考虑客观因素"标准。本案中，法院在知名商品的认定上参酌了销售时间、销售范围、销售对象、销售额、宣传时间、程度、范围等诸多因素。

（案例来源：法律快车网）

一、概念

仿冒知名商品特有的名称、包装、装潢行为是指擅自使用知名商品特有的名称、包装、装潢，或者使用与知名商品近似的名称、包装、装潢，造成和他人的知名商品相混淆，使购买者误认为是该知名商品的不正当竞争行为。

构成仿冒知名商品特有的名称、包装、装潢行为的主要要件有：（1）被仿冒的商品是知名商品；（2）被仿冒的商品名称、包装、装潢为知名商品所特有；（3）经营者的手段必须是擅自做相同或者近似的使用；（4）经营者行为上能引起购买者误认，造成和他人知名商品相混淆。

二、知名商品的认定

所谓知名商品，是指在市场上具有一定知名度，为相关公众所知悉的商品。知名商品的认定是假冒仿冒知名商品特有的名称、包装、装潢的不正当竞争行为成立的最关键要件，倘若知名商品无法认定，也就无法认定这种不正当竞争行为。

(一) 知名商品的特征

1. 知名商品并不是通过法定的组织及程序评定出来的荣誉称号

《反不正当竞争法》第 5 条第 2 项规定的知名商品是法院在查处违法行为时认定保护客体的一种形式，它是在具体个案中认定的法律事实，并且在个案中认定的知名商品并不具有普遍效力。认定的知名商品属于法院行使自由裁量权的结果，并不是法定组织或民间组织经法定程序评定出来的荣誉称号。

2. 知名商品具有一定的地域性，即是特定地域市场上的一种知名度

知名商品是商品的生产者或销售者通过自己的努力在市场上打造出来的知名度。但是这种商品知名度并不以全社会对商品的认可为依据，而应在一定地域范围内，针对商品的辐射力和市场占有率加以认定。商品的辐射力和市场占有率，是指该商品在相关市场内为消费者认可和接受的广度和高度。辐射面广的商品，在相关公众中必定有较高的声誉，商品市场占有率高，说明在该区域内认可和接受该商品的消费者较多，这足以表明商品具有一定知名度。必须承认商品知名度的地域性特点，如根据省、市等地域范围认定知名商品，是比较符合现实国情的。

3. 知名商品是为相关公众所熟悉的商品

相关公众是指与该商品有可能发生购买、使用及销售等关系的人，主要是该商品现实的或潜在的消费者，当然也包括同行业的其他生产经营者。由于不同的商品拥有不同的消费者群体，对"相关公众"范围的认定应视商品性质的不同而不同。此外，熟悉该商品的购买者必须是在一定市场范围内的人，而不是全国范围内的相关大众。知名商品为相关公众所知悉，并不要求在特定范围内人尽皆知，只要部分人知道该商品即可。

拓展阅读

1883 年，《保护工业产权巴黎公约》要求各成员国必须对不正当竞争行为给予法律规制，特别是要制止企图运用各种手段给竞争者的营业所、商品或服务造成混淆的行为，关于竞争者的相关商品或服务是否需要知名，公约中并未提及，而是由各成员国自行作出规定。在英国，1990 年，Oliver 勋爵在 Reckitt &Colman Products Ltd v Borden Inc 案中对仿冒之诉的构成做出了界定，其中一要素就是原告必须已经在其商品或服务上建立商誉。除此之外，日本、韩国《不正当竞争法》以及我国台湾地区的"公平交易法"使用了"众所周知"、"被人广为熟悉"、"为相关大众所共知"等术语表达商品的知名属性。

(二) 知名商品的认定标准

1. 学理上对知名商品的认定

由于市场的商品种类繁多、性质各异，使得知名商品的促成因素非常复杂，实践中制定出具体的认定标准并非易事，学理上关于知名商品的认定标准存在以下几种观点（见

表 10.3):

表 10.3 学理上对知名商品的认定

	学理观点	主要内容	观点评述
1	"知名商品等同名优商品"	知名商品就是国家主管部门按照严格程序认定的名优商品	此观点将名优商品等同于知名商品存在明显误区。如上所述,知名商品并不是经法定程序评定出来的荣誉称号,它只是在具体个案中认定的一个法律事实。此外,知名商品的范围远大于名优商品,所以从属性和范围上来讲,知名商品并不等同于名优商品
2	"知名商品是在本地区或国内外为用户、消费者所熟悉的商品"	知名商品是在本地区或国内外为用户、消费者所熟悉的商品	缺乏实际上的可操作性
3	"反推认定"标准	从维护合法经营者权益的角度说,仿冒他人的商品名称、包装装潢,足以造成消费者误认的,一般即可认为他人的商品为知名商品,在实践中被称为"反推认定"。其认定逻辑为:他人的商品具有一定的知名度,具有竞争优势,才会促使仿冒行为发生	"反推认定"方式具有一定程度上的可操作性,也有利于维护合法经营者的利益,但其认定逻辑具有明显的不严谨性,因为事实上也存在未知名商品被仿冒的情形。这并不符合《反不正当竞争法》仅对知名商品进行保护的立法原意。作为法律标准似乎不妥当,但是可以作为一种判断上的思维方法。
4	"综合考虑客观因素"标准	法院在认定知名商品时,应当综合考虑影响该商品的各种客观要素做出判断,并根据"谁主张谁举证原则"由原告提供证明商品声誉的证据	采用客观因素标准,在判断知名商品时,参酌能够反映知名度情况的各种因素来判断比较符合司法实践的要求

(1)认为知名商品就是国家主管部门按照严格程序认定的名优商品;

(2)认为知名商品是在本地区或国内外用户、消费者所熟悉的商品;

(3)认为从维护合法经营者权益的角度说,仿冒他人的商品名称、包装装潢,足以造成消费者误认的,一般即可认为他人的商品为知名商品,在实践中被称为"反推认定",其认定逻辑为:他人的商品具有一定的知名度,具有竞争优势,才会促使仿冒行为发生;

(4)认为法院在认定知名商品时,应当综合考虑影响该商品的各种客观要素做出判断,并根据"谁主张谁举证原则"由原告提供证明商品声誉的证据。这种"综合考虑客观因素标准"的认定方式是对知名商品认定的一种高度标准。

2. 认定知名商品的客观因素

我国仿冒诉讼案件审理中采用客观因素标准,在判断知名商品时,参酌能够反映知名度情况的各种因素来判断比较符合司法实践的要求,实践中可以参考以下因素:

(1) 销售时间。即具有该标识的商品在市场上的销售时间是否足以使相关大众对该表征产生印象。当然,在考虑销售时间时,应该注意不同商品获取知名度的时间要求不同,原因在于市场上的商品性质各异,需要多长时间才能建立商誉难以确定。

(2) 销售范围。一般来讲,商品的销售区域越广,其知名度就越高。我国对知名商品的保护是按照商品知名度的范围来规定的,对销售区域的判定关键意义是在具体案件中决定对该知名商品给予多大范围、多大程度的保护。

(3) 销售额和销售对象。销售额是反映市场占有率的较为客观的标准。关于销售额可以从两个角度来考量:销售额的高低以及销售额的发展态势,如果该商品的销售额非常高并且呈逐年增长的趋势,则表明该商品的市场占有率比较高,从侧面能反映商品的声誉。关于销售对象,需要注意的是,对其认识是否准确会影响相关消费者范围的确定,最终也会对知名度的判断产生影响。

(4) 宣传时间、程度和地域范围。审查商品被宣传推广的时间长短、程度及范围大小,也是认定知名商品的一个重要因素。此外,对宣传方式的认定,应结合行业的特定,灵活考虑商品的推广方式。如网络排名、关键字搜索结果等证据材料,也应该纳入考虑范围。

(5) 评优评奖证书等情况。司法机关在审查相关荣誉证书的证据效力时,可以从评奖组织的权威性、评定程序的合法性等角度衡量。这些得奖证书只能是作为法官判断商品知名度时的一个参考。

因此,知名商品的认定应当根据个案情况,参酌商品的销售时间、销售范围、销售额和销售对象、宣传时间、程度和地域范围、评优评奖证书等综合因素进行判断。2007年2月1日起施行的《最高人民法院关于审理不正当竞争民事案件应用法律若干问题的解释》对此也予以明确规定:在中国境内具有一定的市场知名度,为相关公众所知悉的商品,应当认定为知名商品。人民法院认定知名商品,应当考虑该商品的销售时间、销售区域、销售额和销售对象,进行任何宣传的持续时间、程度和地域范围,作为知名商品受保护的情况等因素,进行综合判断。但需要注意的是,是否构成知名商品并不是以满足这些客观因素的全部内容为前提。如果发生权利人不能按照客观因素的标准充分举证或者仅能就部分因素举证的情况,则不能简单地否定其商品具有知名度。在知名商品不能确定时,可以考虑侵权人的主观意图以及市场混淆等因素。

三、特有的商品名称、包装、装潢的认定

知名商品特有的"名称",是指知名商品独有的与通用名称有显著区别的商品名称,但该名称已经作为商标注册的除外。

特有的"包装",是指为识别商品以及方便携带、储运而使用在商品上的辅助物和

容器。

特有的"装潢",是指为识别与美化商品而在商品或者其包装上附加的文字、图案、色彩及其排列组合。经营者营业场所的装饰、营业用具的式样、营业人员的服饰等构成的具有独特风格的整体营业形象,可以认定为特有的"装潢"。

《最高人民法院关于审理不正当竞争民事案件应用法律若干问题的解释》第2条规定:具有区别商品来源的显著特征的商品的名称、包装、装潢,应当认定为反不正当竞争法第5条第2项规定的"特有的名称、包装、装潢"。有下列情形之一的,人民法院不认定为知名商品特有的名称、包装、装潢:(1)商品的通用名称、图形、型号;(2)仅仅直接表示商品的质量、主要原料、功能、用途、重量、数量及其他特点的商品名称;(3)仅由商品自身的性质产生的形状,为获得技术效果而需有的商品形状以及使商品具有实质性价值的形状;(4)其他缺乏显著特征的商品名称、包装、装潢。前款第(1)、(2)、(4)项规定的情形经过使用取得显著特征的,可以认定为特有的名称、包装、装潢。知名商品特有的名称、包装、装潢中含有本商品的通用名称、图形、型号,或者直接表示商品的质量、主要原料、功能、用途、重量、数量以及其他特点,或者含有地名,他人因客观叙述商品而正当使用的,不构成不正当竞争行为。

案例链接

玛氏食品的产品包装装潢是否具有特有性?

在玛氏食品(中国)有限公司(以下简称"玛氏食品")诉被告汕头经济特区天龙食品有限公司(以下简称"天龙食品")、赖结平擅自使用知名商品特有包装、装潢纠纷一案中,玛氏食品生产的DOVE/德芙巧克力深受广大消费者喜爱,是该公司最具知名度和竞争力的巧克力产品。天龙食品是一家在中国市场上与玛氏食品存在竞争关系的糖果、巧克力制造厂商,在其生产的"爱夫"丝滑香浓巧克力产品上使用了与玛氏食品"DOVE/德芙"丝滑牛奶巧克力产品、"DOVE/德芙"奶香白巧克力产品包装装潢相近似的包装装潢,并在多个地方销售。玛氏食品认为天龙食品是以利用消费者多年来对"DOVE/德芙"巧克力产品所形成的较高认知度和接受度,通过不正当竞争行为提高自己市场份额、赚取高额利润的不正当竞争行为。本案在审理中,法院总结其中的一个争议焦点就是玛氏食品的包装装潢是否为该产品特有。玛氏食品认为其在生产的"DOVE/德芙"巧克力产品上使用了以特定颜色排列组合为主要设计风格的特有装潢,具有强烈的视觉吸引力,很容易引起消费者的注意和购买兴趣,从而成为消费者认知和识别"DOVE/德芙"巧克力的一项显著特征,并使使用这种装潢的排块巧克力成为"DOVE/德芙"巧克力中的畅销品。天龙食品认为原告产品的包装图形非常简单,明显缺乏显著性,咖啡色等为巧克力产品的通用颜色;"爱夫"丝滑香浓巧克力产品的"AIFU"与"DOVE"字母并不相同,所用字体也不同,读音也相差甚远。

法院认为,原告生产的"德芙DOVE"丝滑牛奶巧克力、"德芙DOVE"奶香白巧克力产品包装装潢设计独特,以咖啡色丝绸材质为主背景色,与产品所宣传的"牛奶香浓丝般感受"能相呼应，该包装装潢凝结了设计人员的智力投入，已具显著性，为该商品所特有。

（案例来源：北大法律信息网）

四、作相同或近似的使用的认定

使用，是指在中国境内进行商业使用，包括将知名商品特有的名称、包装、装潢或者企业名称、姓名用于商品、商品包装以及商品交易文书上，或者用于广告宣传、展览以及其他商业活动中。经营者如果基于合法的方式获得知名商品有关标识的使用权，而非擅自使用，则不会构成不正当竞争。

相同，是指所使用的商品的名称、包装、装潢与他人知名商品的名称、包装、装潢一模一样，完全一致，即在文字、图形、记号及其联合形式以及其外观、排列、色彩完全相同。

近似，是指抄袭他人知名商品名称、包装、装潢的主要部分，加以不妨得总体形象的增减或者变动，使购买者在购买时施以普通注意力而不免产生混同或误认的情形。《关于禁止仿冒知名商品特有的名称、包装、装潢的不正当竞争行为的若干规定》第5条规定，使用与知名商品近似的名称、包装、装潢，可以根据主要部分和整体印象相近，一般购买者施以普通注意力会发生误认等综合分析认定。一般购买者已经发生误认或者混淆的，可以认定为近似。

五、造成市场混淆和误认的认定

在相同商品上使用相同或者视觉上基本无差别的商品名称、包装、装潢，应当视为足以造成和他人知名商品相混淆。足以使相关公众对商品的来源产生误认，包括误认为与知名商品的经营者具有许可使用、关联企业关系等特定联系的，应当认定为造成市场混淆和误认。

六、法律规制

我国《反不正当竞争法》第21条第2款规定，经营者擅自使用知名商品特有的名称、包装、装潢，或者使用与知名商品近似的名称、包装、装潢，造成和他人的知名商品相混淆，使购买者误认为是该知名商品的，监督检查部门应当责令停止违法行为，没收违法所得，可以根据情节处以违法所得1倍以上3倍以下的罚款；情节严重的，可以吊销营业执照。

国家工商行政管理总局《关于禁止仿冒知名商品特有的名称、包装、装潢的不正当竞争行为的若干规定》（1995年7月6日施行）第7条、第8条规定，经营者仿冒知名商品特有的名称、包装、装潢行为的，县级以上工商行政管理机关除可以依据《反不正当竞争法》第21条第2款的规定对其进行处罚外，对侵权物品可作如下处理：（1）收缴并销毁或者责令并监督侵权人销毁尚未使用的侵权的包装和装潢；（2）责令并监督侵权人消除现存商品上侵权的商品名称、包装和装潢；（3）收缴直接专门用于印制侵权的商品包装和装潢的模具、印板和其他作案工具；（4）采取前三项措施不足以制止侵权行为的,或者侵权的商品名称、包装和装潢与商品难以分离的,责令并监督侵权人销毁侵权物品。

第四节 擅自使用他人的企业名称或者姓名行为

案例引导

王某的行为是否违反《不正当竞争法》?

徐州市"香吧佬"熟食店于2003年3月20日依法成立,主要经营范围为熟食加工与零售,"香吧佬"熟食在徐州地区享有一定的知名度。王某也是生产熟食加工与零售的个体工商户,为了迅速地打开市场,未经许可,自2005年8月起擅自在招牌上突出使用"香吧佬"熟食店名称。于是,徐州市"香吧佬"熟食店诉至法院请求判令被告王某立即停止使用"香吧佬"熟食店名称的侵权行为,赔偿经济损失2万元。

【问题】王某的行为构成不正当竞争吗?

【分析】本案中,王某未经权利人许可,擅自使用他人的企业名称,其行为足以引起消费者的误认和混淆,损害了原告的竞争利益。王某采用擅自使用他人的企业名称的不正当手段从事市场交易,根据我国《反不正当竞争法》,该行为构成不正当竞争。

(案例来源:百度文库)

一、概念

擅自使用他人的企业名称或者姓名的行为是指经营者擅自使用他人的企业名称或者姓名从事市场交易,引人误以为是他人的商品或者服务,损害竞争对手的不正当竞争行为。

企业名称是一个企业区别于其他企业的文字符号,由企业所在地的行政区划、字号、行业或者经营特点、组织形式四部分组成,其中字号是区别不同企业的主要标志。企业名称是企业的无形资产,它一旦在公众中树立良好的商业信誉,便对公众产生极大的吸引力。姓名是一个公民区别于其他公民的文字符号。

二、构成要件

(一)被冒用的对象是他人的企业名称或者姓名

1. 关于企业名称

《最高人民法院关于审理不正当竞争民事案件应用法律若干问题的解释》(法释〔2007〕2号)第6条第1款明确规定:企业登记主管机关依法登记注册的企业名称,以及在中国境内进行商业使用的外国(地区)企业名称,应当认定为《反不正当竞争法》第5条第(3)项规定的"企业名称"。具有一定的市场知名度、为相关公众所知悉的企业名称中的字号,可以认定为《反不正当竞争法》第5条第(3)项规定的"企业名称"。

最高人民法院关于当前经济形势下知识产权审判服务大局若干问题的意见》（法发〔2009〕23号）第10条还明确提出：对于具有一定市场知名度、为相关公众所熟知、已实际具有商号作用的企业名称中的字号、企业或者企业名称的简称，视为企业名称并给予制止不正当竞争的保护。因此，知名字号、境内依法登记的企业名称、在中国境内进行商业使用的外国（地区）企业名称，知名的企业简称或企业名称的简称，视为企业名称均属反不正当竞争法保护的企业名称。同时，对企业名称应作广义的理解，不仅是指具有独立的法人资格的公司企业，如有限责任公司和股份有限公司，也包括不具有独立的法人资格的企业，如个人独资企业、合伙企业，此外，还包括中外合资经营企业、中外合作经营企业、外资企业等三资企业。

企业名称经核准登记即在规定的范围内享有专用权，具有排他性。擅自使用为相关公众所熟知的企业名称的简称、缩略语、外文名称和字号（商号）等，引人误以为是该企业的商品或者服务的，应当认定为擅自使用他人的企业名称。

案例链接

"利郎"不正当竞争纠纷案

原告利郎（中国）有限公司（简称利郎中国公司）诉被告北京利郎领带服饰有限公司（简称北京利郎公司）不正当竞争纠纷案。2005年3月25日，利郎中国公司在泉州市工商行政管理局注册成立，该公司亦为香港利郎公司的独资公司，注册资本为1亿港元，主要经营业务为生产服装、服饰、各种鞋、家私、五金、塑料制品。该公司在中国大陆拥有"利郎"企业名称权、"利郎"注册商标专用权和关联企业利郎（福建）时装有限公司（简称利郎福建公司）。自20世纪90年代开始使用和宣传"利郎"企业名称及"利郎"品牌，"利郎"企业名称在中国广为相关公众所知晓，具有极高的知名度和影响力，并先后被评为"全国大型工业企业"、"中国服装企业30强"、福布斯杂志"2008中国潜力企业"等荣誉称号。北京利郎公司于2006年3月9日在北京市工商行政管理局丰台分局注册成立，注册资本50万元，经营范围为销售（不含零售）服装、鞋帽、针纺织品、工艺品、日用品。该公司使用字号"利郎"注册了其自己的企业名称，并在其生产、销售的产品上、网站上、名片上、收据上等使用其企业名称。原告利郎中国公司认为被告北京利郎公司的行为违反了诚实信用的原则，构成了不正当竞争，起诉要求北京利郎公司：立即停止在商业活动中使用其企业名称，限期变更"利郎"字号，变更后的企业名称中不得含有"利郎"或与"利郎"近似的字样；在《中国工商报》上公开消除影响；赔偿经济损失17.4万元、律师费2.5万元、公证费1千元。北京利郎公司辩称：该企业名称经过合法工商注册取得，且在使用过程中并未突出"利郎"二字，不构成利郎中国公司起诉的不正当竞争行为，请求法院驳回利郎中国公司的诉讼请求。

经审理查明，法院认为：企业名称在市场竞争中受反不正当竞争法律保护。我国《反不正当竞争法》规定，经营者不得擅自使用他人的企业名称，引人误认为是他人的商品。具有一定的市场知名度、为相关公众所知悉的企业名称中的字号，可以认定为《反不正当竞争法》所保护的企业名称。在企业名称的反不正当竞争保护中，应当遵循诚实信用原则、在先权利原则和知名度原则。他人不得违反公认的商业道德，将他人在先取得且具有一定市场知名度的企业名称或字号作为自己的企业名称或字号予以注册使用。

本案中，利郎中国公司与北京利郎公司均为经营服装产品的公司，两者存在竞争关系。利郎中国公司成立时间早于北京利郎公司成立时间，利郎中国公司在先取得了企业名称权。"利郎"既为商标，亦为企业字号，因此对"利郎"商标的宣传亦为对"利郎"字号的宣传，"利郎"商标的知名度亦可认为是"利郎"字号的知名度。在北京利郎公司成立之前，"利郎"商标通过利郎福建公司和利郎中国公司的宣传已经在全国范围内具有了较高的市场知名度，因此利郎中国公司的字号也在全国范围内具有了较高的知名度。在此情况下，作为同行业的竞争者，北京利郎公司在注册企业名称时，应当知道在同行业中已经存在了一个较高知名度的利郎中国公司，应当主动避免与利郎中国公司的字号相同或者近似。但北京利郎公司却仍然选择与利郎中国公司字号完全相同的"利郎"二字作为自己的字号予以注册使用，又不能对其选择"利郎"二字做出合理解释。利郎中国公司在全国范围内具有了极高的知名度。但北京利郎公司并未举证证明其企业名称亦存在较高知名度。在此情况下，北京利郎公司继续使用其企业名称就会导致相关公众对北京利郎公司和利郎中国公司的商品来源以及两者的关系存在混淆和误认。从北京利郎公司网站上的留言来看，也已经实际产生了混淆和误认。因此，北京利郎公司已经违反了诚实信用原则，构成了对利郎中国公司的不正当竞争。尽管北京利郎公司的企业名称也经过了工商注册，但其选择"利郎"二字属于擅自使用他人已经知名的字号的行为，故北京利郎公司以经过工商注册为由提出不侵权的抗辩意见，法院不予支持。

综上，北京利郎公司已经违反了诚实信用原则，构成了对利郎中国公司的不正当竞争，应当承担变更字号、消除影响、赔偿损失的法律责任。依照我国《反不正当竞争法》第5条第（3）项、第20条第1款，《最高人民法院关于审理不正当竞争民事案件应用法律若干问题的解释》第6条第1款之规定，判决如下：

一、北京利郎领带服饰有限公司于本判决生效之日起三十日内办理变更企业名称的手续，变更后的企业名称中不得含有"利郎"二字；

二、北京利郎领带服饰有限公司于本判决生效之日起三十日内在《中国工商报》上履行刊登消除影响声明的义务以消除影响；

三、北京利郎领带服饰有限公司于本判决生效之日起十日内赔偿利郎（中国）有限公司经济损失五万元；

四、北京利郎领带服饰有限公司于本判决生效之日起十日内赔偿利郎（中国）有限公司合理费用二万元；

五、驳回利郎（中国）有限公司其他诉讼请求。

（案例来源：110法律咨询网）

2. 关于姓名

我国《民法通则》规定，公民享有姓名权，有权决定、使用和依照规定改变自己的姓名，禁止他人干涉、盗用、假冒，但受竞争法保护的姓名应与市场有关。法释〔2007〕2号司法解释第6条第2款规定：在商品经营中使用的自然人的姓名，应当认定为《反不正当竞争法》第 5 条第（3）项规定的"姓名"。具有一定的市场知名度、为相关公众所知悉的自然人的笔名、艺名等，可以认定为《反不正当竞争法》第 5 条第（3）项规定的"姓名"。在作家王跃文诉王跃文（原名王立山）等侵犯著作权、不正当竞争纠纷一案（〔2004〕长中民三初字 221 号）中，法院认为"作为文化市场的商品经营者，作家符合《反不正当竞争法》对竞争主体的要求……原告由于其先前的创作行为而享有声誉……（其）姓名的商业标识作用，应予认可"。

（二）未经权利人的许可使用其名称或者姓名

《反不正当竞争法》规制的是擅自使用行为，包括未经权利人许可，擅自将企业名称、姓名用于商品、商品包装以及商品交易文书上，或者用于广告宣传、展览以及其他商业活动中。对于获得权利人依法转让或者许可而对他人企业的名称或者姓名进行使用的行为，属于正当使用行为，不构成不正当竞争。但根据我国《企业名称登记管理规定》以及工商总局《关于对企业名称许可使用有关问题的答复》的规定，我国禁止"出租自己的企业名称"，即明确企业不得许可他人使用自己的企业名称，更不得许可他人使用第三方的企业名称或未经核准登记的企业名称。企业许可他人使用自己的企业名称从事经营活动的属于"出租自己的企业名称"。不过，原国家工商局国内贸易部《关于连锁店登记管理有关问题的通知》（工商企字〔1997〕第 147 号）第 5 条规定："配送中心以及由总部全部或控股、参股设立的门店，其名称可以使用总部名称中的字号。与总部没有资产关系的门店，经总部同意，也可以使用总部名称中的字号。"也就是说，企业名称权利人不得许可他人使用自己的企业名称，但可以将其字号依法许可他人使用。因此，在商业活动中，将违反规定承租的他人企业名称作为自己企业名称使用，足以误导公众的，也构成擅自使用他人企业名称不正当竞争行为。

（三）引人误以为是他人的商品或者服务

构成擅自使用他人的企业名称或者姓名行为，还要求造成市场混淆的后果，即引人误以为是他人的商品或者服务。如果没有发生市场混淆，就不属于竞争法的规制范围。

三、法律规制

根据我国《反不正当竞争法》第 21 条第 1 款规定，经营者擅自使用他人的企业名称或者姓名的，依照《产品质量法》的规定处罚。

擅自使用他人的企业名称或者姓名，主要是盗用他人的商业信誉或以虚假手段从事市场交易，本质上不是产品质量问题，由于在《产品质量法》颁布时，《反不正当竞争法》尚在制订过程中，为解决市场经济秩序问题之急需，《产品质量法》也涉及了上述不正当竞争行为。因此，经营者擅自使用他人的企业名称或者姓名的不正当竞争行为违反《产品质量法》的，依照《产品质量法》第 53 条的规定处罚，即伪造或者冒用他人厂名、厂址的，责令改正，没收违法生产、销售的产品，并处违法生产、销售产品货值金额等值以下的罚款；有违法所得的，并处没收违法所得；情节严重的，吊销营业执照。

而如果擅自注册使用他人企业名称并不涉及《产品质量法》中的不正当竞争行为的，

实践中则仍然依照《反不正当竞争法》进行处理。如上述的"利郎"不正当竞争纠纷案，法院即依照《反不正当竞争法》第 20 条规定作出处理。

📖 拓展阅读

关于商标与使用企业名称冲突纠纷案件的审判解答

北京市高级人民法院审判委员会第二十七次会议（总第九十次会议）于 2002 年 12 月 23 日讨论通过了《关于商标与使用企业名称冲突纠纷案件审理中若干问题的解答》。

1. 商标与使用企业名称冲突纠纷案件的具体含义是什么？

本《解答》所称商标与使用企业名称冲突是指：将与他人注册商标相同或者近似的文字作为企业名称中的字号注册使用，使商标与字号发生的冲突。当事人因注册商标与使用企业名称发生冲突引起纠纷向人民法院起诉的，经审查符合《民事诉讼法》第 108 条规定的，人民法院应予受理。

2. 如何理解企业名称应当依法规范使用？

企业名称是区别不同市场主体的标志，依次由企业所在地的行政区划、字号、行业或者经营特点、组织形式四部分组成。其中，字号是区别不同企业的主要标志。企业在对外经营活动中应当依法规范使用企业名称，企业的印章、银行账户、信笺、产品或者其包装等使用的企业名称，应当与营业执照上的企业名称相同。从事商业、公共饮食、服务等行业的企业名称的牌匾可以适当简化，但不得与其他企业的注册商标相混淆。

3. 审理商标与使用企业名称冲突纠纷案件应当如何适用法律？

商标与使用企业名称冲突纠纷，从侵权人的行为性质上看，主要是借助于合法的形式侵害他人商誉，表现为使消费者对商品或者服务的来源以及不同经营者之间具有关联关系产生混淆误认，故一般属于不正当竞争纠纷，应当适用《民法通则》、《反不正当竞争法》进行调整；将与他人注册商标相同或者近似的文字作为企业的字号在相同或者类似商品上单独或者突出使用，容易使相关公众产生误认的，属于侵犯他人注册商标专用权的行为，应当适用《商标法》进行调整。

4. 审理商标与使用企业名称冲突纠纷案件，如何判令侵权人承担法律责任？

审理商标与使用企业名称冲突纠纷案件，应当遵循诚实信用、保护在先合法权益的原则。侵权人的行为造成消费者对商品或者服务的来源产生误认和混淆，或者造成消费者误认为不同经营者之间具有关联关系，或者对驰名商标造成《商标法》第 10 条第（8）项所说的不良影响，构成不正当竞争的，人民法院可以判令停止使用企业名称或者对该企业名称的使用方式和范围作出限制。因主观上具有过错给权利人造成损害的，还应该判令赔偿损失。

5. 注册商标专用权的受让人对于受让前的侵权行为能否主张权利？

商标是区别不同商品或者服务来源的标志。注册商标专用权的受让人自商标转让公告之日起，享有该商标专用权和禁止他人在相同或者类似商品或者服务中使用该商标的权利，对于转让前发生的侵权行为不能主张权利，但有特别约定或者至商标转让公告之日仍在持续的侵权行为除外。

6. 审理商标与使用企业名称冲突纠纷案件，商标权人是否必须在一定期限内主张权利？

商标与使用企业名称发生冲突，商标权人自企业名称登记之日起5年内未提出请求的，不予保护。对恶意将他人驰名商标注册为企业名称的，则不受5年的限制。

7. 企业名称专用权人能否许可他人使用自己的企业名称？

企业名称是用于区别不同企业或者社会组织的标志，具有专用属性，其保护范围受行业和行政区划的限制，仅可由进行注册登记的企业专用，故企业名称专用权人不得许可他人使用自己的企业名称。在商标与使用企业名称冲突纠纷案件的审理中，对被告以经他人授权许可而使用企业名称为由进行抗辩的不予支持。

8. 如何认定商标与企业名称中字号的使用冲突足以造成消费者的误认混淆？

判断商标与企业名称中字号的使用冲突能否造成消费者误认混淆（包括产生混淆的可能性），即对不同经营者提供的商品或者服务的商业来源以及不同经营者之间具有关联关系的误认混淆，应该以侵权行为发生时的有关事实为依据，同时还应当考虑但不限于以下因素：(1) 销售商品或者提供服务的渠道与方式；(2) 双方所经营的商品或者服务的类似程度以及消费者购买时的注意程度；(3) 是否有证据证明已经造成了实际混淆；(4) 被告人是否具有利用或者损害他人商誉的故意等，综合作出判断。

9. 审理商标与使用企业名称冲突纠纷案件，如何认定文字近似？

判断商标与企业名称中的字号是否近似，应主要考虑公众的视觉效果，综合字形、读音、含义进行判断。只要字形、读音之一基本相同并足以使消费者对商品或服务的来源以及不同经营者之间具有关联关系造成误认混淆的，即应认定为近似，同时还应考虑请求保护的注册商标的显著性和知名程度。

10. 审理商标与使用企业名称冲突纠纷案件，什么情况下应当中止审理？

商标与使用企业名称冲突纠纷案件的审理中，被告请求商标局或者商标评审委员会撤销注册商标专用权的，人民法院一般不中止诉讼，但行政主管机关正在对使用冲突纠纷进行处理或者人民法院经审查认为有必要中止诉讼的除外。

11. 经行政主管机关认定为驰名商标的权利人对于此前他人在不相同或者不相类似的商品或者服务中使用驰名商标的行为能否主张权利？

经行政主管机关认定的驰名商标，自认定驰名之日起，其保护范围及于不相同或者不相类似的商品或者服务，但其效力并不能当然溯及既往。权利人对于此前他人在不相同或者不相类似的商品或者服务中使用驰名商标的行为主张权利，对方当事人不持异议的，人民法院可以就是否构成驰名商标不再审查。

12. 商标与使用企业名称冲突纠纷案件审理中。企业名称先于注册商标合法登记的应如何处理？

审理商标与使用企业名称冲突纠纷应当依法保护在先合法登记并使用企业名称者享有继续使用的合法权益，即在注册商标申请日前，已经合法登记并使用的企业名称中的字号与他人商标相同或者近似的，企业名称使用人有权继续使用该企业名称。

（资料来源：国家知识产权局）

第五节　伪造、冒用质量标志及伪造产地行为

🦋 案例引导

伪造、冒用质量体系认证标志案件

A市质监局执法人员在开展认证产品检查中，发现A市某农资集团B肥业有限公司生产的复合肥料，外包装袋标注"本企业通过ISO9001：2000质量体系认证"字样。经查，B公司共生产标注"本企业通过ISO9001：2000质量体系认证"字样的复合肥有10吨，已销5吨，货值金额24000元。A市某农资集团于2007年获得ISO9001：2000质量体系认证，现已暂停，而A市某农资集团B肥业有限公司并未获得质量体系认证，涉嫌伪造、冒用认证标志行为。

【问题】该案如何定性？

【分析】根据我国《认证认可条例》第71条的规定，伪造、冒用、买卖认证标志或者认证证书的，依照《产品质量法》等法律的规定查处。根据国家质检总局关于实施《产品质量法》若干问题的意见中对伪造或者冒用认证标志等质量标志的行为解释，质量标志包括我国政府有关部门批准或认可的企业质量体系认证标志。本案中企业未通过认证，但在其产品或者产品包装上等其他宣传中使用虚假文字表明其通过认证。这种行为属非法标注质量标志，擅自使用未获批准的质量标志的行为，应认定为生产伪造、冒用认证标志的违法行为，构成不正当竞争。

（案例来源：中国知网）

一、概念

伪造、冒用质量标志以及伪造产地行为是指经营者通过在商品上伪造或者冒用质量标志，伪造产地的方式，对商品质量作引人误解的虚假表示的不正当竞争行为。在激烈的市场竞争中，质量标志或商品产地能给权利人带来持续稳定的经济效益，也成为不正当竞争行为侵害的主要对象。

二、伪造或者冒用质量标志

质量标志是证明产品达到国家规定质量标准的一种标志，包括我国政府有关部门批准或认可的产品质量认证标志、企业质量体系认证标志、名优标志、国外的认证标志、原产地域产品专用标志、免检标志等。

认证标志是质量认证机构准许经其认证产品质量合格的企业在产品的包装上使用的质量标志。《产品质量法》第14条规定："国家参照国际先进的产品标准和技术要求，推行产品质量认证制度。企业根据自愿原则可以向国务院产品质量监督部门认可的或者国务院产品质量监督部门授权的部门认可的认证机构申请产品质量认证。经认证合格的，由认证

机构颁发产品质量认证证书,准许企业在产品或者其包装上使用产品质量认证标志。"产品质量认证标志是国家监督产品质量的一项法律制度,使用认证标志的产品必须是经认证合格的产品。伪造或者冒用认证标志的违法行为通常包括:(1)未推行产品质量认证制度的商品,经营者在商品上或其包装上伪造认证标志;(2)经营者未向产品质量认证机构申请认证而擅自使用认证标志;(3)经营者虽向产品质量认证机构申请认证,但经认证不合格却擅自使用认证标志;(4)其他伪造或者冒用认证标志的违法行为。

名优标志是经国际或者国内有关机构或社会组织评定为名优产品而发给经营者的一种质量荣誉标志。伪造或者冒用名优标志的违法行为通常包括:(1)未经组织评比名优的产品,经营者伪造名优标志在商品上使用;(2)虽为组织评比名优的产品,但经营者未参加评比,却擅自在商品上使用名优标志;(3)虽为组织评比名优的产品,经营者参加了评比,但未被评比为名优产品,却擅自在商品上使用名优标志;(4)被取消名优产品称号的产品,经营者继续使用名优标志;(5)级别低的名优产品,经营者擅自使用级别高的名优标志;(6)其他伪造或者冒用名优标志的行为。

三、伪造产地

商品产地是指商品的制造、加工或者商品生产者的所在地,即商品的地理来源。基于某些产品的质量或其他特征与特定地区的气候、土壤、水质及人文因素息息相关,因此,产地成为商品质量、商品声誉的代言标志。伪造产地的目的是为了使购买者对商品的地理来源产生误解,从而对商品质量发生混淆,以达到获取不正当利益。

四、法律规制

《产品质量法》第 53 条规定,伪造产品产地的,伪造或者冒用他人厂名、厂址的,伪造或者冒用认证标志等质量标志的,责令改正,没收违法生产、销售的产品,并处违法生产、销售产品货值金额等值以下的罚款;有违法所得的,并处没收违法所得;情节严重的,吊销营业执照。

本章小结

本章主要介绍了市场混同行为的概念及特征、市场混同行为的主要类型及其法律规制。市场混同行为又称为假冒仿冒行为,是指经营者违反法律规定,采用假冒、模仿他人商业标识等不正当手段,损害其他经营者的合法权益,扰乱社会经济秩序的行为。主要类型包括:(1)假冒他人的注册商标;(2)擅自使用知名商品特有的名称、包装、装潢,或者使用与知名商品近似的名称、包装、装潢,造成和他人的知名商品相混淆,使购买者误认为是该知名商品;(3)擅自使用他人的企业名称或者姓名,引人误认为是他人的商品;(4)在商品上伪造或者冒用认证标志、名优标志等质量标志,伪造产地,对商品质量作引人误解的虚假表示。

通过本章的学习,学生应充分认识到市场混同行为作为一种典型的不正当竞争行为,严重扰乱了社会主义市场经济秩序,具有很大的社会危害性。在技能上,学生应具备运用市场混同行为法律规制理论处置企业之间相关法律纠纷的实务能力。

技能训练

案 例 分 析

目标：熟悉掌握假冒他人注册商标行为的法律规制方法，能够运用相关法律规定解决企业之间的商标纠纷。

内容：甲企业将"小天鹅"申请注册并使用在冰箱类商品上，乙企业将"小天鹅"申请注册并使用在毛巾上。按现行商标法规定，甲、乙企业对"小天鹅"都享有专用权。甲企业能否指控乙企业侵犯其专用权？请依据《反不正当竞争法》进行讨论。

步骤和要求：

（1）学生分组讨论；

（2）学生各组代表分析案例并阐述观点；

（3）教师点评。

实践活动

关于市场混同行为的市场调研

目的：使学生掌握我国市场混同行为的法律规制内容，培养学生熟悉应用相关法律规制知识的能力，提高学生处理企业竞争法律纠纷的实务能力。

内容：关于市场混同行为的市场调研。

步骤：

（1）学生分组；

（2）各组确定调研的对象和调研方案；

（3）开展调研；

（4）指导教师对调研材料进行总结分析。

要求：根据调研材料，结合市场混同行为规制理论的相关知识写出调研报告。

本章练习

一、判断题

1. 假冒他人注册商标行为包括未经商标注册人的许可，在不同类型商品或服务上使用与其注册商标相同或相近似的商标的行为。（　　）

2. 对于侵犯注册商标专用权的行为，引起纠纷的，由当事人协商解决；不愿协商或者协商不成的，商标注册人或者利害关系人可以向人民法院起诉，也可以请求工商行政管理部门处理。（　　）

3. 对商品是否类似，主要应从商品的功能、用途、原材料构成、销售渠道、贸易对象、是否存在竞争关系，是否相同或基本相同加以判断。（　　）

4. 知名商品是通过法定的组织及程序评定出来的荣誉称号。（　　）

5. 知名商品是为全国范围内的相关公众所熟悉的商品。（　　）

二、不定项选择题

1. 假冒他人注册商标行为主要包括以下表现形式：（　　）。
   A. 在同一种商品上使用与他人注册商标相同的商标的行为
   B. 在同一种商品上使用与他人注册商标近似的商标的行为
   C. 在类似商品上使用与他人注册商标相同的商标的行为
   D. 在类似商品上使用与他人注册商标近似的商标的行为

2. 下列属于假冒仿冒行为的有：（　　）。
   A. 擅自使用他人的企业名称或者姓名，使人误认为是他人的商品
   B. 擅自使用知名商品特有的名称、包装、装潢造成和他人知名商品相混淆，使购买者误认为是该知名商品
   C. 在商品上伪造或者冒用认证标志、名优标志等质量标志，伪造产地，对商品质量作引人误解的虚假表示
   D. 擅自使用与知名商品近似的名称、包装、装潢，造成和他人的知名商品混淆，使购买者误认为是该知名商品

3. 甲企业在市场上推出一种多功能遥控器，名为"一按达"，产品设计成适应操作者手型的曲线外观，并配以反传统的香槟色。该多功能遥控器销售地区甚广，辅之大量的、较长时间的广告宣传，使其在相关市场广为消费者欢迎。乙企业仿冒甲企业产品，也在市场推出"易安达"多功能遥控器，其外观、色彩与甲企业的"一按达"相仿，引起混淆。该侵权行为属于（　　）。
   A. 假冒、仿冒他人注册商标
   B. 擅自使用知名商品特有的名称、包装、装潢
   C. 侵犯外观设计专利权
   D. 引人误解的虚假宣传

三、问答题

1. 简述市场混同行为的特征。
2. 侵犯注册商标专用权包括哪些行为？
3. 简述擅自使用他人的企业名称或者姓名行为的构成要件。

四、案例分析题

1999年7月7日，厦门大洋集团股份有限公司和厦门象屿保税区大洋国际贸易有限公司，在二者名称中抽出"厦大"二字，于上海市工商行政管理局注册成立了上海厦大房地产开发有限公司，经营范围为"房地产开发及经营，物业管理，室内装潢，服务；建筑材料销售"。2009年9月，厦门大学申请注册了"厦门大学"名称的注册商标，内容包括"厦门大学"的中英文文字组成、图形商标和简称"厦大"的中英文文字组成。商标注册核定项目包括"学校（教育），教育，培训，教育信息，幼儿园，组织竞赛（教育或娱乐），安排和组织会议，图书出版（广告宣传册除外），文娱活动，提供体育设施"。厦门大学认为，"厦大"是其为社会公众广泛使用的简称，上海厦大房地产公司未

经其同意将"厦大"作为公司字号,且从事营利活动,其行为侵犯了学校名称权。经协商未果后,厦门大学遂将厦大公司告上法庭,要求其变更名称,赔偿经济损失。

请根据市场混同行为的法律规制理论,分析上海厦大房地产公司是否侵犯了厦门大学的名称权。

第十一章

虚假宣传行为

商业宣传是活跃市场经济的重要营销手段,但经营者采取虚构、歪曲或者其他误导消费者的方式进行宣传,则损害了竞争者、消费者的合法权益,破坏了市场竞争秩序,受《不正当竞争法》、《广告法》、《消费权益保护法》等法律的规制,构成犯罪的,还应追究相应的刑事责任。

学习目标
知识目标:
掌握虚假宣传行为的构成要件和法律规制,准确理解相关规定的适用条件。
能力目标:
能够运用相关法律、法规和规章的规定,分析各种表现形态的虚假宣传现象。

第一节 虚假宣传行为概述

案例引导

王老吉诉加多宝广告语虚假宣传案

广药集团与加多宝公司曾有着多年的合作关系。广药集团在注册"王老吉"商标之后,于1995年将商标租给加多宝公司使用。次年,加多宝公司传承王泽邦清朝道光年间祖传配方,首创并推出第一罐红罐凉茶。伴随着红罐凉茶在市场上的大获成功,曾经的合作伙伴开始分道扬镳。加多宝公司于2012年5月后启用自主商标"加多宝"继续生产红罐凉茶,广药集团则于同年6月生产红罐凉茶。2012年7月,广药集团最终通过诉讼收回了红色罐装及红色瓶装王老吉凉茶的生产经营权。此后几年中,双方围绕包装和广告宣传语等官司不断。涉及的广告纠纷包括:"加多宝公司推出的王老吉改名加多宝"、"全国销量领先的红罐凉茶改名加多宝"、"中国每卖10罐凉茶7罐加多宝"、"国家权威机构发布:加多宝连续7年荣获'中国饮料第一罐'"、"加多宝凉茶荣获中国罐装饮料市场'七连冠'"等一系列广告。

广州和北京的一审法院对以上所涉及的广告语纠纷案均作出了虚假宣传的认定和赔偿判决。

【问题】 虚假宣传损害了谁的利益?

【分析】 经营者通过虚构、歪曲事实或者其他误导性行为宣传商品或服务,将影响消费者的选择,挤占同业竞争者的市场份额,从而产生排挤竞争者,削弱其市场竞争力的效果。因此,基于商业利益的考虑,同业竞争者对虚假宣传行为尤为警惕。王老吉与加多宝的广告语纠纷案可见一斑。同时,经营者采用虚构、夸大或采用其他方式误导消费者,往往隐瞒了商品(服务)质量、性能等重要方面的真实情况,直接损害消费者的知情权,甚者将影响消费者的健康与生命安全。因此,消费者是虚假宣传中的受害者。健康的市场经济有赖于良好的竞争秩序,而这取决于经营者的正当竞争活动,虚假宣传行为属于不正当竞争行为,因此市场经济秩序也是虚假宣传的侵害对象。

(案例来源:新浪财经《北京晨报》)

一、虚假宣传行为的概念及其规制动因

(一) 概念

虚假宣传是指经营者在商业活动中利用广告或其他方法对商品或者服务作出与实际内容不相符的宣传,从而达到误导消费者和获取不正当利益目的的一种不正当竞争行为。因此,虚假宣传行为的具体表现形式包括经营者"利用广告"进行虚假宣传以及经营者"利用其他方法"进行虚假宣传。其他方法主要包括新产品或服务的推介会、商品信息发布会、展销会,以及以非商业广告的方式,如通过播放新闻、采访、发表文章,对商品进行宣传报道等。

案例链接

虚假广告"藏身"于节目

2015年3月,广电总局下发通知叫停31条违规广告,这31条违规广告均以节目形式,采用主持人主持、专家推荐、现场互动、消费者作证明等方式,变相为产品或服务作广告宣传,且存在夸大夸张宣传、误导消费的问题。如"瘦身大赢家"、"美丽不难"、"食话食说"等节目变相为许多产品或服务作广告宣传,误导消费。"黄金全天候"、"财富前沿"、"投资新趋势"、"财富来啦"、"财经博视"、"艺海寻宝"、"收藏天下"、"家庭理财"等节目变相为黄金、白银、玉石等投资以及书画作品、收藏等做广告宣传,误导公众。"中华心脑血管防治中心"、"巧吃水果治心病"、"眼病治疗"等广告,通过医疗和健康资讯服务短片,吸引观众拨打热线电话,存在夸大夸张宣传,宣传治愈率、有效率,以医生、专家、患者等形象作疗效证明等违规问题。

(案例来源:新华网)

在理论研究与执法实践中,虚假广告是与虚假宣传极为相近的一组概念,关于两者的关系,既存在将虚假宣传与虚假广告两个概念进行混同的情形,也存在将两者区分使用的情形。根据我国《反不正当竞争法》第9条"经营者不得利用广告或者其他方法对商品

的质量、制作成分、性能、用途、生产者、有效期限、产地等作引人误解的虚假宣传,广告的经营者不得在明知或者应知的情况下代理、设计、制作、发布虚假广告"的规定,一般认为,虚假广告是虚假宣传行为的一种形式,虚假宣传行为包含了虚假广告。对虚假广告,我国有《广告法》、《广告管理条例》作专门调整,规范广告活动并保护消费者与经营者的合法权益;同时,由于虚假广告是虚假宣传的一种形式,因此,用来规范虚假宣传的法律,如《反不正当竞争法》、《消费者权益保护法》以及《产品质量法》等,都适用于虚假广告。对虚假宣传中除广告之外的其他虚假宣传,则属于《反不正当竞争法》、《消费者权益保护法》以及《产品质量法》的调整范围。如图11.1所示。

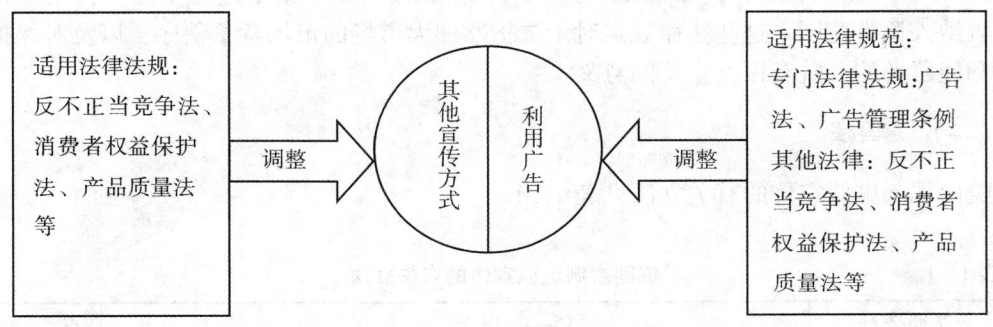

图 11.1　规制虚假宣传的法律适用示意图

（二）规制动因

全球规模最大的广告与传媒集团奥姆尼康集团总裁约翰·雷恩（John Wren）在代表集团参加2008年北京奥组委行销传播会议时发言道:"商业宣传在多元经济竞速增长的市场中发挥着越来越显著的作用,不论是美国还是中国,不论是自由经济还是市场经济,商业宣传都必不可少……商业宣传已经成为经济发展的强力助推器。"正如雷恩所言,商业宣传是市场营销中的一个重要环节,承担着传递产品信息和增加产品需求的使命,已成为联系经营者和消费者的重要桥梁。商业宣传作为一种市场竞争手段,应遵循诚实信用原则,客观真实地描述商品和服务,但如果宣传内容弄虚作假,隐瞒了商品或者服务的真实情况,就会对消费者、竞争者的权益造成损害,阻碍竞争机制正常发挥作用,导致市场竞争秩序发生混乱。

虚假宣传是具有严重社会危害性的行为,主要体现在以下几个方面:首先,极大地损害了消费者的正当权益。在虚假宣传的误导下,消费者对于商品或服务的真实情况并不了解,很可能因轻信宣传而产生消费心理,这就侵害了消费者的知情权和公平交易权,严重的情况下,还可能危害消费者的人身健康或财产安全。其次,损害了其他竞争者的合法权益。经营者通过引人误解的宣传吸引消费者购买其商品或者服务,挤占了其他诚信经营者的市场份额,这是显失公平的,某些经营者甚至采取抬高己方形象或压低竞争者形象的手段进行虚假宣传,这会直接侵害竞争者的权益,使其在虚假宣传的影响下无法正常开展生产经营活动。再次,虚假宣传行为会破坏市场竞争秩序和社会生活秩序。因此,为保护消费者和经营者的合法权益、维护正常的市场竞争秩序,世界各国一般通过判例法或者成文法对虚假宣传行为进行规制。

二、国外立法概况

（一）欧共体法

禁止虚假广告是欧共体反不正当竞争法的重要内容。欧共体在 1984 年颁布了《协调成员国关于引人误解广告的法律规定和行政规定的第 84/450 号指令》，该指令要求成员国在禁止虚假广告方面必须达到最低的法律标准，建立制止虚假广告的行政程序和司法程序。1997 年，欧共体颁布了第 97/55 号指令，对第 84/450 号指令进行了修订，明确将比较广告纳入调整范围。这些法律规定对于维护欧洲大市场的市场竞争秩序，以及对保护消费者和经营者的利益有极其重要的意义。

（二）美国法

美国规制虚假宣传的有关立法见表 11.1。

表 11.1　　美国规制虚假宣传的有关立法

主要法律依据	主 要 规 定	特点
《联邦贸易委员会法》，于 1914 年由美国国会颁布	商业中或者影响商业的不公平或者欺骗性行为以及做法是非法的 任何个人、合伙人或者公司传播或者导致传播虚假广告是非法的	1. 规定简单，为使条款具有可操作性，联邦贸易委员会发布多项行政条例 2. 只能由联邦贸易委员会作为公诉人向法院提起诉讼
《兰哈姆法》，于 1946 年由美国国会颁布	任何关于商品或者服务来源的虚假陈述以及任何关于商品或者服务基本性能的虚假陈述都是违法的 任何人在商品、服务或商品包装上，或者与之相关的物品上，使用任何商业性字、词、名称、符号或设计，或者任何组合，任何虚假原产地名称、虚假或误导性事实说明、虚假或误导性事实陈述，并且属于下列情况：（1）可能就该人与另一人的隶属关系、联系或关联性，或者其商品、服务或商业活动的原产地、赞助或批准引起混淆、误解或欺骗；（2）在商业广告或促销活动中歪曲他人的商品、服务或商业活动的性质、特点、质量或原产地的，该人应当对任何认为上述行为可能损害其利益的当事人提起的民事诉讼承担责任	经营者可以依据该法对虚假广告行为提起诉讼
《反不正当竞争和欺诈行为法》，由美国各州颁布	略	经营者与消费者均有权提起不作为之诉和损害赔偿之诉

（三）德国法

德国规制虚假宣传的有关立法见表 11.2。

表 11.2　　　　　　　　　　德国规制虚假宣传的有关立法

主要法律依据		主要规定（误导性广告）
2004 年修订的《反不正当竞争法》	判断标准	应当对该广告的整体进行系统审查，尤其是在广告中涉及的以下方面： （1）商品或者服务说明，包括库存情况、种类、规格、成分、生产或供应的程序或时间、用途、使用范围、数量、特性、产地或生产企业、使用后果以及商品或服务测试结果等 （2）关于销售说明，包括销售原因、价格和计算价格的类型、方式以及提供商品或者服务的条件 （3）关于经营者的说明，特别是广告发布者的经营范围、资格和权利
		误导性广告仅指以显著程度损害了竞争者、消费者及其他市场参与者利益的误导行为
		仅需存在"引人误解"的可能性，就可以判定广告构成虚假宣传行为，而不要求已经发生了"引人误解"的结果
	法律责任	诉权主体：竞争者、消费者以及符合法定资格的协会或者工商会 竞争者与消费者可主张：停止侵害、损害赔偿 符合法定资格的机构可主张：停止侵害、利润收缴（收益上缴国库）
		行为人为了达到盈利目的，在针对不确定对象的宣传中进行虚假表述，引起消费者误解的，或者行为人在交易中对消费者许下承诺，承诺的内容是消费者做出购买行为就可以从其或第三人处获取利益的，判处两年以下监禁或罚金

三、我国立法概况

我国规制虚假宣传行为的有关立法见表 11.3。

表 11.3　　　　　　　　　我国规制虚假宣传行为的有关立法

相关法律与司法解释	主 要 规 定
《反不正当竞争法》·于 1993 年颁布实施	第 9 条：经营者不得利用广告或者其他方法对商品的质量、制作成分、性能、用途、生产者、有效期限、产地等作引人误解的虚假宣传。 广告的经营者不得在明知或者应知的情况下代理、设计、制作、发布虚假广告。

续表

相关法律与司法解释	主　要　规　定
《广告法》 2015年4月24日修订， 同年9月1日实施	第4条：广告不得含有虚假的内容，不得欺骗和误导消费者。广告主应当对广告内容的真实性负责。 第5条：广告主、广告经营者、广告发布者从事广告活动，应当遵守法律、法规，诚实信用，公平竞争。 第31条：广告主、广告经营者、广告发布者不得在广告活动中进行任何形式的不正当竞争行为。 第55条：（略）。该条规定了广告主、广告经营者、广告发布者违反相关规定发布虚假广告行为的行政责任，并指出构成犯罪的，依法追究刑事责任。 第56条：（略）。该条规定了广告主、广告经营者、广告发布者、广告代言人违反相关规定发布虚假广告的民事责任。
《消费者权益保护法》 于2014年修订实施	第20条：经营者向消费者提供有关商品或者服务的质量、性能、用途、有效期限等信息，应当真实、全面，不得作虚假或者引人误解的宣传。 第45（略）。该条规定了诉权主体范围及违反相关规定的法律责任
其他法律	《食品安全法》（2009年颁布实施）第54条：食品广告的内容应当真实合法，不得含有虚假、夸大的内容，不得涉及疾病预防、治疗功能。 食品安全监督管理部门或者承担食品检验职责的机构、食品行业协会、消费者协会不得以广告或者其他形式向消费者推荐食品。 《药品管理法》（2013年修订实施）第61条：药品广告的内容必须真实、合法，以国务院药品监督管理部门批准的说明书为准，不得含有虚假的内容。药品广告不得含有不科学的表示功效的断言或者保证；不得利用国家机关、医药科研单位、学术机构或者专家、学者、医师、患者的名义和形象作证明。非药品广告不得有涉及药品的宣传。
《最高人民法院关于审理不正当竞争民事案件应用法律若干问题的解释》	第8条：（略）。该条规定了虚假宣传中"引人误解"的认定标准。

第二节　虚假宣传行为的构成要件

案例引导

名牌牙膏虚假宣传案

2015年3月9日，隶属于宝洁集团旗下的佳洁士品牌（Crest）在华所售的"双效炫白牙膏"因构成虚假广告被上海市工商局处以603万元罚款，这也刷新了我国针对虚假违法广告的罚单峰值。据工商部门透露，处罚原因是由于该广告画面中突出显示的美白效果是后期通过电脑修图软件过度处理生成的，并非牙膏的实际使用效果。

2006年，有法律人士将佳洁士、两面针等牙膏品牌告上法庭，称全国牙防组对其外包装上的认证背书不具备认证资质，质疑相关企业虚假宣传。2013年，佳洁士炫白系列产品上市打响营销战，也随即遭到北京大学口腔医学院牙科专家王维健质疑。王维健表示，商家宣称的功效目前都没有判定标准，无法判定其是否有功效或者程度如何。另一家业界巨头高露洁也曾因为在广告宣传直接表述"中国及全球口腔护理专家一致推荐"和"中国和世界专业权威机构一致认证"，被指涉嫌使用绝对化用语，遭到四川省工商局在2005年予以通报。在当时的处理中，工商部门所还原的营销"灰色手法"还包括将原本有时间期限和产品限制的认证扩大至高露洁多个产品中超时使用，超过认可期限的案例高达32份。

【问题】虚假宣传的认定情形有哪些？

【分析】我国《反不正当竞争法》、《广告法》明确规定经营者在商业宣传中不得利用广告或者其他方法对商品的质量、制作成分、性能、用途、生产者、有效期限、产地等作引人误解的虚假宣传，不得含有虚假的内容，不得欺骗和误导消费者。上述所提及的名牌牙膏宣传广告存在夸大商品功能、虚构事实、采用科学上尚无定论的观点当做定论事实进行商品宣传等不正当竞争行为，属于虚假宣传的认定情形。

(案例来源：《二十一世纪经济报道》)

一、主体要件

虚假宣传行为主体要件见表11.4。

表11.4　　　　　　　　　虚假宣传行为主体的主要规定

相关法律	主体范围
《反不正当竞争法》	商业活动中参与竞争的经营者，包括商品的生产者、销售者，服务的提供者，以及承接宣传的广告经营者。
《广告法》	广告主、广告经营者以及广告发布者。 广告主是指为推销商品或者提供服务，自行或者委托他人设计、制作、发布广告的法人、其他经济组织或者个人； 广告经营者是指受委托提供广告设计、制作、代理服务的法人、其他经济组织或者个人； 广告发布者是指为广告主或者广告主委托的广告经营者发布广告的法人或者其他经济组织。
《消费者权益法》	经营者、广告经营者、广告发布者。

📖 拓展阅读

新《广告法》——广告代言人纳入虚假宣传规制范围

从消费者状告刘嘉玲及SK-Ⅱ虚假广告案，相声演员郭德纲代言"藏秘排油"广告，到姚明代言汤臣倍健广告，明星代言广告是否应该承担责任，一直广受社会关注。

2013年，全国人大常委会表决通过关于修改《消费者权益保护法》的决定，规定商品（服务）推荐人在关系消费者生命健康商品或者服务的虚假广告或者其他虚假宣传中代言，如涉及虚假宣传，将与商家一起承担连带责任，表明明星参加虚假宣传活动已纳入法律规制范围。

2014年8月25日，提交全国人大常委会审议的广告法修订草案，增加广告荐证者行为规范和法律责任，所谓广告荐证者，是指广告主以外的，在广告中对商品、服务作推荐、证明的自然人、法人或者其他组织。这意味着，明星在代言时将有更多规范，不得为其未使用过的商品或未接受过的服务作证明。明知或应知广告虚假仍作推荐证明的，由工商行政部门没收违法所得，并处违法所得1倍以上2倍以下的罚款；损害消费者合法权益的，依法承担连带责任。

2015年4月24日，第十二届全国人民代表大会常务委员会第十四次会议通过《广告法》修订案，广告法主体包括广告主、广告经营者、发布者以及代言人。新法规定：关系消费者生命健康的商品或者服务的虚假广告，造成消费者损害的，其广告经营者、广告发布者、广告代言人应当与广告主承担连带责任。以及前款规定以外的商品或者服务的虚假广告，造成消费者损害的，其广告经营者、广告发布者、广告代言人，明知或者应知广告虚假仍设计、制作、代理、发布或者作推荐、证明的，应当与广告主承担连带责任。

（资料来源：中国人大网）

二、客体要件

虚假宣传行为侵犯的客体是复合客体，既包括竞争者的权利和消费者的权利，也包括社会主义市场经济秩序。

三、主观方面

虚假宣传行为的主观方面通常表现为故意，但在特殊情况下也可以表现为过失。以广告这种最为常见的宣传手段为例，广告经营者在明知或应知情况下，方对虚假广告负法律责任；而对广告主即商品或服务的提供者，不论其主观上处于何种状态，均必须对虚假广告承担法律责任。

四、客观方面

虚假宣传行为的客观方面是指经营者作出了足以导致消费者误解的虚假宣传。因此，

"引人误解"是虚假宣传的本质特征,判断某商业宣传行为是否构成虚假宣传,关键在于是否达到了"引人误解"的程度。

案例链接

最高人民法院对"引人误解"的阐释

在福建省福清大闽生物工程有限公司与福州南海岸生物工程有限公司不正当竞争纠纷案二审中,最高人民法院判决指出:"我国《反不正当竞争法》第9条明确规定,禁止经营者对其商品或者服务作引人误解的虚假宣传。商品经营者为推销商品而向市场提供的关于该商品的宣传性信息,如果内容不真实,一般足以认定为引人误解的虚假宣传;如果内容真实,但由于不准确或者不全面的原因,足以导致该商品的销售者或者消费者对商品产生错误认识,误解该商品具有本不存在的品质特征或者其他特点,经营者由此得到利益或者竞争优势,也应认定违反了诚实信用的原则,同样构成引人误解的虚假宣传的不正当竞争行为。"

从上述判例发现,商业宣传只要是产生引人误解的后果,即使内容真实但不全面也构成了虚假宣传。同时,对于事实证明内容为虚假的宣传,可以推定为引人误解,从而做出侵权认定。但是如何认定"引人误解",我国《反不正当竞争法》没有给出具体规定,因而在司法实践中,法官具有较大的自由裁量权。为了更好地指导司法实践,《最高人民法院关于审理不正当竞争民事案件应用法律若干问题的解释》第8条规定:经营者具有下列行为之一,足以造成相关公众误解的,可以认定为《反不正当竞争法》第9条第1款规定的引人误解的虚假宣传行为:(1)对商品作片面的宣传或者对比的;(2)将科学上未定论的观点、现象等当做定论的事实用于商品宣传的;(3)以歧义性语言或者其他引人误解的方式进行商品宣传的。以明显的夸张方式宣传商品,不足以造成相关公众误解的,不属于引人误解的虚假宣传行为。人民法院应当根据日常生活经验、相关公众一般注意力、发生误解的事实和被宣传对象的实际情况等因素,对引人误解的虚假宣传行为进行认定。

在实践中一般表现为以下三种形态:

(1)捏造或虚构事实的方式,即无中生有地捏造不存在的事实,编造商品并不具备的质量、性能、用途等,误导消费者。如某产品不是专利产品却宣传为专利产品,不具备质量认证标志却宣传经过认证等。

(2)歪曲事实的方式,即对某种存在的事实进行夸张、美化,误导消费者,如故意夸大某产品的功效,夸大某产品的销量等。

(3)其他误导性方式,如采用模糊性或者歧义性的语言,误导消费者购买某产品;将尚未定论的事实宣传为定论性的事实,从而影响消费者的选择。

拓展阅读

常见虚假广告的具体表现

1. 在广告中对未达到国家质量标准的商品谎称达到国家质量标准。
2. 在广告中对未获奖或未达到某种获奖级别的商品谎称获奖或夸大获奖级别。
3. 在广告中对未获政府颁发的优质产品证书的商品广告谎称获得优质产品证。
4. 在广告中对使用劣质原材制成的商品谎称使用优质原材料制成的商品。
5. 在广告中对未申请专利或未获得专利证书的商品谎称取得专利申请或专利证书。
6. 在广告中对性能低下的商品谎称性能优质
7. 在广告中对用途单一的商品谎称多种用途。
8. 在广告中对失效的商品谎称首次生产。
9. 在广告中对未定点生产的商品谎称国家定点生产商品。
10. 在广告中谎称原产地致使消费者误认为品质优良。
11. 在广告中非进口商品谎称进口商品,以此提高产品品牌。
12. 在广告中对非先进技术生产的商品谎称先进技术设备生产。
13. 在广告中对非最低价格或大幅度降价商品谎称最低价格或大幅度降价。
14. 在广告中对交易资料弄虚作假。

第三节 虚假宣传行为的法律责任

一、行政责任

虚假宣传行为的行政责任见表 11.5。

表 11.5　　　　　　　　　　　行 政 责 任

相关法律	行政处罚种类	具体规定
《反不正当竞争法》	1. 责令停止违法行为 2. 罚款 3. 没收违法所得	第24条:经营者利用广告或者其他方法,对商品作引人误解的虚假宣传的,监督检查部门应当责令停止违法行为,消除影响,可以根据情节处以1万元以上20万元以下的罚款。 　　广告的经营者在明知或者应知的情况下,代理、设计、制作、发布虚假广告的,监督检查部门应当责令停止违法行为,没收违法所得,并依法处以罚款。

续表

相关法律	行政处罚种类	具体规定
《广告法》	1. 责令停止违法行为 2. 消除影响 3. 罚款 4. 吊销营业执照等	第55条：由工商行政管理部门责令停止发布广告，责令广告主在相应范围内消除影响，处广告费用3倍以上5倍以下的罚款，广告费用无法计算或者明显偏低的，处20万元以上100万元以下的罚款；两年内有3次以上违法行为或者有其他严重情节的，处广告费用5倍以上10倍以下的罚款，广告费用无法计算或者明显偏低的，处100万元以上200万元以下的罚款，可以吊销营业执照，并由广告审查机关撤销广告审查批准文件、一年内不受理其广告审查申请。 医疗机构有前款规定违法行为，情节严重的，除由工商行政管理部门依照本法处罚外，卫生行政部门可以吊销诊疗科目或者吊销医疗机构执业许可证。 广告经营者、广告发布者明知或者应知广告虚假仍设计、制作、代理、发布的，由工商行政管理部门没收广告费用，并处广告费用3倍以上5倍以下的罚款，广告费用无法计算或者明显偏低的，处20万元以上100万元以下的罚款；两年内有3次以上违法行为或者有其他严重情节的，处广告费用5倍以上10倍以下的罚款，广告费用无法计算或者明显偏低的，处100万元以上200万元以下的罚款，并可以由有关部门暂停广告发布业务、吊销营业执照、吊销广告发布登记证件。
《食品安全法》	1. 责令停止违法行为 2. 罚款 3. 没收违法所得	第94条：违反本法规定，在广告中对食品质量作虚假宣传，欺骗消费者的，依照《中华人民共和国广告法》的规定给予处罚；构成犯罪的，依法追究刑事责任。 违反本法规定，食品安全监督管理部门或者承担食品检验职责的机构、食品行业协会、消费者协会以广告或者其他形式向消费者推荐食品的，由有关主管部门没收违法所得，依法对直接负责的主管人员和其他直接责任人员给予记大过、降级或者撤职的处分。
《药品管理法》	1. 责令停止违法行为 2. 罚款 3. 吊销许可证	第94条：违反本法有关药品广告的管理规定的，依照《中华人民共和国广告法》的规定处罚，并由发给广告批准文号的药品监督管理部门撤销广告批准文号，一年内不受理该品种的广告审批申请；构成犯罪的，依法追究刑事责任。
《产品质量法》	1. 责令停止违法行为 2. 罚款	第59条：在广告中对产品质量作虚假宣传，欺骗和误导消费者的，依照《中华人民共和国广告法》的规定追究法律责任。

二、民事责任

虚假宣传给被侵害的经营者、消费者造成损失的，依据相关法律规定承担损害赔偿责任。对广告经营者、广告发布者以及特定推荐人未尽到法律规定的应尽义务的，根据规定承担全部责任或者连带责任。见表 11.6。

表 11.6 民事责任

相关法律	具 体 规 定
《反不正当竞争法》	第 20 条：经营者违反本法规定，给被侵害的经营者造成损害的，应当承担损害赔偿责任，被侵害的经营者的损失难以计算的，赔偿额为侵权人在侵权期间因侵权所获得的利润；并应当承担被侵害的经营者因调查该经营者侵害其合法权益的不正当竞争行为所支付的合理费用。
《广告法》	第 56 条：违反本法规定，发布虚假广告，欺骗、误导消费者，使购买商品或者接受服务的消费者的合法权益受到损害的，由广告主依法承担民事责任。广告经营者、广告发布者不能提供广告主的真实名称、地址和有效联系方式的，消费者可以要求广告经营者、广告发布者先行赔偿。 关系消费者生命健康的商品或者服务的虚假广告，造成消费者损害的，其广告经营者、广告发布者、广告代言人应当与广告主承担连带责任。 前款规定以外的商品或者服务的虚假广告，造成消费者损害的，其广告经营者、广告发布者、广告代言人，明知或者应知广告虚假仍设计、制作、代理、发布或者作推荐、证明的，应当与广告主承担连带责任。
《消费者权益保护法》	第 45 条：消费者因经营者利用虚假广告或者其他虚假宣传方式提供商品或者服务，其合法权益受到损害的，可以向经营者要求赔偿。广告经营者、发布者发布虚假广告的，消费者可以请求行政主管部门予以惩处。广告经营者、发布者不能提供经营者的真实名称、地址和有效联系方式的，应当承担赔偿责任。 广告经营者、发布者设计、制作、发布关系消费者生命健康商品或者服务的虚假广告，造成消费者损害的，应当与提供该商品或者服务的经营者承担连带责任。 社会团体或者其他组织、个人在关系消费者生命健康商品或者服务的虚假广告或者其他虚假宣传中向消费者推荐商品或者服务，造成消费者损害的，应当与提供该商品或者服务的经营者承担连带责任。 第 55 条：经营者提供商品或者服务有欺诈行为的，应当按照消费者的要求增加赔偿其受到的损失，增加赔偿的金额为消费者购买商品的价款或者接受服务的费用的 3 倍；增加赔偿的金额不足 500 元的，为 500 元。法律另有规定的，依照其规定。 经营者明知商品或者服务存在缺陷，仍然向消费者提供，造成消费者或者其他受害人死亡或者健康严重损害的，受害人有权要求经营者依照本法第 49 条、第 51 条等法律规定赔偿损失，并有权要求所受损失 2 倍以下的惩罚性赔偿。

在虚假宣传案件中，通常会出现这样的情况，即被告辩称其与原告之间没有同类经营关系，也没有市场竞争关系，被告的行为对原告的市场没有产生影响，因此被告的不正当竞争行为即使成立，其与原告的损失之间也没有必要的因果关系，故原告的诉讼请求不能成立。司法实践中，一般认为经营者提供的产品、服务相同，所面向的市场相同，所针对的消费群体相同，就可能存在竞争关系。因为，当市场上某一商品（服务）同时存在可替代的产品或者服务时，表示该市场形成了竞争形态，该市场中的经营者构成竞争关系。若某一方以虚假宣传的方式谋取竞争优势，误导消费者，则损害了其他诚信经营者的市场利益。因此，在虚假宣传案件中，经营者只要采取了不正当的手段，通过虚假宣传牟取了交易机会，影响了正常的竞争秩序，那么存在竞争关系的其他经营者就可以要求其停止侵害、赔偿损失。

案例链接

培训服务虚假宣传案

北京航乘圆梦培训中心（以下简称为航乘圆梦培训中心）使用了中国民航管理干部学院（以下简称为民航管院）有关教学环境、教学设备和教师形象等的照片，在招生简章以及网站上对自己航空培训服务招生进行宣传。民航管院遂以航乘圆梦培训中心为被告向法院提起诉讼，请求认定航乘圆梦培训中心的招生宣传行为构成虚假宣传，并赔偿相应损失。针对诉讼请求，航乘圆梦培训中心在答辩中首先指出：民航管学院是教育机构，属于事业单位法人性质，而我国《反不正当竞争法》规范的是企业竞争行为，因此，民航管院不是经营者；而且原被告与国民航管在招生方式、培养目标、培养对象、培养方式等方面均不相同，因此二者不存在竞争关系。民航管院不具备适格的主体资格。

朝阳区人民法院认为：我国《反不正当竞争法》规定的经营者，是指从事商品经营或者营利性的法人、其他经济组织和个人，其中的法人既包括企业法人，也包括从事经营活动的事业单位法人。民航管院的业务范围中包括继续教育、专业培训等内容，是从事经营活动的事业单位法人，符合《反不正当竞争法》规定的经营者的身份。此外，民航管院与航乘圆梦培训中心都从事航空服务的培训，存在竞争关系，具体培训内容等的差异不影响二者之间竞争关系的成立。因此，对于航乘圆梦培训中心提出的民航管院不具备适格主体的答辩意见，法院不予采纳。

被告不服向北京市二中院上诉，认为原审认定的原被告之间存在竞争关系没有事实和法律依据，属于主体资格认定有误。二审判决不予支持。

（案例来源：110法律咨询网）

此外，虚假宣传实质上也是一种欺诈行为，国家工商行政管理总局2015年颁布实施的《欺诈消费者行为处罚办法》第6条规定，经营者向消费者提供有关商品或者服务的信息应当真实、全面、准确，不得有下列虚假或者引人误解的宣传行为：（1）不以真实名称和标记提供商品或者服务；（2）以虚假或者引人误解的商品说明、商品标准、实物样品等方式销售商品或者服务；（3）作假或者引人误解的现场说明和演示；（4）采用虚构交易、虚标成交量、虚假评论或者雇佣他人等方式进行欺骗性销售诱导；（5）以虚假的"清仓价"、"甩卖价"、"最低价"、"优惠价"或者其他欺骗性价格表示销售商品或者服务；（6）以虚假的"有奖销售"、"还本销售"、"体验销售"等方式销售商品或者服务；（7）谎称正品销售"处理品"、"残次品"、"等外品"等商品；（8）夸大或隐瞒所提供的商品或者服务的数量、质量、性能等与消费者有重大利害关系的信息误导消费者；（9）以其他虚假或者引人误解的宣传方式误导消费者。对于欺诈行为，我国《消费者权益保护法》的第 55 条规定了消费者有权向经营者提出 3 倍赔偿请求。

三、刑事责任

我国《反不正当竞争法》、《广告法》、《消费者权益保护法》等相关法律都明确规定虚假宣传行为构成犯罪的，依法追究刑事责任。我国 1997 年《刑法》增设了虚假广告罪，将虚假广告行为纳入《刑法》规制的范畴。

案例链接

全国首例虚假医疗广告案

2005 年 5 月 31 日，杨文秀、杨国坤、杨元其等人共同出资，以香港国际类风湿病研究院的名义承包了私营合伙企业杭州华夏医院风湿科。由杨元其等人负责具体事务的管理，由在漯河中心医院学习了两天技术的医生王之义到该院负责实施"免疫平衡调节术"治疗类风湿性关节炎、强直性脊柱炎。为招揽患者，杨元其征得杨文秀同意后决定对外发布广告，杭州华夏医院负责人黄元敏在明知"免疫平衡调节术"非来源于香港且广告内容虚假的情况下，同意杨元其等人以杭州华夏医院的名义通过电视台、报纸对外发布医疗广告。

2005 年 6 月 29 日至 9 月期间，杨元其等人以杭州华夏医院名义多次在杭州都市快报、浙江省电视台体育健康频道发布医疗广告。广告内容浮夸功效，"杭州华夏医院引进香港国际类风湿病研究院最新科研成果，以刘汉光、许保民等著名研究员为首的科研攻关组，经过多年的研究、探索，发明的免疫平衡调节微创手术治疗类风湿性关节炎、强直性脊柱炎新技术，只需一个部位、一次手术，安全可靠，无痛苦，经临床验证，一般术后 24 小时疼痛减轻，肿胀逐渐消失，经过多年来术后病人的跟踪、随访，效果十分稳定，术后无须长期服药"等。该广告将实系杭州华夏医院聘用医师的刘汉光虚称为"免疫平衡调节微创手术发明人，香港国际类风湿病研究院研究员，国内临床协作基地首席专家，擅长风湿、类风湿性关节炎、强直性脊柱炎的诊断治疗，享受政府特殊津贴"等；将王之义虚称为"香港国际类风湿病研究院研究员、国内临床协作基地首席专家。多年来致力于类风湿病免疫平衡微创手术的探索研究，享受政府特殊津贴"等。同期，刘汉光、王之义等医师相同内容的简介张贴于杭州华夏医院大厅内；并在医院大厅、过道、电梯等处张贴有与广告内容相同的宣传资料；摆放有供病患随时拿取的载有相同内容的扇子等。

2005 年 9 月，杨文秀、杨元其等人解除了与杭州华夏医院的类风湿性关节炎、强直性脊柱炎医疗项目合作协议，由杭州华夏医院单独继续开展风湿科的经营及该手术的治疗活动，2005 年 11 月，杭州华夏医院继续多次在杭州都市快报发布涉案手术的医疗广告，内容与同年 6 月 29 日至 9 月期间发布的大致相同。

广告发布以后，共有 38 名类风湿性关节炎、强直性脊柱炎患者于 2005 年 7 月至 11 月期间至杭州华夏医院接受了免疫平衡调节微创（或介入微创定位）手术的治疗，所涉 33 名患者中不仅未达广告中所称的医疗效果，而且不同程度地造成患者声音嘶哑的后果。经鉴定，共有 14 名患者伤残等级为九级，其中 3 名患者手术系承包协议终止之后由杭州华夏医院所作。

2005 年 9 月 26 日，杭州市工商行政管理局认定杭州华夏医院在市部分媒体发布的医疗广告具有贬低其他生产经营者的商品或服务行为、隐含保证治愈内容，作出责令停止发布、罚款 10000 元的处罚决定书。2006 年 3 月 24 日，浙江省工商行政管理局认定省部分媒体发布的关于免疫平衡调节微创手术广告为虚假广告，要求全省媒体不得发布该手术治疗类风湿性关节炎、强直性脊柱炎广告。

2006 年 10 月 10 日，杨文秀主动向公安机关投案。2006 年 10 月 31 日，杨元其向公安机关投案。浙江省杭州市江干区人民法院审理认为，黄元敏、杨文秀、杨元其等人违反我国《医疗广告管理办法》、《广告法》的规定，就医疗服务的技术来源、医疗效果、医生资历作虚假宣传，涉案患者基本未能达到广告宣传的医疗效果，并致使 14 名患者构成九级伤残，情节严重，其行为均已构成虚假广告罪。2007 年 5 月 18 日，杭州华夏医院与 29 名患者在江干法院主持下，就医疗事故达成一致协议，合计支付款项人民币 150 余万元。

（案例来源：中国法制网）

我国《刑法》第 222 条规定了虚假广告罪，该条规定，广告主、广告经营者、广告发布者违反国家规定，利用广告对商品或者服务作虚假宣传，情节严重的，处 2 年以下有期徒刑或者拘役，并处或者单处罚金。第 231 条规定，单位犯本节第 221 条至第 230 条规定之罪的，对单位判处罚金，并对其直接负责的主管人员和其他直接责任人员，依照本节各该条的规定处罚。而关于虚假广告的立案标准，最高人民检察院、公安部《关于经济犯罪案件追诉标准的规定》中作出了明确规定，广告主、广告经营者、广告发布者违反国家规定，利用广告对商品或者服务作虚假宣传，涉嫌下列情形之一的，应予追诉：(1) 违法所得数额在 10 万元以上的；(2) 给消费者造成的直接经济损失数额在 50 万元以上的；(3) 虽未达到上述数额标准，但因利用广告作虚假宣传，受过行政处罚 2 次以上，又利用广告作虚假宣传的；(4) 造成人身伤残或者其他严重后果的。

自 1997 年设立虚假广告罪以来，我国鲜有追究虚假广告刑事责任的案件，重要的一个原因是，发布虚假广告的行为大多是通过想象竞合的方式最终被归于诈骗罪、生产销售假冒伪劣商品罪、侵犯知识产权罪等。

本章小结

虚假宣传是指经营者在商业活动中利用广告或其他方法对商品或者服务作出与实际内容不相符的宣传，从而达到误导消费者和获取不正当利益目的的一种不正当竞争行为，通常表现为以下三种情况：虚构事实、歪曲事实、其他误导性方式。对于虚假宣传行为，我国《反不正当竞争法》、《广告法》、《消费者权益保护法》、《刑法》等法律对其作出了规制，形成了行政、民事、刑事三位一体的治理体系。

技能训练

以下是上海市2013年的典型虚假宣传案，请结合收集的有关案件信息，讨论分析以下被查处的案件属于哪种形态的虚假宣传行为？

1. "浪漫香榭丽"精纯美白祛斑组合：在电视上宣称"遗传的斑我都能祛除"，"祛斑有效率达95%"，涉及虚假宣传，被处罚没款2.6万元。

2. "波林丝育发专家"：在电视上宣称"杀灭真菌，对家族遗传性的脱发白发有预防作用"等内容，涉及虚假宣传，被处以31万元罚款。

3. "大成草"虫草素含片：在期刊上宣称"全球首创纯天然虫草素含片"、"对治疗白血病有很好疗效"，涉及虚假宣传，被处以罚没款39.7万元。

4. "好丽友·薯愿"马铃薯膨化食品：在外包装宣称"口感松脆、不油腻；且100%不含反式脂肪"，涉及虚假宣传，被工商部门处以5万元罚款。

5. "嘉选葡萄籽油"等15种商品：在购物网站上宣称"有很好的消炎功能"、"有助于减肥、减少皱纹、延缓衰老"等，涉及虚假宣传，被处以16万元罚款。

6. 清盈1号清脂胶囊：在互联网上宣称"纯天然健康减肥食品，美体美颜双向双效"，产品具有"减肥"等功效，涉及虚假宣传，被处以1万元罚款。

7. 华蔚牌肤痒粉、睡眠贴膏：在交互式视频中宣称"采用古医脐疗法，简单、方便，无毒、副作用，完全免去后顾之忧"，"从根本上解决失眠问题"等内容，涉及虚假宣传，被处以1万元罚款。

8. 海哲教育：在公司网站上宣称"至今已成功举办国际MBA、DBA学位班共20多期"等内容，涉及虚假宣传，被处以2万元罚款。

9. "安博教育"：自制印刷品宣称"已经培育高考学子近12万，其中重点大学录取率高达95%"等内容，涉及虚假宣传，被处以1万元罚款。

10. 沪太医院《沪太新风尚》：多次擅自印发自制印刷品医疗广告，宣称"能完全根治腋臭"，"实现阳痿治疗有效率突破97%"等，被处以3万元罚款。

11. 潘建业PZ-100高电位治疗仪：在公司网站上宣称"海内外销售数百万台"，"不仅可以治疗疾病，还可以预防疾病"等内容，涉及虚假宣传，被处以10万元罚款。

12. "角里祥和坊"商铺项目：群发手机短信宣称"6月销冠"，涉及虚假宣传，被处以2万元罚款。

目的：认识虚假宣传行为的危害性，提高对虚假宣传行为的识别能力。

要求：从以上提供的案件中任选3个并收集有关的案件信息，分析虚假宣传的形式。

实践活动

模 拟 法 庭

目的：强化学生对虚假宣传有关规定的理解，培养学生思考分析、庭审应变及熟练应用相关知识的综合能力。

形式：模拟法庭辩论

要求：以加多宝与王老吉广告语案件为素材，学生分组收集相关材料并撰写法律文书，模拟进行法庭辩论。

本章练习

一、不定项选择题

1. 下列属于虚假宣传行为的表现形式的有：（　　）。
   A. 虚构事实　　　　　　　　B. 歪曲事实
   C. 邮寄产品广告　　　　　　D. 其他误导性方式

2. 下列关于《广告法》的规定表述正确的是：（　　）。
   A. 发布虚假广告，欺骗、误导消费者，使购买商品或者接受服务的消费者的合法权益受到损害的，由广告主依法承担民事责任。广告经营者、广告发布者不能提供广告主的真实名称、地址和有效联系方式的，消费者可以要求广告经营者、广告发布者先行赔偿
   B. 关系消费者生命健康的商品或者服务的虚假广告，造成消费者损害的，其广告经营者、广告发布者、广告代言人应当与广告主承担连带责任
   C. 除关系消费者生命健康的商品或者服务以外的其他商品或者服务的虚假广告，造成消费者损害的，其广告经营者、广告发布者、广告代言人，明知或者应知广告虚假仍设计、制作、代理、发布或者作推荐、证明的，应当与广告主承担连带责任
   D. 关系消费者生命健康的商品或者服务的虚假广告，造成消费者损害的，其广告经营者、广告发布者、广告代言人与广告主承担连带责任的前提条件是主观上具有故意

3. 工商行政部门针对广告主的违法行为可以采取的行政处罚种类有：（　　）。
   A. 责令停止违法行为　　　　B. 消除影响
   C. 罚款　　　　　　　　　　D. 吊销营业执照

二、简答题

1. 简述虚假宣传行为的规制动因。
2. 简述虚假宣传行为的构成要件。
3. 如何从法律上认定"引人误解"？

三、案例分析题

案例1： 某市工商执法人员通过互联网发现，辖区某化工有限公司在阿里巴巴网站宣传该公司是专业化工产品生产企业，而工商部门核准注册信息显示其只是购销企业。

经查，该公司于2006年在阿里巴巴网站注册，随后在网站发布了企业自身及产品介绍，宣称"公司是有机合成药物中间体、原料药的开发、生产企业，拥有固定资产1000万元，占地面积5万平方米，年销售额3000万元，技术力量雄厚，检测设备先进，新产品开发及科研成果转化能力均优于国内同行"。经核实，该公司只是一家普通的贸易企

业，不从事化工产品研发、生产，没有什么固定资产，办公场所只有100多平方米，年销售额只有几百万元。

问题：该公司的宣传行为属于什么性质的行为？为什么？工商部门应当如何处理？

案例2：某县工商局的执法人员在进行企业巡查时发现，某国珍专营店货架上销售的"国珍松花粉"保健食品包装盒上标明的产品功效与其店内摆放的"国珍松花粉"印刷宣传单所介绍的功效内容不相符。"国珍松花粉"的外包装上标明的保健功效是"免疫调节"；"国珍松花粉"印刷宣传单上宣称"松花粉对如下疾病有治疗和调理的作用：消化及吸收不好、前列腺疾病、感冒、关节炎、贫血、妇女病"。据此某工商局决定对这起案件进行立案查处。

《保健食品管理办法》第23条规定，保健食品的标签、说明书和广告内容必须真实，符合其产品质量要求。不得有暗示可使疾病痊愈的宣传。

问题：该专营店的行为是否违法？应如何认定？

第十二章

不正当有奖销售行为

有奖销售本质上是经营者的一种促销手段，并在一定程度上惠及消费者，但是当有奖销售成为排挤竞争对手、欺骗消费者的一种方式时，就成为不正当有奖销售。不正当有奖销售的种类很多，根据我国《反不正当竞争法》和《关于禁止有奖销售活动中不正当竞争行为的若干规定》，不正当有奖销售包括欺骗性有奖销售和巨额抽奖式有奖销售。经营者实施了法律所禁止的不正当有奖销售行为的，将承担相应的法律责任。

学习目标

知识目标：

掌握不正当有奖销售的表现形式和法律规制，准确理解相关规定的适用条件。

能力目标：

能够运用相关法律、法规和规章的规定，分析各种表现形态的有奖销售法律现象。

第一节 不正当有奖销售行为概述

案例引导

某电子商务公司不正当有奖销售案

泰璞（上海）电子商务有限公司通过在淘宝网上设立的官方旗舰店上发布信息，于2014年10月22日10时至10月24日8时，在对外促销九阳全钢电热水壶的过程中进行抽奖式有奖销售活动，其设置的最高奖奖品为iPhone6土豪金64G手机一部。至活动结束，该最高奖项未抽出，当事人共计销售九阳全钢电热水壶所得货款18.72万元。经查，该手机的市场销售价格为人民币6088元。

上海市普陀区市场监督管理局在处罚决定书中认定，当事人的行为违反了《反不正当竞争法》第13条第（3）项的规定。该局依据《反不正当竞争法》第26条，责令当事人停止违法行为，对当事人罚款4万元。

相关法律：

《反不正当竞争法》第13条第（3）项：经营者不得从事下列有奖销售：（三）抽奖

式的有奖销售，最高奖的金额超过5000元。

《反不正当竞争法》第26条：经营者违反本法第13条规定进行有奖销售的，监督检查部门应当责令停止违法行为，可以根据情节处以1万元以上10万元以下的罚款。

【问题】法律为什么要规制有奖销售行为？

【分析】有奖销售行为是企业惯用的一种营销策略，对竞争秩序具有积极和消极的双重性影响。如果有奖销售的商品或者服务质量可靠、价格合理，其合法性是无可非议的。但如果以排挤竞争对手为目的，利用消费者的投机心理，采取不合法的奖励方法或者奖励幅度引诱消费者达成交易，这就会使市场偏离对质量、价格和服务的正当竞争，严重扰乱以经济效益为基础的公平竞争秩序，对企业自身、同业经营者、消费者而言也是具有极大危害性的。因此，对不当有奖销售行为进行法律规制，是对竞争经济健康发展要求的一种必要回应。

（案例来源：《中国工商报》）

一、有奖销售的规制动因

1993年由国家工商总局颁布的《关于禁止有奖销售活动中不正当竞争行为的若干规定》对有奖销售行为给予了具体的定义，即经营者销售商品或者提供服务，附带性的向与之交易的对方提供一定数量物品、金钱或者其他经济利益的行为。有奖销售包括奖励所有购买者的附赠式有奖销售和奖励部分购买者的抽奖式有奖销售。附赠式有奖销售是指经营者在销售主要商品或者提供主要服务时，附带向购买者免费提供某些次要的产品或者服务的行为。其实际是一种依附于或者随附于销售行为的赠与行为。其表现形式主要有免费样品、随物赠送、加量不加价、回邮赠送等。抽奖式有奖销售，也称为悬赏式有奖销售，是以抽签、摇号等带有偶然性的方法决定购买者是否中奖的有奖销售方式，但经政府或政府有关部门依法批准的有奖募捐以及其他彩票发售活动，不属于有奖销售行为。

作为经营者的一种促销手段，有奖销售可以促进商品的流通，提高市场占有率，并在一定程度上惠及消费者。这种促销手段对于市场竞争秩序有着双重的影响：符合商业道德且限定在一定范围内的有奖销售，可以起到活跃市场，促进竞争的积极作用；超过一定的范围或采取不正当手段进行有奖销售，则会造成对竞争秩序的破坏，损害消费者的利益。以巨奖销售为例，此行为运用远离于常规的彩票式高额奖金或奖品，刺激人们的投机心理，鼓动和引诱消费者购买其商品或者服务，往往会不合理地影响消费者的购物决策。

可见，有奖销售作为一种基于市场竞争而衍生出来的营销方式，在一定的条件和范围内是一种合法的行为，只有在出现了法律所界定的属于不正当有奖销售行为的情形下才予以规制。因此，法律并不禁止所有的有奖销售行为，而仅仅对破坏竞争规则的不正当有奖销售加以禁止。我们可以这样界定不正当有奖销售，即经营者违反诚实信用原则和公平竞争原则，利用物质、金钱或其他经济利益引诱购买者与之交易，排挤竞争对手的不正当竞争行为。

二、国外立法概况

(一) 美国法

《联邦贸易委员会法案》第5条规定,任何不公平的行为,不公平或者蒙蔽等商业行为,均为违法。第7条禁止商业活动中的或可能影响商业的其他活动中的"不公平的竞争手段及不公平的或者欺骗性的商业行为或做法等"。美国对附赠式有奖销售的规制即适用该法,并认为这种行为属于不公平的或欺骗性的商业行为。关于如何认定某一行为是否构成欺骗或者不公平,美国司法实践认为,"欺骗"行为构成要件有:(1) 该行为具有误导性;(2) 能够误导相当数量消费者;(3) 该行为必须具有重要性。而"不公平"行为构成要件有:(1) 侵害消费者;(2) 违反公共政策;(3) 违反伦理,肆无忌惮。该法授权联邦贸易委员会为执法机构。

关于抽奖销售,美国最高法院在其1934年联邦贸易委员会诉R.F.凯佩尔兄弟公司一案的判决中,认可联邦贸易委员会对R.F.凯佩尔兄弟公司采用抽奖法向儿童推销糖果的行为是不正当竞争行为的决定。法院的判决指出,这种行为是利用了一部分无自卫能力的消费者,这种行为早已被普通法和刑法视为是与公共政策相悖的行为。

(二) 德国法

德国在20世纪30年代以保护中小企业的利益为目的,先后颁布了《附赠法》与《折扣法》,明确规定"商业交易中,禁止在一种商品或者服务之外,提供、预告或者给付某种附赠品",并对规避法律的行为的认定以及特殊合法行为进行了严苛的规定。以下被认定为规避法律的行为:(1) 经营者虽然要求顾客另行支付有关商品或者服务的价格,但这个价格是微不足道的,从而是虚假的索要;(2) 为了掩盖附赠商品的做法,经营者将某种商品或者服务与其他商品或者服务捆绑在一起的一揽子价格进行销售。以下被认定为特殊合法行为 (1) 价值微小的广告品或者其他微不足道的东西;(2) 不违反《折扣法》规定的现金折扣或者数量折扣;(3) 符合商业惯例的从物或者附属服务;(4) 顾客杂志。此外,任何以抽签或者其他偶然方式来决定的附赠行为都是违法的。因此,除了《附赠法》第1条第2款规定的几种附赠行为外,有奖销售一般都被认定为违法。

但随着欧洲共同体大市场的建立与发展,竞争环境的变迁影响了德国国内对两部法律的认识,很多学者对这两部法律提出批评,认为其已失去了存在的环境和基础。2001年8月25日,德国《废除折扣法和附赠法的法律》生效,两部法律退出了历史舞台。但这并不意味任何附赠都是合法的。德国2004年修订后的《反不正当竞争法》第4条所列举的11种不正当竞争行为中,规定以下三种行为与不正当有奖销售行为有关:(1) 在涉及降价、折扣或者赠与而进行的促销广告中没有说明得到优惠的条件;(2) 在涉及降价或者有奖销售的促销广告中,没有说明参与者的条件;(3) 消费者参与降价或者有奖销售是以购买一种商品或者服务为前提条件,除非这个降价或者有奖销售与这个商品或者服务有本质联系。

(三) 日本法

以《关于禁止私人垄断及确保公平交易的法律》及《防止不正当竞争法》为基础，日本于1962年制定了《不当赠品及不正当表示防止法》，对包括附赠式和抽奖式在内的不正当有奖销售行为进行界定，并授权公正交易委员会通过颁布告示明确不正当销售行为的限制性条件和要求。

《不当赠品及不正当表示防止法》第2条规定，赠品是指由公正交易委员会指定的，作为引诱顾客的手段，不管其方法是直接的还是间接的，也不管是采用抽签的形式还是其他的形式，经营者在供给商品或劳务的交易中，附带向对方提供的物品、金钱或其他经济上的利益。第3条规定，公正交易委员会为了防止不当地引诱顾客，认为有必要时，可以就赠品价额的最高额、总额、赠品的种类、提供方法或其他有关提供赠品的事项做出限制，或者禁止提供赠品。日本公正交易委员会根据该法第3条规定，对于附随在商品或服务交易上提供的赠品，包括对于悬赏提供的赠品、对于不以悬赏而提供给一般消费者的赠品、对于提供给事业人的赠品、对于特定行业的赠品，得公告其最高金额及总金额，若超过一定限度，则可禁止赠品的提供。

日本对有奖销售行为的限制性规定都是在交易价额的基础上制定的。对于附赠式有奖销售，公正贸易委员会规定了《关于限制向一般消费者提供赠品的事项》，针对交易价额的不同档次，分别在赠品额上做出了严格限制。如果交易价额在1000日元以下并提供赠品的，赠品的价值不得超过100日元；如果交易价额在1000日元以上50万日元以下并提供赠品的，赠品的价值不得超过交易价额的1/10；如果交易价额在50万日元以上并提供赠品的，赠品的价值不得超过5万日元；如果是位于交通不便的地方的旅店为顾客提供接送车辆和商店为顾客搬运大件商品等，按照商业惯例符合规定的，则不在限制之内。对于抽奖式的有奖销售活动，公正贸易委员会规定了《限制通过悬赏来提供赠品的事项》，对奖品金额做出限制。针对企业单独进行或若干个企业联合进行有奖销售的情形。对奖品金额有如下限制性规定：如果交易价额在500日元以下并提供赠品的，赠品的价值不得超过交易额的20倍；如果交易价额在500日元至5万日元之间并提供赠品的，赠品的价值不得超过1万日元；如果交易价额在5万日元至10万日元之间并提供赠品的，赠品的价值不得超过3万日元；如果交易价额在10万日元以上并提供赠品的，赠品的价值不得超过5万日元；如果一定地区半数以上的企业联合进行销售行为并提供赠品的，每笔交易中可能提供的赠品的价值不能超过20万日元，赠品的总价值不得超过总销售额的3%。

三、我国立法概况

(一) 法律

1993年12月1日颁布实施的《反不正当竞争法》是我国限制有奖销售的主要法律依据。该法第13条原则性规定了三种予以禁止的有奖销售行为：(1) 采用谎称有奖或者故意让内定人员中奖的欺骗方式进行有奖销售；(2) 利用有奖销售的手段推销质次价高的商品；(3) 抽奖式的有奖销售，最高奖的金额超过5000元。

(二) 地方性法规

目前，我国浙江、湖北、四川、安徽、河北等省通过人大常委会制定的《反不正当竞争条例》对不正当有奖销售行为进行了规制。

(三) 部门规章

1993年12月24日，国家工商行政管理局发布了《关于禁止有奖销售活动中不正当竞争行为的若干规定》（简称为《若干规定》），对不正当有奖销售行为作了比较详细的解释。

(四) 行政解释

有奖销售行为的名目和表现形式复杂多样，对规避法律规制的不正当有奖销售行为，国家工商行政管理局还通过答复方式作出了明确的行政解释。如《关于有奖促销中不正当竞争行为认定问题的答复》一文就对现实中出现的以轿车的使用权、聘为消费顾问并给予高薪等方式作为奖励推销商品，或者利用社会福利彩票、体育彩票设置的高额奖励来销售商品的行为进行了性质认定。

第二节 不正当有奖销售行为

案例引导

滴滴打车不正当有奖销售案

2014年4月，滴滴打车所属的北京小桔科技有限公司，同北京良物珍品电子商务有限公司旗下的珍品网联合举办了抽奖活动。活动期间，只要用户使用滴滴打车并付费后，手机上就会弹出一个摇奖界面，用户可以参与抽奖活动。抽奖活动的奖品有爱马仕、香奈儿、LV等多款奢侈品牌的商品，更吸引人眼球的是，还有一辆奥迪轿车。如此丰厚的奖品也着实吸引了不少用户使用滴滴打车，也的确有用户幸运地抽到了奥迪大奖。

而海淀分局也关注到了这场吸引公众眼球的抽奖活动，并最终以此次抽奖式有奖销售活动违反了《反不正当竞争法》规定，作出了行政处罚的决定。海淀分局经检科相关负责人对媒体表示，北京小桔科技有限公司由于新成立不久，没有专门的法务部门，导致了上述问题，综合考虑该公司的违法行为，最终给予滴滴打车3万元的罚款。

8月1日，滴滴打车公关部工作人员在接受法治周末记者采访时表示，公司已经缴纳了罚款，且成立了法务部，现在公司推出的营销推广活动方案、对外签署的合同等都会事先交由法务部审核，以防范和控制法律风险。此外，该工作人员还介绍，在通过补贴和抽奖活动的方式培育和抢占市场后，公司会暂缓考虑推出类似的活动，而是通过增加"红包"等互动性更好的营销方式来争取用户。

【问题】滴滴打车的有奖销售行为为什么属于不正当竞争行为？本案例给了我们什么

启示?

【分析】根据《反不正当竞争法》第13条第3款的规定,抽奖式的有奖销售,最高奖的金额不得超过5000元,否则构成不正当有奖销售。滴滴打车有奖销售活动奖品的同期市场价值明显超过了反不正当竞争法规定的5000元上限,因此属于不正当竞争行为。随着市场竞争的加剧,经营者为迅速打开市场,提高市场占有率,往往通过各种名目的有奖促销活动来吸引消费者购买其商品或者服务,但任何形式的有奖销售行为都应该在法律框架内进行,盲目或者以侥幸心理实施法律禁止的不当有奖销售行为的,将为此承担相应的法律责任,对经营者而言实际上是"得不偿失"。因此,经营者在关注企业经济利益的同时,应加强法律意识的培育和防控法律风险的能力。

(案例来源:《法制周末》)

一、欺骗性有奖销售

有奖销售应当是真实的,违反了该基本要求的有奖销售行为就构成了对消费者的欺诈,属于不正当有奖销售行为。

(一)谎称有奖

这种行为产生于抽奖式有奖销售的情形之下,经营者以奖品或奖金为诱饵引诱消费者购买其商品或者服务,而所设之"奖"则实际不存在。

案例链接

某啤酒公司谎称有奖销售被罚

王某到安徽××啤酒有限公司固镇经销场所购买啤酒时,看到该公司新品上市的啤酒。宣传有奖销售活动的内容,就抱着试试看的心理购买了一箱,回到家里发现生产日期超过了活动截止日期,于是向执法部门举报。执法人员经过检查发现箱子上印制有黄底黑字内容是:"新品上市,即日起凡是整箱购买某某啤酒500纸箱/某某啤酒560纸箱促销产品,请注意每箱背面均有'刮刮卡一张',刮开有中奖,最高为'一人游黄山'价值1000元,综合中奖率百分之百。一等奖,黄山三日游……活动时间:2014年某月10日—2014年某月31日"。

执法人员按照提供的地址,来到了该品牌啤酒固镇经销店,看到店内摆放许多同样品牌的啤酒。当执法人员接二连三找到印在纸箱上的几个不同生产日期的时候,该店经理不得不承认:"因为先前做促销活动,印制了许多的纸箱,没有使用完。为了节省成本,怀着侥幸的心理,继续使用。总共生产了500箱,没有想到刚出来就被举报了,一念之差构成了谎称有奖销售行为。"固镇县市监局根据事实对该啤酒公司做出了罚款一万元的处理。

(案例来源:安徽财经网)

(二) 故意让内定人员中奖

这种行为同样产生于抽奖式有奖销售的情形下,表现为经营者通过舞弊手段内定获奖人员,所设之"奖"不会被内定人员以外的消费者所得。实践中,内定人员可能是经营者本身,也可能是其亲友或其他特定的消费者。

案例链接

虚假网络"秒杀"案

2011年,沧州市工商局执法人员利用网络监督平台进行网上巡查,发现本市某汽车销售服务有限公司正在网上宣传零元"秒杀"有关汽车装具的信息。经执法部门进一步调查得知,这家公司为了扩大影响、提高人气、增加点击率,于3月16日在网上举行了零元"秒杀"有关汽车装具的活动,奖品共有10件。有26名网络消费者取得了"秒杀"参与权。这家公司却以"秒杀"为诱饵,事先安排本公司的员工约10人参加,并计划好让公司内部人员获得最高奖。在这家公司的操控下,经过网络竞拍,价格相对较高的两件物品均被该公司的员工"秒杀"所得。该虚假有奖销售被依法查处,并施以1万元罚款。

(案例来源:中原经济区新闻网)

(三) 有奖推销质次价高的商品

前述两种欺骗性有奖销售行为涉及的是奖励的商品、服务或者其他的经济利益,而有奖推销质次价高的商品则涉及消费者购买的主商品或者服务。这种行为既可能存在于抽奖式有奖销售情形下,也可能存在于附赠式有奖销售中,其突出的特点是商品质价不符,实质为变相涨价、欺骗消费者。表现为借助有奖销售,推销质次价高的商品,或者以次品冒充正品、以普通的低档次商品冒充优质商品销售。以有奖销售的手段推销冒牌商品、假商品及其他失效、变质等劣质商品,同时触犯其他法律、法规的,还要依据有关法律、法规处理。

这种行为的界定涉及对"质次价高"这一相对抽象概念的理解,《关于禁止有奖销售活动中不正当竞争行为的若干规定》第5条明确了实践中对所销售商品"质次价高"的认定规则,即由工商行政管理机关根据同期市场同类商品的价格、质量和购买者的投诉进行认定,必要时会同有关部门认定。因此,所推销的商品是否属于质次价高,以消费者的公认和有关主管机关的认定为准。

案例链接

某通信商有奖推销"三无"商品

某举报人举报某通信商以抽奖名义销售质次价高的商品,抽奖前声称免费抽奖,但抽到奖后均要求消费者购买"三无"的手机、微波炉等商品。经兰州市工商局城关分局市场巡查大队立案调查，当事人的行为违反了我国《反不正当竞争法》第13条之规定，属采用谎称有奖的欺骗方式进行有奖销售和利用有奖销售的手段推销质次价高的商品行为，依据我国《反不正当竞争法》第26条之规定，责令当事人立即停止违法行为，并对当事人谎称有奖和利用有奖销售的手段推销质次价高的商品行为罚款1万元，上缴国库。

（案例来源：《兰州晚报》）

（四）《若干规定》补充认定的"欺骗性行为"

国家工商行政管理局以《反不正当竞争法》为基础，发布实施了《关于禁止有奖销售活动中不正当竞争行为的若干规定》，采取列举方式规定了属于不正当有奖销售行为的具体情形，除了谎称有奖、故意让内定人员中奖和有奖销售推销质次价高商品三类欺骗性有奖销售行为之外，还认定以下几种行为属于欺骗性有奖销售行为：

（1）规定经营者举办有奖销售，应当向购买者明示其所设奖的种类、中奖概率、奖金金额或者奖品种类、兑奖时间、方式等事项，属于非现场即时开奖的抽奖式有奖销售，告知事项还应当包括开奖的时间、地点、方式和通知中奖者的时间、方式。在销售现场即时开奖的有奖销售活动，对超过500元以上奖的兑奖情况，经营者应当随时向购买者明示。据此，经营者在举办有奖销售的活动中，有义务向消费者就有奖销售的具体事项进行明示。如违反此义务，对所设奖的种类，中奖概率，最高奖金额，总金额，奖品种类、数量、质量、提供方法等作虚假不实的表示或隐瞒事实真相的，视为欺骗性有奖销售。

案例链接

某贸易公司不正当有奖销售案

龙海工商执法人员在市场巡查中发现，漳州某贸易有限公司在龙海市举办某品牌啤酒"开箱有礼"有奖销售活动，但未向购买者明示此次活动所设奖的中奖概率、奖金金额或者奖品种类、兑奖方式、兑奖时间等事项。该公司在龙海市先后举办了两期"开箱有礼"有奖销售活动，共推销某品牌啤酒共14500箱，违法经营额共计50多万元。

龙海工商局认定，该公司行为已违反《关于禁止有奖销售活动中不正当竞争行为的若干规定》第6条第1款：经营者举办有奖销售，应当向购买者明示其所设奖的种类、中奖概率、奖金金额或者奖品种类、兑奖时间、方式等事项。龙海市工商局依法对其作出责令停止违法行为、罚款4万元的行政处罚。

（案例来源：《福建日报》）

（2）故意将设有中奖标志的商品、奖券不投放市场或者不与商品、奖券同时投放市场；故意将带有不同奖金金额或者奖品标志的商品、奖券按不同时间投放市场。

案例链接

某超市分期投放大奖奖券

上海市某大型超市在对外发布的印刷品广告和经营场所内设置的宣传牌上写着:"凡在开业期间一次性购物满28元均可参加一次抽奖活动。购满56元可抽奖两次,依此类推,凭一张小票最多抽奖5次。特等奖5名,电动车一辆;一等奖10名,电视机一台;二等奖18名,美的电磁炉一只;三等奖50名,春秋被子一条;幸运奖,袜子一双。"

当执法人员要求超市当场打开抽奖箱,对所投放的奖券进行验证时,工作人员立即显得很不自然,神色慌张。后经执法人员询问调查,工作人员终于承认:"我们没有把所有的奖券都放进去,今天只是向抽奖箱内投放了部分奖券,剩余的准备3天里分批投。"执法人员当场责令该超市立即停止违法有奖销售活动,并对该超市涉嫌欺骗性有奖销售行为进行立案查处。在进一步调查取证中,该超市负责人承认,在整个有奖销售的过程中并没有把所有奖券同时投放市场,而是采用了分批投放的方式。具体做法如下:活动第一天,只是向抽奖箱内投放了4029张奖券,其中特等奖奖券1张、一等奖奖券3张、二等奖奖券5张、三等奖奖券20张、幸运奖奖券4000张。第二天,又往抽奖箱内投放了33张奖券,其中特等奖奖券2张、一等奖奖券4张、二等奖奖券7张、三等奖奖券20张。第三天,再次向抽奖箱内投放21张奖券,其中特等奖奖券2张、一等奖奖券3张、二等奖奖券6张、三等奖奖券10张。

该超市将有不同中奖标志的奖券不同时投放市场的做法,降低了第一天中大奖的概率,增加了后几天中大奖的悬念,构成不正当竞争行为,已违反《上海市反不正当竞争条例》,属于欺骗性抽奖销售。

(案例来源:《新闻晨报》)

(3)其他欺骗性有奖销售行为。从立法技术来说,列举式的条款是无法穷尽所有的不正当有奖销售行为的。基于此,《若干规定》第3条第4款规定了"其他欺骗性有奖销售行为"这一兜底性条款。该条款规定其他欺骗性有奖销售行为由省级以上工商行政管理机关认定,省级工商行政管理机关作出的认定,应当报国家工商行政管理局备案。

二、超过5000元的抽奖式有奖销售

1993年颁布的《反不正当竞争法》没有一概否定抽奖式有奖销售,除了上述几种不当的抽奖式有奖销售行为外,还限定了抽奖式有奖销售的最高限额。《反不正当竞争法》第13条第3款规定,抽奖式的有奖销售,最高奖的金额不得超过5000元。如果以非现金的物品或者其他经济利益作奖励的,则应当按照同期市场同类商品或者服务的正常价格折算其金额。

拓展阅读

有奖销售5000元限额规定从何而来？

《反不正当竞争法》对有奖销售最高限额的规定，经历过一个逐步演变的过程。《反不正当竞争法（草案）》先是一概禁止抽奖式有奖销售，规定：经营者不得从事抽奖式有奖销售。在全国人大常委会审议过程中，这一规定发生了变化。据全国人大法律委员会《关于〈中华人民共和国反不正当竞争法（草案）〉审议结果的报告》解释，多数企业和部门认为，有奖销售也是一种促销手段，不能完全禁止。但应当作出限制。建议将这条修改为：抽奖式的有奖销售，最高单项奖的金额不超过1万元。再后来，有奖销售的最高限额由1万元变更为5000元。据全国人大法律委员会主任委员薛驹《关于修改〈经济合同法（草案）〉和〈反不正当竞争法（草案）〉的报告》，关于有奖销售，有的委员认为草案修改稿第13条规定的最高单项奖的数额过高。建议最高单项奖的金额1万元修改为5000元。有奖销售最高奖5000元的限额由此而来。

基于法律对抽奖式有奖销售规定了5000元的最高限额，经营者在举办抽奖式有奖销售时多为审慎，设定的现金奖励、实物奖励或者其他形式的奖励一般都不突破5000元的上限。比如2015年春节支付宝推出的"抢红包"活动，单个支付宝红包的最高金额为4999元。但实践中仍有经营者采取各种隐蔽方式以规避该禁止性规定，例如采用"彩票中奖"、"轿车使用权"、"解决待遇"、"给付工薪"等名目推销商品。

鉴于市场上名目繁多的有奖销售活动，国家工商行政管理局于1999年就如何认定某些新型的有奖销售行为是否属于不正当竞争行为公开作出了《国家工商行政管理局关于有奖促销中不正当竞争行为认定问题的答复》（简称为《答复》）。该《答复》分析认为，经营者在促销活动中以轿车的使用权、聘为消费顾问并给予高薪等方式作为奖励推销商品，或者利用社会福利彩票、体育彩票设置的高额奖励来销售商品的行为都极易诱发消费者的投机心理，影响和干扰消费者正常选择商品，妨碍质量、价格和服务等方面的公平竞争，不利于市场竞争机制的建立，不正当竞争的恶性明显。尽管这些行为的名目和表现形式复杂多样，但都属于典型的企图规避法律的做法，其本质上仍属于《反不正当竞争法》第13条第（3）项规范的不正当竞争行为。并视下列抽奖式有奖销售为不正当竞争行为：（1）经营者以价格超过5000元的物品的使用权作为奖励的，不论使用该物品的时间长短。（2）经营者以提供就业机会、聘为各种顾问等名义，并以解决待遇，给付工薪等方式设置奖励，不论奖励现金、物品（包括物品的使用权）或者其他经济利益，也不论是否要求中奖者承担一定义务，最高奖的金额（包括物品的价格、经济利益的折算）超过5000元的。（3）经营者单独或与有关单位联合利用社会福利彩票、体育彩票设置奖励推销商品，最高奖的金额超过5000元的。

案例讨论

巴黎春天有奖销售送 iPhone 5S 违法吗?

据《i 时代报》报道,巴黎春天连续三天的"重磅促销不打烊"引来了麻烦,第一轮刚结束,就有媒体报道称其送 iPhone 5S"土豪金"的做法涉嫌违法促销,根据我国法律法规,有奖销售行为的最高奖金不得超过 5000 元。而当前无论电信版还是联通版,iPhone 5S 价格都超过了 5000 元,对此,巴黎春天方面发出声明,称商场的类似促销活动并非首次举行,前几年也是如此,否认有违法行为存在。工商黄浦分局展开现场调查,店内工作人员告诉执法人员,举办的活动为附赠式促销,分别在 11 月 29 日(周五)、11 月 30 日(周六)、12 月 6 日(周五)、12 月 7 日(周六)的次日凌晨 00:00—00:30 进行,"满减"基础上指定商品满 5880 元送 iPadmini2 兑换券一张,指定商品满 11880 元送"土豪金"iPhone 5S 现货。

工商黄浦分局检查后,认定其行为并未违法:巴黎春天送 iPhone 5S"土豪金"的促销行为是针对指定商品,并须消费满 11880 元,不属于抽奖式有奖销售。因此,这种促销活动不适用"抽奖式有奖销售,最高金额不得超过 5000 元"的规定。

【问题】5000 元的上限规定不适用于附赠式有奖销售行为吗?

【分析】我国《反不正当竞争法》和《关于禁止有奖销售活动中不正当行为的若干规定》明确,抽奖式的有奖销售,最高金额不得超过 5000 元,以非现金的物品或者其他经济利益作奖励的,按照同期市场同类商品或者服务的正常价格折算其金额。依该法条的文本解释,我国仅对抽奖式有奖销售规定了"最高奖金额不得超过 5000 元",而对附赠式有奖销售的最高奖金额未加限制。因此,本案中巴黎春天的有奖销售行为依照《反不正当竞争法》和《禁止有奖销售中不当行为的若干规定》是无法处罚的。

实际上,我国在对有奖销售进行规制和认可中,大量的条文和法律规范都集中在对抽奖式有奖销售上面,而对附赠式有奖销售的规制和认可,只有一个法律规范,即"不得利用有奖销售推销质次价高的商品"。这样简单的法律规范,很难规制表现形式比较复杂的附赠式有奖销售本身所具有的消极作用。因此,我国现行法律规范的不足和缺陷主要体现在对附赠式有奖销售的规制上。显然,生活实践远比理论分析要丰富复杂得多。

物资供应站的有奖销售行为违反了哪条规定?

某县一物资供应站主要经营农用机械、家电、烟酒食品等。该站借庙会物资交流之机举办有奖销售活动,并委托公证处公证。工商行政管理机关在检查中发现,该物资供应站此次的有奖销售活动所设的五等奖奖品为劣质洗衣粉,即对此立案进行调查。这批洗衣粉既无生产日期,又无商标、厂址及合格证书,而且质量低劣,至检查时止,物资供应站已将该洗衣粉作为奖品发送出 500 箱。工商行政管理机关根据其调查的事实对其进行了处罚。此次有奖销售活动立即停止。

【问题】应依据哪条规定对物资供应站的不正当有奖销售行为进行处罚?为什么?

【分析】本案中,该物资供应站为推销商品而设置的奖品质次价高或劣质,与《反不正当竞争法》所规定的利用有奖销售推销质次价高的商品，不是同一情形。《反不正当竞争法》所规定的有奖销售推销质次价高的商品涉及的是消费者购买的主商品或者服务，而本案中的质次价高商品指涉的是奖品。因此，不宜适用"利用有奖销售推销质次价高商品"这一条款作出定性处罚。其实本案的实质是对所设奖品的质量作虚假不实的表示，可依据"对所设奖的种类、中奖概率、最高奖奖金、总金额、奖品种类、数量、质量、提供方法等作虚假不实的表示"的条款进行定性处罚。在对案件的分析过程中，须仔细判别违法情节，经营者采用的手段不同，适用的法律也是不同的。

（案例来源：东方网）

第三节 不正当有奖销售行为的法律责任

案例引导

某超市因有奖销售被起诉

2010年6月3日，消费者赵建磊称在广安门华联超市看到海报称："在华联购买立白产品满48元，可得抽奖券一张，奖品为洗衣机等6个奖项。"为了碰碰运气，他购买了一些产品，价款为98.74元，由此获得两张抽奖券，他在按照要求填写完奖券后投到了抽奖箱内，但没得到任何有关抽奖的消息。后来他了解到，此次抽奖活动没有关于抽奖的详细说明，也没有中奖概率、开奖时间和地点等说明。据此，赵建磊认为，由于华联超市在该活动中没有向消费者明示抽奖的相关事项，属于欺骗消费者，并以北京华联综合超市股份有限公司及下属的广安门分公司为被告，以涉嫌欺诈为由起诉到北京西城区人民法院，要求该超市双倍赔偿其货款及误工费共计997.48元。

根据国家工商总局《关于禁止有奖销售活动中不正当竞争行为的若干规定》第6条规定，经营者举办有奖销售，应当向购买者明示所设奖的种类、中奖概率、奖金金额或者奖品种类、兑奖时间、方式等事项。《关于禁止有奖销售活动中不正当竞争行为的若干规定》第7条还规定，违反第6条规定，隐瞒事实真相的，视为欺骗性有奖销售。

【问题】 经营者实施了不正当有奖销售行为应承担怎样的法律责任？消费者有权主张赔偿吗？

【分析】 根据《反不正当竞争法》以及《关于禁止有奖销售活动中的不正当竞争行为的若干规定》，经营者实施了规定中所禁止的不当有奖销售行为的，应承担停止违法行为以及缴交罚款的行政责任。此外，被侵害的经营者和其他有关当事人有权向人民法院起诉主张损害赔偿。因此，如果法院受理并支持了有关当事人的赔偿请求的，经营者还需承担一定的民事责任。一般认为，消费者属于"有关当事人"的概念范畴，有权根据相关规定向法院提起诉讼。还需指出的是，该案件发生在2010年，消费者是按照原《消费者权益保护法》规定的消费欺诈双倍赔偿规则提出赔偿请求的。2014年3月15日，我国颁布实施了修订后的《消费者权益保护法》，该法第55条规定，经营者提供商品或者服务有欺诈行为的，应当按照消费者的要求增加赔偿其受到的损失，增加赔偿的金额为消费者购买商品的价款或者接受服务的费用的 3 倍；增加赔偿的金额不足 500 元的，为 500 元。法律另有规定的，依照其规定。

（案例来源：中国法院网）

一、行政责任

根据《反不正当竞争法》第 26 条规定和第 29 条的规定，经营者进行不正当有奖销售的，由监督检查部门责令停止违法行为，并可根据情节处以 1 万元以上 10 万元以下的罚款。当事人对监督检查部门作出的处罚决定不服的，可以自收到处罚决定之日起 15 日内向上一级主管机关申请复议；对复议决定不服的，可以自收到复议决定书之日起 15 日内向人民法院提起诉讼；也可以直接向人民法院提起诉讼。

对于利用有奖销售行为来推销质次价高的商品的行为，《产品质量法》第 50 条规定，在产品中掺杂、掺假，以假充真，以次充好，或者以不合格产品冒充合格产品的，责令停止生产、销售，没收违法生产、销售的产品，并处违法生产、销售产品货值金额 50% 以上 3 倍以下的罚款；有违法所得的，并处没收违法所得；情节严重的，吊销营业执照；构成犯罪的，依法追究刑事责任。

二、民事责任

根据《反不正当竞争法》第 20 条的规定，被侵害的经营者的合法权益受到不正当竞争行为损害的，可以向人民法院提起诉讼。经营者违反规定给被侵害的经营者造成损害的，应当承担损害赔偿责任，被侵害的经营者的损失难以计算的，赔偿额为侵权人在侵权期间因侵权所获得的利润；并应当承担被侵害的经营者因调查该经营者侵害其合法权益的不正当竞争行为所支付的合理费用。

需要注意的是，根据该条款，有权对不正当有奖销售行为提出损害赔偿之诉的主体被限定为"权益受到侵害的经营者"，实践中往往是经营同类产品或者服务的企业，而对于消费者的当事人资格则没有涉及。对此，国家工商行政管理局 1993 年发布的《关于禁止有奖销售活动中的不正当竞争行为的若干规定》第 8 条作了一个重要的补充性规定：有关当事人因有奖销售活动中的不正当竞争行为而受到侵害的，可以根据《反不正当竞争法》第 20 条的规定，向人民法院起诉，请求赔偿。由于"有关当事人"未限定于"经营者"，所以一般认为消费者有权向法院提出损害赔偿请求。实际上，我国《产品质量法》及《消费者权益保护法》也明确了消费者在经营者所提供的商品或者服务存在质量问题或者实施了欺诈行为时享有民事赔偿请求权。因此，消费者在不当有奖销售案件中的当事人资格是没有争议的。实践中，经营者凡利用有奖销售手段推销质次价高的物品的，依照产品质量法进行赔偿；经营者提供产品或服务有欺诈行为的，依照消费者权益保护法进行赔偿。经营者向中奖消费者交付奖金或奖品而产生的纠纷，依照《民法通则》或其他相关法律进行赔偿。

📎 案例链接

奖券纠纷案

2003年9月,原告陈悦参加沙河实业股份有限公司举办的开盘抽奖活动,并抽得特等奖,奖品为价值8万元的车位一个。当晚陈悦到被告设立的领奖处领奖,因被告无法提供车位的所有权证明,且对车位大小、种类等性质未予现场明示,也未进行书面说明,陈悦拒绝领奖。

原告认为被告应当依诚实信用原则向他交付奖品,于是将被告告上了法院。被告认为特等奖兑奖券注明"本券解释权归公司所有",因此公司对奖品有解释权,原告从中奖到起诉,时间接近一年半,其兑奖行为早已超过合理期限,其要求兑奖的行为不应再得到法律的支持和保护。

2005年3月28日,广东省深圳市南山区法院审结了这起奖券纠纷案,判决被告履行兑奖义务,将奖品如期兑现给原告;同时认为被告的有奖销售活动违反有关法律法规的规定,建议有关行政部门予以处罚。

法院认为,根据《反不正当竞争法》的规定:经营者不得从事最高奖金额超过5000元的抽奖式有奖销售。被告的有奖销售活动未经有关部门批准,且未将奖品现场明示,违反了有关法律法规的规定,应予以依法处罚。本院将通过其他途径向有关行政部门提出司法建议解决。原告是在被告的有奖销售活动中善意取得获奖的车位,虽然被告的行为属于违法违规的行为,但并不能因此否定被告在举办有奖销售活动中所作的兑奖承诺,也不能因此影响原告获得上述车位的权利或要求作出相应赔偿的权利。对于兑奖车位种类、大小等性质,由于被告并未现场予以明示或书面说明告知,故被告在奖券、活动计划及内部会议纪要里的说明效力不能抗辩获奖者。被告认为原告的兑奖行为已超过合理期限并无事实和法律依据,抗辩理由不成立。被告应当根据自愿、公平、诚实信用的原则,履行兑奖义务,将价值8万元的车位及其所有权证按有关房地产证办理规定如期兑现给原告,否则,应当赔偿原告可得利益的损失即车位价值8万元。

(案例来源:《人民法院报》)

三、刑事责任

我国《反不正当竞争法》和《若干规定》对不正当有奖销售并没有刑事责任的规定。但我国《刑法》第140规定,生产者、销售者在产品中掺杂、掺假,以假充真、以次充好或者以不合格产品冒充合格产品,销售金额5万元以上不满20万元的,处2年以下有期徒刑或者拘役,并处销售金额50%以上2倍以下的罚金;销售金额20万元以上不满50万元的,处2年以上7年以下有期徒刑,并处销售金额50%以上2倍以下罚金;销售金额50万元以上不满200万元的,处7年以上有期徒刑,并处销售金额50%以上2倍以下的罚金;销售金额200万元以上的,处15年有期徒刑或者无期徒刑,并处销售金额50%以上2倍以下罚金或者没收财产。

本章小结

有奖销售是一种有效的促销手段，对市场竞争具有积极和消极的双重属性。法律并不禁止所有的有奖销售，而仅仅对可能造成不良后果、破坏竞争规则的有奖销售加以禁止。我国《反不正当竞争法》规定了以下几类违法有奖销售行为：（1）采用谎称有奖或者故意让内定人员中奖的欺骗方式进行有奖销售；（2）利用有奖销售推销质次价高的商品；（3）超过5000元的抽奖式有奖销售。除此之外，《关于禁止有奖销售活动中不正当竞争行为的若干规定》和相关的行政解释补充规定的一些不当有奖销售行为也构成不正当竞争。经营者实施不当有奖销售行为的，应受到相应的行政处罚，对消费者和其他经营者造成损害的，应根据相关法律法规进行民事赔偿，构成犯罪的，依法追究刑事责任。

不正当有奖销售行为法律责任

法律关系性质	法律关系主体	法律责任性质	法律依据
行政法律关系	经营者—监督检查部门	行政责任	《反不正当竞争法》、《产品质量法》
民事法律关系	经营者——其他经营者或者消费者	民事责任	《反不正当竞争法》、《产品质量法》、《消费者权益保护法》、《民法通则》等
刑事法律关系	经营者——国家	刑事责任	《刑法》

技能训练

国庆假期临近，某公司为吸引更多的消费者购买其新开发的产品，特制定了一个有奖销售方案，包括有奖促销活动具体内容、时间、地点及宣传方式。其中活动具体内容为：购物抽大奖，100%中奖。活动期间满1000元即可参加抽奖1次。奖品的一至五等奖分别为：平板电脑、电饭煲、电水壶、保温杯、精美吊坠。

如果该公司委托你对该销售方案出具法律意见，你认为该方案需要从哪些方面作出修改？

目的：提高运用相关法律规定分析处理实际问题的能力。

要求：出具法律意见书。

实践活动

开展不当有奖销售行为的市场调研

目的：加强学生对《反不正当竞争法》中不正当有奖销售规定的理解，培养学生熟练应用相关知识的能力。

内容：学生分组，参加不当有奖销售行为的市场调研，调研对象主要集中于商场和房地产公司。

要求：结合不当有奖销售法律规制的相关知识写出调研报告。

本章练习

一、不定项选择题

1. 下列哪些行为属于不正当有奖销售？（　　）
   A. 谎称有奖　　　　　　　　　　B. 利用有奖销售手段推销质次价高的商品
   C. 5000元的抽奖式有奖销售　　　 D. 买房赠两年的物业管理费
2. 利用有奖销售手段来推销质次价高的商品的欺诈性主要体现在：（　　）。
   A. 用于有奖销售的商品品质与价格不符　B. 有奖销售实质是变相涨价
   C. 经营者违背诚实信用和公平原则　　　D. 采取不正当手段故意让内定人员中奖
3. 下列关于有奖销售行为的特征表述正确的是：（　　）。
   A. 有奖销售行为的目的在于促销商品或者服务
   B. 有奖销售行为采用向购买者无偿提供物品、金钱或者其他经济利益的方式进行
   C. 有奖销售行为是市场经营行为
   D. 有奖销售行为包括商品买卖关系和赠与关系

二、简答题

1. 简述有奖销售行为的规制动因。
2. 简述美国法对有奖销售行为的规制内容。
3. 简述我国关于有奖销售行为的立法概况。

三、案例分析题

某工商局接到群众举报，反映本市某房地产开发公司存在欺诈性有奖销售行为。该局对房产开发公司进行了查处。据了解，该房地产开发公司在当地发布"购房送豪华轿车"广告，并印制内容为"超级大礼优惠全城，开盘火爆认购46套，加推20套送汽车大礼"的宣传彩页15000份，对外发放。通过上述两种宣传方式，该公司对外宣称举办有奖销售，从广告发布之日起，现场抽奖，最高奖项为雪铁龙世嘉轿车一辆。据调查，该公司单方面决定取消有奖销售，已销售商品房40余套，但未举办一次抽奖活动。

问题：该公司的有奖销售行为存在哪些问题？工商局应对其作出如何处理？

第十三章

侵犯商业秘密行为

随着全球经济一体化的发展和市场竞争的日趋激烈,掌握一定的商业秘密已成为企业取得竞争优势的重要手段。同时,商业秘密蕴涵巨大的经济价值和竞争价值,从而导致了商业秘密侵权现象的普遍发生。这不仅造成了权利人的损失,也是对社会经济秩序的严重破坏。因此,必须加强对侵犯商业秘密行为的法律规制。纵观商业秘密保护发展的历史轨迹,可以看出:立法形式经历了从判例法、成文法,到制定专门法规的发展过程;商业秘密保护对象的范围不断拓宽,从财产特征明显的技术秘密到经营秘密,现在已经上升到"未公开的信息";商业秘密的保护手段从民法救济发展到民法、行政法、刑法等诸法共同保护;发展中国家的商业秘密保护形式逐步趋向国际一体化。

学习目标

知识目标:

了解商业秘密的概念、特征及构成要件;

掌握侵犯商业秘密行为的类型及法律规制内容。

能力目标:

能够运用《反不正当竞争法》处理侵犯商业秘密行为引起的法律责任问题。

第一节 侵犯商业秘密行为概述

案例引导

上海申拓机器有限公司诉颜某侵犯商业秘密竞业限制纠纷案

2008年4月,从事矿山开采机械生产和销售的上海申拓机器有限公司(以下简称申拓公司)与颜某签订劳动合同,约定由申拓公司聘请颜某为该公司专门从事国际贸易销售的工作人员。在签订劳动合同的当日,双方还签署了《保密协议》,约定颜某有义务保守申拓公司相关商业秘密。双方协议将商业秘密定义为所有与申拓公司生产经营密切相关的、能为其带来经济利益的、不论以任何形式和载体存在的技术、经营等方面的信息和材料,主要包括技术信息和商业信息两方面的内容。双方约定的保密期限为劳动合同期及颜某离职后的两年内。颜某在申拓公司工作期间表现不错，业绩不俗，很快打入该公司的核心销售阵容。

2010年5月，颜某向申拓公司书面提出辞职申请，申拓公司再三挽留，颜某不为所动，无奈之下，申拓公司最终同意颜某离职。由于矿山机械销售市场技术含金量不高，竞争激烈，为了防止技术和客户外流，在颜某离职前，双方又签订了一份《解约协议》，双方约定：颜某从公司离开时不得带走任何影响申拓公司行业竞争力的资料、文件和其他形式信息；颜某承诺将继续遵守双方签订的《保密协议》，如果违反承诺，须向申拓公司支付违约金人民币50万元，如因颜某的泄密行为造成申拓公司的其他重大损失的，还需另行承担相应法律责任。

2010年5月底，颜某即受聘于申拓公司的竞争对手上海力山重型矿山机械有限公司（以下简称力山公司），仍然从事国际贸易销售工作。申拓公司经过调查认为，颜某在力山公司工作期间，利用其非法保留的申拓公司客户名单和客户信息，以力山公司的名义向申拓公司的客户发出报价，造成申拓公司客户大量流失。申拓公司与力山公司进行交涉，力山公司迫于申拓公司的压力，于2010年8月底向申拓公司法定代表人发函，认可向原为申拓公司客户的某公司发出附有产品定价单的要约，并称如果此举对申拓公司有影响，力山公司深表歉意。同月，申拓公司向杨浦区法院提起诉讼，认为颜某违背双方《解约协议》中的承诺内容，要求其赔偿人民币50万元。该案经主审法官调解，双方达成庭外和解协议，颜某重申在2012年5月之前，不再与申拓公司的客户发生业务上的来往，如违反约定则按照双方之前签订的协议承担责任。申拓公司同意撤回起诉。

【问题】这起案件对我们有什么启示？

【分析】该案是因离职员工带走并使用商业秘密涉讼的案件。作为离职的员工，应当遵守劳动合同和保密协议中约定的保密义务，不能将在原企业工作中知悉的商业秘密作为跳槽或自己创业的资本；作为主张权利的企业，无论技术信息还是经营信息都是企业花费大量资金和人力、物力长期积累起来的，是企业重要的无形资产，也是一种重要的知识产权。因此，在日常经营活动中应当进一步增强商业秘密保护意识，了解保护商业秘密的途径和方法，更好地健全和落实商业秘密保护制度，防止企业遭受不必要的损失，使商业秘密发挥其应有的价值。

（案例来源：华律网）

一、商业秘密的概念及特征

（一）商业秘密的概念

美国《不正当竞争法重述》（第三次）对商业秘密作出如下界定："商业秘密是指能够运用于商业或者其他企业的经营之中的任何信息，该信息具有充分的价值和秘密性，使其相对于其他人具有实际的或者潜在的经济优势。我国《反不正当竞争法》所规定的商业秘密是指不为公众所知悉、能为权利人带来经济利益、具有实用性并经权利人采取保密措施的技术信息和经营信息。国家工商行政管理局《关于禁止侵犯商业秘密行为的若干规定》第 2 条对此作了进一步解释：技术信息和经营信息包括设计、程序、产品配方、制作工艺、制作方法、管理诀窍、客户名单、货源情报、产销策略、招投标中的标底及标书内容等信息。

商业秘密作为一项特殊的无形财产，能给权利人带来实际或潜在的经济利益和竞争优势，是现代市场竞争的重要手段和工具，一旦被他人不正当获取，将造成不可估量的损失。

（二）商业秘密的特征

商业秘密的特征是商业秘密法律性质的独特表现，主要包括以下六个方面：

1. 商业秘密是人类智力活动的产物，具有非物质属性

商业秘密虽然常常以图纸、配方、公式、操作指南、技术记录、实验报告等形式表现出来，但这些有形的载体仅仅是商业秘密的表现形式，而商业秘密实际上是蕴涵于这些有形载体中的概念和构思，是无形的，具有非物质属性。

2. 商业秘密具有可传授性和可转让性

商业秘密具有可传授性和可转让性，一般的专业人员，从事同一经营的人，使用同一种商业秘密，能够与该商业秘密的真正所有人产生同样的效果。

3. 商业秘密无法得到传统知识产权法的直接保护

商业秘密与传统知识产权的区别见表 13.1。

表 13.1 商业秘密与传统知识产权的区别

观测点	商业秘密	传统知识产权
公开性	非公开性，商业秘密的前提是不为公众所知悉	公开
排他性	非排他性，属于一种相对权利	排他性
期限保护	无法定保护期，关键取决于权利人的保密措施和其他人对此项秘密的公开	法定期限保护

由表 13.1 可知，商业秘密与专利权、商标权、著作权等其他知识产权相比，无法得到传统的知识产权法的直接保护。

拓展阅读

商业秘密与专利权保护的区别

商业秘密采取的保护手段不同于专利制度，具体可从以下几方面认识：

（1）权利特征不同。专利权是一种合法的垄断权、独占权；商业秘密则是一种相对权利，商业秘密的拥有人不能禁止别人使用同一商业秘密，除非是别人侵犯了他的商业秘密。因此，其禁止效力仅及于违法侵占，不能禁止合法的取得手段。

（2）权利获取的条件不同。专利权取得需经过特定的审批程序，且必须经过一定程度的公开；商业秘密权利人是基于合法的劳动或其他正当手段而取得商业秘密权，不必经

过任何审批程序。

（3）权利保护的期限和方式不同。专利技术经过公开，在法定期限内，权利人便可以依靠法律制止侵权行为，行使绝对权利。商业秘密权利人通过采取保密的方式持有商业秘密，只要该信息不被公知，商业秘密权利人的权利就可以不受地域和时间的限制，而且在覆盖的范围上，商业秘密保护制度的保护范围也远远大于专利制度。

总体来说，商业秘密保护的门槛要低于专利保护，保护手段也更加灵活，商业秘密一旦公开、扩散，权利人受到的损失便无可挽回。

4. 商业秘密具有秘密性

商业秘密不能为公众所知晓，不是已经公开的或普遍为公众所知晓的信息、资料、方法。一旦商业秘密公开，不仅丧失了商业秘密给权利人带来的竞争优势，而且也丧失了法律保护的依据。

5. 商业秘密具有实用性

商业秘密必须有价值，即能为其权利人带来实际的或潜在的积极利益和竞争优势。商业秘密的实用性体现了保护商业秘密的内在原因。

6. 商业秘密具有保密性

商业秘密的权利人必须为信息采取适当的保密措施，没有任何保密性的信息不能成为商业秘密。

拓展阅读

TRIPs 协定对未披露信息保护的规定

WTO《与贸易有关的知识产权协定》（Agreement on Trade-Related Aspects of Intellectual Property Rights，以下简称 TRIPs 协定）是一个将商业秘密与传统知识产权融为一体的协定。该协定第 39 条提出了对"未披露信息的保护"即商业秘密的保护，对商业秘密的构成、侵权行为的种类等作出了明确的规定，这是对未披露信息在国际公约上的第一次明文规定。TRIPs 协定是世界贸易组织（WTO）管理的重要文件，各国加入世贸组织后，都要将商业秘密的保护纳入国际轨道，遵循商业秘密的国际保护义务。TRIPs 协定第 39 条对未披露信息保护的规定全文如下：

（1）在确保巴黎公约（1967）第 10 条之二规定的反不正当竞争的有效保护过程中，成员应当按照第 2 项保护未披露信息，并按照第 3 项保护向政府或者政府机关提交的信息。

（2）自然人和法人应当能够防止他人未经其同意以违背诚实商业行为的方式，披露、获取或者使用其合法控制的信息，只要此种信息在下列意义上属于秘密，即：作为一个整体或作为其各部分的具体构造或组合，不为通常触及此种信息的领域内的人们普遍知悉或者容易获得；应属秘密而具有商业价值；合法控制该信息的人根据情况采取了合理的保密措施。

（3）当成员要求提交未披露的实验数据或者其他数据，作为批准采用新化学成分的药品或者农用产品上市的条件时，如果该数据的原创活动包含了相当大的努力，则成员应该保护该数据，防止不正当的商业使用。此外，除非有保护公众的必要，或者已经采取措施保证该信息不被不正当的商业使用，否则成员应当保护该数据不被披露。

二、商业秘密的构成要件

我国对商业秘密构成要件的规定吸收了其他国家的通行做法，与国际惯例保持一致。我国《反不正当竞争法》第10条第3款将商业秘密的构成要件规定为"不为公众所知悉、能为权利人带来经济利益、具有实用性并经权利人采取保密措施"四个要件。国家工商行政管理局《关于商业秘密构成要件问题的答复》（1998年6月12日）作出了如下解释：商业秘密的构成要件有三：一是该信息不为公众所知悉，即该信息是不能从公开渠道直接获取的；二是该信息能为权利人带来经济利益，具有实用性；三是权利人对该信息采取了保密措施。概括地说，商业秘密的构成要件主要包括秘密性、实用性、保密性。

（一）秘密性

秘密性，是指商业秘密所处的状态应当是秘密的，没有被公开过，这是商业秘密最本质的特征，同时也是商业秘密区别于专利及其他知识产权客体最显著的特征。商业秘密主要以秘密状态维持其经济价值，一旦公开，其经济价值就会完全或部分丧失。确定商业秘密的秘密性，客观标准是"不为公众所知悉"。《最高人民法院关于审理不正当竞争民事案件应用法律若干问题的解释》第9条将"不为公众所知悉"解释为"有关信息不为其所属领域的相关人员普遍知悉和容易获得"，同时该解释规定了可以认定有关信息不构成"不为公众所知悉"的特定情形：（1）信息为其所属技术或者经济领域的人的一般常识或者行业惯例；（2）该信息仅涉及产品的尺寸、结构、材料、部件的简单组合等内容，进入市场后相关公众通过观察产品即可直接获得；（3）该信息已经在公开出版物或者其他媒体上公开披露；（4）信息已通过公开的报告会、展览等方式公开；（5）该信息从其他公开渠道可以获得；（6）该信息无需付出一定的代价而容易获得。

此外，这里的"不为公众所知悉"含有相对秘密的意义。所谓相对秘密性，是指未在本行业内众所周知，而非指除所有人以外在国内或国际上绝对无人知悉。商业秘密可以为一定限度的人所知悉，这种知悉不影响商业秘密的存在。一般而言，在下列情形中，商业秘密不丧失其秘密性：（1）商业秘密所有人为实施商业秘密而将其告知负责实施工作的雇员或员工；（2）依照技术合同、协作协议等将商业秘密披露给被许可使用的人或其他负有保密义务的人；（3）在成果鉴定会、庭审等中披露商业秘密；等等。

（二）实用性

实用性，是指商业秘密能够付诸商业或者营业上的使用，并能产生较好经济效益和竞争优势。商业秘密必须具有经济价值，这是商业秘密与政治秘密、个人隐私等一般秘密最为显著的区别。《最高人民法院关于审理不正当竞争民事案件应用法律若干问题的解释》第10条规定："有关信息具有现实的或者潜在的商业价值，能为权利人带来竞争优势的，应当认定为能为权利人带来经济利益、具有实用性"。商业秘密的实用性体现了保护商业秘密的内在原因。对权利人而言,维持商业秘密的秘密状态,其直接目的就是谋求经济上的利益,而国家法律保护商业秘密的目的也在于维护权利人的经济利益和社会的经济秩序。

国家工商行政管理局《关于禁止侵犯商业秘密行为的若干规定》第2条第3款规定,"现实的或者潜在的经济利益或者竞争优势"的秘密信息均为商业秘密。因此,商业秘密的价值性既包括实际存在的经济利益,也包括潜在的价值;既包括财富的直接增加,如提高产量、改进质量或销售状况等,也包括所需投入的减少,如降低能耗、减少风险、避免失败试验或计划的重复等,还表现在竞争对手要获取同样信息,必须支付相应的代价。商业秘密的实用性还必须具有客观性,即除所有人主观认同该信息具有价值外,还必须在客观上确实具有实用价值,两者同时具备,才能够成为商业秘密。

(三) 保密性

保密性,是指商业秘密所有人将其财产予以管理,采取适当的保密措施使其处于秘密状态。商业秘密受法律保护的前提是秘密性,而商业秘密所有人是否对其采取了合理的保密措施是其能否受法律保护的关键。商业秘密的商业价值主要以保密措施来维持,商业秘密一旦被公开,不但不具有经济价值,而且不能作为商业秘密受到法律保护了。对于保密措施的方式,主要包括制度方面的措施和硬件方面的措施。制度方面的措施,通常要求与员工签订保密协议,建立保密制度,在文件和资料上加印"机密"或"保密"字样。而硬件方面的措施则是指企业对其商业秘密的保存采取特别措施,如加锁、使用保险箱保存等。

《最高人民法院关于审理不正当竞争民事案件应用法律若干问题的解释》第11条规定,权利人为防止信息泄露所采取的与其商业价值等具体情况相适应的合理保护措施,应当认定为《反不正当竞争法》第10条第3款规定"保密措施",该解释还指出:人民法院应当根据所涉信息载体的特性、权利人保密的意愿、保密措施的可识别程度、他人通过正当方式获得的难易程度等因素,认定权利人是否采取了保密措施。同时列举了七项应当认定权利人采取了保密措施的情形:(1) 限定涉密信息的知悉范围,只对必须知悉的相关人员告知其内容;(2) 对于涉密信息载体采取加锁等防范措施;(3) 在涉密信息的载体上标有保密标志;(4) 对于涉密信息采用密码或者代码等;(5) 签订保密协议;(6) 对于涉密的机器、厂房、车间等场所限制来访者或者提出保密要求;(7) 确保信息秘密的其他合理措施。

保密措施需达到何种程度呢?我国法律规定和司法实践并不要求保密措施的万全性,只要达到一个合理而适当的保护程度即可。合理的程度是指"与其商业价值等具体情况相适应的"、达到足以防止信息泄露的程度的保密措施。国家工商总局在《关于禁止侵犯商业秘密行为的若干规定》第2条第4款中规定:"本规定所称权利人采取保密措施,包括订立保密协议,建立保密制度及采取其他合理的保密措施。"具体而言,判断保护措施合理与否应当考虑如下因素:(1) 商业秘密的范围是否明确;(2) 是否采取制度方面的措施,从而使得相关人员知悉该信息系商业秘密;(3) 在硬件上是否尽可能采取了一些措施，从而阻止他人轻易地接触到该信息。

拓展阅读

侵犯商业秘密行为的法律认定

人民法院审理侵害商业秘密民事诉讼案件，一般分为三个步骤：

一是，商业秘密是否符合法定条件，即原告主张的信息是否属于商业秘密，即从商业秘密的秘密性、实用性和保密性三个方面入手考察原告主张的信息是否属于商业秘密。一般来说，原告须对商业秘密的载体、具体内容、商业价值和对该项商业秘密所采取的具体保密措施等进行举证。

二是，被告的信息与原告的信息是否相同或者实质相同，对相关信息是否具有一致性的问题可以申请鉴定机构进行鉴定。

三是，审理被告是否采用了不正当手段，这主要是根据我国《反不正当竞争法》第10条规定的侵犯商业秘密行为进行举证，考察被控侵权人的行为是否满足相关法律规定。

三、我国商业秘密保护的历史沿革及立法体系

我国对于商业秘密的保护立法，最早可以追溯到1985年国务院发布的《中华人民共和国技术引进合同管理条例》（以下简称《条例》）。《条例》第一次提出"专有技术"的概念，规定专有技术的受方应对供方提供或传授的专有技术和有关技术资料，按合同约定的范畴和期限承担保密义务。

1987年实施的《中华人民共和国技术合同法》及《中华人民共和国技术合同法实施条例》对技术秘密提出了保护，是我国有关商业秘密的第一部直接的法律，规定了技术秘密的合同债权。1991年《民事诉讼法》首次使用了"商业秘密"这一法律术语，该法规定，"对涉及国家秘密、商业秘密和个人隐私的证据应当保密"，"涉及商业秘密的案件，当事人申请不公开审理的，可以不公开审理"。

根据1992年1月17日在美国华盛顿签订的《中华人民共和国政府与美利坚合众国政府关于保护知识产权的谅解备忘录》（以下简称《备忘录》）规定，中国政府将制止他人未经商业秘密所有人同意以违反诚实商业惯例的方式披露、获取或使用其商业秘密，包括第三方知道或理应知道其获得这种信息的过程中有此种行为的情况下获得、使用或披露商业秘密。根据该《备忘录》的规定，中国政府的主管部门承担在规定期限内向立法机关提交有关议案并使之通过的义务。

1993年《反不正当竞争法》出台，该法承认商业秘密为一种产权并对其实施法律保护，这种保护既包括依据合同条款所提供的保护，也包括通过一般的侵权行为法进行保护，对我国商业秘密保护制度的发展有着极其重要的作用。1994年通过的《中华人民共和国劳动法》中，规定了将保守用人单位的商业秘密作为劳动合同约定条款的内容，及其相应的违反保密条款的法律责任。1997年修订颁布的《中华人民共和国刑法》规定了侵犯商业秘密罪，确立了侵犯商业秘密的刑事责任。

目前，我国形成了以《反不正当竞争法》为核心，包括反不正当竞争法、民法、劳动法、刑法等在内的商业秘密保护立法体系。

第二节 侵犯商业秘密行为的表现形式

商业秘密是商品经济发展的必然产物，随着市场经济的发展和市场竞争的加剧，各国日益注重对商业秘密的法律保护，也详细规定了侵犯商业秘密行为的表现形式。我国《反不正当竞争法》第10条第1款第1项规定，禁止以盗窃、利诱、胁迫或者其他不正当手段获取权利人的商业秘密；第2项规定，禁止披露、使用或者允许他人使用以前项手段获取的权利人的商业秘密；第3项规定，禁止违反约定或者违反权利人有关保守商业秘密的要求，披露、使用或者允许他人使用其所掌握的商业秘密。第10条第2款规定，第三人明知或者应知前款所列违法行为，获取、使用或披露他人的商业秘密，视为侵犯商业秘密。国家工商行政管理局《关于禁止侵犯商业秘密行为的若干规定》第3条所专门列举的侵犯商业秘密行为类型即包含了上述几种情形。

一、以不正当手段获取商业秘密的行为

以不正当手段获取商业秘密的行为主体可以是企业内部人员，也可以是外部人员。非法获取商业秘密的行为人不论是否将商业秘密公开或者利用，均构成侵权。这种侵权行为的一个显著的特点是其手段的不正当性。具体手段可以分为：

（1）以盗窃手段获取商业秘密行为。此处的盗窃，是指以非法占有为目的，秘密地将他人商业秘密据为己有的行为。

（2）以利诱手段获取商业秘密行为。此处的利诱，是指以非法占有为目的，以给予利益或者许诺给予利益为手段，如行贿、许以要职等，从有关人员手中得到商业秘密的行为。

（3）以胁迫手段获取商业秘密行为。此处的胁迫，是指用威胁或要挟等方法欺诈有关人员透露其掌握的商业秘密的行为。

（4）以其他不正当手段获取商业秘密行为。其他不正当手段是指欺诈或诱导他人泄密，或者用电子及其他方法进行侦查以获取他人商业秘密的行为，如开展欺骗性技术贸易合作，获取他人技术机密。

案例链接

商业秘密非法交易涉嫌刑事犯罪

被告人李某大学毕业后，受雇于某市某百货商业广场有限公司，任资讯部副课长。2007年8月，李某在明知公司对资讯部有"不准泄露公司内部任何商业机密信息，不准私自使用FTP上传或下载信息"规定的情况下，擅自使用FTP程序，将公司的供货商名称地址、商品购销价格、公司经营业绩及会员客户通讯录等资料，从公司电脑中心服务器上下载到自己使用的终端机，秘密复制软盘，到其他商业机构兜售。某市茂辉有限公司与

李某洽商并查看部分资料打印样本后，于2007年8月13日以2万元现金交易成功。李某的兜售行为持续到同年10月13日，后案发。据某资产评估事务所估评证明：某百货商业广场有限公司自2007年9月初业绩开始下跌，月销售收入较8月份下跌15.63%，669万元。

本案李某所盗卖的某公司所联络的供货厂商、供应品种、供货价格、供应数量及商场的销售价格、营业利润、经营业绩和商场所联系的相对固定的常年顾客等资料，在公司内部有保密规定且已采取了保密措施（如设置FTP程式），不为外人所知悉。根据我国《刑法》第219条规定：商业秘密，是指不为公众所知悉，能为权利人带来经济利益，具有实用性并经权利人采取保密措施的技术信息和经营信息。因此，李某所盗卖的某商业信息，属于商业秘密。另外，李某身为电脑资讯部的副课长，明知公司规定不得私自拷贝、复印商业秘密，为了获取非法利益，仍然秘密窃取公司商业秘密，并出售给同行业竞争者，并已造成权利人重大损失。因此，可以认定李某的行为符合《刑法》关于侵犯商业秘密罪的构成要件。

（案例来源：律政网）

二、不正当披露、使用或者允许他人使用商业秘密的行为

（一）不正当披露商业秘密行为

该行为是指侵权人将权利人的商业秘密向他人公开，包括三种情况：一是告知特定的人，这种告知使商业秘密为该特定人非法占有，无论该人是否又向其他人公开，都不影响侵权的构成；二是向少部分人公开，侵权人在某种私下场合谈论其用不正当手段获得的商业秘密，或在公共场所公开谈论，这时的听众虽然是少数人，但属于公众的一部分，已经构成商业秘密为社会公众所知的事实；三是向社会公开，侵权人通过信息媒体，如报纸、杂志、广播、电视等，向社会传播，将商业秘密公之于众。这种公开的目的彻底破坏了商业秘密的新颖性，使其进入公知领域，以损害权利人的经济利益，使其失去竞争优势。

（二）不正当使用商业秘密行为

该行为是指行为人以不正当手段获得商业秘密并供自己使用的行为。使用包括两种方式，直接使用和间接使用。例如，运用所获得商业秘密制作产品销售计划、开展业务咨询等属于直接使用。侵权人将以不正当手段获取的商业秘密用于科研活动中，表面上看不存在使用，实际上可以减少其科研经费、人员的投入，并能以更快的速度创造更大的成果，这就属于间接使用行为。

（三）不正当允许使用商业秘密行为

该行为是指以不正当手段获取权利人的商业秘密提供给他人使用的行为。这种允许可以是有偿的，也可以是无偿的，但不管有偿还是无偿，只要是以不正当手段获取的商业秘

密，再允许别人使用，就再次构成侵权行为。

三、违反约定，披露、使用或者允许他人使用商业秘密的行为

该行为主要是指行为人通过合法手段掌握商业秘密，但没有遵守保密等约定，造成商业秘密的泄露。行为人分为两类：

一是与权利人有业务关系的单位和个人违反合同约定或者违反权利人有关保守商业秘密的要求，披露、使用或者允许他人使用其所掌握的权利人的商业秘密。此处的商业秘密业务既包括与权利人生产经营活动有直接关系的业务，也包括与权利人的生产经营活动有间接关系的业务。具体而言，与权利人有业务关系的单位和个人包括：权利人的业务伙伴，如贷款银行、供货商、代理商、加工商等；支付使用费取得使用权的受让方；为权利人提供某种服务的外部人员，如高级顾问、律师、注册会计师等；权利人以其商业秘密作为投资的合作伙伴。

二是权利人的职工违反合同约定或者违反权利人保守商业秘密的要求，披露、使用或者允许他人使用其掌握的权利人的商业秘密。为保护商业秘密，我国规定企业与职工之间通过签订劳动合同或者保密合同，禁止本单位的职工在其任职期间或离职以后利用本单位的商业秘密从事与本单位相同的业务或其他与本单位竞争的行为，从而有效地保护企业在市场竞争中不因其商业秘密泄露而遭受损失。这种情形下一般涉及竞业禁止条款。

竞业禁止是用人单位对员工采取的以保护其商业秘密为目的的一种法律措施，是根据法律规定或双方约定，在劳动关系存续期间或劳动关系结束后的一定时期内，限制并禁止员工在本单位任职期间同时兼职于业务竞争单位，限制并禁止员工在离职后从事与本单位竞争的业务，包括不得在生产同类产品或经营同类业务且有竞争关系或其他利害关系的其他业务单位任职，不得到生产同类产品或经营同类业务且具有竞争关系的其他用人单位兼职或任职，也不得自己生产与原单位有竞争关系的同类产品或经营同类业务。

我国《劳动合同法》第23条对竞业禁止作出如下规定：用人单位与劳动者可以在劳动合同中约定保守用人单位的商业秘密和与知识产权相关的保密事项。对负有保密义务的劳动者，用人单位可以在劳动合同或者保密协议中与劳动者约定竞业限制条款，并约定在解除或者终止劳动合同后，在竞业限制期限内按月给予劳动者经济补偿。劳动者违反竞业限制约定的，应当按照约定向用人单位支付违约金。第24条规定：竞业限制的人员限于用人单位的高级管理人员、高级技术人员和其他负有保密义务的人员。竞业限制的范围、地域、期限由用人单位与劳动者约定，竞业限制的约定不得违反法律、法规的规定。在解除或者终止劳动合同后，前款规定的人员到与本单位生产或者经营同类产品、从事同类业务的有竞争关系的其他用人单位，或者自己开业生产或者经营同类产品、从事同类业务的竞业限制期限，不得超过2年。

▶ 拓展阅读

《深圳经济特区企业技术秘密保护条例》

2009年5月21日修正的《深圳经济特区企业技术秘密保护条例》在其第3章专门规

定了企业技术秘密保护的内容。

第17条：企业员工或者业务相关人应当保守其所知悉的企业技术秘密。企业有权要求员工或者业务相关人保守企业技术秘密。企业可以通过签订保密协议、公布保密制度、发放保密费等方式向员工提出保密要求。员工和业务相关人向企业作出保密承诺且企业接受的，视为保密协议成立。本条例所称业务相关人包括与企业有业务往来关系需要知悉技术秘密的单位和个人。

第18条：在保密协议有效期限内，员工应履行下列义务：
(1) 防止泄露企业技术秘密；
(2) 不得向他人泄露企业技术秘密；
(3) 未经合法拥有技术秘密的企业同意，不得使用该技术秘密进行生产与经营活动。

第19条：保密期限为技术秘密的存续期。在保密期限内，员工和业务相关人负有保密义务，但该技术秘密已经公开或者另有约定的除外。

第20条：企业可与因业务往来需要知悉技术秘密的业务相关人或者企业技术秘密合法受让人、使用人签订保密协议。

承担保密义务的业务相关人或者合法受让人、使用人在保密协议的有效期限内应当按本条例的相关规定，采取有效的保密措施，防止泄露该技术秘密；非经技术秘密合法拥有人的书面同意，不得披露、泄露或者公开企业技术秘密。

承担保密义务的业务相关人不得利用该技术秘密进行生产经营活动。

第21条：企业可与其高级管理人员、高级技术人员和其他负有保密义务的员工签订竞业限制协议。

第22条：竞业限制协议应当以书面形式签订，一般包括以下主要条款：
(1) 竞业限制的范围、地域；
(2) 竞业限制的期限；
(3) 补偿费的数额及支付方式；
(4) 违约责任。

第23条：竞业限制的期限最长不得超过解除或者终止劳动合同后2年，超过2年的，超过部分无效。竞业限制协议中没有约定期限或者约定不明确的，视为无固定期限协议，可以随时解除协议，但应当提前至少1个月通知对方。

第24条：竞业限制协议约定的补偿费，按月计算不得少于该员工离开企业前最后12个月月平均工资的1/2。约定补偿费少于上述标准或者没有约定补偿费的，补偿费按照该员工离开企业前最后12个月月平均工资的1/2计算。

第25条：竞业限制补偿费应当在员工离开企业后按月支付。用人单位未按月支付的，劳动者自用人单位违反约定之日起30日内，可以要求用人单位一次性支付尚未支付的经济补偿，并继续履行协议；劳动者未在30日内要求一次性支付的，可以通知用人单位解除竞业限制协议。

四、第三人恶意获取、使用或者披露商业秘密的行为

该行为是指权利人以外的第三人,明知侵权人的行为违法,如明知或应知某商业秘密是侵权人违反约定或者权利人的保密要求而披露的,该第三人仍然从侵权人处获得、使用或者披露该商业秘密。如果第三人在不知情他人行为违法而获取、使用或披露权利人的商业秘密,则属于善意的行为,不构成侵权。

第三节 对侵犯商业秘密行为的法律规制

基于保护公平竞争、促进科技发展的需要,许多国家和地区都在不同程度上将商业秘密作为一种重要的无形财产权予以保护。不少国家不仅在一般的合同法、侵权法、反不正当竞争法、知识产权法、刑法等方面普遍加强了对商业秘密的法律规制,而且已经越来越意识到对商业秘密进行专门立法的必要性。纵观商业秘密保护发展的历史轨迹,可以看出,立法形式经历了从判例法、成文法,到制定专门法规的发展过程;商业秘密保护对象的范围不断拓宽,从财产特征明显的技术秘密到经营秘密,现在已经上升到"未公开的信息";商业秘密的保护手段从民法救济发展到民法、行政法、刑法等诸法共同保护;发展中国家的商业秘密保护形式逐步趋向国际一体化。

一、域外对侵犯商业秘密行为的法律规制

(一) 美国

美国是商业秘密保护最早、最充分的国家,早在100多年前,就已确立了商业秘密的保护制度。商业秘密保护的立法体由判例和其他成文法组成,美国的《侵权行为法重述》、《统一商业秘密法》、《反不正当竞争法重述》以及大量的商业秘密判例提供了全方面的法律保护。1996年10月,美国国会制定了《1996年经济间谍法》,开始了对商业秘密的刑法保护。该法是一部保护商业秘密的联邦制定法,包括两部分内容,一部分是禁止为外国政府的利益而盗窃商业秘密的行为,另一部分是禁止一般性的盗窃商业秘密行为,是美国保护商业秘密的一项重要的联邦制定法。

美国对于侵犯商业秘密行为的法律救济制度和法律制度,规定了禁止侵害和金钱赔偿两种手段。禁止侵害主要包括三种禁止令:

(1) 临时禁止令。这是一种不用事先通知被告就可以发出的禁止令,即在商业秘密诉讼中,法院可以依法先行发布禁止令,禁止被告继续使用已泄露的商业秘密。申请临时禁止令应具备两个条件,其一是原告根据案件的事实判断能够胜诉;其二是禁止令的发出是刻不容缓的,通知被告已经来不及了。临时禁止令的发布主要是为了应付如公司雇员当即携带商业秘密转向其竞争对手等紧急情况。

(2) 预备性禁止令。这是一种案件正式庭审之前的应急措施,目的是在当事人收集证据与法院审理期间使一切维持原状。申请预备性禁止令的条件是:申请人损害的不可弥补性;申请人胜诉的可能性;禁止令将不会给对方当事人造成较大的损害;禁止令将不会

对公众产生有害影响。

（3）长期禁止令。这种禁止令只有在法院充分听取了原、被告双方的争辩并认真审查双方提供的证据后，才有可能发出，这种禁止令是对案件的最后裁决。

发布禁止令的方法目前已被美国法院普遍接受，如果诉讼当事人不执行禁令，法院可以以藐视法庭罪论处。金钱赔偿在美国可以单独使用，也可以同禁止令一起进行。单独使用金钱赔偿的诉讼，一般是针对商业秘密已被侵权人完全公开，已无保护的必要，因此只能单独要求金钱赔偿。除了禁止令和金钱赔偿这两种主要的商业秘密诉讼救济方式外，还有其他的救济方式，主要包括：上交或者销毁被告用于偷窃原告商业秘密的计划、复印件、机器以及其他物品，如果由于被告偷窃原告商业秘密并已申请或接受了专利保护，法庭会作出将专利申请或专利转让给原告的判决。

（二）德国

德国《反不正当竞争法》在其第17~20条详细规定了侵犯商业秘密行为。主要内容包括：（1）如果雇员利用雇佣关系，把雇主的商业秘密披露给他人的，将受到3年有期徒刑的惩罚或罚款；（2）以不法手段获取权利人的商业秘密而擅自使用或者披露给他人的，对行为严重者可以处5年以下有期徒刑或罚款，行为未遂的仍应被处罚。（3）如果行为人擅自利用、披露因商业交易中获得的技术资料、图纸、配方或制造方法等，将受到2年以下有期徒刑或罚款；（4）引诱他人窃取、泄露权利人商业秘密的行为，将被处以2年以下有期徒刑或罚款。上述行为除承担刑事责任和行政责任外，还应承担相应的民事责任，即权利人对侵权行为人享有禁止损害请求权、排除妨害请求权和损害赔偿请求权等民事权利。

（三）日本

日本在1990年《不正当竞争防止法》修改案前，对商业秘密基本上有两种法律保护方式，一种是依照《民法典》中的侵权行为法保护；另一种是依照《合同法》保护。后来日本采取以竞争法为主体的立法模式，并于1990年修改《不正当竞争防止法》，首次将商业秘密确定为知识产权，它对商业秘密的侵犯提供了极为广泛的民事救济措施。根据《不正当竞争防止法》，商业秘密侵权的救济方式主要有如下几种：

1. 不作为请求权

《不正当竞争防止法》第3条第1款规定："经营利益受到不正当竞争侵害或者可能受到侵害的人，有权请求正在侵权或者可能侵权的人停止或者防止侵害行为。"可见，不作为请求权有两种：其一，侵害停止请求权。对于侵害商业秘密的行为，使权利人营业利益遭受损害的，得向该营业利益的侵害人，请求停止该侵害。其二，侵害防止请求权。对于侵害商业秘密的行为，存在使权利人营业利益遭受危险时，得向对该营业利益有侵害危险的人，请求防止该侵害。这一措施类似于美国的禁止令，其主要作用是防止侵权人继续泄露或使用以不正当手段取得的商业秘密，以减少商业秘密权利人遭受更大的损失。

2. 损害赔偿请求权

《不正当竞争防止法》规定，故意或过失以不正当行为，侵害他人商业秘密，致其营业上利益损害者,应负损害赔偿责任。但不作为请求权因时效消灭后,因不正当使用商业秘密的行为所造成的损害,不在此限。至于损害赔偿的计算,可以是权利人因侵权行为而遭受到的损失;在权利人受到的损失难以计算的情况下,可以依照侵权人因侵权行为而获得的利益;如果上述两种方式都不能计算,则可以依照许可使用商业秘密的合理的许可使用费进行计算。有日本学者认为,由于有时损害额难以证明,宜增设损害额的推定方式,以减轻受害人的举证责任。

3. 信用恢复请求权

对于故意或者过失以不正当行为,侵害他人商业秘密,致他人营业上信用受有损害者,法院得依据受害人之请求,责令侵害人采取恢复信用之必要措施,以代替损害赔偿,或者责令侵害人同时负损害赔偿义务和采取恢复信用之必要措施。所谓"恢复信用之必要措施",主要是侵害人应在公开出版发行的新闻报纸上刊登谢罪广告,撤销有关广告等。

4. 销毁、清除请求权

日本《不正当竞争防止法》规定,对于侵害商业秘密的组成物(包括侵害行为的生成物)以及侵害行为使用的设备,有权请求销毁。这条规定与其他国家的商业秘密法相比,是《不正当竞争防止法》的一大特色。它是模仿日本《专利法》、《著作权法》等法律中有关防止不正当行为的再次发生而采取的措施。因为商业秘密往往通过一定的载体表现出来,结合禁止他人侵害行为的规定,通过销毁清除侵害商业秘密行为发生的辅助物,从而达到制止侵害商业秘密行为再次发生的目的。另外,对于时效,《不正当竞争防止法》第 8 条作出了专门的规定。对于侵害商业秘密的行为,权利人应该在侵权行为继续的状态下,自经营利益被侵害或者知道商业秘密可能被侵害的之日起 3 年内行使请求权,要求就侵害事实向侵害行为人得到法律救济。这种请求权还需在侵害行为发生之日起 10 年内行使,否则商业秘密权利人的权益保障请求权便归于消灭。

此外,日本《不正当竞争防止法》分别在第 13 条和第 14 条规定了侵犯商业秘密行为的刑事制裁内容。第 13 条对自然人处以 3 年以下的监禁,或处以 300 万日元以下的罚金。第 14 条对法人则处以 1 亿日元以下的罚金,日本对法人侵犯商业秘密规定了两罚制。

二、我国对侵犯商业秘密行为的法律规制

为了有效地对商业秘密行为进行规制,我国《反不正当竞争法》和《刑法》对侵犯商业秘密行为人规定了民事责任、行政责任和刑事责任。

1. 民事责任

我国《反不正当竞争法》第 20 条规定,经营者违反本法规定,给被侵害的经营者造成损害的,应当承担损害赔偿责任,被侵害的经营者的损失难以计算的,赔偿额为侵权人在侵权期间因侵权所获得的利润;并应当承担被侵害的经营者因调查该经营者侵害其合法权益的不正当竞争行为所支付的合理费用。被侵害的经营者的合法权益受到不正当竞争行为损害的,可以向人民法院提起诉讼。

2. 行政责任

我国《反不正当竞争法》第 25 条规定,违反本法第 10 条规定侵犯商业秘密的,监督

检查部门应当责令停止违法行为，可以根据情节处以1万元以上20万元以下的罚款。

3. 刑事责任

我国《刑法》第219条针对侵犯商业秘密行为造成重大损失的行为，规定了侵犯商业秘密罪。有下列侵犯商业秘密行为之一，给商业秘密的权利人造成重大损失的，处3年以下有期徒刑或者拘役，并处或者单处罚金；造成特别严重后果的，处3年以上7年以下有期徒刑，并处罚金：（1）以盗窃、利诱、胁迫或者其他不正当手段获取权利人的商业秘密的；（2）披露、使用或者允许他人使用以前项手段获取的权利人的商业秘密的；（3）违反约定或者违反权利人有关保守商业秘密的要求，披露、使用或者允许他人使用其所掌握的商业秘密的。明知或者应知前款所列行为，获取、使用或者披露他人的商业秘密的，以侵犯商业秘密论。

本章小结

本章主要介绍了侵犯商业秘密行为的概念及特征、侵犯商业秘密行为的主要类型及法律规制内容。商业秘密是指不为公众所知悉、能为权利人带来经济利益、具有实用性并经权利人采取保密措施的技术信息和经营信息。商业秘密的构成要件主要包括秘密性、实用性、保密性。侵犯商业秘密行为的主要表现形式包括：（1）以盗窃、利诱、胁迫或者其他不正当手段获取权利人的商业秘密；（2）披露、使用或者允许他人使用以前项手段获取的权利人的商业秘密；（3）违反约定或者违反权利人有关保守商业秘密的要求，披露、使用或者允许他人使用其所掌握的商业秘密；（4）第三人明知或者应知前款所列违法行为，获取、使用或披露他人的商业秘密。

通过本章的学习，学生应充分认识到，侵犯商业秘密行为严重损害了权利人的合法利益，扰乱了社会经济秩序，具有很大的社会危害性。在技能上，学生应具备运用相关法律规制理论处理企业之间的商业秘密侵权纠纷的实务能力。

技能训练

案例分析

目标：熟悉掌握侵犯商业秘密行为的法律规制方法，能够运用相关法律规定处理企业之间的商业秘密法律纠纷。

内容：江西省吉安市某电子有限责任公司（下称电子公司）与吉安某电声有限公司（下称电声公司）均是生产销售教学用头戴耳机、话筒组等教育电子产品的公司，互为竞争关系。1998年10月，熊某受聘于电子公司从事销售工作，1999年10月被聘任为销售部经理，2001年10月又被聘任为副总经理，负责市场调研、市场策划、规划等。双方未签订书面劳动合同，亦未签订竞业禁止协议和保密协议。2000年12月，电子公司制定了《公司重要岗位员工保守机密暂行规定》，将副总经理等19个岗位、销售客户名单等经营信息确定为保密重要岗位和机密范围。2002年2月底，熊某以回原单位办社保续接手续为由口头向总经理请假，但此后再未回公司上班，亦未领取工资。为此，电子公司于2002年5月书面通知熊某在3个工作日内回公司工作或办理辞职手续。但熊某未按该通知办理上述手续。嗣后，电子公司发现熊某离开公司即被电声公司聘任为分管销售的副总经理。电子公司现有的江西师范大学、南昌水利水电高等专科学校、九江师范大学等客户已经成为电声公司的客户。电子公司认为熊某在未办理辞职手续的情况下担任电声公司副总经理的行为违反了法定的竞业禁止义务，利用所掌握的公司客户名单和销售价格等商业信息，采用降低价格等手段拉走客户，与电声公司共同侵犯了电子公司的商业秘密，构成不正当竞争。电子公司于 2003 年 7 月诉至法院，要求判令熊某、电声公司：1. 立即停止侵权；2. 赔偿因侵犯商业秘密给乐声公司造成的经济损失 50 万元。

请依据侵犯商业秘密的法律规制理论，分析讨论本案。

步骤和要求：

（1）学生分组讨论；

（2）学生各组代表分析案例并阐述观点；

（3）教师点评。

实践活动

起草保密协议

目标：通过该实践活动理解商业秘密保护的必要性，增强对本章相关知识的自主学习能力和处理实务的能力。

要求：熟悉运用《劳动合同法》有关保密协议与竞业禁止的有关规定，根据提供的材料起草保密协议。

材料：某软件公司聘用王某为其开发部经理，随后双方签订了一份劳动合同，约定了双方劳动合同的期限、工作内容、劳动报酬和劳动纪律、劳动合同终止的条件以及违反劳动合同的责任。同时，该软件公司考虑到王某工作性质中涉及商业秘密和竞业禁止的问题，便要求与其签订一份保守商业秘密和竞业禁止协议书。

本章练习

一、判断题

1. 美国是为商业秘密提供法律保护最早、最为充分的国家。（　　）
2. 以不正当手段获取商业秘密的行为主体只能是企业内部人员。（　　）
3. 商业秘密保护的范围主要包括技术信息和经营信息。（　　）
4. 商业秘密与其他知识产权一样都有法定的保护期限。（　　）
5. 美国对于侵犯商业秘密行为的法律救济制度主要规定了禁止侵害和金钱赔偿两种手段。（　　）

二、不定项选择题

1. 下列属于商业秘密的构成要件的是：（　　）。

　　A. 秘密性　　　　B. 实用性　　　　C. 保密性　　　　D. 垄断性

2. 下列哪些属于以不正当手段获取商业秘密的行为：（   ）。
   A. 以盗窃手段获取商业秘密行为　　B. 以利诱手段获取商业秘密行为
   C. 以胁迫手段获取商业秘密行为　　D. 以其他不正当手段获取商业秘密行为
3. 甲厂将生产饮料的配方作为商业秘密予以保护。乙通过化验方法破解了该饮料的配方，并将该配方申请获得了专利。甲厂认为乙侵犯了其商业秘密，诉至法院。下列哪些选项是正确的？（   ）
   A. 乙侵犯了甲厂的商业秘密
   B. 饮料配方不因甲厂的使用行为丧失新颖性
   C. 乙可以就该饮料的配方申请专利，但应当给甲厂相应的补偿
   D. 甲厂有权在原有规模内继续生产该饮料

三、问答题
1. 简述商业秘密的特征。
2. 简述德国对侵犯商业秘密行为的法律规制措施。
3. 简述我国对侵犯商业秘密行为的法律规制措施。

四、案例分析题
株洲选矿药剂厂（以下简称株洲厂）自 1966 年开始生产"黄药"。自 1975 年起，该厂对黄药生产合成技术中存在的质量不稳定、物料泄漏、温度控制难、容易起火等问题开始进行攻关研究，1981 年，对黄药生产的关键设备进行了重新设计、制造、安装，降低了生产成本，提高了生产的安全性和产品质量。该厂所生产的黄药系列产品质量稳定，其中黄药在 1982 年、1987 年获国家银质产品奖，1981 年、1989 年获湖南省名牌产品，并多次获省优、部优产品奖。株洲厂对该厂的技术成果采取了保密措施，颁布了《保密、档案工作制度》、《科技档案管理标准》，规定科技档案不得擅自复制、抄录、转借等。非经领导批准科技档案一律不得外借。

刘大华毕业于武汉钢铁学院，历任株洲厂 CS（黄药原料）车间技术员、药剂车间副主任、厂设计室副主任兼设计室黄药工艺组组长。1996 年 10 月。广东省罗定市某化工厂（以下简称罗定厂）找到刘大华，要求其提供黄药生产的设备图纸及技术。

双方口头约定，由刘大华承担技术工作，罗定厂付酬金 4 万元，其中交完图纸付 2 万元，试车成功后再付 2 万元。此后，刘大华在 1991 年 5 月底前向罗定厂交付全部设备图纸。刘大华在图中标明设计人为柳达寰（刘大华谐音），单位为园利来技术开发公司（该单位并不存在），并取得约定的 2 万元整。罗定厂即将这些图纸委托给广州市昆仑公司加工。期间，刘大华应罗定厂的要求曾到昆仑公司指导设备生产。设备生产出来后，罗定厂又请刘大华去安装，刘大华给予了安装，并指导试车。1991 年 11 月，试车成功，罗定厂又付给刘大华 2 万元。刘大华为罗定厂设计了 2 台车共 1200 吨的生产能力。罗定厂又根据图纸再安装了 2 台车，生产能力达到 2000 吨，主要产品有乙黄药、丁黄药等。罗定厂使用上述设备生产黄药至 1998 年 4 月拆除设备止。

问题：刘大华和罗定厂的行为是否侵犯商业秘密？此案应如何处理？

第十四章

商业贿赂行为

商业贿赂是一种典型的破坏市场竞争秩序的行为,世界主要国家通过缔结和参与反跨国商业贿赂国际公约,采取立法措施及其他必要措施对商业贿赂进行规制。《反不正当竞争法》、《刑法》以及《关于禁止商业贿赂行为的暂行规定》是我国规制商业贿赂的主要依据。

学习目标

知识目标:

掌握商业贿赂的构成要件,准确区分回扣型商业贿赂与折扣、佣金、捐赠的界限。

能力目标:

运用相关知识分析商业贿赂案件,提高对"回扣"、"折扣"、"捐赠"等行为法律属性的辨别力。

第一节 商业贿赂行为概述

案例引导

强生"贿赂门"

2010年4月8日,美国证券交易委员会公布的一则消息在全球引发轩然大波。该消息称,美国制药巨头强生公司因涉嫌在海外多国凭借贿赂、回扣手段换取签订售药合同违反美国《海外反腐败法》而遭起诉,并向美国证券交易委员会和联邦司法部缴纳7000万美元罚金以达成和解。证券交易委员会执行部门负责人胡扎米说,强生公司挨罚,表明"任何通过腐败(途径)获取的竞争优势都是幻想"。美国司法部和证券交易委员会说,强生公司海外子公司涉嫌1998年在希腊、波兰、罗马尼亚为医院官员以及医生提供金钱或旅游形式的贿赂,以换取对方与公司签订售药合同,为强生所产药品、医疗器械等"促销"。为转移贿赂资金,强生公司成立一些虚假公司、签订虚假合同。同时,强生的子公司还在伊拉克进行提供回扣的违规运作,获得了联合国石油换食品计划项下的19份合同。

【问题】怎么理解"任何通过腐败（途径）获取的竞争优势都是幻想"？

【分析】美国制药巨头强生企业采取商业贿赂的手段以达到获取交易机会的目的，该行为因违反美国《海外反腐败法》而受到调查与惩处。商业贿赂是一种公认的破坏市场竞争秩序的行为，目前相当多的国家通过缔结和参加反跨国商业贿赂国际公约，采取立法措施及其他必要措施对商业贿赂进行规制。因此，全球已形成了一张较为庞大的反腐败、反商业贿赂的规制网，寄望于通过腐败途径来拓展市场和获取竞争优势显然都是幻想。

（案例来源：豆丁网）

一、商业贿赂行为的概念及其规制动因

（一）概念

根据我国《反不正当竞争法》第 8 条有关商业贿赂的禁止性规定和国家工商行政管理局制定的《关于禁止商业贿赂行为的暂行规定》中规定，商业贿赂是指经营者为销售或者购买商品而采用财物或者其他手段进行行贿的行为。行贿对象既可以是单位，也可以是个人。实践中，经营者行贿的对象通常是其客户或者供应商的销售人员或者代理人。一般情况下，行贿人是商品或者服务的供应商，而在商品或者服务短缺的情况下，行贿人也可能是该商品或者服务的需求方。

（二）规制动因

商业贿赂是一种与商业活动密切相关的行为，在其产生的早期，是作为商业内幕的一部分，世界上许多国家一般都将其视为商业习惯，曾有经济学家甚至主张"腐败有效论"，认为商业贿赂是"标准商业的传统做法"和"保证商业交易得以顺利进行的润滑剂"。但随着市场经济的发展与商业经济的成熟，商业贿赂逐步成为一种非正常经济现象。商业贿赂虽然在贿赂者之间可能达到提高商业活动效率的效果，但其本质上是一种严重违反商业道德的行为，其盛行必然损害全部商业活动参与者的整体效率，动摇公众对商业活动公平性的信赖，严重损害社会公共利益和市场竞争秩序。

受商业贿赂行为损害的利益是多重的，具体表现为以下几方面：

首先，商业贿赂破坏市场经济秩序，阻碍健康的市场机制的形成。行贿人通过行贿行为获得不公平的交易机会，取得比其他竞争者更为有利的交易地位甚至是排他性的交易地位，损害了其他竞争者平等的生存、发展权利和机会。商业贿赂背离市场经济运行规则，用不道德的手段达到不道德的目的，破坏了竞争机制的形成和运行。

其次，商业贿赂严重损害社会公共利益。（1）破坏社会公平正义，导致市场诚信的流失，助长不正之风。（2）严重损害广大消费者的利益。商业贿赂是一笔正常情况下不应该支出的额外交易费用，行贿者通过商业贿赂争取到项目或者达成交易目的后，往往会通过抬高商品（服务）的价格弥补"损失"，导致这笔费用最终转嫁给消费者；或者通过

偷工减料、掺杂掺假等手段减少对商品（服务）的成本投入，消费者也可能因此而购买到假冒伪劣商品。

再次，商业贿赂加重滋生权力腐败。商业贿赂是在商业领域的一种腐败，其中，工程招投标、医药采购、银行信贷等领域是商业贿赂的重灾区。这些领域的管理者或者代理人在信息获取、交易决策等方面具有一定的优势和影响，经营者往往通过贿赂而与之建立商业关系或者获取交易地位，从而滋长了权力"寻租"。而且随着经济全球化趋势和越来越多的跨国公司活动，商业贿赂逐渐呈现出国际化的特点。例如近些年出现的"强生案"、"朗讯案"、"德普案"等公司行贿遭调查或起诉的案例，客观上也损害了当事企业的形象。

因此，商业贿赂行为已成为一种社会公害，有必要通过法律对其进行规制。

二、国外立法及国际公约概况

（一）美国法

美国通过立法严厉禁止和惩处商业贿赂行为，建立了包括禁止国内商业贿赂和海外贿赂在内的严密的法律规制体系（见表14.1）。其中，美国在禁止商业贿赂方面最具影响力的是1977年制定的《反海外腐败法》（该法分别于1988年、1994年、1998年进行了修正）。

从内容上看，美国规制商业贿赂的法律规定主要有以下几个方面的特点：（1）明确商业贿赂的范围，扩大法律的适用范围；（2）加强公司财务制度，预防商业贿赂的发生；（3）加大惩罚的力度，并鼓励公司自认有罪，对于公司贿赂实施严厉的惩罚；（4）区分公关费与贿赂行为，规定商业贿赂人的民事责任；（5）赋予反贿赂机构绝对的权力，构建全方位的反对商业贿赂的运作体系。

表 14.1　　　　　　　　　　　美国反商业贿赂的有关立法

规制对象	主要法律	主要规定（内容）
国内商业贿赂	《联邦贸易委员会法》《克莱顿法》《鲁滨逊-帕特曼法》等	《联邦贸易委员会法》第5条：商业中或影响商业的不公平竞争方法是违法的；商业中或影响商业的不公平或者欺骗性的行为及实践是违法的。 《克莱顿法》第2条（c）款：商人在其商业过程中，支付、准许、收取、接受佣金、回扣或其他补偿是非法的。但对同商品购销相关的，提供给另一方当事人或者代理机构，或代表人，或其他中介机构的劳务除外。
	《虚假索取法》、《反回扣法》等	《虚假索取法》规制与政府交易中的商业贿赂行为。《反回扣法》打击给予公务员回扣行为。

续表

规制对象	主要法律	主要规定（内容）
海外商业贿赂	《反海外腐败法》 《国际反贿赂与公平竞争法》 《禁止在国际商业交易中贿赂外国公职人员公约》	《反海外腐败法》规定任何美国企业包括企业的董事、经理、职员、代理人或者股东，为了取得或者维护业务关系，而向外国官员、政党或者外国政党候选人支付金钱或者送礼。或者允诺这种行为，都是违法的。 《国际反贿赂与公平竞争法》（1998年制定）特别对公关费与贿赂之间的界限做了明确区分：公关费是为了获得某位官员的接见，以及为确保货物能够顺利通过海关，而支付的有关费用；贿赂是为了对他人的决定施加影响或者为了获得相对于竞争对手的优势而支付的有关费用。 《禁止在国际商业交易中贿赂外国公职人员公约》是以美国为主要成员之一的经济合作发展组织（简称经合组织）于1977年制定颁布的。

（二）德国法

德国1986年颁布的《反不正当竞争法》是世界上最早对商业贿赂行为作出禁止规定的相关法律。该法第12条即是关于禁止商业贿赂的规定：在商业交易中，行为人以竞争为目的，向商业企业的职员或受托人提供、允诺或者给予某种利益，以使其在采购商品或服务时以不正当方式优待自己或第三人换取相应的优惠给付，对该行为人处一年以下监禁或罚金。企业职员或代理人在商业交易中接受一定的利益，以此作为在取得商品或者给付的时候以不正当竞争的方式给他人换取相应优惠给付的，该行为人受同等处罚。该规定在1997年以后已移入刑法典中。

德国现行规制商业贿赂的法律主要由《刑法》、《反腐败法》、2004年颁布的《联邦政府关于在联邦行政机构防止腐败行为的条例》以及联邦内政部颁布的其他几项针对治理贿赂等腐败行为的法令进行综合调整（表14.2）。德国商业贿赂立法主要有以下特点：（1）在规制的内容上，对商业行贿和商业受贿行为一并做出了规制；（2）在调整方法上，由民事救济优先转变为刑事责任优先；（3）注重事先预防措施和事后的惩罚；（4）专门立法规范企业打折问题。

表14.2　　　　　　　　　　德国现行反商业贿赂的有关立法

主要法律	立 法 特 点
《刑法》	吸收1909年修订后的《反不正当竞争法》第12条规定。
《反腐败法》	提高了对贿赂犯罪行为的量刑幅度，尤其是对公职人员的贿赂犯罪行为从重处理。

续表

主要法律	立 法 特 点
《联邦政府关于在联邦行政机构防止腐败行为的条例》	该条例特别在附件中将可能发生腐败的迹象归纳概括为两大类，即中性迹象和报警性迹象。其中，中性迹象主要包括以下情形：一是公务员有不合理的高水准生活；二是对职务变换或工作调动表现令人费解的抵制；三是在未经批准或没有进行相关说明的情况下，擅自从事兼职工作；四是出现酗酒、吸毒以及赌博等社会问题；五是同某些企业之间保持不同寻常的私人交往；六是特别夸奖或者照顾某些企业，以及得到企业的慷慨赞助等。关于报警性迹象，主要包括九种：一是公务员无视有关的规定；二是经常发生"小过错"；三是做出不同寻常而又令人费解的决定；四是滥用自由裁量空间；五是故意回避相关检查；六是故意隐瞒某些事件或者情况；七是对不属于自己管辖范畴的决策，试图施加影响；八是对违法行为保持沉默；九是对可疑现象或者事件无反应等。

（三）有关国际公约

最重要的反跨国商业贿赂国际公约主要有《经合组织公约》和《联合国反腐败公约》，均要求缔约国采取立法措施及其他必要措施将跨国商业贿赂行为规定为犯罪。

1997年11月21日，经济合作与发展组织通过了《经合组织公约》，该公约于1999年2月15日生效，是国际上第一个专门治理跨国商业贿赂并对缔约国惩治跨国商业贿赂犯罪具有强制效力的重要国际公约。《经合组织公约》主要针对"主动行贿"或"主动腐败"的问题，要求缔约国"应当采取必要的措施设定：任何人，无论其是直接地或通过中间方，故意向外国公职人员，或为外国公职人员或第三方提议给予、承诺给予或事实上给予任何不当的金钱或其他利益，以期该外国公职人员在履行其职责中作为或者不作为，进而在国际商事交易中获得或保留其业务或其他不当利益的行为，依法规定为犯罪"。该公约第3章（定罪和执法）所有涉及腐败犯罪的11种罪行中，有4种属于或涉及商业贿赂，包括第15条"贿赂本国公职人员"的规定、第16条"贿赂外国公职人员或者国际公共组织官员"的规定（提到与"进行国际商务有关"）、第18条"影响力交易"的规定以及第21条"私营部门内的贿赂"的规定（涉及经济、金融或者商业活动过程中的贿赂）。

2003年10月31日通过的《联合国反腐败公约》（UNCAC）是第一个全球性的反腐败法律文件，形成了全球打击包括跨国商业贿赂在内的腐败的共同接受的准则。《联合国反腐败公约》不仅从主动行贿方即贿赂供应方对跨国商业贿赂行为进行打击，同时也对消极行贿即贿赂需求方规定了治理措施。《联合国反腐败公约》涉及商业贿赂直接界定为"贿赂犯罪"的有：行贿外国公职人员或国际组织官员罪、外国公职人员或国际组织官员受贿罪，以及跨国私营部门之间的行贿罪与受贿罪等。

此外，国际商会（the International Chamber of Commerce，ICC）是倡导反贿赂运动的重要国际组织之一。国际商会的行为准则要求成员国制定更加有效的国内法，提高法律的执行效力和政府的透明度，消除贿赂支付的税收扣除规定等。更特别的是，国际商会不仅禁止对外国公职人员的贿赂，而且禁止私营企业不得收受或给付贿赂或回扣，不得给予其代理不合理的高佣金，必须适当记录所有交易，应当宣传反腐守则，应当建立预防性的内部控制措施。国际商会在1999年修订并发布了《打击国际商事交易中的勒索和贿赂的行为准则》。

三、我国立法概况

我国反商业贿赂的有关立法见表14.3。

表14.3　　　　　　　　　　我国反商业贿赂的有关立法

主要法律法规	相关规定（内容）
《反不正当竞争法》	第8条　经营者不得采用财物或者其他手段进行贿赂以销售或者购买商品。在账外暗中给予对方单位或者个人回扣的，以行贿论处；对方单位或者个人在账外暗中收受回扣的，以受贿论处。 经营者销售或者购买商品，可以以明示方式给对方折扣，可以给中间人佣金。经营者给对方折扣、给中间人佣金的，必须如实入账。接受折扣、佣金的经营者必须如实入账。
《刑法》	刑法中涉及商业贿赂犯罪的罪名有非国家工作人员受贿罪、非国家工作人员行贿罪、受贿罪、单位受贿罪、行贿罪、对单位行贿罪、介绍贿赂罪。
《药品管理法》	该法于1985年施行，经2001年、2013年两次修订。2001年修订法明确禁止药品的生产企业、经营企业和医疗机构在药品购销中账外暗中给予、收受回扣或者其他利益。
《关于禁止商业贿赂行为的暂行规定》	该规定由国家工商行政管理局于1996年发布，解释了商业贿赂的概念及暗中收受回扣的主要表现形式。

此外，我国政府积极参与和支持公约的制订，并于2005年10月27日批准加入《联合国反腐败公约》。但是截至目前，我国既不是经合组织成员国，也未加入《经合组织公约》。

第二节　商业贿赂行为的构成要件

案例引导

"买断促销"属于商业贿赂行为吗？

当事人胡某于2008年10月9日，经浔阳区工商局核准注册成立了"永鑫酒家"。开业前，当事人与浔阳区"新新兴副食批发部"的经营业主郑某达成《终端酒店进场合作协议书》，双方约定"永鑫酒家"销售的各种白酒、啤酒饮料等酒水均由郑某供应。郑某供应的白酒品牌仅为"安徽皖酒集团公司"生产出品的各种规格等级的"皖"牌白酒。至案发之日止,当事人以上述约定的协议规则,销售了各种型号的"皖"酒价值10000元,据此收取全场买断促销费用5000元。

【问题】 胡某的行为构成商业贿赂吗?

【分析】 当事人与郑某之间对酒店进场达成的《终端酒店进场合作协议书》,并据此收取5000元的全场促销费用,直接排挤了其他品牌啤酒在相关酒店正常进场促销的机会,使其获得了较其他品牌啤酒优势的竞争地位,其行为已违反了《反不正当竞争法》第8条第1款之规定,构成商业贿赂。

(案例来源:上饶工商信息网)

根据我国《反不正当竞争法》、《药品管理法》、《关于禁止商业贿赂行为的暂行规定》等相关规定,商业贿赂的构成要件包括以下几方面:

一、主体:受贿与行贿主体

我国《反不正当竞争法》第8条规定:经营者不得采用财物或者其他手段进行贿赂以销售或者购买商品。在账外暗中给予对方单位或者个人回扣的,以行贿论处;对方单位或者个人在账外暗中收受回扣的,以受贿论处。因此,基于商业贿赂的双向性特征,贿赂主体包括了行贿主体和受贿主体。

(一)行贿主体

我国《反不正当竞争法》禁止经营者为销售或者购买商品而采用财物或者其他手段贿赂对方单位或者个人的行为。因此从行贿的角度来看,商业行贿主体是指从事销售或者购买商品活动的经营者。关于经营者的概念,我国《反不正当竞争法》第2条作出了明确界定,即指从事商品经营或者营利性服务的法人、其他经济组织和个人。其中,法人包括企业法人、事业单位法人和社会团体法人。《关于禁止商业贿赂行为的暂行规定》中对商业行贿主体也确认为上述"经营者"。

在实践中,商业贿赂可能由企业领导、代理人或者普通职工具体实施。对此,《禁止商业贿赂暂行规定》第3条就规定,经营者的职工采用商业贿赂手段为经营者销售或者购买商品的行为,应当认定为经营者的行为。

(二)受贿主体

根据《反不正当竞争法》第8条的规定,商业受贿主体是"对方单位或者个人",因此,商业受贿主体的组织并不一定吸收个人,关键取决于二者是否有"通谋"。同时,需要注意的另一个问题是,商业受贿主体采用的是"单位或者个人"的表述,而不是"经营者"。因此,商业贿赂主体要件具有这样一个特点,即行贿人都是经营者,而受贿人可以不是经营者。

案例链接

学校和教师能成为商业贿赂的主体吗?

某保险公司为了在学校开展和扩大"学生平安保险"的业务,从保险费中提成一定的比例,以赞助费或者保险代办手续费的名义送给有关的学校和老师。作为回报,这些学校和老师便通过他们对学生的影响和特殊地位对学生进行说服、讲解等工作,为保险公司招揽和扩大业务。

监督执法部门认为该案件中所谓的"保险代办手续费"是否构成商业贿赂,取决于学校和教师是否有权通过他们的劳动收取"保险代办手续费"。而根据我国《保险法》的规定,保险代理人、保险经纪人应当具备金融监督管理部门规定的资格条件,并取得金融监督管理部门颁发的经营保险代理业务许可证,向工商行政管理部门办理登记,领取营业执照,并缴存保证金或者投保职业责任保险。这说明,学校和教师不能作为保险代理人,不能收取保险代办费。即便在该案中,该保险公司将这种费用解释为是对教育的"赞助",但因为这种赞助的目的是推销本公司的保险业务,它与公益性的赞助本质上是不同的。因此,该案件中这笔费用只能解释为好处费,准确地说是商业贿赂。

(案例来源:新浪博客)

(三) 几类特殊主体

在实践中,有三类受贿主体比较特殊,包括公益法人及其人员、政府机关及其人员,以及中介机构及其人员。

1. 公益法人及其人员

公益法人是不以营利为目的的社团法人,但其在权利能力范围内可以不同形式从事经营活动,包括营利性活动。对于公益法人在从事经营活动过程中采取不正当竞争行为的,应当按照《反不正当竞争法》的规定依法查处。比如医疗行业,2001 年 9 月 5 日国家工商行政管理总局《关于非营利性医疗机构是否属于〈反不正当竞争法〉规范主体的问题的答复》中明确表示"无论是营利性医疗机构,还是非营利性医疗机构,在购买药品或者其他医疗用品中收受回扣的,都属于反不正当竞争法规范的主体"。

2. 政府机关及其人员

政府机关的商业贿赂主要体现为采购中的商业受贿和职权中的商业受贿。前者表现为政府机关及其人员通过采购环节收受贿赂而为特定竞争者提供交易机会,后者则是政府机关及其人员在依职权配置公共资源的过程中发生的商业贿赂,如公共工程建设、土地出让、产权交易、资源开发等领域。

3. 中介机构及其人员

中介机构包括市场服务性中介机构、市场监督性中介机构和市场自律性中介机构。其中部分机构属于市场企业性质,如专业性的市场服务中介组织会计师事务所,该机构提供与市场交易有关的财务、资信等专门性服务，可能为获取业务而成为商业受贿主体，而且根据《证券法》的规定，该机构依申请股票上市企业的委托提供专业报告，证明企业的盈利达到一定的标准，则类似于政府监管机构"前审查"组织，有可能成为商业受贿主体。部分机构属于公益法人性质，如质量检测中心、消费者协会，这类中介机构因承担一些本应由政府承担的行政性任务，而可能成为受贿主体，例如消费者协会收受贿赂后为某品牌商品"背书"。

二、目的：销售或购买商品

商业贿赂是出于市场竞争的目的，主要是为了扩大市场销售，或者在某些资源紧缺的情况下购买自己所需商品或者服务。因此，商业贿赂是基于销售或者购买商品的目的，获取优于其他经营者的竞争地位而实施的一种不正当竞争行为，如基于其他目的或利益，如"贿选"、"窃取竞争对手的商业秘密"，则不属于商业贿赂。其中，我国对以窃取竞争对手商业秘密为目的的利诱行为定性为"侵犯商业秘密"的行为，根据《反不正当竞争法》中关于侵犯商业秘密行为的规定进行规制。

在认定某一行为是否是以销售或购买商品为目的，不是以这种行为所指向的目的是否最终实现为判断标准，而是行贿者是否存在该动机。

三、表现形式：采用财物或者其他手段实施贿赂

（一）一般商业贿赂

根据国家工商总局《关于禁止商业贿赂行为的暂行规定》第2条，这里所称的财物是指现金和实物，包括假借促销费、宣传费、赞助费、科研费、劳务费、咨询费、佣金等名义，或者以报销各种费用等方式，给付对方单位或者个人的财物；所称其他手段，是指提供国内外各种名义的旅游、考察等给付财物以外的其他利益的手段。比如在葛兰素史克公司中国行贿案件中，就采取了以考察为名为相关工作人员提供出国旅游机会，赞助医生及其他相关的工作人员参加各类国际会议、学术论坛，设计专家讲座、培训课程，以培训费的名义报销获取行贿"黑金"等手段。

实践中，交易双方除了支付或收取基于商品或服务本身的对等费用外，还可能存在其他诸如宣传费、赞助费、促销费等名目的费用，针对该类费用是否存在规避法律和掩盖其贿赂本质的问题，可以参照国家工商总局《关于在柜台联营中收取对方商业赞助金宣传费广告费行为能否按商业贿赂定性问题的答复》中的规定进行判断：宣传费、广告费、商业赞助等，应是对宣传行为、广告行为及其他具体商业行为所支出的费用，如果未发生宣传、广告等相应的商业行为，而是假借宣传费、广告费、商业赞助等名义，以合同、补充协议等形式公开收受或者给付对方单位或者个人除正常商品价款或者服务费用以外的其他经济利益，即构成商业贿赂。

《关于禁止商业贿赂行为的暂行规定》还特别对回扣型商业贿赂作出了专门规定。

> **拓展阅读**

跨国公司的"本土化"

　　力拓、雅芳、西门子、GE、摩根士丹利、朗讯……近年来涉嫌在华商业贿赂的跨国公司越来越多。

　　云南省2007年通报的15起商业贿赂要案中，昆明示好科技有限公司和昆明展煜科贸有限公司在2002—2006年期间销售包括"强生"冠脉支架和导管的过程中，为增加公司销量，以支付"射线补助费"形式，向昆明医学院第一附属医院心内科、昆明四十三医院心内科等9家医院心内科共返还回扣款224.196万元。

　　行业人士透露，在跨国医疗器械企业，大型的机器一般是厂家直销给医院，而相对小一点的设备，则会通过一些代理商来销售。事实上，代理商进行灰色销售，可以帮助跨国企业规避很多风险，授权方跨国公司在背后的态度也一般比较暧昧。

　　行业内跨国公司若自己需要进行商业贿赂，方式则会隐蔽很多。如前几年比较普遍的借学术的名义组织出国考察，或者以技术服务费、咨询费、顾问费、赞助出书等方式给对方好处，这些支出也能够以"售后服务"的名义堂而皇之地纳入公司的财务报表里。

　　直接拿钱公关的事情则很多是通过第三方进行的。如据德国《经济周刊》报道，西门子匿名人士披露，该公司在中国约90%的业务都是通过第三方执行的。另据毕马威审计报告公开的信息，西门子在中国的行贿可能通过诸多境外公司完成。

（资料来源：《中国经营报》）

（二）回扣

　　回扣，是指经营者销售商品时在账外暗中以现金、实物或者其他方式退给对方单位或者个人一定比例的商品价款。对于回扣，我国《反不正当竞争法》及《关于禁止商业贿赂行为的暂行规定》明确：在账外暗中给予对方单位或者个人回扣的，以行贿论处；对方单位或者个人在账外暗中收受回扣的，以受贿论处。因此，回扣也是一种商业贿赂行为，其构成要件主要有两个：（1）账外暗中；（2）退还一定比例价款。所谓账外暗中，是指未在依法设立的反映其生产经营活动或者行政事业经费收支的财务账上按照财务会计制度规定明确如实记载，包括不记入财务账、转入其他财务账或者做假账等。

1. 回扣与一般商业贿赂

回扣与一般商业贿赂的区别见表14.4。

表14.4　　　　　　　　　　回扣与一般商业贿赂的区别

区别	回扣	一般商业贿赂
贿赂款的来源	回扣是商品价款的一定比例	商品价款之外的财物或者其他财产性利益

续表

区别	回扣	一般商业贿赂
贿赂财物给付的方向	卖方将利益退回给买方	包括卖方给买方单位或者个人利益，也包括买方给卖方单位或者个人利益
关于账目的要求	账外暗中是回扣的法定构成要件，所以对账目的要求严格	对账目要求宽松，即无论是公开还是暗中、账外还是账内，只要以获取交易机会或者更优惠的交易条件为目的给付财物的，即构成商业贿赂

2. 回扣与折扣

所谓折扣，即商品购销中的让利，是指经营者在销售商品时，以明示并如实入账的方式给予对方的价格优惠，包括支付价款时对价款总额按一定比例即时予以扣除和支付价款总额后，再按一定比例予以退还两种形式。所谓明示和入账，是指根据合同约定的金额和支付方式，在依法设立的反映其生产经营活动或者行政事业经费收支的财务账上按照财务会计制度规定明确如实记载。折扣不产生妨碍公平竞争的市场效果，属于一种正当竞争行为。因此，《反不正当竞争法》及《关于禁止商业贿赂行为的暂行规定》明确指出，折扣是一种合法行为。但国家同时通过在某些领域直接出台限价、限制折扣率等措施打击高额折扣，比如国家计委《关于完善药品价格政策改进药品价格管理的通知》第4条规定：药品生产经营企业销售药品的折扣率最高不超过药品价格的5%……价格以外其他形式的折扣一律禁止。

回扣与折扣都是在经营活动中给付或者接受对方的一定经济利益，两者的界限在于回扣是账外暗中进行的，当事人对回扣与经营活动的联系采取回避态度；而折扣则是以明示并如实入账的方式进行的，当事人无需回避折扣与经营活动之间的联系。见表14.5。

表 14.5　　　　　　　　　　　回扣与折扣的区别

区别	回扣	折扣
性质	实质为好处费，属于不正当竞争方式	降价方式，是一种让利行为
账目要求	账外暗中	明示且如实入账

案例链接

收受款、物入账还会导致商业贿赂吗？

某市妇幼保健院在药品采购活动中先后收受某市医药公司等10家药品经销企业给付的25笔款计54921.58元，收受价值3800元的空调一台，两项合计58721.58元。以上收受的款、物分别计入了该院财务账的其他收入科目和固定资产科目中。某市工商局在对该保健院的购销活动进行检查时发现这一问题，通过立案、调查、送达处罚决定告知书后作出行政处罚决定，以保健院收受款、物的行为违反《反不正当竞争法》第 8 条关于商业贿赂的规定、国家工商行政管理局《关于禁止商业贿赂行为的暂行规定》第 2 条第 1 款、第 4 条的规定，罚款 1 万元。保健院不服提出行政诉讼，该案通过一审和二审后作出了维持判决。

诉讼主体	一 审	二 审
保健院	收受的全部款、物都已经依法列入本院财务账，是一种明示的折扣行为，不属于商业贿赂	收受的款、物按规定不计入药品账，不存在账外暗中收受回扣的问题
工商局	所收受的款、物虽然入了本单位财务账，但所入科目不能如实准确地反映购药成本，其行为本质上账外暗中收受回扣	保健院收受药品经销企业的款、物没有冲减购药成本，而是计入其他收入和固定资产科目，其行为已丧失了折扣的本来面目，变成账外暗中收受回扣的商业贿赂行为
法院	原告保健院虽然将在药品采购活动中收受药品经销企业给付的款、物入账，但所入的并非反映药品购销活动的经营账，而是其他账目。这种入账方式，不能如实反映双方之间的经营活动，因此仍是账外暗中的 判决维持行政处罚决定	保健院对收受的款、物虽然入账，但不是如实入账，不符合折扣"明示并如实入账"的要求，保健院上诉主张该笔款、物是变相折扣或高额折扣，理由不能成立 判决驳回保健院上诉，维持原判

（案例来源：法律搜索网）

3. 回扣与佣金

佣金是中间人基于居间合同关系在商业交易中所得的一种劳务报酬，属于合法收入。其法律特征是：(1) 佣金支付关系发生在经营者与中间人之间，既可以发生在中间人与一方当事人之间，也可以发生在中间人与双方当事人之间；(2) 接受佣金的只能是具有合法经营资格的中间人，可以是个人，也可以是单位，交易双方的代理人、经办人不能作为中间人。(3) 佣金的支付方法是公开的；(4) 佣金是合法的劳务报酬。但在现实商业活动中，佣金可能成为变相的商业贿赂，对此，《反不正当竞争法》第 8 条以及《关于禁止商业贿赂行为的暂行规定》第 7 条规定了佣金的合法性界限和判断标准：佣金是指经营者在市场交易中给予为其提供服务的具有合法经营资格中间人的劳务报酬。经营者销售或者购买商品，可以以明示方式给中间人佣金。经营者给中间人佣金的，必须如实入账；中间人接受佣金的，必须如实入账。因此，回扣与佣金的判断标准关键在于：(1) 中间人是否给付了合理、合法的劳动。(2) 佣金是否如实入账。见表 14.6。

表 14.6　　　　　　　　　　　回扣与佣金的区别

区别	回扣	佣金
性质	违法	合法
法律关系	买卖关系	居间关系
法律关系主体	交易双方	交易方——中间人——交易方
判断标准	1. 账外暗中 2. 退还一定比例价款	1. 中间人给付了合理、合法的劳动 2. 如实入账

案例分析

"导购费"的性质是佣金还是回扣？

某商厦物业管理有限公司（以下简称物业公司）经营的某商厦系向个体经营户出租经营摊位的商场。该物业公司在经营期间，为促使导游引导外地来此游客到其商厦购物，规定凡导游带领游客到商厦购物的，按游客人数给付导游和司机一定金额的"导购费"。工商行政管理局（以下简称工商局）介入调查，物业公司辩称，商场各经营户收取的用来支付导游、司机的"导购费"，都如实记账。工商局查明，"导购费"入账实际是指物业公司向各经营户收取的费用入账，但不是法律上所讲的佣金给付入账，而且导游和司机收取费用并没有入账和缴纳税收。工商局查明后认为，物业公司为促进其商场商品销售，用现金贿赂旅行社导游及司机，让导游及司机带游客到商厦购物，其行为已构成商业贿赂。根据我国《反不正当竞争法》第22条的规定，作出行政处罚决定：要求物业公司立即停止商业贿赂行为，并处以罚款3万元。

【问题】"导购费"的性质是佣金还是回扣？

【分析】佣金与回扣有着本质的区别：佣金是以明示的方式公开支付的，回扣是秘密给付的；佣金是履行居间合同的形式，是支付给中间人的正当的劳务报酬，回扣是利用交易相对人权力来获取交易机会；佣金不仅要规定于合同中，而且要按正规程序出具票据、记入会计账目，缴纳税收，回扣既不入账，也不纳税，属"黑色收入"。结合本案分析，首先，"导购费"是暗中支付给导游和司机的，导游和司机收取"导购费"并不明示给游客和旅行社；第二，物业公司给付导游和司机"导购费"，并不是因其付出了相应劳动，而是利用其对游客特殊影响力获得交易机会；第三，物业公司"导购费"入账不是法律上所讲的佣金给付入账，而且，按法律规定，导游和司机收取费用，也应该入账，并且缴纳税收，但事实上，导游和司机既不入账，也不缴税。因此，"导购费"实质上不是佣金，而是回扣。

（案例来源：法律常识网）

4. 回扣与捐赠

现实生活中，回扣常常被披上捐赠的外衣来掩盖其商业贿赂的事实。针对这种现象，

《关于禁止商业贿赂行为的暂行规定》第 8 条规定：经营者在商品交易中不得向对方单位或者其个人附赠现金或者物品，但按照商业惯例赠送小额广告礼品的除外。违反前款规定的，视为商业贿赂行为。因此，赠与行为违反以上规定即属于商业贿赂的一种表现形式。但须注意的是，法律并不禁止本原意义上的捐赠行为，只有在捐赠是附条件的，以受捐赠人必须对捐赠人的经营活动作出回报为前提时，才属于《反不正当竞争法》的规制范围。最高人民法院、最高人民检察院发布的《关于办理商业贿赂刑事案件适用法律若干问题的意见》对区分贿赂与馈赠的界限提供了重要的参考依据，即在区分过程中应结合以下因素全面分析、综合判断：（1）发生财物往来的背景，如双方是否存在亲友关系及历史上交往的情形和程度；（2）往来财物的价值；（3）财物往来的缘由、时机和方式，提供财物方对于接受方有无职务上的请托；（4）接受方是否利用职务上的便利为提供方谋取利益。

案例链接

附赠行为构成商业贿赂吗？

2000 年，四川智强食品集团有限公司在销售产品过程中，为了扩大销路，拿出 100 万元，采取附赠现金、杯子等物品的方式对所有的分销商及下一级经销商、零售商实行现金或物品奖励。根据《关于禁止商业贿赂行为的暂行规定》第 8 条规定，工商局认为，食品公司在其商品中夹带现金的行为构成商业贿赂，但是夹带的杯子因为带有显著的广告标识，可以认为是小型广告礼品，不追究责任。这些附赠的现金和物品不是被最终的消费者所获得，而是被销售商所得到，食品公司采取附赠式有奖销售的目的是为了使销售商购买自己的商品，所以食品公司附赠现金的行为被认为是商业贿赂行为。

（案例来源：新浪博客）

第三节　商业贿赂行为的法律责任

案例引导

葛兰素史克中国行贿事件

葛兰素史克中国行贿事件是 2013 年 7 月爆出的一个药品行业的行贿受贿事件。涉及此事件的主要厂家葛兰素史克，利用贿赂手段谋求不正当的竞争环境，导致药品行业价格不断上涨。因涉嫌严重商业贿赂等经济犯罪，葛兰素史克（中国）投资有限公司（简称 GSK 中国）和部分高管被依法立案侦查。

经调查发现，葛兰素史克中国为达到打开药品销售渠道、提高药品售价等目的，利用旅行社等渠道，向政府部门官员、医药行业协会和基金会、医院、医生等行贿。涉案的葛兰素史克中国高管涉嫌职务侵占、非国家工作人员受贿等经济犯罪。旅行社相关工作人员则涉嫌行贿并协助上述高管进行职务侵占。

2014年9月19日，长沙市中级人民法院依法对葛兰素史克（中国）投资有限公司（GSKCI）和马克锐等人对非国家工作人员行贿、非国家工作人员受贿案进行不公开开庭审理，判处被告GSKCI罚金人民币30亿元，这是迄今为止中国开出的最大罚单；马克锐等被告被判有期徒刑2~3年。宣判后，被告单位的诉讼代表人及各被告人均当庭表示认罪服判，不提出上诉。

【问题】实施商业贿赂应承担怎样的法律责任？

【分析】根据《反不正当竞争法》以及《关于禁止商业贿赂行为的暂行规定》，经营者采取商业贿赂手段获取交易机会或者更优惠的交易条件构成违法的，应承担相应的行政责任，如构成犯罪则要追究其相应的刑事责任。对于中间人介绍贿赂的行为，我国《刑法》单独将其作为"介绍贿赂罪"进行规制。

（案例来源：凤凰财经网）

《反不正当竞争法》第22条对商业贿赂规定了行政责任和刑事责任，即经营者采用财物或者其他手段进行贿赂以销售或者购买商品，构成犯罪的，依法追究刑事责任；不构成犯罪的，监督检查部门可以根据情节处以1万元以上20万元以下的罚款，有违法所得的，予以没收。

一、行政责任

除《反不正当竞争法》第22条规定了商业贿赂的行政责任外，《关于禁止商业贿赂行为的暂行规定》作出了更为具体的规定，并进一步明确行政责任承担主体既包括行贿主体，也包括受贿主体，受贿主体的行政责任比照行贿主体行政责任的规定进行处罚。

二、刑事责任

2008年，最高人民法院和最高人民检察院制定出台涉及商业贿赂犯罪的专门司法解释《关于办理商业贿赂刑事案件适用法律若干问题的意见》，明确商业贿赂犯罪涉及《刑法》规定的以下八种罪名：（1）非国家工作人员受贿罪（《刑法》第163条）；（2）对非国家工作人员行贿罪（《刑法》第164条）；（3）受贿罪（《刑法》第385条）；（4）单位受贿罪（《刑法》第387条）；（5）行贿罪（《刑法》第389条）；（6）对单位行贿罪（《刑法》第391条）；（7）介绍贿赂罪（《刑法》第392条）；（8）单位行贿罪（《刑法》第393条）。需要说明的是，对因商业贿赂行为违法而承担行政责任的主体，我国法律并不包含实施介绍贿赂行为的中间人。但是，《刑法》对于介绍贿赂行为构成犯罪的，单独作为犯罪予以规定。见表14.7。

表 14.7 商业贿赂涉及罪名及《刑法》规定

罪名	规定
非国家工作人员受贿罪	公司、企业或者其他单位的工作人员利用职务上的便利,索取他人财物或者非法收受他人财物,为他人谋取利益,数额较大的,处5年以下有期徒刑或者拘役;数额巨大的,处5年以上有期徒刑,可以并处没收财产。 公司、企业或者其他单位的工作人员在经济往来中,利用职务上的便利,违反国家规定,收受各种名义的回扣、手续费,归个人所有的,依照前款的规定处罚。
对非国家工作人员行贿罪	为谋取不正当利益,给予公司、企业或者其他单位的工作人员以财物,数额较大的,处3年以下有期徒刑或者拘役;数额巨大的,处3年以上10年以下有期徒刑,并处罚金。
受贿罪	国家工作人员利用职务上的便利,索取他人财物的,或者非法收受他人财物,为他人谋取利益的,是受贿罪。 国家工作人员在经济往来中,违反国家规定,收受各种名义的回扣、手续费,归个人所有的,以受贿论处。
单位受贿罪	国家机关、国有公司、企业、事业单位、人民团体,索取、非法收受他人财物,为他人谋取利益,情节严重的,对单位判处罚金,并对其直接负责的主管人员和其他直接责任人员,处5年以下有期徒刑或者拘役。 前款所列单位,在经济往来中,在账外暗中收受各种名义的回扣、手续费的,以受贿论,依照前款的规定处罚。
行贿罪	为谋取不正当利益,给予国家工作人员以财物的,是行贿罪。 在经济往来中,违反国家规定,给予国家工作人员以财物,数额较大的,或者违反国家规定,给予国家工作人员以各种名义的回扣、手续费的,以行贿论处。
对单位行贿罪	为谋取不正当利益,给予国家机关、国有公司、企业、事业单位、人民团体以财物的,或者在经济往来中,违反国家规定,给予各种名义的回扣、手续费的,处3年以下有期徒刑或者拘役。 单位犯前款罪的,对单位判处罚金,并对其直接负责的主管人员和其他直接责任人员,依照前款的规定处罚。
介绍贿赂罪	向国家工作人员介绍贿赂,情节严重的,处3年以下有期徒刑或者拘役。 介绍贿赂人在被追诉前主动交代介绍贿赂行为的,可以减轻处罚或者免除处罚。
单位行贿罪	单位为谋取不正当利益而行贿,或者违反国家规定,给予国家工作人员以回扣、手续费,情节严重的,对单位判处罚金,并对其直接负责的主管人员和其他直接责任人员,处5年以下有期徒刑或者拘役。因行贿取得的违法所得归个人所有的,依照《刑法》第389条、第390条的规定定罪处罚。

本章小结

商业贿赂是指经营者为销售或者购买商品而采用财物或者其他手段进行行贿的行为。该行为的构成要件主要有以下三点：（1）主体包括了行贿主体和受贿主体，行贿主体是经营者，受贿主体是单位或个人；（2）目的是销售或者购买商品，获得竞争优势；（3）表现形式为采用财物或者其他手段实施贿赂。我国法律还对回扣型商业贿赂作出了专门规定，其构成要件主要有两个：（1）账外暗中；（2）退还一定比例价款。实践中，需要注意回扣与折扣、佣金的区别，以及甄别捐赠行为与商业贿赂行为。

技能训练

案例分析

目的：能够运用反不正当竞争法相关法律规定认定商业贿赂行为。

内容：2007年4月15日、2007年8月4日，广源科技有限公司（以下简称为广源公司）与广州医学院（以下简称为医学院）签订了销售血凝仪和分析仪协议书，分别以5.6万美元、3.9万美元的价格成交。该成交价格除了血凝仪和分析仪外，协议内容还包括免费赠送联想品牌电脑一台、中文报告处理软件一套、激光打印机、彩色喷墨打印机、医药试剂等物品。

该县工商分局介入调查，查明电脑、电源、打印机、试剂等是血凝仪、分析仪正常使用所需要的配套设备，应按附属设备配套销售的行业惯例销售。广源公司在与广州医学院多次谈判过程中，为击败竞争对手，未按照将血凝仪、分析仪及相应附属设备配套销售的行业惯例销售，而是采取承诺免费赠送电脑、电源、打印机等方式获得交易机会。广源公司辩称该行为属于折扣行为。

请讨论以下问题：
（1）广源公司销售行为是否属商业贿赂行为？为什么？
（2）县工商分局应作出如何认定？如何处理？

步骤和要求：
（1）学生分组讨论；
（2）学生各组代表分析案例并阐述观点；
（3）教师点评。

实践活动

合同方案咨询及设计

内容：某房屋中介机构为某房产开发公司介绍房屋销售业务，双方协商签订佣金合同。双方约定，房产开发公司需按照房屋销售额支付房屋中介机构3%的佣金。

情形一：假设该中介机构向你咨询合同方面的法律意见，你会如何提出意见？
情形二：假设由你负责拟定该合同，请根据双方的磋商内容撰写合同方案。

目的：掌握佣金与回扣的区别，培养基本的法律素养和技能。

要求：学生从以上两种情形中选择其中一个角色完成相应的活动，由教师作出点评。

本章练习

一、不定向选择题

1. 德国商业贿赂立法主要有以下特点：（　　）。
   A. 在规制的内容上，对商业行贿和商业受贿行为一并做出了规制
   B. 在调整方法上，由民事救济优先转变为刑事责任优先
   C. 注重事先预防措施和事后的惩罚
   D. 专门立法规范企业打折问题

2. 商业贿赂行为的构成要件主要包括：（　　）。
   A. 主体包括行贿主体和受贿主体，行贿主体是经营者，受贿主体是单位或个人
   B. 目的是销售或者购买商品，获得竞争优势
   C. 表现形式为采用财物或者其他手段实施贿赂
   D. 贿赂表现形式只限于金钱方式

3. 下列关于佣金法律特征的表述正确的是：（　　）。
   A. 佣金支付关系发生在经营者与中间人之间，既可以发生在中间人与一方当事人之间，也可以发生在中间人与双方当事人之间
   B. 中间人具有合法的经营资格
   C. 佣金的支付方法是公开的
   D. 佣金是合法的劳务报酬

二、简答题

1. 商业贿赂行为为何需要法律规制？
2. 简述美国规制商业贿赂的主要法律规定。
3. 简述回扣与折扣的主要区别。

三、案例分析题

某县人民医院与某县公安局交警队签订协议，约定：（1）经某县人民医院院领导会议研究，同意借资35万元支持县公安交警队购买"122"交通事故报警台、车辆及其配套设施。该协议执行5年后，该县人民医院将所借的35万元全部捐给该交警队。（2）该县医院聘请4名临时工至"122"交通事故报警台实行24小时值班接报，如有伤员立即拨打急救电话"120"，该医院医疗人员接到报警电话后紧急出车抢救伤员。该县医院也可以派医疗急救小组及救护车到某交警队待命，该交警队提供必要的方便。（3）该县交警队应协助该医院收缴交通事故伤员的医疗费。（4）该交警队不得与其他医院签订类似的协议，否则必须在1个月内归还所借该医院的全部资金。双方按照协议的约定履行了各自的义务。该县工商局以该医院违反《反不正当竞争法》第8条、《关于禁止商业贿赂行为的暂行规定》第2条之规定，构成商业贿赂为由作出行政处罚决定。该县医院不服处罚起诉至法院。

县人民医院认为工商局以其构成商业贿赂为由作出的行政处罚不符合事实，也不符合

相关规定，理由如下：

（1）赞助"122"交通事故报警台实质上是对社会公益事业的支持，是对交通事故伤员能够得到更为及时便捷的救治，减轻事故损失，并不具有贿赂的性质；交通事故伤员完全可以自由选择救治医院，"122"将伤员送诊是一种帮助行为，并没有强制伤员不得就诊其他医院，不存在排挤其他医院的行为。

（2）县医院是集医疗、讲学、科研等为一体的单位，由财政拨款，不存在盈利性质，履行的是政府的社会服务职能，不受《反不正当竞争法》的制约。

问题：

（1）本案中的捐赠属于什么性质的行为？为什么？

（2）医院认为其经营活动不受《反不正当竞争法》的约束，你是怎么看的？

第十五章

商业诋毁行为

经营者侵犯他人的商誉属于商业诋毁,是一种典型的不正当竞争行为,受到反不正当竞争法的规制。根据我国《反不正当竞争法》、《民法通则》以及《刑法》的有关规定,经营者实施商业诋毁的,受侵害者有权向法院起诉;经营者的商业诋毁构成犯罪的,应追究其刑事责任。

学习目标
知识目标:
理解和掌握商业诋毁的构成要件,了解商业诋毁的法律责任体系。
能力目标:
能够运用相关法律、法规分析商业诋毁案件。

第一节 商业诋毁行为概述

案例引导

杭州娃哈哈集团公司诉珠海巨人高科技集团公司不正当竞争纠纷案

杭州娃哈哈集团公司(以下简称娃哈哈集团)以珠海巨人高科技集团公司(以下简称巨人集团)有不正当竞争行为为由,向浙江省杭州市中级人民法院提起诉讼。

原告诉称:"娃哈哈儿童营养液"广告词"喝了娃哈哈,吃饭就是香"已经家喻户晓。该产品先后获全国最受欢迎的保健产品、国家星火二等奖、中国优质保健品金奖等20余项大奖,销售额近年来一直保持在全国同类产品的领先地位。原告也由于此产品在海内外享有较高的商业信誉和商品声誉。1995年年初,被告巨人集团生产了一种与"娃哈哈儿童营养液"类似的产品"巨人吃饭香"投放全国市场,并专门印制了一种《巨人集团健康产品销售书、巨人大行动》的宣传册子,在全国各地的食品、医药等销售单位、消费者中广为散发。该宣传册子中称:"据说娃哈哈有激素,造成小孩早熟,产生许多现代儿童病。"为此,全国各地娃哈哈产品的销售商和消费者纷纷要求原告对此作出解释。被告的这一行为,致使娃哈哈儿童营养液在全国各地的销售量下跌,出现了1987年投产以来的第一次负增长，就连原告"大本营"杭州市的销售量也难逃厄运。截至 1995 年 12 月 31 日，原告由此减少销售收入 4492.92 万元，直接经济损失达 673.938 万元。更为严重的是，原告良好的商业信誉、商品声誉和企业形象亦因此而受到了极大损害。被告的行为已构成不正当竞争，侵害了原告的合法权益。故请求法院判令被告立即停止损害原告商业信誉和商品声誉的不正当竞争行为；要求被告赔偿直接经济损失 673.938 万元和名誉损失费 320 万元；并要求被告公开赔礼道歉、恢复影响及承担本案诉讼费用等。

杭州市中级人民法院认为，我国《反不正当竞争法》第 14 条规定："经营者不得捏造、散布虚伪事实，损害竞争对手的商业信誉、商品声誉。"被告巨人集团散布虚伪事实损害原告的商品声誉，是不正当竞争行为，依照《反不正当竞争法》第 20 条的规定，应当承担侵权损害赔偿责任，并应当承担原告因调查其不正当竞争行为所支付的合理费用。在法院主持下，双方于 1996 年 10 月 7 日达成调解协议，被告巨人集团承认有不正当竞争行为，以新闻发布会形式向原告赔礼道歉，消除影响，并赔偿直接经济损失人民币 200 万元。

【问题】商业诋毁为什么受到法律规制？

【分析】商业诋毁不公平地降低了受害企业在市场交易关系中的地位，减少市场销售，严重损害经济利益，该行为存在排挤竞争对手和扰乱市场秩序的效果，是一种典型的不正当竞争行为。该案件所呈现出的这种商业宣传模式，折射了当前并不健康的商业竞争环境，因此，在对商业诋毁进行法律规制的同时，也要注重对良好竞争文化的培育和宣传。

（案例来源：中国法院网）

一、商业诋毁的概念和规制动因

（一）概念

商业诋毁是指经营者捏造、散布虚伪事实，损害竞争对手的商业信誉、商品声誉的行为。商业信誉和商品声誉可以统称为商誉，是经营者通过参与市场竞争的连续性活动而逐渐形成的由社会公众对其所作出的一种综合性评价，具有以下特征：

1. 依附性

商誉作为社会对企业的总体评价，不能脱离主体而独立存在，与企业的有形资产和企业的环境密切相关。与民法上的其他财产不同，它既不能单独转让，也不能作为一项独立的资产进行投资，只能在企业产权整体转让中才能获得反映。因此，它只能依附于企业整体，如果企业解散、破产，商誉也会随之一起消亡。

2. 无形性

商誉是社会对经营者的综合性评价，以某种信息的方式存在，可感知却无实体形态。具体而言，包括商业信誉和商品声誉两大类型。其中，前者主要是对经营者的服务、信用、生产能力、资产状况、品牌竞争力及市场价值等作出的整体性积极评价；后者主要是对经营者的商品质量、价格、性能等方面作出的积极评价。

3. 财产性

良好的商誉可以为经营者带来社会认同度和知名度的提高，形成对消费者的吸引力，影响消费选择甚至决定经营者的经营业绩与财产收益。因此，良好的商誉是经营者强大的无形资产。

4. 易受侵害性

商誉是一种社会评价，处于信息状态，易受到不法侵害。

（二）规制动因

商业诋毁对经营者商业信誉、商品声誉的任何诋毁或贬低，都可能给该经营者的正常经营活动造成消极的影响，甚至可能使其遭受严重的经济损失，如失去交易伙伴和消费者，或造成资金和原材料供应的困难或产品的滞销，损失大量的利润和市场竞争的优势地位，甚至破产或被迫转产，等等。同时，商业诋毁行为人采用捏造、散布虚假事实的方法，也损害了消费者的知情权，致使消费者无法享受到真正的优质服务与商品。因此，商业诋毁以诽谤他人商誉的非法手段排挤竞争对手而牟取暴利，不但损害了竞争对手的合法权益，而且也欺骗了其他经营者与消费者，最终必然破坏市场公平竞争的正常秩序。基于商业诋毁对社会极大的危害性，有必要通过法律对其进行规制。

二、国外立法概况

（一）美国法

美国对于商业活动中的商业诋毁行为主要在《兰哈姆法》中予以规定。该法第43条第（1）项规定，对于他人的商品、服务或者商业活动进行虚假宣传的人，应当承担责任。由于认为商业信誉和商品声誉之间存在一定的差别，美国的司法实践又将商业诋毁分为针对经营者的商业毁谤和针对商品的商业贬损，并分别按照普通法上的法人诋毁（Corporate Defamation）或者诋毁行为（Defamation）的规定要求实施商业诋毁的行为人承担责任。

在商品诋毁诉讼中，原告必须证实下列事实：（1）公开宣传；（2）对原告的产品进行了虚假的和损害性的宣传；（3）在进行宣传时明知虚假或者对真实还是虚假漠不关心；（4）具有损害原告利益的意图；（5）诋毁性宣传产生了实际损害。

在法人诋毁诉讼中，原告必须证明的事实有：（1）对原告进行了虚假宣传；（2）宣传可能损害原告的声誉，不管以明示还是影射方式；（3）故意或者过失地发布或者传播这些宣传，不管是口头的还是书面的，并被第三人所知晓；（4）给原告造成了损害。

商品诋毁和法人诋毁的主要区别在于它们的法律后果，即在商品诋毁的情况下，必须支付受害人惩罚性的赔偿金；而在法人诋毁的情况下，仅规定在不能证明存在特定损害的情况下，被告不必支付赔偿金。

（二）德国法

德国《反不正当竞争法》禁止行为人通过诋毁和诽谤的方式损害其他经营者的商业

信誉,规定:"以竞争为目的,对他人的营业、企业主、企业领导或对他人的商品或者服务,宣传或者传播足以损害企业经营或者业主信誉的事实,如果无法证实这些事实的真实性,则应向受害人赔偿损失。受害人可以请求停止宣传或者传播这些事实。"但对其中一种情形作了限制,即"如果仅涉及机密信息,且信息通告人或者通告受领人在通告中寓有正当利益,则仅当被宣传或者被散布的事实违背真实性时方可被视为不正当竞争"。

此外,以德国《反不正当竞争法》2004年修订为分界,修订前规定"诽谤其他经营者且足以造成损害的,可处以1年以下的监禁或者处以罚金",修订后则取消了对商业诋毁行为的刑事制裁规定。

(三) 日本法

日本现行《不正当竞争防止法》第2条第11款规定了商业诋毁:"陈述或散布损害有竞争关系的他人经营上的信用的虚假事实的行为。"该行为的构成要件有:(1)必须有竞争关系;(2)须陈述或散布虚假的事实,这里的虚假事实,只要求与真实情况不符即可,而不限于具体指责相对竞争者,只需要其指责的程度达到使第三人知晓、了解指责对象,即可成立。(3)须具有故意或过失。《不正当竞争防止法》规定了商业诋毁行为的民事责任:由于故意或过失实施了商业诋毁行为,对于因此在营业上的利益受到损害的人应当负损害赔偿责任,法院可根据被害人的请求,命令赔偿损害或在赔偿损害的同时作出恢复商业信用的必要措施。

三、我国立法概况

我国规制商业诋毁的有关立法见表15.1。

表15.1　　　　　　　　我国规制商业诋毁的有关立法

主要法律	主 要 规 定
《反不正当竞争法》	第14条:经营者不得捏造、散布虚伪事实,损害竞争对手的商业信誉、商品声誉。 第20条:该条是关于民事法律责任的规定,适用于《反不正当竞争法》所列出的所有不正当竞争行为。
《广告法》	第13条:广告不得贬低其他生产经营者的商品或者服务。
《刑法》	第221条:捏造并散布虚伪事实,损害他人的商业信誉、商品声誉,给他人造成重大损失或者有其他严重情形的,处2年以下有期徒刑或者拘役,并处或者单处罚金。 第231条:单位犯本节第221条至第230条规定之罪的,对单位判处罚金,并对其直接负责的主管人员和其他直接责任人员,依照本节各该条的规定处罚。

第二节 商业诋毁行为的构成要件

📎 案例引导

腾讯QQ诉奇虎360不正当竞争案

腾讯和360都是互联网企业,双方在提供网络安全服务方面具有重合性。2010年9月,360方面推出由奇智软件有限公司发行的"360隐私保护器",宣称该软件的作用是实时监测并曝光客户端软件窥视隐私的行为,同时360网站发布了多篇针对QQ软件的文章,称QQ软件窥视用户隐私由来已久,并不断扩大"QQ窥探隐私"的影响,引发了QQ用户的恐慌情绪。2010年10月14日,腾讯宣布起诉360不正当竞争。腾讯科技公司、腾讯计算机公司向北京市朝阳区人民法院提起诉讼,要求北京奇虎科技有限公司("360隐私保护器"的开发者和著作权人、"360网"的域名注册人)、奇智软件有限公司("360隐私保护器"的发行人)和三际无限网络科技有限公司("360网"的实际经营者)停止侵权、公开道歉并作出赔偿。

2011年4月26日,北京市朝阳区人民法院在调查质证的基础上认定3被告构成商业诋毁,依据我国《反不正当竞争法》第2条、第14条、第20条之规定,判决3被告停止发行使用涉案"360隐私保护器"V1.0Beta版软件,在"360网"(网址为www.360.cn)上删除涉案侵权内容,在《法制日报》上公开发表声明,消除因涉案侵权行为给腾讯科技(深圳)有限公司和深圳市腾讯计算机系统有限公司造成的不良影响,并共同赔偿腾讯科技(深圳)有限公司和深圳市腾讯计算机系统有限公司经济损失40万元。

一审宣判后,三际无限公司、奇虎科技公司不服判决,向北京市第二中级人民法院提起上诉。2011年9月14日,北京市第二中级人民法院做出终审判决:驳回上诉,维持原判。

【问题】商业诋毁应如何认定?

【分析】商业诋毁须从主体、主观方面、客体和客观方面四个方面进行综合认定。本案中,法院认为原被告双方当事人"在网络服务范围、用户市场、广告市场等网络整体服务市场中具有竞争利益,二者具有竞争关系"。3名被告在未证明"腾讯科技公司、腾讯计算机公司扫描的文件含有用户隐私"的情况下,宣称QQ软件侵犯用户隐私,评价和表述缺乏事实基础,并且带有较强的感情色彩并具有负面评价效果和误导性后果,违背诚实信用的公认商业道德,损害了原告及其"腾讯QQ"软件产品的商业信誉,构成商业诋毁。

(案例来源:法律图书馆网)

根据我国《反不正当竞争法》第14条"经营者不得捏造、散布虚伪事实,损害竞争对手的商业信誉、商品声誉"的规定,商业诋毁应具备主体、客体、客观方面三个基本要件。而在司法实践中,关于商业诋毁的认定一般采用的是四要件说,即主体、主观方面、客体、客观方面。本书采用四要件说。

一、主体——经营者

商业诋毁的主体是经营者，即从事商品经营或者营利性服务的法人、其他经济组织和自然人。通常情况下，商业诋毁的实施主体是与被诋毁对象是具有竞争关系的经营者，而报纸、电视、网络等媒体或者其他主体自主进行的一些对经营者的评价，即使具有恶意倾向，也不能认定为商业诋毁，而只能按照名誉权纠纷案件进行认定处理。比如《民法通则》第101条规定，禁止以书面或口头形式诋毁、诽谤法人名誉。《最高人民法院关于审理名誉权案件若干问题的解释》规定，消费者借机诽谤、诋毁生产者、经营者、销售者的产品质量或者服务质量，损害其名誉的，应当认定为侵害名誉权，新闻单位对生产者、经营者、销售者的产品质量或者服务质量进行批评、评论，主要内容失实，损害其名誉的，应当认定为侵害名誉权。

案例链接

奇虎360公司诉《每日经济新闻》名誉侵权案

2013年3月4日，上海一中院经审查，受理了原告北京奇虎科技有限公司、奇智软件（北京）有限公司起诉被告上海经闻文化传播有限公司的商业诋毁纠纷案件。3月26日，原告向上海一中院提出申请，变更案由为名誉侵权纠纷。上海一中院认为，原告变更案由后，案件属于名誉权纠纷，依据《民事诉讼法》及上海法院关于第一审民商事案件管辖标准的相关规定将案件移送有管辖权的法院处理。2014年9月19日，360起诉《每日经济新闻》涉嫌虚假报道、侵害商誉一案在上海徐汇区人民法院正式宣判。法院判定《每日经济新闻》虚假报道构成对360公司名誉权的侵害，要求《每日经济新闻》连续向360公司道歉十天，并重罚《每日经济新闻》150万元。

法院认为：《每日经济新闻》涉案报道对360公司进行不正当竞争的相关技术手段的分析认证以及得出的结论，缺乏权威性，且在选取之前媒体报道时仅选择了对原告不利的负面报道，存在倾向性，有违新闻报道全面听取各方当事人意见、客观反映事实的原则，在此基础上以确定性、批判性口吻陈述相关结论，系对版面事实的夸大，对360公司的商业信誉和产品声誉造成不良影响，在相关技术问题尚无定论的情况下，涉案报道夸大事实、引导读者对尚无定论的问题产生确定性结论的做法，构成对360公司名誉权的侵犯。

（案例来源：《中国日报》）

司法实践中，以下两种情况也被认定为经营者实施了商业诋毁行为：一是经营者唆使、指使其他组织或者个人进行商业诋毁；二是职务行为。

案例链接

"小辣椒"微博攻击"小米"

2013年2月28日，"小辣椒"手机创始人、北京方万源通信器材有限公司大股东谭文胜利用其新浪认证微博"谭文胜微博"发布信息，宣称"同等的配置，两倍的价格，惊人的暴利@雷军，你再低估消费者的智商，你就摊上大事了，摊上大事了！"并附图对"北斗小辣椒Q1"和"小米手机S1青春版"进行了对比。同年3月14日，谭文胜通过其150余万粉丝向外界发出消息："小米手机价格堪比三星，UI照抄苹果，质量不如山寨，售后等于没有。"5月，北京小米科技有限责任公司向国家工商总局递交材料，反映新浪微博知名博主谭文胜通过微博攻击小米公司及其董事长雷军，诋毁、谩骂小米产品。与传统的不正当竞争案件不同的是，该案件表现形式是个人通过移动社交媒体发布信息。北京市工商局西城分局具体负责对此次"小辣椒"攻击"小米"展开调查，确定方万源公司、公司官微、谭文胜微博三者"三位一体"的关联关系，并将方万源公司作为违法主体予以调查。

经调查取证，西城分局对谭文胜发布涉案微博的职务行为、万方源编造虚伪事实对他人商誉进行诋毁等事实进行了确认，认定当事人多次利用其股东个人微博进行商业诋毁的违法经营行为事实，并责令其改正违法行为，停止损害竞争对手的商业信誉、商品声誉。

该案还涉及当事方利用网站和微博发布"全球最低价"等虚假信息的行为，西城分局对此也一并作出了虚假宣传的认定，责令当事人停止违法行为，消除影响，并罚款15万元。

（案例来源：法制日报）

二、主观方面——故意

我国《反不正当竞争法》第14条并没有明确商业诋毁的主观要件，但理论研究与司法实践基本上将主观存在故意作为认定商业诋毁的要件之一。其基本含义是，经营者进行商业诋毁具有明确的目的，即通过实施商业诋毁行为以削弱竞争对手的市场竞争能力，谋求自己的市场竞争优势为目的的主观故意。

三、客体——商誉和市场秩序

商业诋毁侵犯的直接客体是商誉，即商业信誉和商品声誉，而侵犯的间接客体是市场秩序。具体来说，经营者通过诋毁竞争对手以影响消费者的交易行为，破坏市场平衡，扰乱市场秩序。

四、客观方面——捏造和散布虚伪事实

商业诋毁行为的客观方面体现为捏造、散布虚伪事实，其主要表现形式有：（1）利用商业广告形式进行商业诋毁；（2）利用产品说明书、传单、宣传册的形式进行商业诋毁；（3）利用散发公开信、召开新闻发布会的形式进行商业诋毁。（4）指使、唆使他人向业务客户、消费者、媒体捏造散布虚伪事实，或向有关部进行虚假投诉，贬低竞争对手的商誉；（5）利用新媒体对他人商誉进行诋毁。除了上面几种主要方式外，经营者还可能利用其他方法来进行商业诋毁，比如捏造虚伪事实并通过信函的形式向特定或不特定的经营者或消费者投递。

商业诋毁与虚假宣传都是不正当竞争行为，两者的目的具有一致性，即通过传布某种信息影响消费者的决定。但两者也具有明显的差异性，主要体现为行为的对象不同：商业诋毁行为是对他人的企业、产品、服务捏造和散布虚假的信息，虚假宣传行为则是对自己的产品或服务进行虚假的或欺骗性的陈述。

（一）关于"捏造、散布虚伪事实"的理解

案例链接

同行举报是监督还是商业诋毁？

案例1 2010年2月8日，上海华篷公司向陕西省安监局反映情况，称北京优孚尔公司2010年1月为陕西高速延长石油公司提供的3套50立方米橇装式加油设备，不能保证油罐及橇装式加油站的本质安全，油罐没有经过防爆性能检测，曾被天津市安监局发通知暂停使用而存在验收不合格记录，不符合国标《汽车加油加气站设计与施工规范》的制定本意。由此，当年3月5日，陕西省安监局向陕西高速延长石油公司发函，要求其提供北京优孚尔公司橇装式加油装置油罐的防火防爆性能和自动灭火器的性能通过具有资质的国家有关机构的测试认证资料。北京优孚尔公司于3月19日向上海市卢湾区人民法院起诉，指控上海华篷公司损害其商誉，对其构成商业诋毁。

一审法院认为，上海华篷公司"并没有通过自己直接向消费者散布，而是借助一个更有影响力和公信力的主体——陕西省安监局，向消费者间接传达了'优孚尔橇装式加油装置不能保证油罐本质安全'、'没有经过防爆性能检测'，存在'验收不合格记录'等不实信息"，认定其行为"间接传达不实信息"，构成商业诋毁。被告上海华篷公司不服，上诉至上海市第一中级人民法院。

二审法院认为，上海华篷情况反映行为是谨慎的，内容大部分属实，不构成捏造虚伪事实。因此也就不存在散布虚伪事实的行为。而北京优孚尔公司并没有提供相关证据表明上海华篷公司反映的情况，已经披露给其他消费者以及一般观众，并对其商誉产生实际不利影响。最终认定上海华篷公司向陕西省安监局进行情况反映，不构成商业诋毁行为。

案例2 四川光友薯业有限公司（以下简称薯业公司）与四川雅士食品有限公司（以下简称食品公司）均系经营方便粉丝的企业。2002年3月，薯业公司将其生产的粉丝样品送至四川省卫生防疫站检验，未检验出明矾。薯业公司便对其产品进行"无明矾技术"的宣传，并在消费者中获得良好的反响。不久，食品公司向省委、省政府、市委、市政府、省市各有关部门及粉丝经销商投送包括"无明矾粉丝是虚假宣传"，"成都市工商局已进行查处"等内容的情况报告，并通过召开新闻发布会散发上述材料。同时，还接受媒体采访，在互联网上大肆报道。食品公司的行为对薯业公司的声誉造成了极其恶劣的影响。2006年6月，薯业公司以食品公司的行为构成商业诋毁为由向成都市中级人民法院提起诉讼。一审认为，食品公司的以上行为均属于在公共场合向公众散布虚假事实，导致消费者对薯业公司的产品产生误解，构成对薯业公司的商业诋毁。食品公司不服后向四川省高级人民法院提起上诉。经审查，二审法院维持一审判决。

（案例来源：110法律咨询网）

经营者针对竞争对手向政府有关部门进行举报或者情况反映，是否构成商业诋毁，在认定上关键在于举报或反映情况的行为是否属于捏造、散布虚假事实。

一般认为，"散布"应当是针对不特定的第三人实施的行为，且具有公开性。所谓"不特定第三人"，一般是指社会公众，在现实情况下，多数经营者将"散布"的直接目标定位于消费者。而上述案件中接受举报材料的行政机关不是一般意义上的公众，并且这种举报的结果是有限的，即行政机关基于行政管理关系对举报事项在做出调查认定前不会向社会公布，对受举报方的商誉无实际影响或影响极为有限。所谓"虚假事实"，是指与真相不符合的状态，既包括不真实，也包括不合理。因此，商业诋毁必须在捏造的虚假事实达到被社会公众所知晓的程度才能构成。如果举报行为并没有构成一种散布，也就是没有造成不特定的社会公众知晓相关虚假信息并被误导，则该行为不构成商业诋毁。

但是，向行政机关举报检举也可能构成商业诋毁，这需要通过个案进行分析。比如上述案例2，由于经营者同时向省委、省政府、市委、市政府、省市各有关部门投送情况报告，其行为已明显超出谨慎合理的程度。关于该方面，案例1中的二审法院对商业诋毁构成要件的释明值得注意：上海华篷公司有权向政府职能部门举报。但其同业竞争的身份，容易引起人们对其举报目的的合理怀疑。所以上海华篷公司相比其他非竞争者，应负有更高的注意义务，即在实施举报的过程中是否是谨慎的、合理的。实际上，该法院也在审理过程中更多地考察了该因素。

两起案件客观方面的区别

	案例1	案例2
客观方面	经营者直接向具有监管职能的行政机关反映情况； 经查证，反映行为是审慎的，内容大部分属实。	经营者向省委、省政府、市委、市政府、省市各有关部门投送"情况报告"； 经营者向粉丝经销商投送"情况报告"； 经营者向新闻媒体提供相关宣传材料； 经查证，"情况报告"和宣传材料的内容与事实不符。
结论	不构成捏造、散布虚伪事实的行为。	属于向公众散布虚假事实的行为，导致消费者误解。

（二）关于对比广告

1. 基本概念

对比广告，也叫比较广告，一般表现为经营者通过广告将自己的产品、服务与其他同类经营者的产品、服务的某一个或者某几个方面进行比较，以突出自己产品、服务的优势和长处。对比广告可以分为直接的对比广告和间接的对比广告。直接的对比广告是指直接提及竞争对手名称的广告；间接的对比广告则仅仅是提及竞争性产品的范围，不具有明显的针对性。

2. 法律规制

一方面，任何对比广告都可能一定程度上触及或损害某些经营者的利益；但另一方面，对比广告有利于保护消费者的知情权和消费利益，提高市场的透明度，促进经营者改进技术和提高生产水平。因此，鉴于对比广告在市场中的积极作用，多数国家对这种广告采取了较为客观的态度，即原则上允许对比广告，但要求限制在一个合理的范围内。比如《欧共体关于误导性广告和比较广告的第450/84号条例》规定，比较广告应当符合下列一系列条件：(1) 广告中不存在误导（欺诈）；(2) 比较的商品或者服务有可比性；(3) 比较是客观的；(4) 广告不会引起混淆；(5) 广告不得贬损或者毁谤竞争者；(6) 使用商品标识；(7) 广告中不得有虚假内容；(8) 广告不得宣传侵害知识产权的产品。

一般来说，经营者通过捏造虚假事实在广告中宣扬自己的产品或服务比某个或者其他竞争者的产品或者服务优质，那么该经营者的行为就触犯了我国《反不正当竞争法》和《广告法》中有关商业诋毁的规定，构成不正当竞争。

案例链接

案例1 "格力"、"美的"广告均构成商业诋毁

2012年4月起，江西美的制冷设备销售有限公司（以下简称为江西美的公司）分别在《江南都市报》、《南昌晚报》上使用"美的全直流变频空调，最低功率30瓦、省电高达59%"，"全直流比1赫兹好，为什么"，"1赫兹OUT了，请别再忽悠消费者了"等内容的广告宣传词。江西盛世欣兴格力贸易有限公司（以下简称为江西格力公司）认为，这样的表述损害了格力产品一直以来标榜的"1赫兹"产品特色，是对"格力"品牌商业信誉和商品声誉的诋毁，故将江西美的公司诉至江西省南昌市中级人民法院，请求法院判令江西美的公司和美的公司停止侵权，在江西省级报纸、电视、广播等媒体上公开赔礼道歉、消除影响，赔偿经济损失50万元。对于江西格力公司的指控，江西美的公司向南昌市中院提起反诉，称江西格力公司自2012年4月起分别在同样媒体宣传格力1赫兹变频技术的同时，称"全直流早OUT了，不再用10年前的技术"；同年5月，该公司还在南昌百货大楼八一广场的格力空调专营店上的"格力空调"样机上贴有宣传海报，称格力1赫兹变频空调是"世界名牌、国家科技进步奖、科技进步一等奖、1赫兹国际领先、权威变频服务领先、国家专利机构认证"等。为此，江西美的公司请求法院判令江西格力公司停止侵权，在江西省级报纸、电视、广播等媒体上公开赔礼道歉、消除影响，赔偿经济损失50万元。

南昌中院一审认为，双方都违反了《反不正当竞争法》，均对对方构成商业诋毁，应承担相应的民事责任，且互相赔偿对方的经济损失可相互冲抵。遂判决江西美的公司立即停止登载"全直流比1赫兹好"，"1赫兹OUT了，请别再忽悠消费者了"的广告；江西格力公司立即停止登载"全直流早OUT了，不再用10年前的技术"的广告以及在格力空调样机上宣传海报中的比较广告；江西美的公司、江西格力公司同时在《江南都市报》、

《南昌晚报》同一版面上刊登互相公开赔礼道歉的声明。

江西格力公司与江西美的公司均不服一审判决，以与一审相同的事实理由提起上诉。江西高院认真审查江西格力公司与江西美的公司的上诉事实和理由后，2013年6月3日，江西省高级人民法院一并驳回江西格力公司和江西公司的上诉，维持南昌市中级人民法院的一审判决。该终审判决意味着江西格力公司与江西美的公司因广告语引发的商业诋毁纠纷，是一场没有赢家的游戏。

（案例来源：《人民法院报》）

案例2　蓝月亮公司与宝洁公司不正当竞争纠纷案

广州蓝月亮有限公司是一家生产经营洗涤剂等日用化学品的公司，产品包括衣领净等。蓝月亮牌衣领净的包装瓶具有独特的外形，该包装瓶由广州市道明化学有限公司拥有"弯颈形包装瓶"的外观设计专利，并由该公司从1995年起授权许可给蓝月亮公司独占使用。

1999年9月开始，宝洁（中国）有限公司在国内多家电视台播放新一代多功能汰渍洗衣粉的广告。广告中有"衣领最难洗，一定要用衣领净；新一代多功能汰渍，可不这样认为；用全新汰渍，很脏的衣服，不用衣领净，都能洗得干干净净……用汰渍，不需用衣领净"的广告语，广告中将与蓝月亮衣领净包装瓶形状相同的包装瓶代表衣领净来演示洗衣领，以其代表"传统洗衣法"，并将其配以黑白的画面；与彩色的新汰渍洗衣粉洗衣画面比较后，出现用该洗衣粉包装袋（有标识）挡住上述包装瓶的画面。蓝月亮公司就宝洁公司的该不正当竞争行为，向广州市中级人民法院提起诉讼。本案经广州市中院、广东省高院两审审理，最终蓝月亮公司胜诉，法院判定宝洁公司的电视广告构成商业诋毁的不正当竞争，判令其停止侵权，书面道歉，赔偿损失人民币657万元。

（案例来源：110法律咨询网）

🕮 拓展阅读

国家工商行政管理局《广告审查标准》（1994年6月1日）

第三十一条　比较广告应符合公平、正当竞争的原则。

第三十二条　广告中的比较性内容，不得涉及具体的产品或服务，或采用其他直接的比较方式。对一般性同类产品或服务进行间接比较的广告，必须有科学的依据和证明。

第三十三条　比较广告中使用的数据或调查结果，必须有依据，并应提供国家专门检测机构的证明。

第三十四条　比较广告的内容，应当是相同的产品或可类比的产品，比较之处应当具有可比性。

第三十五条　比较广告使用的语言、文字的描述，应当准确，并且能使消费者理解。不得以直接或影射方式中伤、诽谤其他产品。

第三十六条　比较广告不得以联想方式误导消费者，不得造成不使用该产品将会造成严重损失或不良后果的感觉（安全或劳保用品除外）。

第三节　商业诋毁行为的法律责任

案例引导

北京阿里巴巴公司诉北京三际公司商业诋毁案

北京三际无线网络科技有限公司（以下简称为三际公司）通过网络传播、免费工具软件捆绑传播的方式向公众提供一种名为"奇虎安全卫士"（又名"360安全卫士"）的软件，该软件将北京阿里巴巴信息技术有限公司（以下简称为阿里巴巴公司）的"雅虎助手"和"雅虎widget"软件描述为"恶意"和"危险"，用户在按照奇虎安全卫士软件提示的操作下，会将"雅虎助手"和"雅虎widget"两款软件默认删除，导致无法使用。

阿里巴巴公司认为，三际公司的上述行为侵犯了其商誉，构成商业诋毁。于是诉至法院，请求依法判令被告立即停止侵权行为，消除不良影响，赔偿经济损失。

法院认为，原告阿里巴巴公司与被告三际公司均为网络服务公司，是同业竞争者。被告在"奇虎安全卫士"软件中将雅虎助手软件描述为"软件类别：有潜在风险的；恶意表现：强制安装、干扰其他软件运行、浏览器劫持；危险级别：中"，并将雅虎助手软件默认选中清除，而且，还在媒体上宣传雅虎助手软件是恶意软件。被告的上述行为缺乏充分的事实和法律依据。故认定，被告的上述行为损害了原告的商誉，构成不正当竞争，依法应当承担停止侵害、消除影响和赔偿损失的法律责任。

法院作出以下判决：

1. 三际公司于本判决生效之日起，停止涉案不正当竞争行为；

2. 三际公司于本判决生效之日起10日内，赔偿阿里巴巴公司经济损失3万元及诉讼合理支出40279元；

3. 三际公司于本判决生效之日起10日内，在其网站（域名为："360safe.com"）的首页上就涉案不正当竞争行为连续24小时刊登声明以消除影响（声明内容需经本院审核，逾期不执行，本院将在一家全国发行的报纸上公布本判决的主要内容，相关费用由三际公司负担）；

4. 驳回阿里巴巴公司的其他诉讼请求。

【问题】经营者行为构成商业诋毁应承担怎样的法律责任？

【分析】根据我国《反不正当竞争法》、《民法通则》的有关规定，商业诋毁行为者应当承担停止侵害、消除影响、赔偿损失等法律责任。此外，根据我国《刑法》的有关规定，捏造和散布虚伪事实，损害他人的商业信誉、商品声誉造成重大损失或者其他严重情形的，以商业毁谤罪追究刑事责任。该案是一起典型的商业诋毁民事案件，法院根据原告的诉讼请求和查证属实的证据,判决被告承担停止侵害、赔偿损失、消除影响的民事责任是符合法律规定的。

(案例来源:法律图书馆网)

根据我国《反不正当竞争法》、《民法通则》和《刑法》的规定,商业诋毁的法律责任主要有民事责任与刑事责任两类。

一、民事责任

根据《反不正当竞争法》第20条的规定,经营者构成商业诋毁,给被侵害的经营者造成损害的,应当承担损害赔偿责任,被侵害的经营者的损失难以计算的,赔偿额为侵害人在侵权期间因侵权所获得的利润;并应当承担被侵害的经营者因调查该经营者侵害其合法权益的不正当竞争行为所支付的合理费用。

同时,商业诋毁也是一种侵权行为,根据《民法通则》第120条的规定,受侵害者还可以要求停止侵害和消除不利影响。

二、刑事责任

我国《刑法》对商业诋毁也作出了相应规定,即损害商业信誉、商品声誉罪。《刑法》第221条规定,捏造并散布虚伪事实,损害他人的商业信誉、商品声誉,给他人造成重大损失或者有其他严重情形的,处2年以下有期徒刑或者拘役,并处或者单处罚金。同时,《刑法》第231条又规定,单位犯本法第221条至第230条规定之罪的,对单位判处罚金,并对其直接负责的主管人员和其他直接责任人员,依照本法的规定处罚。

损害商业信誉、商品声誉罪的构成要件如下:

(1) 主体要件:自然人或单位。更多地是由单位特别是与被侵害的生产者、经营者相竞争的生产经营单位构成。

(2) 主观方面:为排挤竞争对手、谋求不正当利益,故意损害他人的商业信誉、商品声誉。

(3) 客体要件:侵害商业生产者、经营者的商业信誉和商品声誉以及市场秩序。

(4) 客观方面:捏造、散布虚伪事实,诋毁他人的商业信誉和商品声誉,给他人造成重大损失或者其他严重情形的。2010年颁布实施的《最高人民检察院公安部关于公安机关管辖的刑事案件立案追诉标准的规定(二)》第74条规定,损害商业信誉、商品声誉涉嫌下列情形之一的,应予立案追诉:①给他人造成直接经济损失数额在50万元以上的;②虽未达到上述数额标准,但具有下列情形之一的:利用互联网或者其他媒体公开损害他人商业信誉、商品声誉的;造成公司、企业等单位停业、停产6个月以上,或者破产的;③其他给他人造成重大损失或者有其他严重情节的情形。

本章小结

商业诋毁的构成要件包括以下四个方面:(1) 实施主体为经营者;(2) 具有主观故

意；(3) 以市场竞争为目的，侵害他人的商誉，破坏市场竞争秩序；(4) 通过捏造、散布虚伪事实诋毁竞争对手。一般来说，经营者通过捏造虚假事实在广告中宣扬自己的产品或服务比某个或者其他竞争者的产品或者服务优质（比较广告），其行为就触犯了我国《反不正当竞争法》和《广告法》中关于商业诋毁的规定，构成不正当竞争。经营者的行为构成商业诋毁的，受侵害者可以向法院提起诉讼，有权要求行为人停止侵害、消除影响、赔偿损失，如果商业诋毁构成犯罪的，依据《刑法》中损害商业信誉、商品声誉罪追究其刑事责任。

技能训练

海南某食品销售总监徐某将营销客服钟某叫到办公室，告知其某品牌××糖果在某大型超市全部下架，原因是该超市内部查出该品牌的糖果大肠杆菌超标，让其将该消息通过某些途径向公众传播出去。钟某于是用本企业电脑在一家网络论坛上注册账户，发布《无良"××"大肠杆菌超标，祸害无辜百姓》的帖子，并呼吁"相关部门、相关报纸都出面来抵制'××'，不要让其产品继续危害人类健康"。之后，又在该网络论坛又出现题为《××食品沦陷，谁还能代表海南特色食品形象》的文章，继续称××产品不合格，帖子被众多论坛转载。

目的：通过案例分析，加强对商业诋毁构成要件的理解与运用。

要求：根据商业诋毁的构成要件，对该案件进行全面分析。

实践活动

模 拟 法 庭

案件：某企业在电视台黄金时段播发了一个广告。在这个广告中，该企业使用自有品牌的天然水和自有品牌的纯净水作了对比，方式是通过老师用这两种水养水仙的试验后，学生得出了该喝什么水的结论。该公司也曾拍过纯净水和矿泉水的对比广告。广告表达的意思是：被污染的水虽然可以提纯净水，但水质已经发生了根本变化，这就像一件白衬衣弄脏以后，很难恢复到原来的样子。在这个广告中，该企业还宣布将停止生产纯净水，因为纯净水对健康无益。这些广告不仅引得消费者面对纯净水和矿泉水举棋不定，许多生产纯净水的厂家更是口诛笔伐该企业，指称该企业有意贬低纯净水的品质，诋毁竞争对手，违反了《广告法》和《反不正当竞争法》。

形式：模拟法庭辩论。

要求：以上述案件为素材，学生分组讨论并撰写法律文书，模拟进行法庭辩论。

本章练习

一、不定项选择题

1. 商业信誉和商品声誉可以统称为"商誉"，其特征包括：(　　)。
   A. 依附性　　　B. 无形性　　　C. 财产性　　　D. 易受侵害性

2. 甲公司为宣传其"股神"股票交易分析软件,高价聘请记者发表文章,称"股神"软件是"股民心中的神灵",贬称过去的同类软件"让多少股民欲哭无泪",并称乙公司的软件"简直是垃圾"。根据《反不正当竞争法》的规定,下列哪些选项是正确的?( )
　　A. 只有乙公司才能起诉甲公司的诋毁商誉行为
　　B. 甲公司的行为只有出于故意才能构成诋毁商誉行为
　　C. 只有证明记者拿了甲公司的钱财,才能认定其参与诋毁商誉行为
　　D. 只有证明甲公司捏造和散布了虚假事实,才能认定其构成不正当竞争
3. 司法实践中,关于商业诋毁的认定一般包括以下哪些方面要件?( )
　　A. 商业诋毁的主体是经营者　　B. 存在主观故意
　　C. 侵犯了商业信誉和商品声誉　　D. 客观方面体现为捏造、散布虚伪事实

二、简答题

1. 简述商业诋毁行为的规制动因。
2. 捏造和散布虚伪事实的主要表现形式有哪些?
3. 简述损害商业信誉、商品声誉罪的构成要件。

三、案例分析题

　　A公司在淘宝网上建立了一个网络销售店铺"A品牌家居专营店",主要销售A品牌床垫等家居用品。李某在淘宝网经营一个网络销售店铺"B品牌床垫",销售B公司品牌的床垫。李某在店铺首页上发布一则"特别公告",声称:"教会买家分辨哪些品牌是正规厂家所制造销售,哪些品牌只是街边小作坊产品!"该公告分三部分,第一部分提出正规实力品牌应该具有的六点基本资质。第二部分展示了所销售床垫的生产企业的法人营业执照、工商行政管理局的企业注册资料和B品牌商标的注册资料,在图片上对企业名称、实收资本、经营范围等用椭圆特别标示,阐明B品牌质量有保证,并用大号字体标明"请大家放心购买心B品牌床垫"。第三部分的标题是"A品牌(鲜艳的粗体文字)只卖概念!看似很好,实为街边小作坊生产",标题下展示了"A品牌家居专营店"的店铺销量截图、A公司的营业执照和企业基本登记信息查询截图,并用椭圆在图片上圈出"A品牌家居专营店"的产品销量、注册资本、经营范围等内容,之后以大号字体"审核开始"为提示发出质疑:"销量看着很不错哦!是真?是假?""第5个画圈的地方(指A品牌公司'经营范围:设计、销售')这个公司没有生产能力,只有销售能力……只是找一个小工厂贴牌生产,大家认为这样的公司产品有保障吗?"A公司发现后,认为"特别公告"歪曲事实,故意损害其商业信誉,误导消费者,于是以B公司和李某为共同被告起诉至法院,李某在审理过程中辩称"特别公告"是为消费者进行市场监督。

　　法院调查确认以下事实:

1. "B品牌床垫"的淘宝店铺由李某开设,非B公司所有。李某从二、三级市场拿货销售。
2. 李某单独制作发布"特别公告"。
3. 李某在"特别公告"中根据A公司的营业执照作出A公司"没有生产能力"、"只

是找一个小工厂给贴牌生产"、"实为街边小作坊"等内容的判断。无其他调查证据支持该判断。

问题：

1. "特别公告"属于什么性质的行为？请运用相关知识进行具体说明。
2. B公司是否应当承担责任？为什么？

参考文献

[1] 漆多俊. 经济法学 [M]. 北京：高等教育出版社，2007.
[2] 李昌麒. 经济法学 [M]. 北京：法律出版社，2007.
[3] 李昌麒. 经济法理念研究 [M]. 北京：法律出版社，2009.
[4] 钟明钊. 竞争法 [M]. 北京：法律出版社，2008.
[5] 钟明钊. 竞争法学 [M]. 北京：高等教育出版社，2012.
[6] 王晓晔. 竞争法学 [M]. 北京：社会科学文献出版社，2007.
[7] 王晓晔. 中华人民共和国反垄断法详解 [M]. 北京：知识产权出版社，2008.
[8] 王晓晔. 反垄断法与市场经济 [M]. 北京：法律出版社，1998.
[9] 王晓晔. 王晓晔论反垄断法 [M]. 北京：社会科学文献出版社，2010.
[10] 王晓晔. 反垄断立法热点问题 [M]. 北京：社会科学文献出版社，2007.
[11] 王晓晔. 反垄断法 [M]. 北京：法律出版社，2011.
[12] 吕明瑜. 竞争法 [M]. 北京：法律出版社，2004.
[13] 曹士兵. 反垄断法研究 [M]. 北京：法律出版社，1997.
[14] 孔祥俊. 反不正当竞争法的适用与完善 [M]. 北京：法律出版社，1998.
[15] 孔祥俊. 反垄断法原理 [M]. 北京：中国法制出版社，2001.
[16] 孔祥俊. 商标与不正当竞争法原理和判例 [M]. 北京：法律出版社，2009.
[17] 王全兴. 竞争法通论 [M]. 北京：中国检察出版社，1997.
[18] 刘剑文，崔正军. 竞争法要论 [M]. 武汉：武汉大学出版社，1996.
[19] 戴奎生，邵建东，陈立虎. 竞争法研究 [M]. 北京：中国大百科全书出版社，1993.
[20] 吴宏伟. 竞争法有关问题研究 [M]. 北京：中国人民大学出版社，2000.
[21] 王先林. 竞争法学 [M]. 北京：中国人民大学出版社，2009年版.
[22] 王先林. 中国反垄断法实施热点问题研究 [M]. 北京：法律出版社，2011.
[23] 徐孟洲，孟雁北. 竞争法 [M]. 北京：中国人民大学出版社，2008.
[24] 徐士英. 竞争法论 [M]. 北京：世界图书出版公司，2007.
[25] 徐士英. 新编竞争法教程 [M]. 北京：北京大学出版社，2009.
[26] 孟雁北. 竞争法 [M]. 北京：中国人民大学出版社，2004.
[27] 孙晋，李胜利. 竞争法原论 [M]. 武汉：武汉大学出版社，2011.
[28] 李国海. 英国竞争法 [M]. 北京：法律出版社，2008.

[29] 王名湖. 反不正当竞争法概论 [M]. 北京：中国检察出版社，1994.

[30] 邱本. 自由竞争与秩序调控 [M]. 北京：中国政法大学出版社，2001.

[31] 邱本. 市场竞争法论 [M]. 北京：中国人民大学出版社，2004.

[32] 倪振峰，丁茂中. 竞争法学 [M]. 北京：复旦大学出版社，2011.

[33] 韩赤风，冷罗生，袁达松. 中外反不正当竞争法经典案例 [M]. 北京：知识产权出版，2010.

[34] 方小敏. 竞争法视野中的欧洲法律统一 [M]. 北京：中国大百科全书出版社，2010.

[35] 刘宁元，司平平，林燕萍. 国际反垄断法 [M]. 上海：上海人民出版社，2009.

[36] 王健. 反垄断法的私人执行——基本原理与外国法制 [M]. 北京：法律出版社，2008.

[37] 邵建东. 竞争法教程 [M]. 北京：知识产权出版社，2001.

[38] 王艳林. 中国经济法理论问题：探求经济法走向成熟的思考与评论 [M]. 北京：中国政法大学出版社，2001.

[39] 杨世新等. 消费者权益暨法律保护实务全书 [M]. 北京：中央民族大学出版社，1998.

[40] 王健，朱宏文. 反垄断法实施问题研究 [M]. 北京：法律出版社，2013.

[41] 于雷. 市场规制法律问题研究 [M]. 北京：北京大学出版社，2003.

[42] 戴宾，兰磊. 反垄断法民事救济制度比较研究 [M]. 北京：法律出版社，2010.

[43] 侯怀霞，张慧平. 市场规制法律问题研究 [M]. 上海：复旦大学出版社，2011.

[44] 文学国，孟雁北，高重迎. 反垄断法执行制度研究 [M]. 北京：中国社会科学出版社，2011.

[45] 潘志成. 经营者集中反垄断审查的裁决程序 [M]. 北京：法律出版社，2012.

[46] 曲振涛，王福友. 经济法 [M]. 北京：高等教育出版社，2007.

[47] 周彧. 反垄断法律问题研究 [M]. 北京：中国社会科学出版社，2007.

[48] 古红梅. 纵向限制竞争的反垄断法规制 [M]. 北京：法律出版社，2011.

[49] 时建中. 反垄断法——法典释评与学理探源 [M]. 北京：中国人民大学出版社，2008.

[50] 翟鸿祥. 行业协会发展理论与实践 [M]. 北京：经济出版社，2003.

[51] 张里泉. 工业行业管理 [M]. 北京：中国人民大学出版社，1991.

[52] 贾西津等. 转型时期的行业协会——角色、功能与管理体制 [M]. 北京：社会科学文献出版社，2003.

[53] 余晖. 行业协会及其在中国的发展：理论与案例 [M]. 北京：经济管理出版社，2002.

[54] 卫新江. 欧盟、美国企业合并反垄断规制比较研究 [M]. 北京：北京大学出版社，2005.

[55] 尚明. 反垄断法理论与中外案例评析 [M]. 北京：北京大学出版社，2008.

[56] 尚明. 《中华人民共和国反垄断法》理解与适用 [M]. 北京：法律出版社，2007.

[57] 史际春等. 反垄断法理解与适用 [M]. 北京：中国法制出版社, 2007.

[58] 郑鹏程. 行政垄断的法律控制研究 [M]. 北京：北京大学出版社, 2002.

[59] 郭宗杰. 行政性垄断之问题与规制 [M]. 北京：中国法制出版社, 2007.

[60] 姜明安. 行政法与行政诉讼法 [M]. 北京：北京大学出版社, 2011.

[61] 唐海滨. 美国是如何保护商业秘密的 [M]. 北京：法律出版社, 1999.

[62] 张玉瑞. 商业秘密法学 [M]. 北京：中国法制出版社, 1999.

[63] 徐玉玲. 营业秘密的保护 [M]. 台湾：三民书局, 1993.

[64] 蒋强, 陈勇. 反不正当竞争纠纷：新型典型案例与专题指导 [M]. 北京：中国法制出版社, 2009.

[65] 刘继峰. 反不正当竞争法案例评析 [M]. 北京：对外经济贸易大学出版, 2009.

[66] 卢勤忠. 商业贿赂犯罪研究 [M]. 上海：上海人民出版社, 2009.

[67] [美] 查尔斯·R. 麦克马尼斯. 不公平贸易行为概论 [M]. 陈宗胜等译. 北京：中国社会科学出版社, 1997.

[68] [美] 波斯纳. 反托拉斯法 [M]. 孙秋宁译. 北京：中国政法大学出版社, 2003.

[69] [德] 路德维希·艾哈德. 来自竞争的繁荣 [M]. 祝世康, 穆家骥译. 北京：商务印书馆, 1983.

[70] [日] 棚部得博. 简明市场营销手册 [M]. 尹小平译. 北京：科学出版社, 2002.

[71] 李希慧, 杜国强. 侵犯商业秘密犯罪比较研究 [J]. 珞珈法学论坛, 2002 (2), 6.

[72] 徐朝贤. 世界商业秘密保护立法最新发展及法理分析 [J]. 武汉科技大学学报（社会科学版）, 2000 (4).

[73] 徐朝贤. 美、德、日商业秘密侵权救济制度的发展及借鉴 [J]. 河北法学, 2001 (2).

[74] 尹雪萍. 论《欧盟运行条约》第 102 条在知识产权领域的扩大适用——以阿斯利康公司诉欧盟委员会一案为视角 [J]. 法学论坛, 2012 (3).

[75] 王健. 德国竞争法的欧洲化——《反限制竞争法》第 7 次修订述评 [J]. 时代法学, 2006 (6).

[76] 王卫星. 1927—1937 年南京国民政府的工业发展政策 [J]. 学海, 1998 (6).

[77] 侯春. 外国反垄断执法机构的特点及对我国的启示 [J]. 长沙电力学院学报（社会科学版）, 2002 (4).

[78] 章彦英, 解志勇. 我国反垄断法设置问题研究——以美国、德国为参照 [J]. 国家行政学院学报, 2008 (2).

[79] 李发展. 从《反不正当竞争法》之修改看我国竞争法体系的完善 [J]. 甘肃社会科学, 2012 (6).

[80] 胡艳秋, 宋国栋. 从美国经验看我国反垄断执法机构的完善 [J]. 黄河科技大学学报, 2009 (1).

[81] 王晓晔. 关于我国反垄断执法机构的几个问题 [J]. 东岳论丛, 2007 (1).

[82] 秦世国. 竞争法前沿问题研究 [J]. 中国商界, 2010 (7).

参考文献

［83］赵晓洁，陈丹宁．竞争法视野下的竞争执法机构［J］．唐山师范学院学报，2008（7）．

［84］赵晓洁，崔晨秋．论竞争执法机构的改革［J］．商场现代化，2008（7）．

［85］李群．专家学者热议——商业诋毁构成要件与知识产权保护［N］．中国知识产权报，2010-12-1．

［86］刘颖．论商业诋毁［D］．山西：山西大学法学院，2007．

［87］沈强．对商业诋毁案件的审理［J］．人民司法，2011（13）．

［88］王建敏．比较法视野下商业贿赂治理立法研究［J］．法学论坛，2010（6）．

［89］龚培华．商业贿赂与商业贿赂犯罪的区别［J］．法学，2006（7）．

［90］张明楷．商业贿赂、回扣及相关条款的法律性质［J］．法律适用，2006（9）．

［91］王继军．附赠式有奖销售的若干法律问题［J］．法学研究，1998（5）．

［92］汪传才．附赠式有奖销售的法律思考［J］．政法论坛，1999（6）．

［93］谢湘辉．试论虚假宣传不正当竞争的判断标准［J］．电子知识产权，2013（11）．

［94］北京市海淀区人民法院民五庭．虚假宣传的法律问题分析［N］．人民法院报，2006-6-26．

［95］王保树．企业联合与制止垄断［J］．法学研究，1990（1）．

［96］时建中．经济性垄断案件调查程序探讨［J］．工商行政管理，2006（11）．

［97］徐士英．反垄断法规制行政垄断是我国的必然选择——解读反垄断法草案［J］．中国工商管理研究，2007（6）．

［98］史建三．完善反垄断立法中并购申报制度的一点思考［J］．法学，2006（12）．

［99］方小敏．经营者集中申报标准研究［J］．法商研究，2008（3）．

［100］王建红．淘宝"秒杀"活动18亿人参加［EB/OL］．http：//jsnews.jschina.com.cn，2009-10-12．

［101］黄丽．浅谈竞争法的法律地位［OL］．http：//ylzy.chinacourt.org/public/detail.php？id=1860，2011-9-17．

全国高等学校应用型法学人才培养系列规划精品教材

法学概论	专利法学
法学导论	著作权法学
国际商法	商标法学
刑法判例教程	证据法学
竞争法	证券法学
房地产法学	法律文书学
民法实训	中国司法制度
婚姻家庭与继承法	金融法
法律逻辑	商法总论
经济法学	法经济学
合同法学	票据法学
公司法学	法律英语
仲裁法学	

为辅助教学，提升教学效果，本系列教材全部提供配套PPT电子课件。在教学中选用本系列教材的教师，可通过以下途径免费获得相应课件：

联系电话：027-87215590

电子邮件：cbs22@whu.edu.cn

欢迎广大教师和读者选用本系列教材，并提出您宝贵的意见、建议和要求，也欢迎您携作品加入我们的出版平台，我们将继续提供优质的出版服务。

联系人：胡 艳（出版策划编辑）

电 话：13476277833

E-mail：214050036@qq.com

图书在版编目(CIP)数据

竞争法/李华武主编. —武汉:武汉大学出版社,2015.10
全国高等学校应用型法学人才培养系列规划精品教材
ISBN 978-7-307-16922-7

Ⅰ.竞… Ⅱ.李… Ⅲ.反不正当竞争—经济法—高等学校—教材
Ⅳ. D912.290.1

中国版本图书馆 CIP 数据核字(2015)第 227535 号

责任编辑:胡 艳　　　责任校对:汪欣怡　　　版式设计:马 佳

出版发行:**武汉大学出版社**　　(430072　武昌　珞珈山)
　　　　　(电子邮件:cbs22@whu.edu.cn　网址:www.wdp.com.cn)
印刷:武汉中科兴业印务有限公司
开本:787×1092　1/16　印张:20.5　字数:483 千字　插页:1
版次:2015 年 10 月第 1 版　　2015 年 10 月第 1 次印刷
ISBN 978-7-307-16922-7　　　定价:39.00 元

版权所有,不得翻印;凡购买我社的图书,如有质量问题,请与当地图书销售部门联系调换。